RICHARD H. DILLON

INDIANERKRIEGE

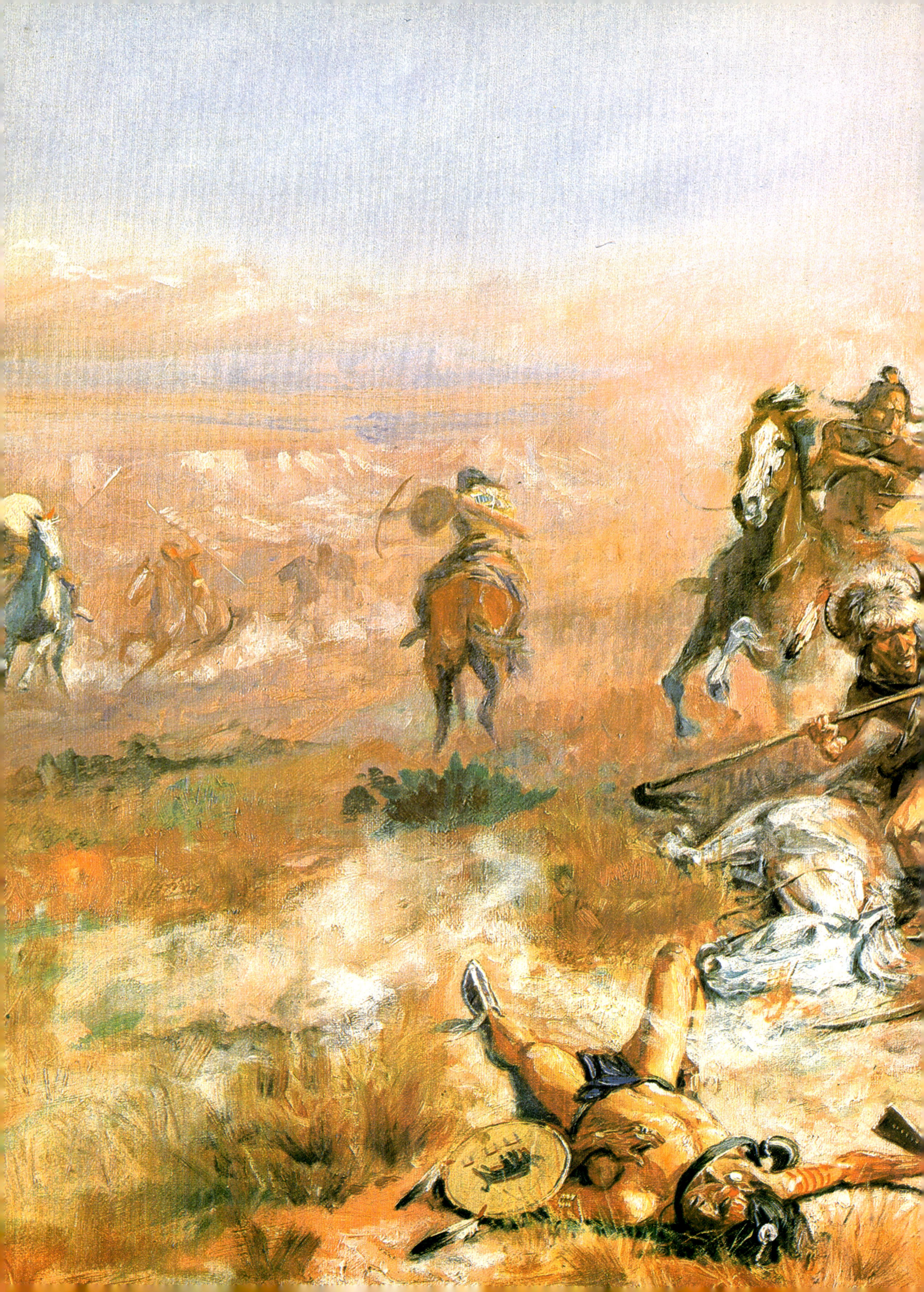

RICHARD H. DILLON

INDIANERKRIEGE

Große Schlachten und berühmte Krieger
in der Geschichte Nordamerikas

LECHNER

© 1994 by Lechner Publishing Limited Limassol (Cyprus)

© 1983 der englischen Originalausgabe by Bison Books, London

Ins Deutsche übertragen von Jürgen Scheunemann (Kapitel I–V)
und Boris Peter (Kapitel VI, VII).
Deutsche Bearbeitung: Armin M. Brandt, Memmingen
Herstellung: H+G Lidl, München
Satz: Satz & Repro Grieb, München

Alle Rechte vorbehalten. Kein Teil dieser Publikation darf ohne schriftliche Genehmigung des Copyright-Halters vervielfältigt, in EDV-Systemen gespeichert oder übertragen werden durch elektronische oder mechanische Mittel oder Fotokopie.

ISBN 3-85049-420-9

Printed in E.E.C. 1994

Bild auf Seite 1: Diese Zeichnung stammt aus dem Jahre 1790 und verdeutlicht den Glauben weißer Siedler, daß nur ein toter Indianer ein guter Indianer sei. Das Bild zeigt einen Vorfall, bei dem die Schwester des Scouts Eli Washburn aus indianischer Gefangenschaft wieder befreit wurde und den Indianer später tötete.

Bild auf Seite 2: Lange vor der Ankunft der Weißen bekämpften sich die Indianerstämme untereinander. Der Ausschnitt eines Gemäldes von Charles M. Russell zeigt einen solchen Kampf: »**Counting Coups**« und »**The War Scars of Medicine Whip**«.

Unten: John C.H. Grabill machte diese Aufnahme 1891, nach dem Massaker in Wounded Knee im Pine Ridge-Reservat. Das Foto zeigt die Sioux-Häuptlinge während des Großen Rats, der die Indianerkriege schließlich beenden sollte.

INHALT

Die Eroberer, 1492–1607	7
Die Kolonisten, 1607–1755	17
Die junge Republik, 1755–1815	35
Die Besiedlung des Westens, 1816–1849	73
Die Vorboten des Krieges, 1850–1865	109
Der Krieg in der Prärie, 1865–1875	147
Die Zeit nach Custer, 1876–1891	203
Register	252

Wichtige Indianerstämme in Nordamerika zur Zeit der ersten weißen Besiedlung

ESKIMO
ALEUT
TLINGIT
HAIDA
SQUAWMISH
NOOTKA
SONGISH
QUILEUTE OKINAGAN
NISQUALI
CHEHALIS KOOTENAI
CHINOOK CŒUR D'ALENE
TILLAMOOK CAYUSE NEZ PERCE
YAQUINA
YAKIMA FLATHEAD
BANNOCK
KLAMATH
SHASTA MADOC NORTHERN
POMO PIT RIVER PAIUTE
MIWOK
SHOSHONEN UTE
MONO SOUTHERN
PAIUTE
NAVAJO HOPI
YAVAPAI ZUNI KERESAN
PIMA APACHEN
PAPAGO COMANCHEN
CADDO
TONKAWA
KARANKAWA
YAQUI LIPAN APACHE

ATHABASCAN CREE
BLOOD
BLACKFOOT
PIEGAN
ASSINIBOIN OBJIWAY
SIOUX (CHIPPEWA)
(DAKOTA) OTTAWA
CROW SIOUX MENOMINEE
(DAKOTA) SAUK
& FOX
OMAHA WINNEBAGO
CHEYENNE KICKAPOO POTAWATOMI
ARAPAHOE IOWA MIAMI
PAWNEE ILLINOIS
KIOWA SHAWNEE
MISSOURI
KANSA
OSAGE
QUAPAW
CHICKASAW
NATCHEZ CREEK
CHOCTAW
BILOXI

ESKIMO
CREE
ALGONKIN BEOTHUK
HURONEN MICMAC
ABNAKI
MOHAWK MOHICAN
ONEIDA MASSACHUSET
ONONDAGA WAMPANOAG
CAYUGA NARRAGANSET
ERIE SENECA PEQUOD
CONESTOGA WAPPINGER
MONTAUK
MONACAN DELAWARE
NANTICOKE
CONOY
TUSCARORA
CHEROKEE POWHATAN
CATAWBA

SEMINOLE

HUICHOL
TAMAULIPEC
TAINO
AZTEKEN
MAYA TAINO

- 🟢 Algonkin-Sprachgruppe
- 🟥 Sioux-Sprachgruppe
- 🟧 Irokesen-Sprachgruppe
- 🟨 Andere Sprachgruppen

DIE EROBERER
1492–1607

Auf der Suche nach neuen Wirtschafträumen und Machtausdehnung entdeckten die europäischen Staaten eine völlig neue Welt. Dieser Kontinent war größer als alles in ihrer Vorstellung und wurde von einer Rasse bewohnt, die sie nie zuvor gesehen hatten. Als diese zwei Kulturen aufeinandertrafen, waren Konflikte unvermeidbar. Die ersten europäischen Eroberer waren die spanischen *Conquistadoren*. Die Auseinandersetzungen mit den Ureinwohnern der neuen Welt sollten später Indianerkriege genannt werden. Sie dauerten fast vier Jahrhunderte.

Die Gewalt und Brutalität, das doppelzüngige, tückische Machtspiel, die kennzeichnend für das damalige Europa waren, wurden von den Spaniern und ihren Gegnern aus Portugal, England und Frankreich auch auf den nordamerikanischen Boden übertragen.

Unter den grausamen *Conquistadoren* war Christoph Kolumbus fast eine Ausnahme. Über die Arawaks, die er nach seiner Landung auf San Salvador am 12. Oktober 1492 getroffen hatte, schrieb er später, sie seien natürlich wirkende Menschen und würden mit allem, was sie haben, großzügig umgehen. Außerdem liebten sie ihren Nächsten wie sich selbst, ihre Sprache klinge so sanftmütig wie keine andere auf dieser Welt. Ebenso beeindruckt war Kolumbus von ihrem »scharfsinnigen Verstand« und ihren navigatorischen Kenntnissen.

Es scheint fast so, als wollte Columbus seine Menschlichkeit unter Beweis stellen: Jedenfalls nahm er nur sechs oder sieben dieser Indianer gefangen, um sie auf Kuba und Hispaniola (Haiti) als Führer einzusetzen. Später brachte er sie nach Spanien, und führte sie dort am Hofe vor. Er wollte sie zum christlichen Glauben bekehren und aus den Indianern Diener machen – aber mit Liebe und Überzeugung, nicht mit Gewalt. Für ihn waren derartige Vorstellungen noch kein Problem, denn Kolumbus hatte die Indianer nur als Freunde kennengelernt.

Doch diese Freundschaft schwand allmählich. Die Spanier zogen plündernd und mordend durch die neue Welt. Als Reaktion darauf zerstörten die Indianer das spanische Fort La Navidad. Columbus sah sich gezwungen eine Strafexpedition auszuschicken. Schließlich ließ er viele Indianer auf den Sklavenmarkt von Sevilla bringen, obwohl der indianische

Oben: Der erste Conquistador Amerikas – **Cristoph Kolumbus.**

Widerstand auf Haiti 1495 schon längst zusammengebrochen war.

Als Admiral der Ozeane und Gouverneur von Hispaniola baute Columbus schließlich ein rigides Tributsystem auf, dem sich die Indianer unterwerfen mußten. Die Zahlungen erfolgten in Goldstaub. Doch es sollte sich zeigen, daß es unmöglich war, das Gold abzubauen, weil die Indianer an Hunger oder der schweren Arbeit auf den Feldern und in den Minen zu tausenden starben. Auch viele Europäer kamen durch Krankheiten oder bei indianischen Racheakten ums Leben.

Aus dem Traum von einem Weltreich wurde ein Alptraum. Um 1500 wurden Columbus und sein Bruder der Grausamkeit

Oben: Mit den Karavellen von Kolumbus, der **Santa Maria**, der **Pinta** und der **Nina**, segelten auch die Träume und Ideen der Europäer mit in die Neue Welt.

und Unterdrückung angeklagt und in Ketten zurück nach Spanien gebracht. Die Anklage hatten die Spanier selbst erhoben, nicht die Indianer.

Der erste Mann, der eine Expedition in das Gebiet der heutigen USA führen sollte, war schließlich Juan Ponce de Léon. Er war fast so etwas wie eine Karikatur eines Eroberers, weil er zeitlebens auf der Suche nach der mythischen, geheimnisvollen Quelle der Jugend war. Viele Indianer aus der Karibik hatten ihm davon erzählt, in der Hoffnung, diese Suche würde für ihn im Nichts enden!

Ponce de Léon war eigentlich ein Adliger, der erst in späteren Kriegen zum harten Soldaten wurde. Er war 1493, mit der zweiten Columbus-Überfahrt, nach Amerika gekommen und setzte dort seine militärische Karriere fort, als er mehrere Indianeraufstände blutig niederschlug. Später erhielt er den Titel »Provisorischer Gouverneur« von Puerto Rico, nachdem er die Küste der Insel erforscht und einen schwunghaften Handel mit den Indianern eröffnet hatte.

Als Kolumbus durch den neuen Generalgouverneur Diego ersetzt wurde, begann Ponce de Léon seine Suche nach dem ewigen Jugendquell. Das neue Land, das er im Laufe seiner Expedition entdeckte, nannte er *La Florida*, weil dort alles blühte und üppig wuchs. Außerdem war er am Ostersonntag des Jahres 1513, dem *La Pascua Florida*, gelandet.

Erst 1521 kehrte Ponce de Léon zurück, um die Halbinsel zu erorbern und zu unterjochen. Diesmal landete er in Charlotte Habor oder – trotz der Warnungen der Indianer – auf der Sanibel-Insel. Dort hatten sich die Eingeborenen inzwischen gegen die Spanier gewandt, weil sie in immer neuen Feldzügen Sklaven für die Goldminen und die Verschiffung nach Spanien verschleppt hatten. Als de Léon dennoch landete, wurden er und seine Männer in schwere Kämpfe verwickelt, bei denen er von einem Pfeil getroffen wurde. Später starb er an seinen Verletzungen auf Kuba.

Der größte der *Conquistadoren* war zweifellos Hernán Cortés. Er begann die Eroberung des heutigen Mexikos 1519. Cortés gelang es, mit einer geschickten Mischung aus Diplomatie und Gewalt Tenochtitlán, die Hauptstadt der Azteken, zu erobern und ihren Herrscher Montezuma als Geisel zu nehmen. Es erscheint fast als doppelte Ironie der Geschichte, daß die Azteken selbst es waren, die Montezuma umbrachten, nachdem Cortés abgereist war: Sie steinigten ihren Häuptling zu Tode und erhoben sich dann gegen die Europäer. Cortés kehrte zwar sofort zurück, konnte seine Armee im Juli 1520 aber nur noch in ein Rückzugsgefecht führen, um *La Noche Triste* zu verlassen.

Doch ein Jahr später nahm er die Stadt in einer beeindruckenden Landung vom Wasser aus wieder ein. Cortés wurde später Generalhauptmann für das »Neue Spanien« und weitete seine Macht über ganz Mexiko und Zentralamerika aus. Eine Expedition schickte er sogar in das heutige Kalifornien, weil es dort angeblich Perlenschätze geben sollte. Doch das Wohlwollen am spanischen Hofe ihm gegenüber schwand, so daß man ihn später absetzte. Schließlich starb er unter nie geklärten Umständen in Spanien.

Doch selbst Cortés war im Grunde harmlos, wenn man ihn mit der Herrschaft der Pizzaro-Brüder in Peru vergleicht. Francisco Pizarro war ein unehelich geborener Junge aus Galizien und hatte sich seinen Weg bis an die Spitze der spanischen Militärhierarchie mühsam erkämpft. Er wurde Generalhauptmann von Peru, nachdem er die Inkas durch Krieg und Verrat unterworfen hatte. Den Herrscher der Inkas, Atahualpa, hatte er zunächst als Geisel genommen und schließlich hinrichten lassen, nachdem er bereits das Lösegeld in Gold erhalten hatte. Wenige Jahre später wurde Pizarro von Anhängern eines Opfers seines grausamen Bruders umgebracht. Hernando Pizarro wurde wegen seiner Verbrechen für 20 Jahre ins Gefängnis geworfen: Das waren die Menschen, die Nordamerika »zivilisieren« wollten.

Hernando de Soto setzte schließlich die Erkundungen von Ponce de Léon in Florida fort. Obwohl er aus der Pizzaro-Armee stammte, war er ein sanftmütiger Adliger, der an der Universität zu Salamanca in Spanien eine hervorragende Ausbildung genossen hatte. Der spanische König bestellte de Soto zum *Adelantado*, zum königlichen Statthalter, in Florida. Das war nur 20 Jahre nach dem blutigen Tod von Ponce de Léon. De Soto war begierig dabei, Florida zu durchqueren, weil er hoffte, hier die Reichtümer eines weiteren Perus zu finden. Wie auch sein Vorgänger landete de Soto mit einer kleinen Schar von 620 Männern an der Golfküste, wahrscheinlich in der heutigen Bucht von Tampa. Er durchzog Florida monatelang auf der Suche nach Gold. Doch das gab es ebensowenig wie die Quelle der ewigen Jugend, nach der de Léon so verzweifelt gesucht hatte. Die wenigen wertvollen Dinge, die de Soto fand, waren einige Perlenketten einer Häuptlingsfrau, die sie in einem spanischen Schiffswrack gefunden hatte.

Bedeutender als diese Streifzüge war jedoch die große Expedition zwischen 1540 und 1542, die Hernando de Soto durch die Indianergebiete des amerikanischen Südostens bis hinunter zum Südwesten führte. Dabei durchquerte er in einem großen Bogen fast das gesamte heutige Georgia, die beiden Carolinas

Oben: Als **Kolumbus** nach seiner ersten Rückkehr triumphal in Barcxelona einzog, hatte er auch einige gefangene Indianer dabei.

und Tennessee. Von dort aus zog er westwärts durch Alabama und Mississippi bis zum Fluß Mississippi. Seine Suche nach Gold ließ ihn noch weiter nach Nordwesten marschieren, bis nach Texas und Oklahoma. Dabei wurden er und seine Männer einmal von Indianern in eine Falle gelockt und fast völlig vernichtet. Doch de Soto und seine kleine Armee entkamen. Daß er im Laufe der Expedition seine eigentlich gute Erziehung völlig vergaß, bewies de Soto im heutigen Arkansas, als er ein Indianerdorf überfiel und rund 100 schlafende Menschen, darunter viele Frauen und Kinder, abschlachtete. Übrigens ließ er die Verwundeten entkommen, damit sie die Nachricht der schrecklichen spanischen Rache überall verkünden konnten. Aber De Soto war enttäuscht und litt an seinen Wunden. Er kehrte zum Mississippi zurück, wo er im Mai 1542 starb. Sein Nachfolger, Luís Moscoso, führte die 311 Überlebenden 1543 zurück nach Mexiko.

Francisco Vásquez de Coronado, Gouverneur der Provinz Nueva Galicia in Mexiko, startete später eine Expedition, die jene von de Soto weit in den Schatten stellte. Coronado folgte dabei Berichten über die geheimnisvollen »Sieben Städte« von Cíbola im heutigen Neu-Mexiko. Cabeza da Vaca hatte darüber 1536 berichtet, und Fray Marcos de Niza behauptete drei Jahre später, er habe die Städte fast erreicht. Coronado begann seine Suche 1540 mit 1.300 Soldaten, die meisten von ihnen waren indianische Verbündete. Bei einem Angriff auf ein Indianerdorf im Juli 1540 wurde er verwundet und bewußtlos – seine Armee siegte dennoch. Coronado traf im Laufe seines Feldzugs auf zahllose Pueblos. Doch immer stärker war er davon überzeugt, daß es in Cíbola kein Gold geben würde. Als die Hopis aus Tusayán, vielleicht in der Hoffnung, die Eindringlinge loszuwerden, Coronado von großen Goldschätzen am Fluß im Westen erzählten, schickte er eine kleine Vorausabteilung unter Garcia López de Cárdenas los. Cárdenas fand zwar kein Gold, entdeckte dafür aber den Grand Canyon. Und ein anderer Leut-

10

nant seiner Armee wurde von Coronado in Richtung Westen in Marsch gesetzt, um sich am Golf von Kalifornien mit Fernando de Alarcón zu treffen, der die Küste vom Meer aus erforschte. Alarcón entdeckte die Flußmündung des Colorado und folgte ihm stromaufwärts, verpaßte Coronado jedoch.

Coronado überwinterte in der Gegend des heutigen Santa Fe und machte sich im Frühjahr 1541 auf den langen Marsch durch die Steppe bis nach Texas und den großen Bogen des Arkansas-Flusses im heutigen Kansas. Dort hoffte er das Königreich von Quivira zu finden, von dem ihm die Pueblo-Indianer erzählt hatten. Coronado besuchte insgesamt 71 Indianersiedlungen – doch die sagenumwobenen Städte des Goldes fand er weder bei den Lehmbauten der Publos noch bei den ärmlichen Hütten der Wichitas. Coronado war verbittert und fühlte sich betrogen. Er ließ seinen indianischen Führer aufhängen und marschierte in sein Winterlager bei Santa Fe zurück. Innerlich gebrochen und körperlich verwundet, kehrte er schon 1542 nach Mexiko zurück.

Trotz allem war seine Expedition kein Mißerfolg. Sie hatte der spanischen Krone zwar keine neuen Goldschätze eingebracht, dafür jedoch etwas viel Wichtigeres: Die Erforschung des gesamten amerikanischen Südwestens von Kalifornien bis nach Kansas. Und die Erforschung hatte gleichzeitig den spanischen Machtanspruch auf diese Gebiete deutlich gemacht. Der spanische Einflußbereich in der neuen Welt erstreckte sich nun von San Augustín in Florida bis zur kalifornischen Küste oberhalb von San Francisco – 65 Jahre bevor die Engländer Jamestown gründeten!

Für die indianischen Ureinwohner bedeutete dies vor allem Unterdrückung. Gemäßigte *Conquistadoren* wie beispielsweise Bartolomé de Las Casas, der »Freund der Indianer« genannt wurde, waren selten. Unter seinen Landsleuten wurde der Dominikanermönch als störender Querkopf abgelehnt, weil er die Eingeborenen als »friedliche Lämmer« beschrieb, die mit den »besten Tugenden gesegnet« seien. Las Casas scheiterte zunächst dabei, die Indianer vor der Unterjochung durch seine Landsleute zu schützen. Doch 1542 war er schließlich erfolgreich, als auf seine Initiative hin eine Reihe von Gesetzen zum Schutz der Eingeborenen erlassen wurden. Übrigens war Las Casas nicht nur der erste Chronist der Indianergeschichte, sondern auch ihr erster Anthropologe. Sein Hauptwerk war die *Historia de las Indias*. Doch natürlich war Las Casa geschickt genug, um seine eigenen Berichte zu verfälschen: Vielleicht hat er an manchen Stellen die Grausamkeit der *Conquistadoren* übertrieben, um seine geliebten Indianer zu retten.

Die Franzosen

Schon im März des Jahres 1542 hatte Giovanni Verrazano im Auftrag Frankreichs amerikanischen Boden betreten. Er erforschte das heutige Gebiet der USA von North Carolina bis nach Neufundland und segelte somit als erster durch die Bucht von New York und den Hudson. Seine Männer nahmen auf ihrem Weg nicht nur indianische Kinder gefangen, sondern raubten und vergewaltigten auch deren Mütter.

Links: Dieses imaginäre Gemälde von Frederick Kemmelmeyer zeigt die Ankunft **Kolumbus'** in der neuen Welt, als er zum ersten Mal die westindischen Inseln betrat.

Oben: Die **Spanier** hatten bald den Ruf der grausamen Eroberer. Die Engländer nutzen dies für ihre antispanische Propaganda aus, die sie in der **Black Legend** verbreiteten.

Gegenüberliegende Seite: Der **Aztekenherrscher Montezuma** wurde von seinem eigenen Volk zu Tode gesteinigt und nicht von den Spaniern umgebracht.

Als Verrazano die Bucht von Newport im heutigen US-Bundesstaat Rhode Island erreichte, begrüßten ihn die prunkvoll gekleideten Häuptlinge der Indianer zwar gebührend, doch ihre Frauen hielten sie versteckt: Die Nachricht von den vergewaltigungssüchtigen Christen hatte sich bereits verbreitet.

Die Indianer dieser Gegend waren die letzten freundlichen Gastgeber, die Verrazano treffen sollte. In den übrigen Gebieten Neu-Englands waren die Eingeborenen so mißtrauisch und ängstlich, daß sie selbst den Tauschhandel mit den Weißen nur mit äußerster Vorsicht betrieben. Sobald die Franzosen versuchten an Land zu gehen, empfing sie ein bedrohlicher Hagel aus Pfeilen. Stattdessen hockten die Indianer auf hohen Felsklippen am Meer, von denen aus sie ihre Felle an langen Leinen hinunterließen, um sie gegen Messer, Haken oder andere Metallgegenstände einzutauschen, die die Weißen ihrerseits an Seilen befestigen mußten.

Es ist kaum bekannt, was Verrazano nach seiner Reise durch Rhode Island erlebte. Schon damals erzählte man sich, er sei irgendwo von einem kannibalischen Stamm überfallen und gegessen worden. Doch wahrscheinlich wurde er später gehängt, und zwar als Pirat unter dem Namen Juan Florin.

Zwei weitere Franzosen waren Jean Ribaut und René de Laudonnière, die 1560 an der Küste von Florida entlangsegelten und sogar Verträge mit den Indianern abschlossen. Doch die wenigen Siedlungen, die sie gründeten, wurden später von den Spaniern zerstört.

Die Portugiesen und die Engländer

Die pourtugiesischen Brüder Gaspar und Miguel Corte Real erkundeten Labrador und wohl auch Neu-England um 1500, als sie eine Seeroute in den Fernen Osten suchten. Auch sie nahmen Indianer gefangen, um sie nach Europa zu bringen. Doch die meisten von ihnen kamen bei einem Schiffsunglück um und ertranken, weil sie unter Deck angekettet waren. Die Überlebenden brachte man nach Lissabon, wo sie als friedliche Arbeitskräfte angepriesen wurden, wie man sie nur in Nordamerika finden könne. Selbst der spätere englische Name *Labrador* leitet sich aus dem entsprechenden Wort für »Arbeiter« (engl. Laborer) ab.

Der gefährlichste Rivale für Spanien und Portugal war natürlich das britische Weltreich. Nur fünf Jahre nachdem Kolumbus die neue Welt entdeckt hatte, betrat auch der erste Engländer, John Cabot, amerikanischen Boden. Er beanspruchte 1497 Cape Breton für die britische Krone und segelte im folgenden Jahr

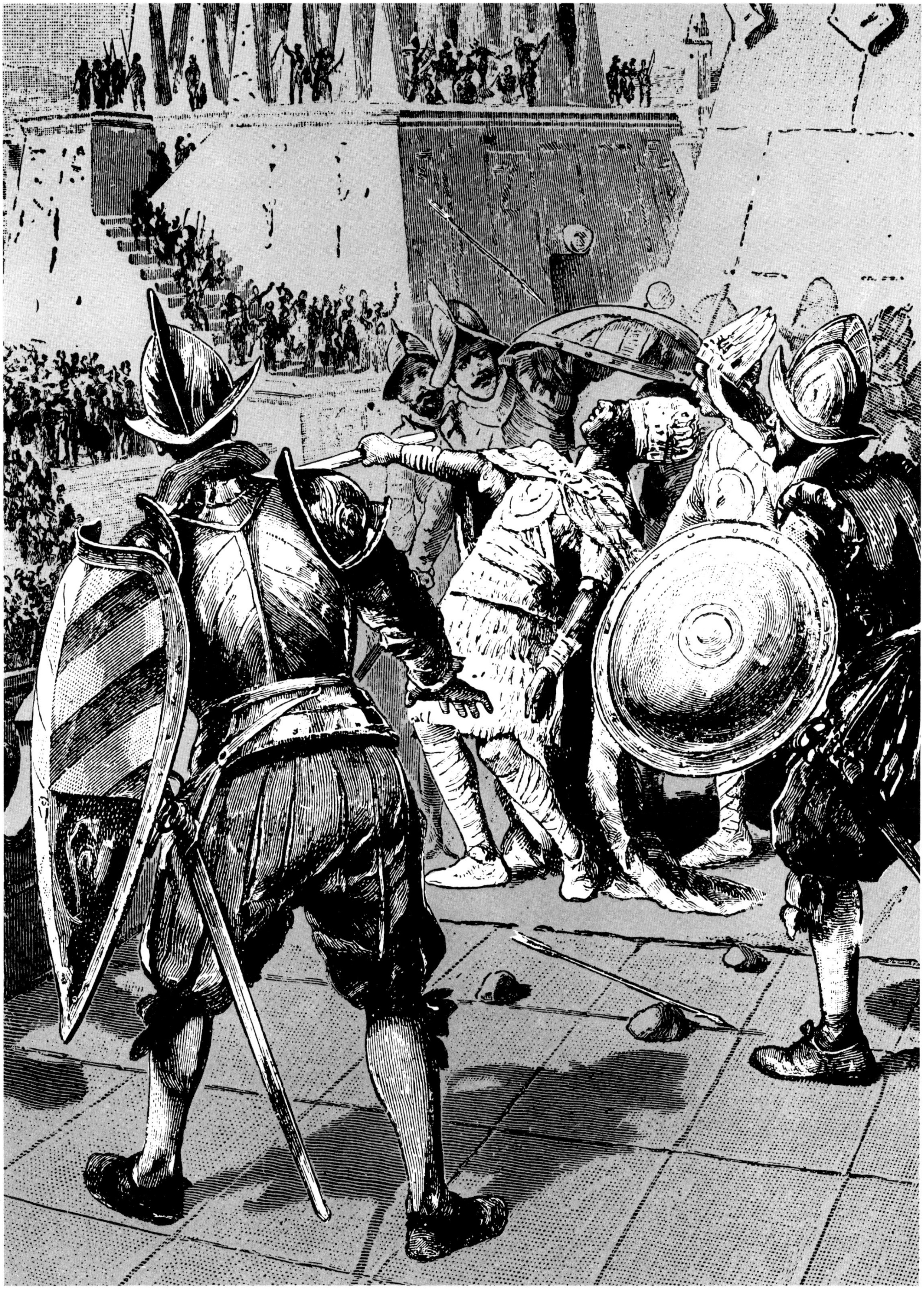

Wichtige europäische Siedlungen in Nordamerika, 1492–1642

NEU-FRANKREICH

Quebec (1608)
Montreal (1642)
Port Royal (1605)
Massachusetts Bay Kolonie (1629)
Plymouth (1620)
NEU-ENGLAND
Nieuw Amsterdam (1615)
NEUE NIEDERLANDE
NEU-SCHWEDEN
Jamestown (1607)
VIRGINIA

Sir Francis Drake in New Albion (c. 1577)

Taos Pueblo
Laguna Pueblo • Santa Fe (1607)

Golf von Cortes

San Agustin (1565)

Culiacán (1533)

Golf von Mexiko

Kolumbus landet auf den westindischen Inseln (1492)

Veracruz (1519)
Mexiko (1519)
Acapulco (1527)
NEU-SPANIEN
Belize (1638) (Eng)
Santo Domingo (1496)
Trujillo (1525)

NÖRDLICHE SEE

Coro (1527)
"The Spanish Main"

Panama (1519)

- Französisch
- Englisch
- Holländisch
- Spanisch

SÜDLICHE SEE

NEU-GRANADA

Oben: **Hernando de Soto** (1500?–1542) entdeckte kurz vor seinem Tode den Mississippi. Da er im Westen kein Gold gefunden hatte, kehrte er zum Fluß zurück, wo er starb und eilig begraben wurde.

die gesamte Küste hinunter in spanisches Hoheitsgebiet, bis er mit seinen Männern in der Wildnis verschwand. Sein Sohn Sebastian versuchte später, eine Nordwestpassage nach Asien durch den nordamerikanischen Kontinent zu finden. Fast hätte er es bis zur Hudson Bucht (durch Hudson Strait) geschafft, doch eine Meuterei zwang ihn vorzeitig zur Umkehr.

Es überrascht daher, daß die folgenden englischen Expeditionen nicht an der Atlantik –, sondern an der Pazifikküste erfolgten: Francis Drake versteckte sich beispielsweise 1579 nördlich von San Francisco, nachdem er spanische Schiffe und Häfen geplündert hatte. Er setzte sein Schiff, die *Golden Hind*, in einer Bucht auf eine Sandbank, um den Rumpf von lästigen Krebsen zu reinigen, um das Schiff schneller zu machen. Gleichzeitig nahm er das nördliche Kalifornien für Königin Elisabeth in Anspruch und nannte es *Nova Albion*, weil ihn die Küstenfelsen an die Klippen von Dover erinnerten. Übrigens trieb er mit den Eingeborenen einen friedlichen und einträglichen Handel, die Indianer krönten ihn sogar zu ihrem König.

In England erregten die Entdeckungen von Francis Drake großes Interesse. Die berühmten englischen Kartographen jener Zeit, darunter Hondius und Blaeu, fügten dieses »Neue England« bald in ihre Karten ein. Selbst Bücher über diese Region wurden geschrieben, und der bekannte flämische Maler Thomas de Bry malte die Indianer aus *Nova Albion*. Trotz allem vermied England aus politischen Gründen eine weitere Besiedlung Nordkaliforniens. Königin Elisabeth überließ dieses Land Spanien – Großbritannien würde Virginia besiedeln. Inzwischen hatte sich der spanische Machtbereich im amerikanischen Südwesten immer stärker gefestigt. Ein halbes Jahrhundert nachdem Coronado das Land entdeckt hatte, kolonisierte sein Landsmann Don Juan de Onate 1598 Neu Mexiko mit 400 Menschen und über 70.000 Stück Vieh. Onate erwies sich als grausamer Eroberer, der die mutigen Indianer mit unglaublicher Brutalität behandelte. Viele der eingeborenen Krieger starben bei den spanischen Angriffen; die Überlebenden ließ Onate für 25 Jahre in die Sklaverei treiben. Selbst 500 Frauen und Kinder ließ er versklaven. Auffallend ist jedoch, daß Kinder unter 12 Jahren verschont blieben; sie gab Onate in die Obhut seiner Priester, die aus ihnen »gute Christen« machen sollten.

Aber im Laufe der Zeit war Onate selbst für Madrid untragbar geworden. Man enthob ihn nach 15 Jahren seines Kommandos und verurteilte ihn vor einem Gericht.

Oben: Der Kupferstich zeigt Diego Mendez und Rodrigo de Escobar, die sich als Spione verkleidet hatten, um ein Indianerdorf zu erkunden. Doch Mendez wurde entdeckt und vom Sohn des Häuptlings erschlagen.

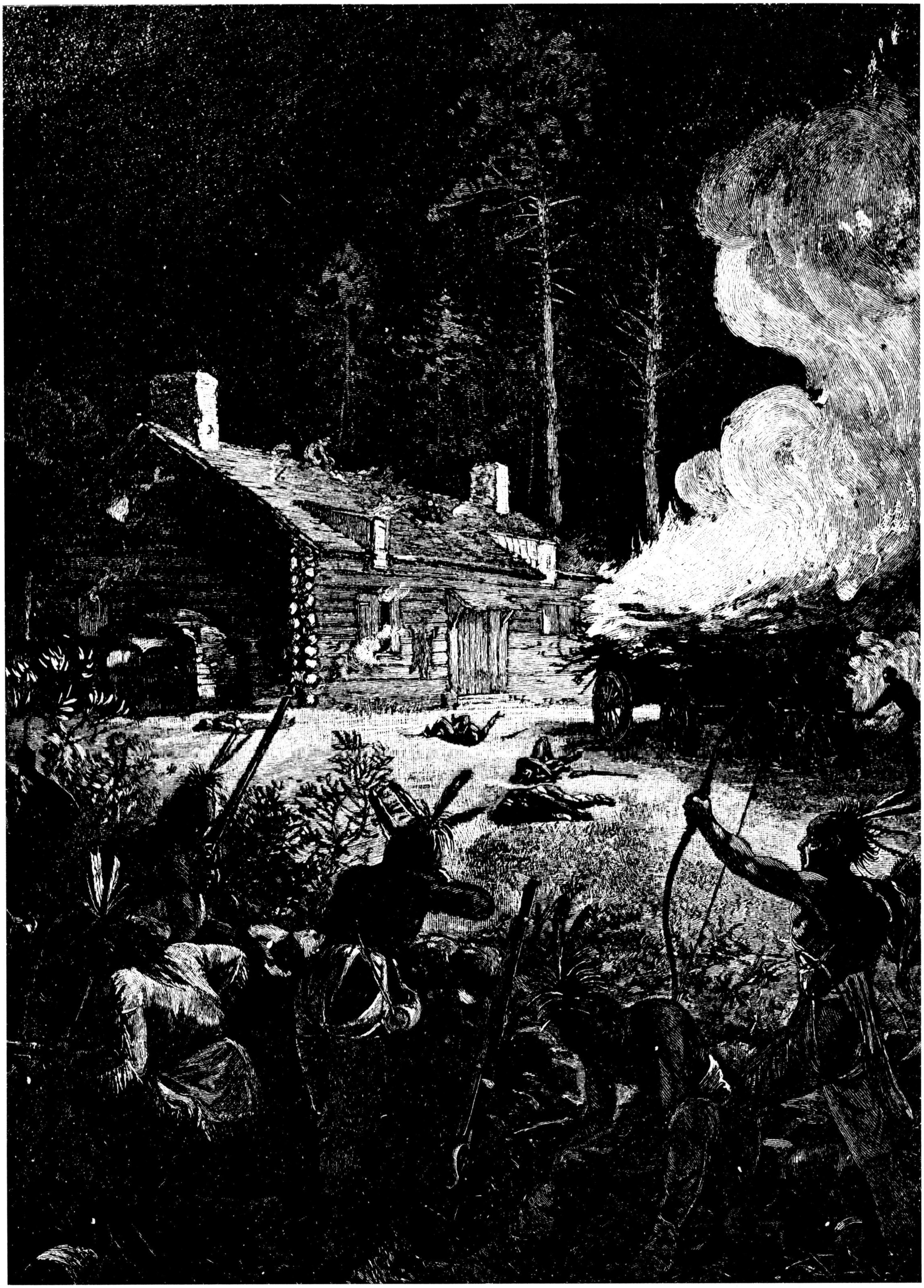

DIE KOLONISTEN
1607–1755

Als die Engländer und Franzosen versuchten, die Gebiete im östlichen Nordamerika zu erobern, mußten sie immer wieder kleinere Gefechte mit den Indianern hinnehmen. In dieser Zeit gab es drei bewaffnete Konflikte, die sich zu wirklichen Kriegen entwickelten: Der Pequot-Krieg von 1637, in dem die gefürchteten Pequot-Indianer des Connecticut-Flußtals die Siedler überfielen, und der König-Philips-Krieg (1675–78), der brutalste und kostspieligste Krieg, den der Kontinent bis dahin gesehen hatte. Denn der Indianerhäuptling Philip versuchte, die Kolonisten zurückzutreiben ins Meer. Er wurde 1676 getötet, zwei Jahre später war der Krieg aus – und der weiße Mann immer noch Herr der Lage. Die ersten 75 Jahre des siebzehnten Jahrhunderts waren gekennzeichnet durch ständige Auseinandersetzungen zwischen den französischen Siedlern und verbündeten Algonkin-Indianern gegen ihre Stammesfeinde. Auf der anderen Seite kämpften englische Siedler zusammen mit Irokesen-Indianern. Diese dritte Auseinandersetzung wurde unter dem Namen des Französisch-Indianischen Krieges bekannt, der den Konflikt zwischen Indianern und Weißen während des amerikanischen Unabhängigkeitskrieges vorwegnahm.

Als John White 1590 das Leben der Algonkin-Indianer zeichnete, stellte er ihre bäuerlichen Indianersiedlungen in Virginia als wahre Naturidylle dar. Seine Bilder widersprachen den Zeichnungen von Theodore de Bry und anderen, die Nordamerika vornehmlich mit blutrünstigen, mordenden Wilden identifizierten. Das Indianerbild von John White zeigte die Ureinwohner dagegen als Bauern, die Mais und Korn anbauten und in Waldlichtungen Kürbisse, Sonnenblumen und Tabak pflanzten.

Virginia

Jamestown, die erste ständige Siedlung in Virginia, wäre fast ein Mißerfolg geworden: Schon zwölf Stunden, nachdem die Engländer am 26. April 1607 gelandet waren, mußten sie einen Kampf mit den Eingeborenen überstehen. Glücklicherweise entstand aus diesem kleinen Gefecht kein Krieg. Obwohl es auch unter den Kolonisten in Virginia Habgier und Machtbesessenheit gab, waren sie nicht auf Gold aus wie die spanischen Eroberer. Den Engländern ging es damals noch um eine friedliche Koexistenz mit den indianischen Nachbarn. Es sollte sich zei-

Oben: **John Smith**, der mit seiner großen militärischen Erfahrung Jamestown, die erste Siedlung in Virginia, zum Erfolg führte.

Gegenüberliegende Seite: Die kleinen Siedlungen in Massachusetts wurden oft von feindlichen Indianern belagert, die häufig Feuer als wirksamste Waffe einsetzten.

gen, daß dies nicht einfach zu verwirklichen war – doch immerhin gab es hier überhaupt Frieden zwischen beiden Kulturen. Ohne diesen Frieden hätten die Engländer keine Überlebenschance gehabt.

Vielleicht hielten sich die Indianer zurück, weil sie einfach neugierig waren oder geduldig. Denn das, was sie sahen, war eher bemitleidenswert: Die Kolonisten starben an Krankheiten und Unterernährung; von den ursprünglich 900 Siedlern, die 1607 angekommen waren, lebten ein Jahr später nur noch 150! Daß es in den ersten 15 Jahren am James-Fluß relativ ruhig blieb, verdankten die Kolonisten im Grunde zwei herausragenden Persönlichkeiten, dem Indianer Powhatan und John Smith.

Der »König« unter den Indianern jener Gegend hieß Powhatan, obwohl sein wirklicher Name Wa-hun-sen-a-cah oder

Oben: Die Zeichnung stellt einen Ausschnitt aus der Geschichte der Rettung von John Smith durch das Indianermädchen **Pocahontas** dar.

Wahunsonacock lautete. Er lebte in der Gegend des heutigen Richmond in Virginia und hatte als Häuptling von seinem Vater fünf Algonkin-Stämme übernommen. Sie waren aus dem Süden vor den Spaniern geflohen. Als die englischen Kolonisten Jamestown gründeten, hatte Powhatan den sogenannten Powhatan-Bund zu ingesamt 32 Stämmen und 200 Dörfern, mit vielleicht 10.000 Menschen, vergößert.

Von John Smith ist eine Beschreibung Powhatans erhalten, als dieser rund 50 Jahre alt war. Demnach war er körperlich gut und kräftig gebaut, hatte einen strengen Gesichtsausdruck, der ihn zugleich edelmütig und grausam erscheinen ließ. Der Häuptling galt denn auch als ausgesprochen brutal, mißtrauisch und soll weiße Gefangene mißhandelt haben.

Auch die andere Persönlichkeit, die für diese Jahre bestimmend war, John Smith, konnte kaum als Feigling gelten. Er war als mutiger Soldat bekannt, hatte in Ungarn gegen die Türken gekämpft, wurde dort gefangengenommen und gefoltert.

Powhatan zeigte den Kolonisten, wie man Korn und Tabak anbaute – doch in Hungerzeiten verweigerte er ihnen Korn, um sie weiter von sich abhängig zu halten. Tabak sollte übrigens in den folgenden Jahren zu ständigen Auseinandersetzungen zwischen Weißen und Indianern führen. Denn der Tabakanbau benötigte Land, das die Weißen den Indianern oft genug entrissen. 1613 hatte John Rolfe erste Tabakproben nach England geschickt, und schon vier Jahre später florierte der Tabak-Export.

John Smith fiel dem Indianerhäuptling zum ersten Mal in die Hände, als er das Gebiet der Kolonie erkunden und kartographieren wollte. Fast hätte ein Indianer mit seiner Kriegskeule John Smith umgebracht. Aber die zwölfjährige Tochter Powhatans rettete das Leben des Weißen.

Für viele ist diese Geschichte frei erfunden, dennoch mag etwas Wahres daran sein. In jedem Fall scheint die Tochter des Häuptlings, Matoaka, nur die guten Eigenschaften ihres Vater geerbt zu haben. Allerdings ließ sich dieses Mädchen, aus Angst, daß jemand durch die Kenntnis ihres Namens Macht über sie hätte, nur Pocahontas (»*die Verspielte*«) nennen.

Pocahontas war oft mit den Kindern der Kolonisten zusammen, sogar in den Straßen von Jamestown. Als sie älter wurde, diente sie ihrem Vater als geschickte Verhandlungsführerin gegenüber den Weißen. Da sie Jamestown so oft besuchte wie ihr eigenes Dorf, war sie ein Garant für den Frieden. Sie kümmerte sich auch – wenn dies nötig war – um den Gefangenenaustausch und besuchte die Kolonisten, wann immer sie Hilfe benötigten. Und nachdem sie den hungernden Engländern einmal Nahrungsmittel gebracht hatte, sahen die geplagten Siedler sie endgültig als eine der ihren an. John Smith schrieb später über sie, Pocahontas hätte die Kolonie vor Hunger, Auflösung und dem Tod bewahrt.

John Smith wußte genau, wie er mit den Indianern umgehen mußte. Besser als jeder andere erkannte er, wie verletzlich und schwach seine Kolonie war. Er mußte mit den Indianern Frieden halten um zu überleben. Selbst in harten Zeiten, wenn Powhatan kein Korn lieferte, blieb er standhaft. Auch die Virginia-Gesellschaft in London hatte dies begriffen und wußte, daß ein Frieden in jedem Falle billiger war als ein Krieg. Um die Beziehungen zu den Indianern zu festigen, krönte Smith den Indianerhäuptling 1609 zum »König«. Zwar beklagte er sich, daß der alte Indianer mehr an den Geschenken der Weißen als an der Krone selbst interessiert war, dennoch hoffte Smith, so den Frieden zu sichern.

Leider wurde Smith noch im selben Jahr bei einem Unfall verwundet, so daß er nach England zurückkehren mußte. Die Beziehungen zwischen den Indianern und den Kolonisten verschlechterten sich bald. Einige Indianer entfesselten einen Aufstand, vielleicht initiiert von den Spaniern. Dabei wurden im Winter 1610 zehn Weiße getötet. Die Vergeltung der Engländer erfolgte prompt – sie brannten Indianerdörfer nieder und töteten viele Krieger, die sie selbst in den Wäldern noch verfolgten. Bei einem weiteren Angriff der Indianer überlebte nur ein Kolonist, weil Pocahontas sein Leben rettete. Er lebte fortan bei den Indianern und diente Jahre später als verläßlicher Dolmetscher.

Pocahontas besuchte Jamestown nach der Abreise von John Smith und den Aufständen nicht mehr. Sie zog sich völlig zurück und lebte in einem kleinen Dorf am Potomac. Erst Sir Samuel Argall schaffte es, ihren Aufenthaltsort ausfindig zu machen, nahm sie 1613 im Namen des Gouverneurs gefangen und ließ sie in »ehrenvoller Gefangenschaft« halten. Der Gouverneur selbst, Sir Thomas Dale, und ein Reverend Whitaker kümmerten sich um sie. Doch Pocahontas wurde in dieser Gefangenschaft – ob nun »ehrenvoll« oder nicht – zusehends unglücklicher und unzufriedener. Die zwei Männer hatten jedoch Geduld mit ihr und bekehrten sie zum Christentum. Pocahontas nahm schließlich den Namen Rebecca an. Der Gouverneur handelte übrigens nicht ohne Hintergedanken: Pocahontas diente ihm als Geisel, um ihren Vater von einem Angriff auf die Kolonie abzuhalten und die Verhandlungen über einen Gefangenenaustausch mit den Indianern zu erleichtern. Die Gefangennahme Pocahontas' sollte das Überleben von Jamestown tatsächlich garantieren, doch nicht so, wie sich Sir Dale gedacht hatte. Denn aus Pocahontas war inzwischen eine schöne Dame geworden, in die sich der Erste Sekretär der Kolonie, John Rolfe, verliebte. Schließlich heiratete er sie, weil er Pocahontas wirklich liebte, weniger aus diplomatischem Kalkül. Der Gouverneur und Powhatan stimmten der Heirat zu, und im April 1614 besiegelten beide durch ihren Ehebund einen langdauernden Frieden zwischen Weißen und Indianern.

John Rolfe und seine erst 21jährige Frau wurden bald darauf von der Virginia-Gesellschaft nach England eingeladen, wo Lady Rebecca auch am Hofe empfangen wurde. Die Reise war ein großer Erfolg für das Ehepaar, denn jeder bewunderte Rebecca. Doch auf dem Rückweg erkrankte sie plötzlich an Pocken und starb 1617 in Gravensend bei London. Dort wurde sie in der kleinen Kapelle des Dorfes beigesetzt, später errichtete man ihr zu Ehren eine kleine Statue im Kirchhof.

Der Frieden zwischen Kolonisten und Indianern war schon durch die Abreise von John Smith und Pocahontas' brüchig geworden. Doch erst als auch Powhatan 1618 starb, war es mit der Ruhe endgültig vorbei. Denn Opechancanough, der neue Häuptling, ein Bruder Powhatans, war voller Haß gegen die Weißen. Es ist nicht genau bekannt, weshalb er unbedingt Rache an den Eindringlingen nehmen wollte: Vielleicht ist dies auf eine demütigende Gefangennahme zurückzuführen, bei der ihm John Smith eine Pistole zwischen die Rippen gepreßt hatte.

Opechancanough sah nun jedenfalls seine Zeit gekommen und überfiel die Siedlungen am 22. März 1622. Die Engländer hatten ihm durch eine ungerechtfertige Hinrichtung eines Indianers einen guten Grund zum Eingreifen geliefert. In einem blutigen Überraschungsangriff töteten die Indianer 347 Männer, Frauen und Kinder, darunter auch ihren Lehrer, den Priester George Thorpe, der die Indianer zum Christentum bekehren wollte. Die Kolonie büßte bei diesem Angriff ein Drittel ihrer Bevölkerung ein – viel mehr Menschen, als die Indianer eigentlich hatten umbringen wollen. Nur sechs der insgesamt 80 Siedlungen blieben verschont. Jamestown überstand den Angriff, weil ein Indianerjunge den Angriffsplan verraten hatte. Hinter den schwachen Mauern von Jamestown versammelten sich schnell die Verwandten der Opfer und berieten über einen Gegenangriff. Sie luden die Indianer zu Friedensgesprächen ein und gaben vor, völlig verängstigt und erschöpft zu sein.

Der haßerfüllte Opechancanough mag etwas geahnt haben, als er mit den Unterhändlern die Siedlung betrat, denn als die Weißen plötzlich auf die Indianer einschlugen und sie alle umbrachten, entkam nur der Häuptling. Das belagerte Jamestown sah sich gezwungen, den Ring der Belagerer zu sprengen und die Indianer völlig zu vernichten. Kleine Patrouillen wurden ausgeschickt, um die Dörfer der Indianer und ihre Ernten in Brand zu stecken. Schließlich zogen sich die Indianer weiter in das Inland zurück. 1622 wurden in Virginia mehr von ihnen umgebracht als in den 15 Jahren zuvor.

Fast zwei Jahrzehnte mußte Opechanacanough warten, um an den Weißen erneut Rache zu üben, denn beide Seiten waren von den ständigen Kämpfen erschöpft. Angeblich soll er zu dieser Zeit

Oben: **Pocahontas** oder **Matoaka**, eine Tochter des Häuptlings Wahunsonacock, genannt Powhatan, vom Stamme der Powhatan wurde von den Siedlern in Virginia 1613 gefangengenommen. Sie wurde Christin und nahm den Namen Rebecca an; 1614 heiratete sie John Rolfe und starb schon drei Jahre später bei ihrem ersten Besuch in England.

(1644) schon hundert Jahre alt gewesen sein und mußte in einer Tragbahre liegen. Dennoch führte er den ersten großen Angriff gegen die Kolonisten und organisierte den Aufstand aller Indianerstämme im Umkreis von 800 Kilometern um Jamestown.

Die erste Angriffswelle gegen Jamestown war vernichtend: Am 18. April 1644 wurden 400–500 Weiße umgebracht, die meisten von ihnen am York- und Pamunkey-Fluß, wo der alte Häuptling den Angriff selbst geführt hatte. Zwar hatte die Kolonie eine Niederlage erlitten, war jedoch bei weitem nicht zerstört. Denn während Opechancanough zwei Jahrzehnte lang eine beträchtliche Streitmacht aufgebaut hatte, war die Kolonie in Virginia auf 8.000 Menschen angewachsen. Tatsächlich gelang es den Weißen unter Gouverneur Sir William Berkeley schnell, den Indianern die Initiative im Kampf zu entreißen und sie in die Wälder zurückzudrängen.

Opechancanough war besiegt, wurde gefangengesetzt und nach Jamestown gebracht. Er lag auf seiner Bahre und wartete auf den erlösenden Tod. Da kam es zu einem Zwischenfall, als einer der Milizsoldaten plötzlich seine Waffe auf den alten Häuptling richtete und abfeuerte. Die Kugel tötete Opechancanough nicht sofort, sondern schien ihn fast zu beleben: Mühsam erhob er sich und schickte nach Berkeley. Als der Gouverneur zu ihm eilte, sagte der Häuptling nur, er hätte seinen wichtigsten Gefangenen, den Gouverneur, anders behandelt. Er hätte ihn seinen Leuten nicht auf so erniedrigende Weise vorgeführt. Dann starb er.

Oben: Die ersten Kolonisten stellten die häufigen, aber immer wieder furchterregenden Indianerangriffe in einfachen Holzschnitten dar.

Mit dem Tod des alten Häuptlings war auch die Hoffnung der Indianer auf eine Vernichtung der Kolonie geschwunden. Doch der Krieg ging im Untergrund weiter, die Indianer lieferten den Weißen einen verzweifelten Guerilla-Krieg. Die Versammlung der Kolonisten beschloß daher, die Indianer weiter zu bekämpfen. Doch 1646 schlossen sie einen Friedensvertrag mit den Stämmen, als ein neuer Häuptling, Necotowance, sich der britischen Krone unterworfen hatte und Tributzahlungen an die Kolonie leistete.

Die Engländer legten dafür genaue Grenzen für die Landverteilung zwischen Eingeborenen und Siedlern fest. Doch nachdem Gouverneur Berkeley vom König abberufen worden war, kehrten die Kolonisten zu ihrer alten Politik zurück und dehnten ihren Landbesitz immer weiter von der Küste ins Inland aus. Zunächst besetzten sie dabei nur selten Land, das eigentlich Indianern gehörte. Aber je stärker die Bevölkerung zunahm, desto alltäglicher wurde diese Inbesitznahme. Natürlich wehrten sich die Indianer, stahlen Vieh oder hielten sich ganz einfach auf ihrem alten Grund und Boden auf, den nun die Kolonisten für sich beanspruchten. Dies forderte wiederum die Vergeltung der Kolonisten heraus. Interessant dabei ist, daß der Ausgangspunkt der Konflikte damals noch selten im Rassenhaß begründet war. Es handelte sich zumeist schlichtweg um eine sehr unterschiedliche Auslegung von Besitzrechten...

Im März 1656 zogen die Weißen zu einer Strafaktion aus, die sie als »Indianerpolitik« bezeichneten, die tatsächlich aber nichts andereres als bloße Gewalt war. Die Kolonie sandte Oberst Edward Hill mit 100 Soldaten und den verbündeten Häuptling Tottopottomoi mit weiteren 100 Pamunkey-Kriegern an die Wasserfälle des James-Flusses. Dort hatten sich einige Indianer auf dem Land angesiedelt, das die Weißen für sich beanspruchten. Der Oberst hatte den Befehl, möglichst keine Gewalt anzuwenden, um die Eindringlinge zu verjagen. Doch ohne jeden Grund tötete er die fünf Häuptlinge der »wilden Indianer«, die zum Verhandeln zu ihm gekommen waren. Tottopottomoi wurde schließlich in dem folgenden Kampf getötet. Der Rat der Kolonie und das *House of Burgesses* zeigten sich entsetzt über das niederträchtige Verhalten ihres Offiziers und enthoben ihn seines Postens.

Als William Berkeley im Jahre 1671 erneut Gouverneur wurde, waren alle Indianer unterworfen. Weniger als 1.000 Krieger lebten zu dieser Zeit in der näheren Umgebung der Siedlungen, die mittlerweile 40.000 Menschen umfaßten. Doch der Gouverneur hielt diese Indianer für äußerst wichtig, denn sie bildeten eine Pufferzone zwischen den Weißen und den kriegerischen Indianerstämmen in den Wäldern.

Schon vier Jahre später flammten die Kämpfe in Virginia und

Maryland wieder auf, als einige Nanticoke-Indianer Schuldscheine eines Pflanzers stahlen, weil er seine Schulden bei dem Stamm nicht beglichen hatte. Die Weißen antworteten mit einem blutigen Rachefeldzug. Wieder wurden bei Verhandlungen unter der weißen Flagge fünf indianische Unterhändler des eigentlich friedlichen Stammes der Susquehannocks von den Weißen umgebracht. Die Milizsoldaten aus Maryland und Virginia beschuldigten sich später gegenseitig, für dieses Massakar verantwortlich zu sein. Immerhin ließen beide Kolonien diesen Vorfall untersuchen, doch der Schuldige, ein Offizier aus Maryland, kam mit einer Geldbuße davon. Als Folge dieser Grausamkeit waren nun auch die Susquehannocks den Weißen feindlich gesonnen. William Berkeley wurde von vielen Weißen in seiner Indianerpolitik als zu schwach angesehen. Sie unterstützten seinen jungen Cousin, Nathaniel Bacon, der als ausgesprochener Indianerhasser galt. Er hatte verschiedene Stämme, fast alle von ihnen friedlich und auf Ausgleich bedacht, überfallen und entfachte nun sogar einen Aufstand in der eigenen Kolonie. Dabei kämpfte er auch gegen die loyalen indianischen Verbündeten der Siedler, die Pamunkey-Indianer, und trieb sie in die Sümpfe. Dort wurde fast der gesamte Stamm ausradiert. Die Engländer und Indianer wurden am 26. Oktober 1676 von Bacon erlöst, als er im Kampf starb. Mit ihm löste sich auch seine Rebellion in Nichts auf.

Die Massachusetts Bay

Weit im Norden der neuen Welt blieben die Kolonisten zunächst von jeglichen Kriegen verschont. In der Plymouth Plantation und der Massachusetts Bay-Kolonie herrschte der Frieden, den die Siedler in Virginia vermißten. Die *Mayflower* hatte 1620 hauptsächlich Puritaner aus England an Bord, als sie in Massachusetts ankam. Sie verhielten sich friedlicher als alle Kolonisten im Süden Nordamerikas. Doch in der Gegend um Plymouth kämpfte ein ganz anderer Feind gegen die Indianer – Krankheiten und Seuchen. Die dort lebenden Stämme wurden bei der Ankunft der Kolonisten von einer Epidemie heimgesucht, die Weiße aus dem Süden in Neu-England verbreitet hatten. Einer der Puritaner, Reverend Cotton Mather, deutete die Krankheit damals als ein Zeichen Gottes, da so die Wildnis von den »schädlichen Kreaturen« gereinigt werde, um Platz zu machen für eine bessere Welt.

Als die *Pilgrim Fathers* in Massachusetts landeten, herrschte über das gesamte heutige Gebiet Neu-Englands der Häuptling der Wampanoag-Indianer. Sein Name war Ousamequin oder »Yellow Father« (»Gelber Vater«), der normalerweise unter seinem Herrschernamen bekannt war, Massasoit. Das hieß »Großer Häuptling«. Er lebte in Pokanoket, im heutigen Mount Hope in Rhode Island. Ein Siedler beschrieb ihn 1621 als kraftvollen, gutgewachsenen Mann im besten Alter, ernsthaft, nachdenklich und wortkarg.

Auch einen John Smith gab es in der Plymouth-Siedlung, obgleich er, Hauptmann Myles Standish, weniger den Frieden suchte, sondern die umliegenden Stämme terrorisierte. Mehr noch als Powhatan in Virginia, wußte Massasoit, daß der Frieden mit den Fremden dem Krieg allemal vorzuziehen war.

Schließlich wurde Massasoit zum Freund und Verbündeten der Kolonisten in Massachusetts. Am 22. März 1621 unterzeichnete er zusammen mit seinem Bruder Quadequina und zwei weiteren führenden Häuptlingen einen Vertrag mit den Weißen. Dieser »Vertrag des Massasoit« regelte zum ersten Mal auf friedliche Art und Weise die Landnahme der Weißen. Der Häuptling überließ ihnen indianische Gebiete, die wegen der Epidemie entvölkert waren. Und überraschenderweise funktionierte das Abkommen, obwohl Myles Standish später eine Strafaktion gegen die Indianer durchführte und der Gouverneur von Massachusetts, William Bradford, es fast auf einen Krieg mit den Indianern ankommen ließ.

Der Pequot-Krieg

Der Stamm der Pequot-Indianer im Flußtal des Connecticut war bei diesem Vertrag nicht mit eingeschlossen. 1636 begann der Stamm, Widerstand gegen die Weißen zu leisten. Denn die Siedler der englischen Kolonien in Rhode Island und Massachusetts bedrängten ihr Stammesgebiet von Norden her, während die holländischen Kolonisten aus Neu-Amsterdam und am Hudson sie vom Süden aus bedrohten. Und im selben Jahr gründeten Weiße die erste Kolonie in Connecticut selbst – der Konflikt zwischen den Indianern und den Eindringlingen war somit abzusehen.

Als der Pequot-Krieg 1636 ausbrach, geschah dies nicht an Land, sondern merkwürdigerweise zur See. Der Bostoner John Gallup fand auf hoher See das Boot eines Freundes, das unter vollen Segeln lief. Doch an Bord befanden sich Pequot-Indianer, so daß Gallup einige Schüsse auf das Boot abfeuerte und es kaperte. Die Antwort auf diesen indianischen Überfall kam schnell und fiel zeimlich blutig aus. Der Gouverneur von Mas-

Oben: Der Krieg mit den Indianern verschonte auch Frauen und Kinder nicht.

Unten: **Myles Standish** rettete seine Siedlung, die Plymouth-Kolonie, mehrmals vor den Angriffen der Indianer. Diese Lithographie von 1873 zeigt ihn, wie er gerade mit einem indianischen Führer Cape Code erkundet.

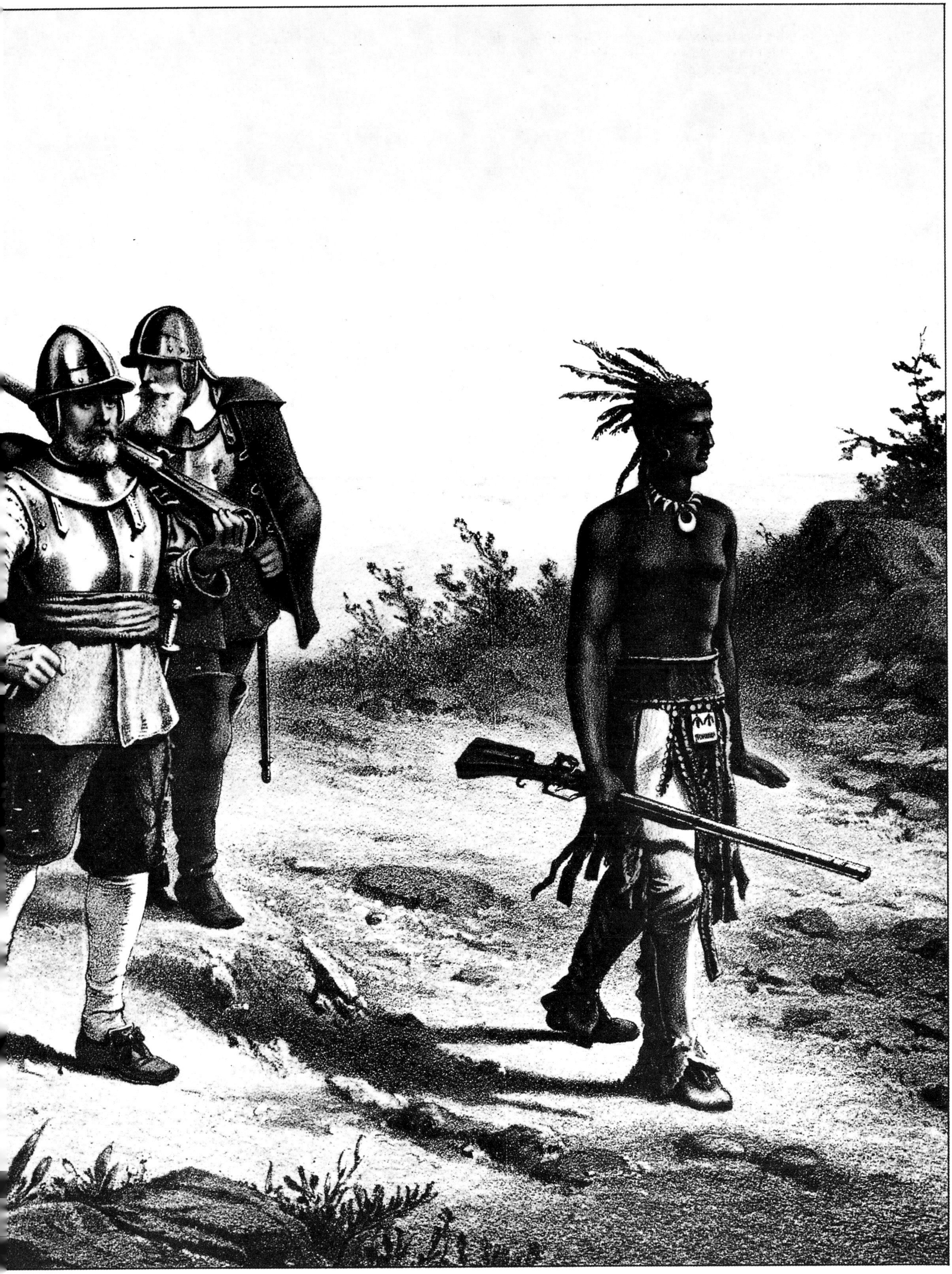

Oben: **Roger Williams**, der Rhode Island gegründet hatte, galt als erfahrener Diplomat. Er war gegen die brutale Landeroberung und kaufte den Indianern das Land stattdessen ab, beispielsweise von den Narragansetts (oben). Dieser Stamm blieb den Kolonisten deshalb freundlich gesonnen, trotz der Übergriffe durch Weiße.

Rechts: Der Stamm der **Pequods** oder **Pequots** aus Connecticut bestand aus rund 3.000 Kriegern, die auch umliegende Stämme beherrschten. Erst im Krieg mit den Kolonisten in Neu-England (1637) wurden sie besiegt. Die meisten der Überlebenden wurden von den Mohawk-Indianern massakriert, als sie auf der Flucht in deren Gebiet eindrangen.

Oben: Ein Häuptling der Wampanoag-Indianer, **Samoset**, überraschte die Kolonisten mit seinem perfekten Englisch.

sachusetts, Vane, schickte eine 90-Mann-Truppe zum Hauptlager des Pequot-Stammes. Eigentlich sollte allein ihre Präsenz die Indianer einschüchtern, doch die Weißen verwechselten den Stamm und brachten stattdessen fast alle Narragansett-Indianer auf Block Island um. Die Weißen verloren bei dieser grauenhaften Vergeltungsaktion nicht einen einzigen Mann.

Natürlich fühlten sich nun alle Indianer des Gebietes herausgefordert. In einer Welle blinden Hasses und absoluter Gewalt durchzogen die Pequots das Siedlungsgebiet und töteten wahllos Farmerfamilien. Die Kolonisten schlugen nicht sofort zurück, so daß sich die Indianer ermutigt fühlten und insgesamt 1.000 Männer auf den Kriegspfad schickten. Immerhin gelang es dem Gründer der Rhode Island – Kolonie, Roger Williams, die stärkeren Narragansett-Stämme aus dem Kampf herauszuhalten. Dennoch mußten Rhode Island und Connecticut die Kolonien im Norden um militärischen Beistand bitten.

Massachusetts schickte einen alten, erfahrenen Soldaten: John Mason hatte sein Handwerk in den Niederlanden gelernt und später Windsor in Connecticut gegründet. Als er gerufen wurde, stand er im Sold der Holländer. Seine Aufgabe war klar und einfach – er sollte die Pequots einschüchtern und überfallen.

Im Mai 1637 führte Mason 80 Soldaten und rund 100 verbündete Mohikaner unter ihrem Häuptling Uncas nach Fort Saybrook. Dort traf er mit einer weiteren Verstärkung zusammen und stellte sogleich sein Verhandlungsgeschick unter Beweis, als es ihm gelang, mehrere Narragansett-Indianer auf seine Seite zu ziehen. Die kleine Streitmacht landete schließlich vom Meer aus in der Bucht von Narragansett und griff die gut befestigten Siedlungen der Pequot-Stämme in einem Überraschungsschlag an. Mason war sich dabei im klaren, daß er sich nur bedingt auf seine Verbündeten verlassen durfte. Denn Uncas war ein Opportunist, der möglicherweise noch während der Schlacht zur gegnerischen Seite übergewechselt wäre, wenn sie siegreich sein sollte. Mason war auch bekannt, daß Uncas früher bei den Pequots gelebt hatte und ihr Häuptling Sassacus Uncas Schwiegervater war. Doch Mason ließ sich dadurch nicht verunsichern. Auch die Tatsache, daß die Rollen dieses Mal vertauscht waren, schüchterte ihn nicht ein: Denn bei dieser Schlacht griffen Weiße Indianer an, die sich hinter gut ausgebauten Stellungen verschanzt hatten. Eine Patrouille der Kolonisten hatte zwei Eingänge in der Schutzmauer ausgemacht. Mason teilte seine Männer auf und schickte im Morgengrauen je eine Gruppe zu jedem Tor. Der Angriff traf die Pequots völlig überraschend, obgleich sie bald erbitterten Widerstand leisteten. Erst als Mason und seine Männer die Zelte in Brand steckten, flüchteten die Indianer in Richtung der beiden Tore. Dort aber hatten sich bereits die Soldaten aufgestellt und erschossen fast alle Pequot-Krieger. Die wenigen Überlebenden wurden von den Mohikanern und Narragansetts niedergemacht.

Der Bericht über die Schlacht, den Gouverneur Bradford anfertigte, liest sich wie eine blutige Augenzeugenbeschreibung des Kampfes. Wieviele Tote und Verwundete es gab – ob 600 oder gar 1.000 – ist dabei zweitrangig, denn die Kolonisten

Oben: **Massasoit**, der wichtigste Häuptling der Wampanoag-Indianer, verhielt sich ebenso wie sein Sohn Samoset freundlich gegenüber den Weißen. 1621 rauchte Massasoit die Friedenspfeife auch mit Gouverneur John Carver in Plymouth. Massasoit brach sein Wort nie, obwohl er von den Weißen immer wieder herausgefordert wurde.

hatten einen großen Sieg errungen. Mason hatte nur zwei Männer verloren, 20 waren verwundet.

Doch das Volk der Pequots war nicht zerschlagen, ja, der Triumph, den die Kolonisten errungen hatten, sollte sich als Pyrrhussieg herausstellen. Als sich Mason mit seinen Männern zurück zu den Booten aufmachte, wurden sie plötzlich von 300 Pequot-Kriegern überrascht. Dennoch gelang es Mason, seine Männer zurückzuziehen und den Feind zu umgehen. Sie lieferten sich nur wenige, aber bittere Rückzugsgefechte und erreichten sicher die Bucht.

Kurze Zeit später, nach der Rückkehr in die Kolonie, sollte John Mason erneut Jagd auf Indianer machen. Er verfolgte Pequot-Krieger von Saybrook bis hinunter nach Neu-London. Alle Pequots, die man nicht getötet hatte, wurden in Massachusetts und Connecticut versklavt oder in Ketten nach Bermuda verschleppt. Nur wenige entkamen und flüchteten zu anderen Indianerstämmen. Häuptling Sassacus allerdings beging den Fehler und suchte ausgerechnet bei den Mohikanern Zuflucht. Sie köpften ihn und schickten den abgetrennten Kopf nach Boston, um zu beweisen, daß sie loyale Verbündete waren.

Der König-Philips-Krieg

Doch der Pequot-Krieg war nur der Anfang, ihm folgte der erste und einzige wirkliche Indianerkrieg des siebzehnten Jahrhunderts: Der Krieg um König Philip begann 1671 und sollte das Schicksal aller Indianerstämme in Neu-England endgültig besiegeln.

Zu dieser Zeit stellten die 4.000 Narragansett-Indianer im Süden der Region ungefähr ein Viertel aller Eingeborenen. Die weißen Siedlungen drohten nun, zu einem undurchlässigen Band zusammenzuwachsen. Im Norden lebten die 5.000 *Pilgrims* in Plymouth und die 17.000 Puritaner der Massachusetts Bay. Im Süden war die Zahl der Siedler in Connecticut und Rhode Island auf inzwischen 13.000 Menschen angewachsen.

Aus welchem Grund der Krieg ausbrach, ist nicht mehr bekannt. Doch wie gewöhnlich war der eigentliche Anlaß eher unbedeutend – ein des Mordes verdächtiger Indianer und seine Hinrichtung. Vielleicht hatte die Gewalt langsam aber stetig zugenommen, weil sich Weiße und Indianer kaum mehr verstanden und die Stämme dem wachsenden Druck der Siedler nicht mehr nachgeben wollten. Obwohl die überwiegende Zahl der Kolonisten das Land der Indianer kaufte und nicht einfach besetzte, gab es dennoch ständig Streitigkeiten wegen der Landverkäufe. Denn die Europäer begriffen nicht, wie die Indianer weiterhin auf dem Grund und Boden jagen oder fischen konnten, den sie eigentlich verkauft hatten. Nach englischen Verständnis gingen beim Kauf auch diese Rechte an den neuen Eigentümer über, so daß für sie die Indianer vertragsbrüchig waren.

Auch unter den Indianern selbst wuchs die Unzufriedenheit, weil sich ihre traditionellen Stammesverbände auflösten: Missionare arbeiteten in vielen Indianerdörfern, Siedler warben junge Indianer als billige Arbeitskräfte an und weiße Händler brachten manche indianischen Jäger in totale wirtschaftliche Abhängigkeit. Doch am schwierigsten war vielleicht die geographische Lage der Indianerstämme. Sie wurden zwischen den Engländern im Norden, den Holländern im Süden und den feindlichen Irokesen im Westen zusammengedrängt.

Nachdem Massasoit gestorben war, teilten sich seine Söhne Metacomet und Wamsutta die Stellung des Häuptlings. Da sie beide als nüchterne und friedliebende Anführer der Wampanoag selbst die Engländer beeindruckten, nannten die Weißen sie Philip und Alexander, um so das gegenseitige Vertrauen zu stärken. Dennoch tauchten immer wieder Gerüchte von Kriegsgelüsten auf seiten der Indianer auf. Deshalb wurde Alexander 1662 nach Duxbury eingeladen. Dort mußte er sich einer eingehenden Befragung durch die Kolonisten unterziehen, bei der er die Weißen jedoch beruhigen konnte. Auf dem Rückweg besuchte er einen alten Freund in Marshfield, erkrankte plötzlich an einem tödlichen Fieber und starb wenige Tage später. Sofort machten die Indianer die Weißen dafür verantwortlich und verdächtigten sie, den Häuptling vergiftet zu haben. Trotzdem hielt sich sein Bruder zurück und übte keine Rache an den Siedlern, er bestätigte sogar den alten Vertrag über Frieden und Freundschaft, den sein Vater mit den Weißen geschlossen hatte.

Doch dieser Frieden wurde zunehmend brüchig. In den folgenden Jahren, besonders 1667, 1669 und 1671, machten immer wieder Kriegsgerüchte die Runde. Da Philip der einflußreichste aller Häuptlinge in Neu England war, baten ihn die Siedler 1671 wiederum zu einem Friedensgespräch nach Taunton. Dieses Mal verhielten sich die Weißen unnachgiebiger und stellten herrisch Forderungen an die Indianer: Sie befahlen dem stolzen Häuptling, sämtliche Gewehre seines Stammes abzuliefern und nahmen ihm selbst und seiner Eskorte sogleich die Waffen ab. Philip war wegen dieser Schikanen natürlich verärgert, fügte sich aber. Er unterzeichnete einen neuen Friedensvertrag und ließ tatsächlich einige Gewehre seiner Krieger ausliefern. Doch die meisten seiner Männer weigerten sich, ihre Waffen abzugeben, so daß Philip ein zweites Mal, jetzt nach Plymouth, gerufen wurde, wo man ihn zwang, einen Vertrag über die völlige Unterwerfung der Indianer zu unterschreiben. Diese erniedrigende Urkunde war die letzte Demütigung, die der Häuptling hinnehmen konnte. Nach seiner Rückkehr entwickelte er eine Kampfstrategie, mit der er die Weißen ans Meer zurückdrängen wollte und baute einen geheimen Bund zwischen den verschiedenen Stämmen auf. Vier Jahre lang mußte er auf den geeigneten Moment warten, um endlich losschlagen zu können.

Dieser Moment war gekommen, als am 29. Januar 1675 die Leiche eines Indianers namens John Sassamon unter der Eisdecke eines Sees bei Plymouth gefunden wurde. Indianer hatten ihn dort beerdigt. Nach Gerüchten war er jedoch nicht eines natürlichen Todes gestorben. Deshalb ordnete die Kolonie eine Obduktion und Untersuchung an, die herausfinden sollte, ob man den Mann getötet und dann in den See geworfen hatte.

Sassamon war kein gewöhnlicher Indianer gewesen. Er hatte sich zum Christentum bekehren lassen, sprach fließend Englisch und hatte sogar in Harvard studiert. Um so mehr überraschte dieser zivilisierte »weiße« Indianer seine Stammesbrüder und die Engländer gleichermaßen, als er plötzlich zu Philip zurückgekehrt war und zu dessen Berater aufstieg. Aber schon nach kurzer Zeit schloß er sich wieder der Kirche an und wurde Priester. Vor seinem Tod soll er die Kolonisten von den Kriegsplänen Philips informiert haben. Alles deutete also darauf hin, daß Sassamon in Wirklichkeit als Spion für die Weißen gearbeitet hatte. Doch die Weißen glaubten ihm nicht, denn zu lange schon hatten sie in trügerischem Frieden gelebt. Philip hatte von diesem Verrat gehört und ließ daher Sassamon umbringen.

Als während der Untersuchung ein indianischer Zeuge drei Wampanoag-Indianer als Täter beschuldigte, wurden sie verhaftet, in einem Prozeß angeklagt und schließlich gehängt.

Diese Hinrichtungen sorgten auch bei Philip für noch mehr Haß auf die Weißen, obgleich er vor einem Krieg zurückschreckte. Doch schnell wurde ihm diese Entscheidung von seinen jungen Kriegern abgenommen. Sie wollten das kleine Dorf Swansea angreifen, das zwischen Hope Neck, dem Lager der Indianer, und Plymouth lag. Als Hinweise auf den bevorstehenden Schlag gegen Swansea Gouverneur John Winslow erreichten, schickte er einen Unterhändler zu Philip. Der Häuptling ließ dem Gouverneur ausrichten, er verhandle nur mit dem englischen König selbst, weder mit Gesandten noch dem Gouverneur, weil sie alle nur Untertanen seien.

Die jungen Krieger des Stammes warteten nicht auf Charles II. und handelten. Am 24. Juni 1675, jenem Tag, an dem der Gouverneur die Kolonie für den Frieden fasten und beten ließ, griffen sie Swansea an. Ob Philip davon gewußt hat oder den Angriff befohlen hatte, ist nicht bekannt. Die Indianer brachten neun Siedler um und verwundeten zwei weitere als blutige Rache für einen Stammesbruder, den einen Tag zuvor ein Weißer getötet hatte. Bevor sie abzogen, steckten sie das Dorf in Brand, den Rest der Siedler ließen sie fliehen.

Die Indianer überfielen in den nächsten Tagen Taunton, Dartmouth und Middleborough. Die bedrängten Siedler schickten Kuriere nach Boston und Plymouth, um Hilfe zu holen. In Boston ließen sich in nur drei Stunden 110 Freiwillige in die Liste der Miliz eintragen, die noch am 26. Juni unter dem Kommando von Samuel Mosley die Ruinen von Swansea erreichten. Von dort aus schickte der Hauptmann eine kleine Vorausabteilung in das Lager der Indianer bei Hope Neck. Zwar wurde die Patrouille in Kämpfe verwickelt, doch die Indianer brachen dieses Scharmützel ab, nachdem sie zwei Krieger verloren hatten.

Am nächsten Morgen sah sich Mosley in Swansea eingekreist. Als die Wampanoag-Indianer die kleine Armee zum Ausbruch zwingen wollten, stieß er mit seiner Truppe so rasch vor, daß sie flohen. Er marschierte daraufhin direkt in das verlassene Indianerdorf. Auf acht Stangen waren die Köpfe von gefangenen

Weißen aufgespießt. Mosley ließ die grausigen Siegestrophäen begraben, steckte das Indianerdorf in Brand und kehrte in sein Lager in Swansea zurück. Doch auch die Weißen suchten nach Beweisen für jeden Erfolg: Als eine kleine Verstärkung auf dem Weg von Rehoboth nach Swansea von Indianern überfallen wurde, ließ der Offizier die Skalps der getöteten Indianer nach Boston bringen.

Die Wende zugunsten der Siedler sollte der erfahrene 35jährige Offizier Benjamin Church aus Rhode Island bringen. Er galt eigentlich als ausgesprochener Indianerfreund und -kenner. Church war einer der wenigen Weißen, die Indianer sinnvoll als Scouts, Übersetzer, Spurenleser und Krieger einsetzten, denn die meisten Milizsoldaten kämpften in den Sümpfen und dichten Wäldern mehr schlecht als recht; sie bevorzugten das offene Feld.

Church hatte in die Kämpfe eingegriffen und stand nun bei Pocasset Neck. Er bat um Verstärkung, doch seine Vorgesetzten glaubten, es sei sinnvoller, erneut in das Indianerlager bei Mount Hope zu marschieren. Doch wie Church vorausgesehen hatte, fanden die Soldaten wieder nur ein verlassenes Dorf vor. Inzwischen setzte Church alles auf eine Karte und teilte seine kleine Truppe aus nur 36 Männern auf: Er selbst zog mit 19 Männern nach Tiverton an der Narragansett-Bucht. Eigentlich wollte er die dort lebenden Indianer in einem Überraschungsschlag angreifen, doch seine unerfahrenen Männer verrieten sich schon in der Nacht zuvor, als sie unbedingt Pfeife rauchen wollten. Durch das Feuer wußten die feindlichen Indianer sofort, daß ein Trupp Weißer im Anmarsch war. Tatsächlich stieß er am nächsten Tag mit den Indianern zusammen, die er verfolgt hatte. Allerdings waren es mehr, als ihm lieb sein konnte. In einem verlassenen Gemüsegarten hatten sich so viele Krieger verschanzt, daß sich seine Männer zurückziehen mußten und nur mit Kanus über einen kleinen Fluß entkommen konnten. Church gab als letzter auf. Glücklicherweise wurde niemand von ihnen verwundet, denn die indianischen Schützen konnten kaum richtig anlegen. Auch die 17 Männer der anderen Gruppe wurden in einem überraschend starken Angriff der Indianer zurückgeschlagen und mußten fliehen.

Der Krieg schien sich nun immer stärker zugunsten der Indianer zu verschieben, zumal Philip fünf Städte in Massachusetts überfallen und geplündert hatte. Zwar wurde der Häuptling selbst dabei im Juli 1675 in den Pocasset-Sümpfen in der Nähe des Taunton eingeschlossen, doch er lockte die Weißen einfach tiefer in den Sumpf hinein und verwickelte sie dann in ein plötzliches Rückzugsgefecht, bei dem sieben oder acht Siedler getötet wurden. Aber die Weißen gaben nicht auf und versuchten, die Indianer auszuhungern. Doch anstatt den Belagerungsring um den Sumpf enger zu ziehen, bauten sie zunächst einen Schutzwall für sich selbst. Zwei Wochen lang konnte Philipp so in aller Ruhe genügend Kanus bauen, um eines Nachts auf dem Connecticut zu entkommen. Seine Flucht wäre erfolgreich gewesen, wenn er nicht zufällig eine Gruppe von Mohikanern getroffen hätte, die einige seiner Männer umbrachten. Dann vereinigte er sich mit den Nipmucks, die am Connecticut und seinen Nebenflüssen lebten. Sie hatten bereits Mitte Juli Mendon angegriffen.

Auf seiten der Weißen übernahmen im August Edward Hutchinson und Thomas Wheeler das Kommando. Sie zogen mit 20 berittenen Soldaten gegen die Nipmucks aus, um sie entweder zu besiegen oder wenigstens zur Neutralität zu bewegen. Doch als sie an den Treffpunkt kamen, den sie mit den indianischen Unterhändlern ausgemacht hatten, ließ sich kein Nipmuck blicken. Die Weißen stießen weiter in das unbekannte Terrain vor, obwohl die drei indianischen Scouts davor warnten – für sie war dies eine Falle. Tatsächlich stieß der kleine Trupp einen Tag später auf eine verbündete Streitmacht aus Nipmucks und Wampanoags, die schon beim ersten Angriff acht Weiße töteten und drei weitere schwer verwundeten. Auch Hutchinson wurde getroffen und starb wenige Tage danach. Die Überlebenden schlugen sich mühsam nach Brookfield durch; auch zwei der Scouts kämpften dabei gegen die Indianer, der dritte wurde von den Nipmucks gefangengenommen.

In Brookfield retteten sich die Bevölkerung und die angeschlagenen Milizsoldaten in die kleine Garnison, das Städtchen brannten die Indianer vollständig nieder. Der Versuch der Indianer, auch das Fort einzunehmen, schlug fehl, weil die Verteidiger mit Musketen und Munition gut ausgestattet waren. Schließlich schossen die Indianer mit Brandpfeilen, doch die Belagerten konnten die Feuer schnell löschen. Ein Entkommen war unmöglich, zwei Ausbruchsversuche in die Wälder schlugen fehl. Erst als die Indianer in einer Vollmondnacht mit einem Reisighaufen an einer Ecke der Wallmauer erneut ein Feuer entfachten, konnte einer der Siedler in den dichten Rauchschwaden fliehen und nach Lancaster entkommen, um Hilfe zu holen. Der zweite und dritte Belagerungstag muß für die Eingeschlossenen furchtbar gewesen sein: Nachts wurde der Himmel von den Brandpfeilen erhellt. Und als die Indianer einen Wagen mit Heu und Holz anzündeten und ihn gegen das Tor schoben, konnten die Siedler nur noch auf ein Wunder hoffen. Ein plötzlicher Wolkenbruch löschte das Feuer! Das Wunder war eingetreten – und mit ihm viel Glück. Denn der geflohene Siedler hatte nicht ganz nach Lancaster laufen müssen, weil er unterwegs 50 berittene Soldaten getroffen hatte. Sie galoppierten sofort nach Brookfield, griffen die Indianer an und töteten dabei über 80 Krieger.

Außer Brookfield mußten auch Hadley, Northfield, Deerfield, Medfield und Wrentham verschiedene Angriffe überstehen. Immer wieder kam es dabei auch zu plötzlichen Gefechten zwischen plündernden Indianern und Milizsoldaten, die eine der Siedlungen entsetzen wollten. Deerfield hatte dabei sicherlich am stärksten zu leiden: Nach einem ersten Angriff wurden bei einem zweiten Überfall die Gläubigen auf dem Weg zur Kirche umgebracht. Auch die Ernten konnten natürlich nicht mehr eingebracht werden. Als 80 Männer aus Ipswich das Korn der Felder bei Deerfield eingeholt hatten und mit 18 Wagen aufbrachen, wurden sie bei einer Rast von über 700 Indianern aufgerieben.

Nach diesem Massaker am Bloody Brook schienen die Aussichten für die Kolonisten in Neu-England eher düster. Ende September wurde Northhampton angegriffen, Anfang Oktober brannten Teile von Springfield. Ein Angriff gegen Hatfield konnte nur mühsam zurückgeschlagen werden. Im Dezember wandte sich Philip an die Mohikaner, um mit ihnen ein Bündnis gegen die Weißen einzugehen. Doch zu diesem Zeitpunkt begann sich das Schicksal gegen ihn zu wenden. Dem New Yorker

Oben: Eine klassische Belagerung während des König-Philips-Krieges war 1675 die Eroberung von **Brookfield** in Massachusetts.

Gouverneur, Sir Edmund Andros, gelang es nämlich, die irokesischen Mohikaner auf die Seite der Kolonisten zu ziehen. Sie drängten Philip aus New York zurück.

Doch die Reaktion der Aufständischen ließ nicht lange auf sich warten. Zwischen 3.000 und 5.000 Krieger der Narragansetts unter ihrem Häuptling Canonchet gingen nun in die Offensive. Die Kolonien stellten ihnen insgesamt 970 Mann entgegen, die der Gouverneur von Massachusetts, Josiah Winslow, am 19. Dezember in den Kampf führte. Die Weißen zogen durch die verschneiten Felder in den Großen Sümpfen bei Kingston in Rhode Island, wo sich die Indianer in einem scheinbar uneinnehmbaren Lager verschanzt hatten. Winslow teilte seine Armee auf, um von zwei Seiten aus angreifen zu können. Doch als die erste Gruppe versuchte, auf dem einzigen sicheren Pfad über den Wassergraben vor der Holzpalisade vorzurücken, mußten sie vor dem starken Gegenfeuer zurückweichen. Wieder war es Benjamin Church, der jetzt die Initiative ergriff und mit 30 Männern aus Plymouth und Connecticut von hinten angriff, eine Lücke in den Wall schlagen konnte, und seine Männer

Oben: Die Indianer überfielen Haverhill in Massachusetts mehrmals.
Oben rechts: Doch **Deerfield**, im Connecticut-Flußtal gelegen, hatte sicherlich am meisten unter den Angriffen der Indianer zu leiden.

hineinstürmen ließ. Church selbst wurde dabei dreimal verwundet, doch er hatte die Schlacht entschieden. Später mußte er sich mit dem Gouverneur auseinandersetzen, weil dieser voreilig die Zelte der Indianer hatte abbrennen lassen – jetzt mußten die Freiwilligen in der Kälte ausharren.

Winslow verfolgte die fliehenden Indianer über 110 Kilometer hinweg, bis ihn die klirrende Kälte zum Aufgeben zwang. Dennoch war dies der erste große Sieg für die Weißen gewesen. In einem einzigen Schlag war fast der gesamte Stamm der Narragansetts ausgelöscht worden. Die Weißen hatten nur 70–80 Männer verloren und 150 Verwundete zu beklagen. Auf der indianischen Seite dürften etwa 300 Krieger getötet worden sein, darunter 20 Häuptlinge, und nochmals 300 alte Männer, Frauen und Kinder.

Trotz allem fanden die Narragansetts im Februar 1676 die Kraft für einen neuen Angriff. Diesmal richtete er sich gegen Lancaster in Massachusetts, bei dem 50 Siedler umkamen und weitere 24 gefangengenommen wurden. Eine dieser Gefangenen war übrigens Mary Rowlandson, die später einen Bestseller über ihre Gefangenschaft schrieb. Ihre Erzählung, 1682 erschienen, sollte eine Gattung ähnlicher Literatur über weiße Gefangene der Indianer begründen. Ihr Buch erschien um 1800 bereits in der 15. Auflage.

Doch König Philip war noch nicht am Ende. Eine Stadt nach der anderen wurde von ihm überfallen und niedergebrannt. Er war sich seines Erfolges so sicher, daß die Indianer auf verlassenen Feldern bei Deerfield Korn anbauten. Schließlich kam ein Angriff der Weißen auf Deerfield im Mai 1676 für sie so überraschend, daß die Indianer in ihre Kanus sprangen und flohen. Das ständige Hin und Her dieses Krieges setzte sich während des ganzen Jahres fort: Einmal wurden erneut Siedlungen niedergebrannt, dann wieder Indianer vernichtend geschlagen. Schließlich ergriffen die Kolonien scharfe Gegenmaßnahmen, indem sie jeden Handel mit Indianern verboten und die Wehrpflicht einführten.

Doch im Juli 1676 fielen die ersten Stämme von Philip ab. Die Saconnets liefen zu Benjamin Church über und griffen unter seiner Führung am 20. Juli Philips Hauptlager an. Fast hätten sie den Häuptling gefangen, doch Church mußte sich mit dessen Frau und Sohn zufriedengeben. Beide verkaufte man für jeweils ein Pfund Sterling an Sklavenhändler auf den westindischen Inseln. Die Kolonisten töteten bei dem Angriff zwischen 130 und 170 Krieger. Ende Juli ließen auch die Nipmucks Philip im Stich, als sie ihren Kriegshäuptling Matoonas nach Boston brachten und ihn dort erschießen durften. Nun waren Philip nur noch wenige Gefolgsleute geblieben. Alle anderen hatten sich als Verräter, Spione und Überläufer erwiesen oder waren im Kampf umgekommen. Als Zeichen seines Zorns und seiner Trauer ließ sich Philip die Haare scheren. Doch als ihn ein Krieger überreden wollte, sich einfach zu ergeben, brach Philip in einen Wutanfall aus und erschlug den Mann.

Der Bruder des Opfers, der sich Alderman nennen ließ, wollte den Tod rächen und verriet das geheime Lager Philips an Benjamin Church. Die Kolonisten umkreisten daraufhin am 11. August 1676 den Sumpf, in dem sich Philip versteckt hielt und schickten eine kleine Vorhut in das Lager, um den Häuptling zu verhaften. Doch Philip hörte die Männer kommen und versuchte, auf einem geheimen Pfad zu fliehen. Church wußte von diesem Weg und hatte dort zwei Posten aufgestellt. Einer von ihnen war Alderman. Er schoß Philip zweimal in die Brust, der Häuptling fiel vornüber und starb sofort.

Als Benjamin Church die Leiche des Indianers als Philip identifiziert hatte, brachen die Milizsoldaten in wildes Triumphgeschrei aus. Church befahl einem der verbündeten Indianer, die Leiche zu köpfen und zu vierteilen. Die sterblichen Überreste wurden nicht begraben, sondern verrotteten und wurden von Aasgeiern zerrissen. Selbst Church, einst ein Indianerfreund, der auch Philip verstanden hatte, nannte den Häuptling nun ein »großes,

Oben: Freundlich gesonnene Indianer, wie beispielsweise **Chanco** in Jamestown, warnten die Kolonisten vor kommenden Angriffen.

Rechts: **König Philip** wurde 1676 von einem seiner eigenen Männer (Alderman) der sich den Weißen angeschlossen hatt, umgebracht.

nacktes und dreckiges Tier«. Church ließ den Kopf des Häuptlings nach Plymouth bringen, wo er öffentlich aufgespießt wurde und zwanzig Jahre lang aufsässigen Häuptlingen als deutliche Warnung diente. Der Krieg fand sein endgültiges Ende in New Hampshire, wo Benjamin Church die letzten Aufstände niederschlug. 1688 sollte die Gewalt erneut aufflammen, doch dies war nicht mehr Teil der »Verschwörung des König Philips«, wie die Kolonisten den Krieg gerne nannten.

Der König Philips Krieg hatte etwa 600 Engländern und rund 3.000 Indianern das Leben gekostet. Die Siedler hatten 1.200 Häuser verloren und 80.000 Stück Vieh. Von den 80 Siedlungen in Neu England hatte Philip 52 niedergebrannt. Viele der überlebenden Indianer wurden als Sklaven zum Kopfpreis von 30 Shilling verkauft. Es verwundert kaum, daß dieser Krieg in den Erinnerungen der Kolonisten bald gewaltige Dimensionen annahm. Noch 1842, 166 Jahre nach den Aufständen, gab es unter den Weißen keine Vergebung: Als ein Konvent in Newport zusammentrat, um eine neue Verfassung für den Staat auszuarbeiten, verweigerte man Angehörigen des Stammes der Narragansett jegliche Mitspracherechte, weil sie sich der blutigen Allianz des König Philips angeschlossen hatten.

Der König-Williams-Krieg

Schon 1608 hatten die Franzosen weit im Norden des neuen Kontinents eine ständige Siedlung in Quebec gegründet. Wenige Jahre später gab es außerdem einen Handelsposten in der Nähe des heutigen Montreal. Der Gründer dieser Siedlungen, Samuel de Champlain, verbündete sich mit den Huron-Indianern dieses Gebietes, und zog sich so die Feindschaft der mächtigen Allianz der Irokesenstämme zu. Dennoch gelang es den Franzosen, den englischen Einfluß im oberen Teil des Staates New York und in Maine zurückzudrängen.

Französische Forscher wie Jean Nicolet und Sieur de La Salle folgten de Champlain. La Salle fuhr 1682 den gesamten Mississippi bis hinunter an den Golf von Mexiko und nahm das Flußdelta für Frankreich in Besitz. Natürlich wurden die dort lebenden Indianer nicht gefragt. Eine Expedition, die eine Siedlung an der Flußmündung gründen sollte, scheiterte allerdings nach einem Schiffbruch und ständigen Angriffen der Spanier. Schließlich starb La Salle 1687 als er Texas erforschte.

Die mit Frankreich verbündeten Indianerstämme, besonders die Abnakis, sorgten dafür, daß sich Maine in einer Art ständiger Belagerung befand. Sir Edmund Andros versuchte im sogenannten König-Williams-Krieg erfolglos, das Land zu befrieden. Dies mißlang nicht zuletzt, weil die Franzosen tatenlos zusahen, wie ihre indianischen Alliierten die weißen Siedler der englischen Kolonien massakrierten. Erst 1691 zwang der nun alt und bequem gewordene Benjamin Church einige Stämme in Maine, um Frieden nachzusuchen. Doch schon im folgenden Jahr starben bei Indianerangriffen auf York 48 Siedler, weitere 70 wurden verschleppt. 1697 traf es das Städtchen Haverhill in Massachusetts. Eine der dort lebenden Frauen sollte ein Opfer dieses Angriffes und die erste Heldin aller Indianerkriege werden: Hannah Dustin erholte sich gerade von der Geburt ihres achten Kindes, als die Abnakis Haverhill angriffen. Sie wurde mit ihrem Baby und einer Kinderschwester verschleppt. Als sich die Indianer von den Schreien des Kindes gestört fühlten, töteten sie es kurzerhand. Das sollte sich bald als Fehler erweisen. Denn als die beiden Krieger, die Hannah Dustin und die Schwester bewachten, eines Nachts unaufmerksam waren, weckte sie die Schwester. Die beiden Frauen griffen nach zwei Beilen und töteten die Krieger, die zwei Frauen und die sechs Kinder der kleinen Indianergruppe. Nur eine alte Frau und ein kleiner Junge entkamen ihrer Rachsucht. Da der Staat von Massachusetts für jeden getöteten Indianer eine Belohnung zahlte, skalpierten sie ihre Opfer und erhielten später 25 Pfund Sterling.

Der Queen-Anne-Krieg

Die ständig schwelenden Konflikte zwischen Weißen und Indianern brachen 1703 plötzlich erneut aus. Dieses Mal waren sie Teil des Queen-Anne-Krieges. Wieder traf es zuerst Deerfield, das am 28. Februar 1704 angegriffen wurde. Erst 1670 hatten Siedler die Stadt am Connecticut gegründet – seitdem war sie schon zweimal niedergebrannt worden. Zu Beginn des 18. Jahrhunderts lebten dort rund 270 Menschen in 41 Häusern. Bei diesem Angriff wurde die Siedlung von den verbündeten Indianern der Franzosen geplündert und in Brand gesteckt. Dabei starben 49 Weiße, 100 wurden von den Indianern als Geiseln genommen. Unter den Gefangenen befanden sich auch Reverend John Williams und dessen Frau. Sie starb, als die Indianer vor der Miliz fliehen mußten, weil sie zu schwach war, um mitzuhalten. Ihr Mann wurde durch Lösegeld freigekauft. Ihre kleine Tochter blieb bei den Indianern und kehrte niemals in die Gesellschaft der Weißen zurück. John Williams schrieb später einen Roman über seine Erlebnisse, *Redeemed Captive Returning to Zion.* 1707 erschienen, wurde es ebenso wie das Buch von Mary Rowlandson ein großer Erfolg. Beide Erzählungen sollten sich als perfekte Hetzpropaganda gegen die Indianer erweisen.

Das Massaker von Deerfield sprach sich in Neu England schnell herum. Auch der alte Benjamin Church fühlte sich nun wieder gerufen, obgleich er kaum noch gehen konnte. Er versuchte mit 550 Männern den Norden zu befrieden, indem er seine bloße Militärstärke zeigte. Doch erst als die Indianer bei Port Royal 1711 besiegt wurden, konnte Neu-England wieder aufatmen.

Der Vertrag von Utrecht beendete zunächst den Kampf zwischen Frankreich und England im Norden. Doch die Indianerkriege verlagerten sich nach Süden. In North Carolina gingen 1711 die Irokesen-Tuscaroras auf den Kriegspfad, nachdem immer mehr weiße Siedler in ihr Land drängten. Die Weißen vernichteten sie in den folgenden Jahren fast vollständig, die Überlebenden verkaufte man in die Sklaverei, um die Kriegskosten wieder einzutreiben.

Die wenigen Irokesen, die fliehen konnten, schlossen sich 1715 dem Bündnis der Irokesen an, das nun aus sechs Stämmen bestand – den Mohikanern, den Onandagas, den Oneidas, Senecas, Cayugas und den Tuscaroras. Im selben Jahr entfesselten auch die Yamassee-Indianer in South Carolina einen Aufstand, der allerdings schnell niedergeworfen wurde. Die überlebenden Indianer flohen in das spanische Florida.

Doch von nun an sorgten die mächtigen Cherokees (»Höhlenmenschen«) für Stabilität und Ruhe an der südlichen Grenze. Sie waren den Weißen freundlich gesonnen und verhinderten

Oben links: Kolonisten idealisierten Indianer gerne als edle Jäger.

Oben rechts: Besonders gefürchtet unter den Weißen waren Stammesbündnisse.

Oben: Oft kämpften Frauen selbst gegen Indianer.

Oben: Der große französische Entdecker **La Salle** wurde 1687 am Trinity-Fluß in Texas durch Verrrat von einem seiner eigenen Männer ermordet. Seine Expeditionen hatten ihn den Mississippi hinunter bis zum Golf von Mexiko geführt, den er für Frankreich beanspruchte.

Rechts: 1703 griffen Indianer Deerfield in Massachusetts wie auch schon 1675 und 1677 an, und erschlugen oder verschleppten die Hälfte der Einwohner. Die Gewalt der Indianer stand im krassen Gegensatz zu der Vorstellung vieler Weißer von der »edlen Rothaut«.

manchen Angriff der Creek-Stämme auf die Siedler. Zwar wurde Maine ab 1721 erneut zum Schlachtfeld, als die mit Frankreich verbündeten Abnakis englische Siedlungen angriffen, doch 1725 mußten sie sich England unterwerfen. Endlich herrschte Friede in den dreizehn Kolonien, sogar an der Grenze zu den Indianergebieten. Aber dieser Friede sollte nicht lange halten.

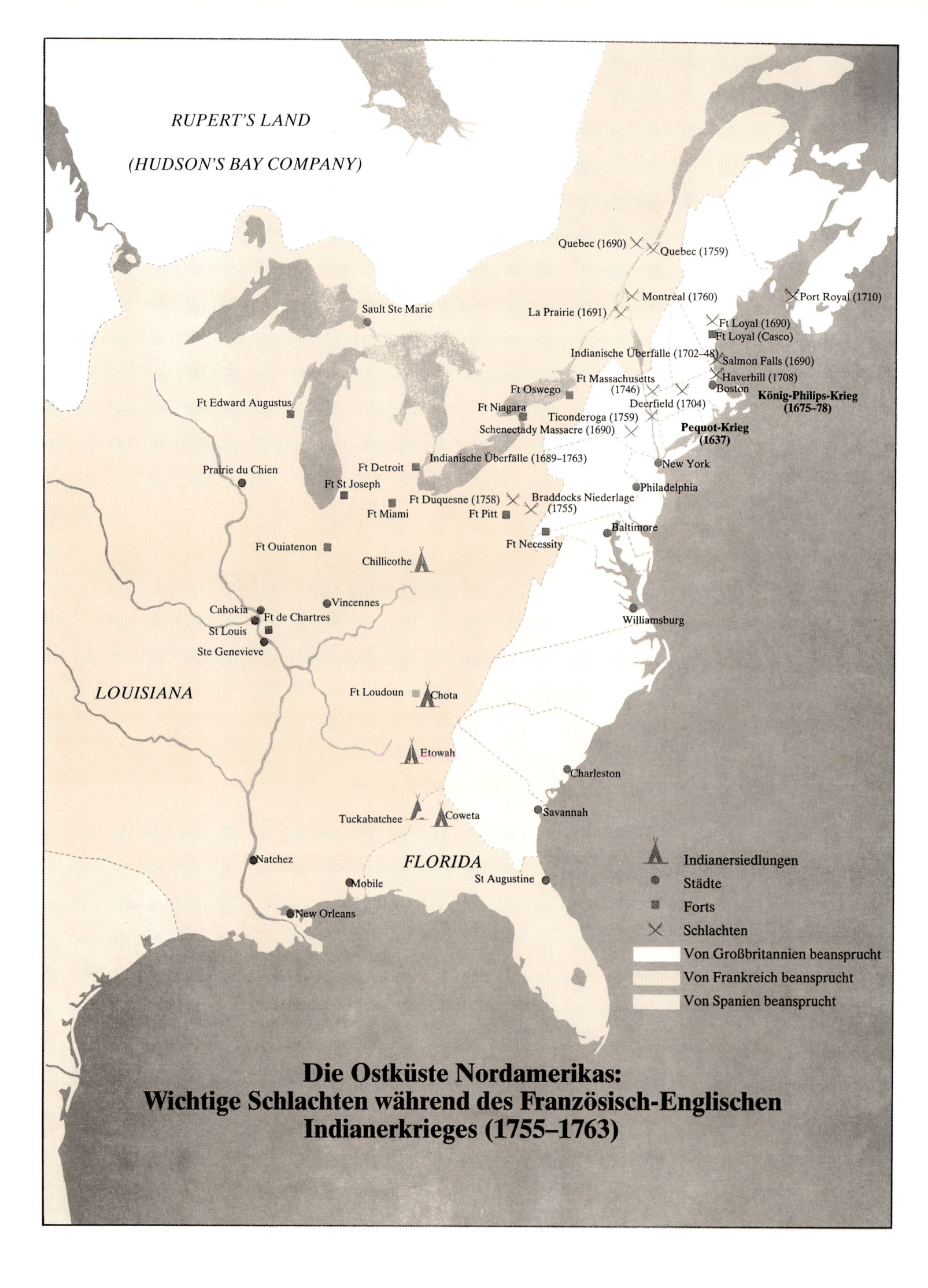

**Die Ostküste Nordamerikas:
Wichtige Schlachten während des Französisch-Englischen Indianerkrieges (1755–1763)**

DIE JUNGE REPUBLIK
1755–1815

Die Dauer der amerikanischen Revolution ist unter Historikern unumstritten. Doch mit dem Unabhängigkeitskrieg (1775–1783) war der Kampf der dreizehn Kolonien mit den benachbarten Indianerstämmen keineswegs beendet. Der Unabhängigkeitskrieg hatte 1783 mit einem Friedensvertrag zwischen Großbritannien und der jungen Republik USA ein Ende gefunden, doch der Kampf der Amerikaner gegen Indianerstämme, die mit England oder Frankreich verbündet waren, sollte von 1755 bis 1815 dauern, bis zum Ende des zweiten Krieges gegen Großbritannien.

Schon zu damaliger Zeit hatte ein Mann erkannt, daß die Auseinandersetzungen zwischen England und Frankreich um die Vorherrschaft auf dem neuen Kontinent an der Grenze zur Wildnis, der *Frontier*, entschieden werden sollte. Die Indianer würden dabei eine wichtige Rolle spielen. Dieser Mann hieß William Johnson, später Sir William Johnson, ein Händler aus dem Mohawk-Tal, der sich durch seine fairen Geschäfte mit den Indianern einen Namen gemacht hatte und später vom britischen König sogar zum *Superintendent of Indian Affairs*, dem höchsten Indianerbeamten, für die englischen Kolonien bestellt wurde. Da Johnson, ein gebürtiger Ire, eine Squaw des Mohawk-Stammes geheiratet hatte, machte ihn der Stamm sogar zum Blutsbruder. Noch wichtiger als dies war das große Vertrauen, das ihm wegen seines gewissenhaften und ehrlichen Charakters von den mächtigen Irokesen entgegengebracht wurde – sie ernannten ihn zu einem Häuptling ihres Stammes.

Der Frieden von Aix la Chapelle/Aachen (1748) hatte sich paradoxerweise für Frankreich insbesondere im Westen als vorteilhaft erwiesen. Großbritannien und die Kolonien hatten zwar 1745 das französische »Gibraltar« erobert, die strategisch wichtige Siedlung Louisbourg auf Cape Breton Island, doch die englischen Siedler waren eher an den unmittelbaren Küstenregionen interessiert, so daß sie die große Seenplatte einer Handvoll Franzosen und ihren zahlreichen indianischen Verbündeten überließen.

Der Krieg mit Frankreich und den Indianern

Der unabwendbare Zusammenprall zwischen den englischen Kolonisten und den von Frankreich unterstützten und geführten Indianern ereignete sich 1753 in der Wildnis des westlichen Pennsylvania. Der Gouverneur von Virginia, Robert Dinwiddie, hatte direkt vom König den Befehl bekommen, eine Truppe in diese Region vorrücken zu lassen. Diese schwierige und gefährliche Aktion wurde von niemand geringerem als Major George Washington durchgeführt; damals erst 21 Jahre alt, gleichwohl in den Augen des Gouverneurs bereits eine »hervorstechende Persönlichkeit«. Washington hatte den Auftrag, den Befehlshaber der französischen Truppen am Ohio-Fluß aufzufordern, dieses von England beanspruchte Gebiet zu räumen.

Die kleine Truppe des Majors setzte sich aus nur vier Soldaten, einem Dolmetscher und dem 48jährigen Scout Christopher Gist zusammen. Er führte die Männer am 15. November 1753 über einen indianischen Pfad an die Flußgabelung des Ohio. An dieser Stelle würde später einmal Pittsburgh entstehen. Von dem Flußzweig aus brachte ein Häuptling der Delawaren die Männer nach Logstown, wo Washington einige Shawnee- und Delaware-Indianer für sich gewinnen konnte. Bei Venango, wo der French Creek in den Allegheny-Fluß mündet, stieß Washington auf französische Offiziere. Sie setzen ihm die französischen Ansprüche auf das gesamte Ohio-Tal auseinander, also einen Landstreifen entlang ihrer Forts La Boeuf, Presque Isle, Niagara, Toronto und Frontenac. Zwar gaben sie zu, daß die Engländer und die Kolonisten weit in der Überzahl waren, doch in ihren Augen waren die Engländer viel zu unfähig, das französische Unternehmen ernsthaft zu stören.

Durch die Regengüsse im Dezember waren die Flüsse angeschwollen und zu tief, um sie zu passieren. Doch Washington und seine Männer fällten einige Bäume und überbrückten die reißenden Ströme. Sie kamen bis zum Fort Le Boeuf, in der Nähe des heutigen Waterford in Pennsylvania. Der dortige Kommandant, Legardeur de Saint-Pierre, weigerte sich, über die französischen Besitzungen auf diesem von England beanspruchten Land zu diskutieren. Und er warnte Washington, daß er jeden Engländer, der im Ohio-Tal aufgegriffen werden sollte, gefangennehmen würde. George Washington stieß nicht weiter vor – das, was er von Fort Le Bouef gesehen hatte, reichte völlig aus. Das Fort war rundum mit massiven Palisaden befestigt, mit Kanonen bestückt, 50 Birkenholz-Kanus und 170 Kiefernholz-Boote lagen am Strand bereit. Sie konnten genügend Truppen bei Bedarf den Mississippi hinunter bis zum französischen New-Orleans bringen, um so die französischen Gebiete im Süden mit dem Ohio-Tal zu verbinden.

Die Rückreise gestaltete sich für Washington und seine Begleiter schwieriger als erwartet. Es war eiskalt, die Männer ermüdeten schnell, weil man die Pferde in Venango hatte zurücklassen müssen, da sie zum Reiten noch zu schwach gewesen waren. Und während Washington sich auf verschneiten Indianerpfaden durchschlug, stellte er im Geiste bereits den Bericht für Gouverneur Dinwiddie zusammen. Doch in seiner Eile und Unkonzentriertheit hätte Washington fast sein Leben lassen müssen: Eines Tages erkundete er zusammen mit Christopher Gist die nähere Umgebung im Wald und wurde plötzlich von einem Indianer angegriffen. Glücklicherweise verfehlte dessen Schuß das Ziel; Washington nahm den Krieger gefangen und ließ ihn schon in der folgenden Nacht wieder laufen. Die Männer entzündeten anschließend ein Lagerfeuer, um eventuelle Verfolger zu täuschen, und stürmten ohne Rast die ganze Nacht und den folgenden Tag weiter durch die Wildnis.

Washington und Gist mußten nun noch den Hochwasser führenden Allegheny-Fluß überqueren. Mit ihren Beilen schlugen sie Holzbalken und versuchten auf ihnen überzusetzen. Dabei wurden sie von Eisschollen gerammt, fielen ins eisige Wasser und strandeten an einer kleinen Insel. Dort mußten sie tagelang in der tödlichen Kälte ausharren, bis der Fluß vollständig zugefroren war, damit sie ihn erneut überqueren konnten. Von dort aus erreichten sie die Siedlung, aus der Gist stammte, und am 16. Januar 1754 konnte Washington dem Gouverneur endlich Bericht erstatten.

Gouverneur Dinwiddie war durch die Beobachtungen seines Offiziers in helle Aufregung geraten. Sofort schickte er erneut eine kleine Truppe aus, um die Flußgabelungen des Ohio zu sichern, die Kreuzung von Allegheny- und Monongahela-Flüssen. Außerdem entsandte er eine Verstärkung unter dem Kommando von Washington. Doch die Franzosen waren diesmal schneller gewesen, wichen der kleinen britischen Truppe aus und schafften es sogar, ein neue Befestigung, Fort Duquesne, zu errichten. Washington hatte selbst für seine wenigen Männer nicht ausreichend Verpflegung dabei, und konnte auch nicht mit der Hilfe verbündeter Indianer rechnen. Dennoch gelang es ihm, etwa ein Dutzend Krieger der Mingo auf seine Seite zu ziehen, mit denen er und seine 40 Männer am folgenden Tag die französischen Verfolger angriff. Mit diesem Gefecht am 28. Mai 1754 begannen die Französisch-Indianischen Kriege, obgleich das Datum auch mit den ersten amerikanischen Aktivitäten im Siebenjährigen Krieg gleichgesetzt wird.

Washington zog sich nun 16 Kilometer von Great Meadows zurück und errichtete dort eine Barrikade, die er voller Ironie »Fort Necessity« (»Fort Notfall«) nannte. Eine Verstärkung traf bald ein, war aber viel zu schwach, als daß sie den anrückenden 900 Franzosen und Indianern hätte standhalten können. Diese kleine Armee stand unter dem Befehl von Sieur Coulon de Villiers. Auf Seiten der Engländer standen nur etwa halb soviel Männer hinter den Palisaden. Am 3. Juli machten starke Regenfälle die einzige Kanone der Briten unbrauchbar, so daß Washington das Angebot der Franzosen, ehrenvoll aufzugeben, annahm. Er führte seine Männer, von denen die Hälfte krank oder verwundet war, aus dem Ohio-Tal zurück nach Virginia.

Ein Jahr später gelang es den Briten dagegen, Frankreich aus

Oben: Dieses gut befestigte Fort an der Westgrenze und der berittene Soldatentrupp entsprangen der Vorstellung eines Künstlers.

dem Westen zu vertreiben. Daran war der neu eingetroffene General Edward Braddock maßgeblich beteiligt. Er war 1695 geboren, in das Regiment seines Vaters eingetreten, den hervorragenden *Coldstream Guards*, hatte es dort bald zum Leutnant gebracht und sollte auch in den kommenden 43 Jahren diesem Elite-Regiment der britischen Armee treu bleiben. Seine Erfahrungen, die er in vielen Schlachten gesammelt hatte, trugen ihm den Ruf eines harten und disziplinierten Offiziers ein, der sich allerdings auch als ausgezeichneter Taktiker erwiesen hatte. Ein Jahr bevor er in den Kolonien eintraf, hatte man ihn zum Generalmajor befördert. Sein Lebenslauf ließ ihn in den Augen des Königs für den Posten des Oberkommandierenden der Truppen in Nordamerika als beste Wahl erscheinen.

Braddock war ein gedrungen und kräftig gebauter Mann, mutig und hartnäckig. Doch im Grunde hatte er so viele Stärken wie Schwächen. Er galt nicht nur als arrogant und cholerisch, sondern war auch ein Taktiker »nach dem Buche«, der unfähig war, sich neu entstandenen Situationen auf dem Schlachtfeld anzupassen. Außerdem wurde ihm nachgesagt, daß er die Kolonisten genauso verachtete wie die Kanadier und ihre Indianer, die er zu vernichten suchte. Es war abzusehen, daß Braddock ein Opfer seines eigenen Charakters und seines übermäßigen Selbstvertrauens werden sollte.

Braddock kam im Februar 1755 in Williamsburg an und verbrachte das Frühjahr damit, seine Truppen zu drillen und auszubilden, bevor er im Mai in Wills Creek offiziell das Kommando übernahm. Seine Vorbereitungen für die Eroberung des Ohio-Tales wurden allerdings durch fehlende Geldmittel und zu wenig Transportmöglichkeiten, mangelhafte Verpflegung und fehlende Arbeitskräfte behindert. Die Unterstützung durch südliche Indianerstämme war ihm zwar zugesagt worden, so bei den Chickasaws, doch keiner dieser Verbündeten war angetreten. Dies störte Braddock übrigens nicht im geringsten. Er würde sich allein auf seine Soldaten verlassen, um die Franzosen zu vertreiben. Seine Abscheu Partisanen- oder Guerilla-Taktiken gegenüber galt auch indianischen Kriegern. Dies zeigte sich, als Braddock entsprechende Hilfsangebote von Häuptling Scarroyeddy und einem Vertreter der Trapper, Black Hack, ablehnte.

Als Benjamin Franklin den General darauf hinwies, daß er die Indianer auch als Gegner besser ernstnehmen solle, entgegnete ihm dieser nur schroff, daß sie zwar ein bedeutender Feind für die unausgebildeten Milizsoldaten der Kolonien seien, nicht aber für die regulären und disziplinierten Truppen des Königs.

Der General wollte Fort Duquesne direkt angreifen, das die Franzosen an jener Stelle aufgebaut hatten, wo eigentlich Dinwiddie und Washington ein englisches Fort hatten errichten sollen. Weitere Truppenteile sollten Acadia in Kanada, Crown Point am Lake Champlain und Fort Niagara am Ontario angreifen. Im Fort Duquesne waren nur 500–600 reguläre Soldaten und kanadische Milizsoldaten stationiert, hinzu kamen etwa 800 Indianer. Braddock war daher sicher, daß er mit seinen 1.400 Männern und 450 Kolonisten aus Virginia, Maryland und den beiden Carolinas das Fort ohne besondere Schwierigkeiten einnehmen würde. Er selbst sah es als außerordentlichen Vorteil an, nicht von den Kolonisten allein abhängig zu sein: Sie erschienen ihm wie ein kraftloser und träger Haufen, kaum geeignet für den militärischen Einsatz.

Braddock begann seinen kleinen Feldzug, indem er eine Straße von Fort Cumberland aus in Richtung Westen anlegen ließ. Dies sollte der erste Weg über die Allegheny-Berge werden und diente später als wichtige Route bei der Besiedlung des mittleren Westens. Der Marsch begann am 10. Juni 1757, nach acht Tagen war er erst 50 Kilometer von Fort Cumberland entfernt. Die Truppen wurden durch die langsamen Planwagen aufgehalten, außerdem erkrankten viele Soldaten und strauchelten am Ende der Marschkolone hinterher. Doch trotz seiner Geringschätzung der Franzosen und ihrer roten Verbündeten war Braddock kein Hasardeur: Während des gesamten Vormarsches ließ er an den Flanken des sechs Kilometer langen Truppenzuges Späher postieren; um auch auf einen Hinterhalt vorbereitet zu sein, ritten einige Scouts vor der Vorhut. Doch bei Little Meadows im heutigen Pennsylvania teilte er seine Streitmacht auf und ließ 1.000 Männer, darunter auch alle Kranken, mit den schwerfälligen Planwagen unter dem Befehl von Oberst Thomas Dunbar zurück. Braddock selbst eilte mit seinen besten 1.200 Soldaten vorwärts, schlug sich durch die dichten Wälder und erreichte erst am 7. Juli Turtle Creek, etwa zwölf Kilometer südlich von Fort Duquesne. Um nicht bemerkt zu werden und keine Gefechte vor dem Angriff zu riskieren, überquerten die Engländer den Monongahela-Fluß an seinem oberen Lauf und setzten den Marsch dann fort, bis sie eine Höhe in der Nähe der Festung erreicht hatten.

Als Braddock dort oben seinen Blick schweifen ließ, vor sich die Franzosen und hinter sich seine Truppen, muß er ein tiefes Gefühl der Befriedigung verspürt haben. Er vertraute seinen erfahrenen Offizieren und setzte auf die Feuerkraft seiner Artillerie. Die Engländer waren sicher, daß Fort Duquesne bald völlig zerstört sein oder in Flammen aufgehen würde.

Auch George Washington war bei dem Angriff dabei. Er hatte sich zeitweise zu Braddock versetzen lassen, um für ihn als Feldadjutant zu arbeiten. Allerdings war er während des Marsches krank geworden und mußte nun in einem der Wagen liegen. Doch als Braddock am Fort angekommen war, nahm sich Washington ein Pferd und ritt nach vorne.

Als die englischen Truppen am 9. Juli in geordneter Feldformation, unter den Flötenklängen des Grenadiermarsches, vorrückten, war dies für Washington der beeindruckendste militärische Anblick seines Lebens. Während die Engländer angriffen, gelang es Hyacinth de Beaujeu, Stellvertreter von Sieur de Contrecour, im Fort kaum, die 650 Indianer zu überreden, gemeinsam mit den Franzosen einen Ausfall zu wagen. Etwa die Hälfte der Indianer im Fort desertierte wahrscheinlich, bevor der erste Schuß gefallen war. Beaujeu hatte den Befehl, die Engländer aufzuhalten, bevor sie zu nahe an das Fort kommen konnten.

Die Scouts der Briten meldeten sofort, als eine französische Vorhut die Festung verlassen hatte. Braddock schickte die leichte Kavallerie nach vorne. Einer der Berittenen bemerkte Beaujeu, der in seiner strahlenden Uniform nicht zu übersehen war und den Engländern sogar zu winken schien. Sie legten auf den französischen Offizier an und trafen ihn erst nach drei Gewehrsalven. Braddock hatte dies alles beobachtet und war von dem ungenauen Feuer seiner Männer überrascht. Plötzlich teilte sich die feindliche Kolone in zwei Truppenteile, die aus dem Blickfeld der Engländer verschwanden und sich in die dichten Wälder zu beiden Seiten des Forts zurückzogen.

Von dort aus, geschützt hinter Baumstämmen- und -stümpfen, eröffneten Franzosen und Indianer ein unerbittliches Feuer auf die vorrückenden Briten. Ihnen gelang es nur mit Mühe, die traditionelle, etwa 2.000 Meter lange Linie zu halten, obgleich sie langsam aber sicher in Stücke geschossen wurde. Da die englischen Soldaten kein klares Ziel finden konnten, feuerten sie blindlings in die Wälder, wo sie aufblitzende Geschoßsalven und Pulverdampf sahen. Doch das feindliche Feuer schien aus allen Richtungen zu kommen, so daß die Schüsse der Engländer teilweise die Kolonisten trafen, die sich sofort nach dem Angriff aus der freien Ebene ins Dickicht zurückgezogen hatten. Ein britischer Offizier lag eingezwängt unter seinen toten Kameraden, konnte jedoch während des ganzen Kampfes nicht einen einzigen Indianer sehen! Schließlich brachten die Engländer ihre Kanonen in Stellung, doch sie richteten unter den verstreuten Franzosen im Wald kaum Verluste an.

Allein die Kolonisten aus Virginia, unter dem Befehl von Hauptmann Thomas Waggener, hatten sich ebenfalls in die Wälder geschlagen. Dort kämpften sie Mann gegen Mann mit den Franzosen. Doch als Washington dem General vorschlug, sich mit einer kleinen Truppe seiner Männer aus Virginia an eine wichtige Höhe heranzupirschen, schickte Braddock lieber einen seiner eigenen Offiziere los, um die Höhe im Frontalangriff einzunehmen. Dieser Versuch mißlang vollends, nachdem der Offizier gefallen war. Immer mehr der britischen Soldaten ver-

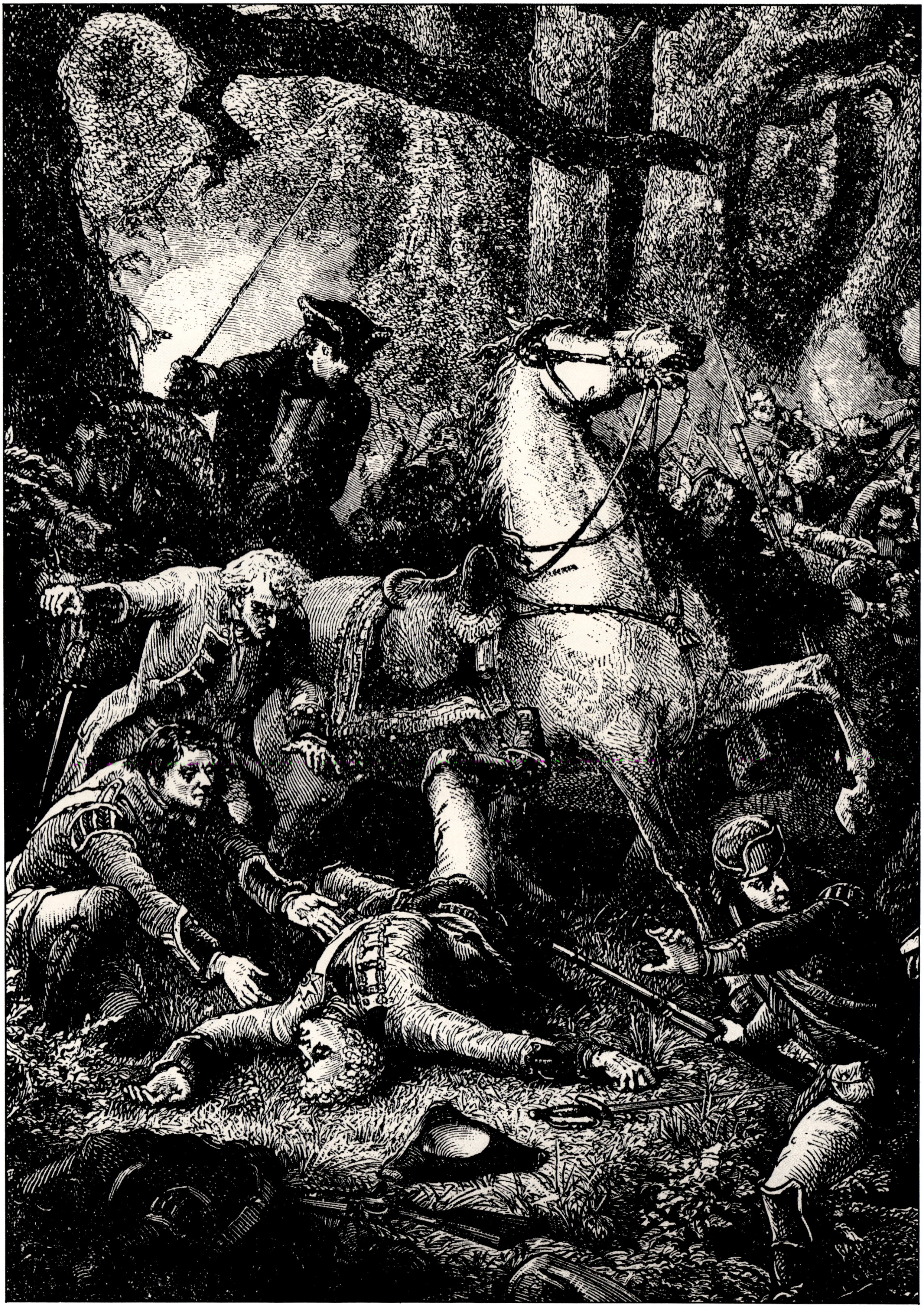

suchten nun, die Kampfweise der Kolonisten zu übernehmen. Sie wollten sich in die Wälder schlagen, doch Braddock und andere Offiziere trieben diese »Feiglinge« mit ihren Säbeln nach vorne und riefen dabei: »Stehen und kämpfen!«

Braddock erwies sich in dieser Schlacht als mutiger Soldat. So versuchte er, die Vorhut zu führen, da sie kaum mehr eine Linie bildete, aber schon nach weiteren zehn Minuten des Kampfes mußte auch sie in einem chaotischen Rückzug aufgeben. Die schwer angeschlagenen Männer trafen dabei auf die Infanterie ihrer eigenen Hauptstreitmacht. Aus der beginnenden Verwirrung wurde völliges Chaos, als es hieß, die Indianer hätten bereits die Wagen erobert und den Rückzugsweg abgeschnitten. Die Soldaten liefen daraufhin in heillosem Durcheinander zurück, die Männer der Artillerie ließen die Kanonen stehen.

Braddock versuchte verzweifelt, die Ordnung wiederherzustellen. Dabei wurden vier Pferde unter ihm weggeschossen. Er selbst wurde am Arm und an der Brust verwundet. Und Washington, unter dem ebenfalls zwei Pferde tot zusammengebrochen waren, hatte zwar eine von Kugeln zerfetzte Uniform, war selbst aber ohne jeden Kratzer. Er übernahm schließlich das Kommando, als Braddock zum letzten Mal aus dem Sattel fiel – diesmal spuckte er schon Blut, da seine Lunge angeschossen war. Washington versuchte bei dem Rückzug zu retten, was noch zu retten war, doch dieser Rückzug war nichts anderes als eine kopflose Flucht. Da die Angriffe aus den Wäldern nicht nachließen, gelang es Washington selbst auf der anderen Uferseite des Monongahela nicht, die Truppe neu zu sammeln.

Die Reste von Braddocks kleiner Armee marschierten ohne Unterbrechung etwa 80 Kilometer zurück, bis sie auf das Lager von Dunbar bei Great Meadows tafen. Washington hatte den General vom Schlachtfeld bringen und ihn nun in einen Wagen legen lassen. Vier Tage danach erlag Braddock seinen Verwundungen. Noch kurz vor seinem Tod hatte er Washington ungläubig gefragt, wie das alles passieren konnte. In der Nähe von Great Meadows und Fort Necessity, das Washington gebaut hatte, ließ er den General mit allen militärischen Ehren begraben und sprach selbst die Grabrede. Das Grab befand sich in der Mitte der Straße, die der General hatte bauen lassen, und war nicht zu erkennen. Washington ließ außerdem Wagen über das Grab fahren, um alle Spuren der Beerdigung zu verwischen. Er fürchtete, die Indianer würden die Leiche seines Befehlshabers ausgraben, verstümmeln und entweihen.

Braddock und seine Männer hatten mehr als drei Stunden in der Schlacht gestanden und leicht auszumachende Zielscheiben für die versteckten Heckenschützen abgegeben. Von seinen 89 Offizieren waren 63 tot oder verwundet, und nur 459 Männer seiner insgesamt 1.373 Soldaten hatten überlebt. Cristopher Gist und seine zwei Söhne, die dem General als Scouts gedient hatten, waren unverletzt, ebenso der damals erst 21jährige Daniel Boone, Schmied und Wagenführer, der seine Pferde nach der Schlacht einfach losschirrte und zu der Farm seines Vaters floh.

Gegenüberliegende Seite: Der Künstler nannte sein Werk »*Braddock's Tod*«. Doch **General Edward Braddock** starb 1755 nicht in dieser Schlacht, sondern einige Tage danach. Seine Niederlage war eine Katastrophe, obgleich er selbst tapfer gekämpft hatte und erst aufgab, als auch das vierte Pferd unter ihm zusammengebrochen war.

Die Franzosen und ihre verbündeten Indianer hatten dagegen nur 60 Männer verloren.

Die Niederlage der Briten kam einer Katastrophe gleich, die eine Reihe weiterer Rückschläge auslösen sollte. Oberst Dunbar ließ die eigenen Wagen anzünden, die Kanonen und Mörser zerstören sowie die Nahrung und Munition vernichten, um sich so schnell wie möglich nach Fort Cumberland zurückzuziehen. Aus dem großartigen Feldzug gegen Franzosen und Indianer war eine bloße Aneinanderreihung von Rückzugsgefechten geworden.

Auch William Johnson selbst, der mit 2.200 Milizsoldaten aus Neu-England gegen Crown Point am südlichen Ende des Champlain-Sees zog, das wichtigste Fort der Franzosen, kam dort niemals an. Immerhin gelang es ihm, die versprengten Überlebenden einer anderen englischen Einheit vor den verfolgenden Franzosen und Indianern zu schützen. Johnson und sein General Phineas Lyman, der das Kommando übernahm, als Johnson verwundet wurde, schaffte es sogar, die 700 regulären französischen Soldaten und 600 Indianer zu besiegen. Auch ihr Befehlshaber, Baron Dieskau, wurde dabei verwundet und gefangengenommen. Man brachte ihn zu Johnson, der ihn freundlich behandelte, obwohl die umstehenden Mohawk-Indianer lautstark Folterungen und seinen Tod forderten. Als die Krieger in das Zelt des Generals stürmten, um den Gefangenen herauszuholen, fragte Dieskau den Iren, was die Indianer mit ihm vorhätten. Und Johnson antwortete ihm, sie würden ihn verbrennen, töten und in ihren Pfeifen rauchen. Aber er konnte den Baron beruhigen – bevor die Indianer sich an ihm vergreifen könnten, müßten sie auch ihn selbst umbringen.

Der überraschende Sieg von William Johnson war für die Engländer der einzige Lichtblick in diesem Krieg, und auch er war bald vergessen. Zwar gelang es Johnson, sein Basislager in Fort William Henry zu verstärken, doch im kalten November meuterten und desertierten immer mehr seiner Männer. Deshalb ließ er einen Offiziersrat zusammenrufen, der schließlich entschied, den Rückzug anzutreten. Später hieß es, die Soldaten hätten sich wegen dieser Entscheidung über Johnson lustig gemacht, aber dem General war dies gleichgültig. Der König adelte ihn später und ließ ihm eine Sonderprämie von 5.000 Pfund Sterling zukommen.

Fort William Henry war nun verlassen – die Franzosen hielten dagegen nach wie vor ihre Forts in Crown Point, Niagara und Ticonderoga. Doch für die Engländer hätte es nach Braddocks Niederlage noch schlimmer ausgesehen, wenn es nicht William Johnson und dessen Beamten für Indianerangelegenheiten gegeben hätte: George Croghan stammte ebenso wie sein Vorgesetzter aus Irland, war in den vergangenen 16 Jahren Tausende von Kilometern quer durch das Land gereist und hatte unzählige Indianerstämme besucht. Jetzt gelang es ihm, die mit England verbündeten Stämme zur Loyalität zu bewegen. Andere Stämme konnte er davon überzeugen, von den Franzosen zu den Engländern überzulaufen. Nach 1760 spielte er auch eine wichtige Rolle bei der Eroberung der französischen Forts im Westen.

Doch noch wurden diese Erfolge überschattet von der brillanten taktischen Führung des neuen französischen Befehlshabers im Westen, des Marquis de Montcalm. Beispielsweise gelang es ihm im August 1756, das von den Engländern gerade erst erbaute Fort Oswego zu zerstören. Von diesem Fort aus hätten die Engländer den gesamten Ontario-See kontrolliert, zumal sie dort eine Kanu-Flotte aufgebaut hatten. Schon im Frühjahr desselben Jahres hatte das Fort einem französischen Angriff standgehalten, doch im Sommer zerstörte der Marquis die Festung, so daß viele mit England verbündete Indianerstämme auf die französische Seite überwechselten. Kurze Zeit danach konnte der Franzose mit etwa 8.000 Männern gegen das inzwischen wieder besetzte Fort William Henry ausziehen. Bevor er dort ankam, schlug er kleinere englische Einheiten, mußte aber voller Entsetzen mit ansehen, wie die Toten von seinen Indianern nicht nur skalpiert, sondern teilweise auch gegessen wurden. Er war außerstande, die Indianer davon abzuhalten, zumal er fürchtete, sie würden ihn dann verlassen oder noch schlimmer, sich gegen ihn selbst wenden.

Das Fort hielt den Angriffen zunächst stand, bis der Marquis seine Kanonen in Stellung bringen ließ und den Eingeschlossenen eine ehrenhafte Kapitulation zusicherte. Er versprach ihnen auch, sie vor seinen Indianern zu schützen. Doch nachdem die Engländer aufgegeben und die Tore geöffnet hatten, stürmten die Indianer in das Fort und töteten in einem wahren Blutrausch die Besiegten. Montcalm versuchte, das Abschlachten zu beenden und stellte sich vor die Engländer, doch die Indianer ignorierten ihn. Sogar die bereits von den Franzosen in Sicherheit gebrachten englischen Soldaten wurden von Indianern angegriffen. 50 Männer starben bei diesem Massaker, weitere 200 verschleppten die Indianer nach Kanada, wo einige von ihnen später von den Franzosen befreit werden konnten.

Dem Marquis gelang es nur mit Mühe, Ruhe und Ordnung unter seinen verbündeten Indianern wiederherzustellen. Anschließend brannte er das Fort nieder und kehrte nach Montreal zurück.

Zwei Jahre später erlitten die Franzosen ihre erste, kleinere Niederlage. Dabei tat sich auf Seiten der Engländer ein Hauptmann Israel Putnam hervor, der später ein berühmter amerikanischer Revolutionsgeneral werden sollte. Er wurde im Laufe des Krieges gefangengenommen und fast zu Tode gefoltert: Der damals 40jährige, recht ungebildete Mann aus Massachusetts hatte sich freiwillig zur Miliz gemeldet und kämpfte bei Ticonderoga.

Im Jahre 1758 war das Kriegsglück mal auf französischer, dann wieder auf englischer Seite. Die Engländer eroberten unter dem Kommando von Lord Jeffrey Amherst Louisbourg, aber Marquis Montcalm besiegte General James Abercrombie in Ticonderoga. Der britische General hatte eine große Streitmacht von 6.350 regulären britischen Soldaten und 9.000 Kolonisten hinter sich, die gegen nur 4.000 Franzosen antraten, die zudem nur für eine Woche Verpflegung hatten. Doch anstatt den Marquis auszuhungern, versuchte Abercrombie das gut befestigte Fort zu stürmen. Dabei verlor er über 2.000 Männer, bevor er endlich aufgab.

Doch dieser Fehler des Generals wurde an anderer Stelle von Hauptmann John Bradstreet ausgeglichen. Seine Pläne wurden durch die Niederlage bei Ticonderoga zwar hinausgezögert, dennoch gelang es ihm mit 3.000 Männern von der Seeseite aus Fort Frontenac am Ontario-See vollkommen zu zerstören. Dabei waren nur 150 seiner Männer reguläre Soldaten, außerdem muß-

Oben: Der Revolutionsgeneral **Israel Putnam** bekämpfte Franzosen und Indianer noch vor den Briten. Er befehligte auch die Truppen aus Connecticut, die in Detroit Pontiacs Aufstand niederschlugen.

te er sich ständig mit den Offizieren der Miliz auseinandersetzen. Trotz allem brachte er es fertig, die französischen Versorgungswege nach Fort Duquesne abzuschneiden, so daß die Festung früher oder später aufgeben mußte. Durch diese Erfolge waren außerdem die Verbindungswege zwischen dem St. Lawrence- und dem Ohio-Flußtal, den beiden auseinanderliegenden französischen Gebieten, vorerst unterbrochen.

Mit der Eroberung von Fort Duquesne wurde Brigadegeneral John Forbes beauftragt. Noch während des Marsches dorthin erkrankte er schwer und mußte auf einer Pferdetrage liegen. Der mutige, widerspenstige Schotte war mit seiner schnellen Auffassungsgabe und sonstigen Qualitäten das genaue Gegenteil von Braddock. Er wollte eine völlig neue Straße durch die Wildnis der Ohio-Wälder schlagen und setzte dabei – im Gegensatz zu seinem Vorgänger – auf die Hilfe der Indianer. Kern seiner Armee war ein schottisches Hochlandregiment. Obwohl die Kolonien Pennsylvania und Maryland den Feldzug finanziell nicht unterstützen wollten, konnte Forbes etwa 5.000 Männer aus diesen beiden Kolonien, Virginia und North Carolina anwerben. Später hieß es, Forbes habe für diesen Feldzug »tausend Hindernisse« überwunden: Denn außer den unwilligen Kolonisten hatte er seine kleine Armee ja aus verschiedenen Kolonien zusammengesetzt, die untereinander zerstritten waren, selbst unter seinen eigenen Offizieren gab es allzuoft Streitigkeiten. Hinzu kam die Langsamkeit seiner regulären Soldaten und die Unbeweglichkeit seines Artilleriezuges.

Glücklicherweise waren James Grant und Henry Bouquet, der zweite Befehlshaber, ihm gegenüber völlig ergeben. Bouquet stammte aus der Schweiz, war 39 Jahre alt und hatte unter den Deutschen in Pennsylvania erfolgreich Männer angeworben. Sein Geschick und seine Geduld, mit der er die Straßenarbeiten während der Krankheit des General voranbrachte, sollten maßgeblich zum Erfolg des Feldzuges beitragen. Schließlich starb General Forbes, doch Bouquet konnte das Kommando nicht übernehmen, da er Ausländer war. Deshalb überwachte er später den Ausbau der neuen Forts im Westen – Pitt, Presque Isle und Venango -, die die Engländer gerade erobert hatten.

Doch bevor Forbes mit seinen Truppen hatte ausrücken können, waren die meisten seiner Indianer, hauptsächlich Cherokees und Catawbas, verschwunden, weil sie – wie die weißen Truppen – den Befehl erhalten hatten, einen Abfall- und Schutttransport nach Bedford zu begleiten. Washington, der Indianer grundsätzlich als eingebildet und überempfindlich betrachtete, verurteilte ihre Geldgier – die Indianer ließen sich jede Hilfe bezahlen, beschwerte er sich. Forbes bemühte sich, dem Häuptling Little Carpenter und dessen Cherokees entgegenzukommen, allerdings tat er dies mit Abscheu und nannte die Indianer später »niederträchtig und habgierig«.

Trotz allem sollten sich die Indianer als vorteilhaft für Forbes erweisen. Als der Marsch zum Fort begann, machte der ständige Regen aus der Straße einen endlosen und schmalen morastigen Pfad. Forbes ließ hinter sich befestigte Lager errichten, um eine Verbindungslinie zu halten; zweifellos auch, um einen sicheren Rückzug zu garantieren, wenn es dazu kommen sollte. Außerdem machten diese kleinen Forts deutlich, daß die Engländer nicht irgendeinen Feldzug durchführten, sondern das Gebiet dauerhaft in Besitz nehmen wollten.

Forbes schickte 800 Männer des schottischen Regiments voraus, um das Fort und die nähere Umgebung zu erkunden. Doch schon nach wenigen Kilometern wurde diese Vorhut von indianischen Kriegern überfallen. Allerdings bewiesen die Schotten in diesem Kampf so viel Mut und Standhaftigkeit, daß viele der beeindruckten Indianer hinterher zu den Engländern überliefen. Die Zahl der indianischen Deserteure stieg noch an, als die Briten das Gerücht unter den Indianern verbreiteten, sie hätten mit den Mingos, Shawnees, Delawaren und dem mächtigen Irokesen erfolgreiche Friedensgespräche geführt! Diese primitive Art der psychologischen Kriegsführung wandten die Briten auch später noch an, wenn auch auf Kosten der Kolonisten. Denn England versprach den Indianern, daß es – ebenso wie die Einwohner der Kolonien – künftig kein indianisches Land mehr besetzen würde. Henry Bouquet veröffentlichte später im Auftrag von Forbes in Pennsylvania sogar einen Erlaß, nach dem eine Besiedlung oder eine Durchreise der Gebiete westlich der Appalachen verboten war. Später prahlte Bouquet damit, daß es diese Versprechen gewesen seien, die Frankreich »einen Faustschlag ins Gesicht verpaßt« hätten. Unglücklicherweise wirkte dieser Erlaß auch für die Kolonisten wie ein Schlag ins Gesicht und grenzte für sie fast an Verrat, denn aus ihrer Sicht schienen die Briten gemeinsame Sache mit den Indianern zu machen.

Einen Tag bevor General Forbes Fort Duquesne erreichte, hörte seine Truppe plötzlich eine gewaltige Explosion: Die vorstürmenden Briten fanden das Fort schließlich verlassen und völlig niedergebrannt vor, in der Mitte eine Reihe von aufgepflockten Köpfen der schottischen Soldaten, makaber mit ihren Kilts umhängt. Doch wenn diese Grausamkeit der Franzosen und der Indianer dazu angetan sein sollte, den Gegner einzuschüchtern, verfehlte sie ihre Wirkung. Die Kolonisten forderten nun stärker als je zuvor die Vernichtung der Indianer.

Forbes ließ die englische Flagge am 25. November 1758 über dem zerstörten Fort hissen. Er war zu diesem Zeitpunkt schon so krank, daß er nach Philadelphia zurückgebracht wurde und dort im Alter von 49 Jahren starb.

Im September des folgenden Jahres besiegte General James Wolfe den Marquis Montcalm in einer Schlacht bei Abraham in Quebec. Beide Offiziere starben in diesem Kampf, der den Anfang vom Ende für das »Neue Frankreich« in Nordamerika markierte.

Der große Sieg Englands wurde jedoch durch einen unnötigen Kleinkrieg gegen die Cherokees überschattet. Einige von ihnen, die nach Forbes' Sieg zurückkehrten, trafen unterwegs auf (scheinbar) wilde Pferde, die sie natürlich einfingen. Die Pferde gehörten jedoch einem weißen Siedler, der die Indianer in eine Falle lockte und einige Krieger umbrachte, so daß die Indianer zurückschlugen. Nach einer Reihe kleinerer Gefechte zwischen dem Stamm und regulären Truppen sowie Milizsoldaten waren die Indianer bald gezwungen, einen Friedensvertrag zu unterschreiben. Er legte zwar eine neue Grenzlinie fest, stoppte aber den Landhunger der Siedler nicht. Die Härte dieses Vertrages überzeugte die Cherokees und andere südliche Stämme bald davon, daß die Stämme im Norden Recht hatten: Die Kolonisten hatten für die Indianer keine Verwendung mehr, nachdem man die Franzosen aus dem Westen vertrieben hatte.

Pontiacs Aufstand

Der Friedensvertrag, der 1760 den Siebenjährigen Krieg auch auf dem nordamerikanischen Kontinent beendete, erwähnte wie üblich die Indianer mit keiner Silbe. Doch als die Franzosen ihre westlichen Forts an England übergaben, waren immer mehr Indianer beunruhigt. Als Major Robert Rogers am 27. November 1759 an der Flußmündung des Detroit eintraf, um die Übergabe der Forts zu regeln, erwartete ihn dort auch eine Abordnung der Ottawas, Huronen und Potawatomis. Der *Sachem* der Ottawas, Pontiac, war ihr Sprecher. Er wollte von Major Rogers wissen, mit welchem Recht dieser indianisches Land durchquerte. Der Offizier antwortete ihm, daß er nur den Befehl hätte, die französischen Forts zu besetzen. Rogers traf sich mit dem Häuptling dann zu einem *Wam-pum*, in dessen Verlauf er Pontiac wohl beschwichtigen konnte: Der Indianer versprach sogar, als Untertan der britischen Krone gehorsam zu sein und Tributzahlungen an den englischen König zu leisten. Doch er warnte Rogers davor, daß Großbritannien ihn mit Respekt behandeln sollte und daß er anderenfalls keinen Weißen durch seine Gebiete reisen lassen würde. Rogers berichtete später seinen Vorgesetzten von seinen Verhandlungen mit dem Häuptling – auf ihn wirkte Pontiac nicht wie ein schwacher Herrscher, sondern eher wie ein mächtiger König, der die Achtung verlangte, die seiner Stellung angemessen war.

Die französischen Siedler in der Nähe der Forts entschieden sich nach dem Abrücken ihrer Truppen für eine Neutralität im nun beginnenden Konflikt zwischen Indianern und Engländern. Ihr Leben hatte sich unter der Flagge der neuen Besatzer nicht verändert. Für die Indianer sah dies ganz anders aus: Lord Jeffrey

Oben: **Pontiacs Aufstand**, der den Indianisch-Französischen Krieg verlängerte, wurde auch Pontiacs Verschwörung genannt, weil er mehrere Stämme in einem Bündnis gegen die Weißen vereinte. 1763 versuchte er mit einem Trick Detroit zu erobern, wurde aber entdeckt.

Amherst, britischer Oberbefehlshaber, setzte die französische Indianerpolitik nicht fort. Die Franzosen hatten sich durch ständige Geschenke die Loyalität der Indianer teuer erkauft. Amherst ignorierte sämtliche Ratschläges des Kommandaten von Detroit, Hauptmann Donald Campbell, und selbst die Meinung von Sir William Johnson. Amherst war nicht dazu bereit, eine Politik der »Bestechung«, wie er sagte, zu unterstützen.

Die Indianer waren ob dieser neuen, zurückhaltenden Politik bereits mißtrauisch geworden und zeigten sich nun gegenüber den Engländern zunehmend unzufrieden. Außerdem verfolgten die Engländer in ihren Augen eine strikte Trennungspolitik zwischen Weißen und Indianern, etwas, das die Franzosen nicht getan hatten. Nur wenn sich ein britischer Offizier eine Squaw zur Frau nahm, wurde diese strikte Richtlinie durchbrochen.

Die Senecas waren der erste Stamm, der Widerstand leisten wollte. Sie schickten Kriegsgürtel an andere Stämme und forderten sie auf, in einen Krieg gegen die Engländer zu ziehen. Die Vorbereitungen wurden von einem mysteriösen Priester der Delawaren begleitet, der den Krieg als einzigen Weg ins Paradies predigte. Der »Große Geist« selbst, behauptete er, habe ihm gesagt, daß die Weißen den Weg zwischen ihnen und den Ewigen Jagdgründen versperren würden. Die Indianer hätten also keine andere Wahl, als die Weißen beiseitezuschaffen.

Die Gerüchte über einen bevorstehenden Krieg wurden den Engländern durch Händler, freundlich gesonnene Indianer und vielleicht auch einige der französischen Siedler zugetragen. Doch als Lord Jeffrey davon erfuhr, änderte er seine Indianerpolitik nicht, sondern schickte Truppenverstärkungen nach Detroit und andere Lager. Hauptmann Campbell in Detroit schrieb an Bouquet, daß die Indianer nur auf die erste Gelegenheit warteten, um einen Aufstand zu entfesseln. Doch er schien kein besserer Prophet zu sein als der Priester der Delawaren – in den folgenden drei Jahren kam es zu keinem Krieg.

Doch die Siedler waren beunruhigt, als 1763 Gerüchte auftauchten, nach denen die Senecas erneut Kriegsgürtel an die Ottawas, Huronen und Delawaren, außerdem an die Potawatomis, Shawnees und Miamis geschickte hätten.

Der Häuptling der Ottawas, der nun 50jährige Pontiac, war anfangs nur einer der Verschwörer, spielte aber schnell eine wichtige Rolle in dem Aufstand. Der folgende Krieg wurde deshalb unter dem Namen Pontiacs Aufstand oder auch Pontiacs Verschwörung bekannt. Pontiac rief im April 1763 einen Großen Rat der Häuptlinge zusammen, in dessen Verlauf er einen Angriff auf Fort Detroit forderte. Er zitierte dabei eine angeblich göttliche Botschaft, die ihm der Priester der Delawaren überbracht hatte. Doch Pontiac war ein nüchtern kalkulierender Politiker, der natürlich verschwieg, daß in dieser Botschaft auch die Rede davon war, die Feuerwaffen abzugeben, weil sie nicht der indianischen Kampfweise entprachen. Und die verhaßten Weißen waren in seiner Darstellung nur die Engländer, nicht die Franzosen. Denn er hoffte, sie einen Tages zu seinem Nutzen gebrauchen zu können.

Schon im September des Vorjahres war Sir William Johnson zu Verhandlungen mit den Indianern im Fort Detroit zusammengetroffen. Wahrscheinlich war auch Pontiac anwesend. Er wollte Detroit nicht nur einschüchtern, sondern – zusammen mit allen anderen Forts – gleichzeitig zerstören.

Oben: Häuptling **Pontiac** (ca. 1720–1769) galt als geschickter politischer Führer. Die Weißen trafen ihn zum ersten Mal 1760, als Robert Rogers die französischen Forts im Westen einnahm.

Detroit war zu jener Zeit ein Dorf, bestehend aus etwa 100 Blockhäusern, die von einer Holzpalisade geschützt wurden, an deren Ecken gut befestigte Wachttürme standen. Zwei mit Waffen ausgerüstete Schoner ankerten in dem fast einen Kilometer breiten Detroit-Fluß und überwachten von dort auch die Flußseite der Siedlung und konnten leicht mit anderen Forts Verbindung aufnehmen. Im Fort befanden sich unter dem Befehl von Major Gladwin etwa 120 Soldaten, hinzu kamen Pelzhändler und einige Kanadier. Außerhalb des Schutzwalls lag ein kleines Dorf französischer Siedler.

Etwa eine Wegstunde vom Fort entfernt, am Ecorse-Fluß, eröffnete Pontiac im Mai 1763 einen weiteren Großen Rat: Über 18 Stämme hatte der kleine, aber muskulöse Indianer mit dem eindrucksvollen Antlitz für sich gewinnen können.

Pontiac wollte versuchen, Detroit nicht in einem direkten Angriff, sondern in einem listenreichen Überraschungscoup einzunehmen. Mit etwa 1.000 als Ballspieler und Zuschauer verkleideten Kriegern veranstaltete er vor den Toren des Forts ein bekanntes Indianerspiel, *baggattaway* genannt. Gemeinsam mit 60 angeblichen Häuptlingen traf er sich währenddessen in der Siedlung zu einem Rat, die Tore blieben tagsüber normalerweise geöffnet. Die Torwache hatte Befehl, den Eingang nur auf ein bestimmtes Warnsignal zu schließen.

Doch an diesem Tag, nachdem Pontiac und die Häuptlinge im Fort waren, sah er sich plötzlich nicht nur geschlossenen

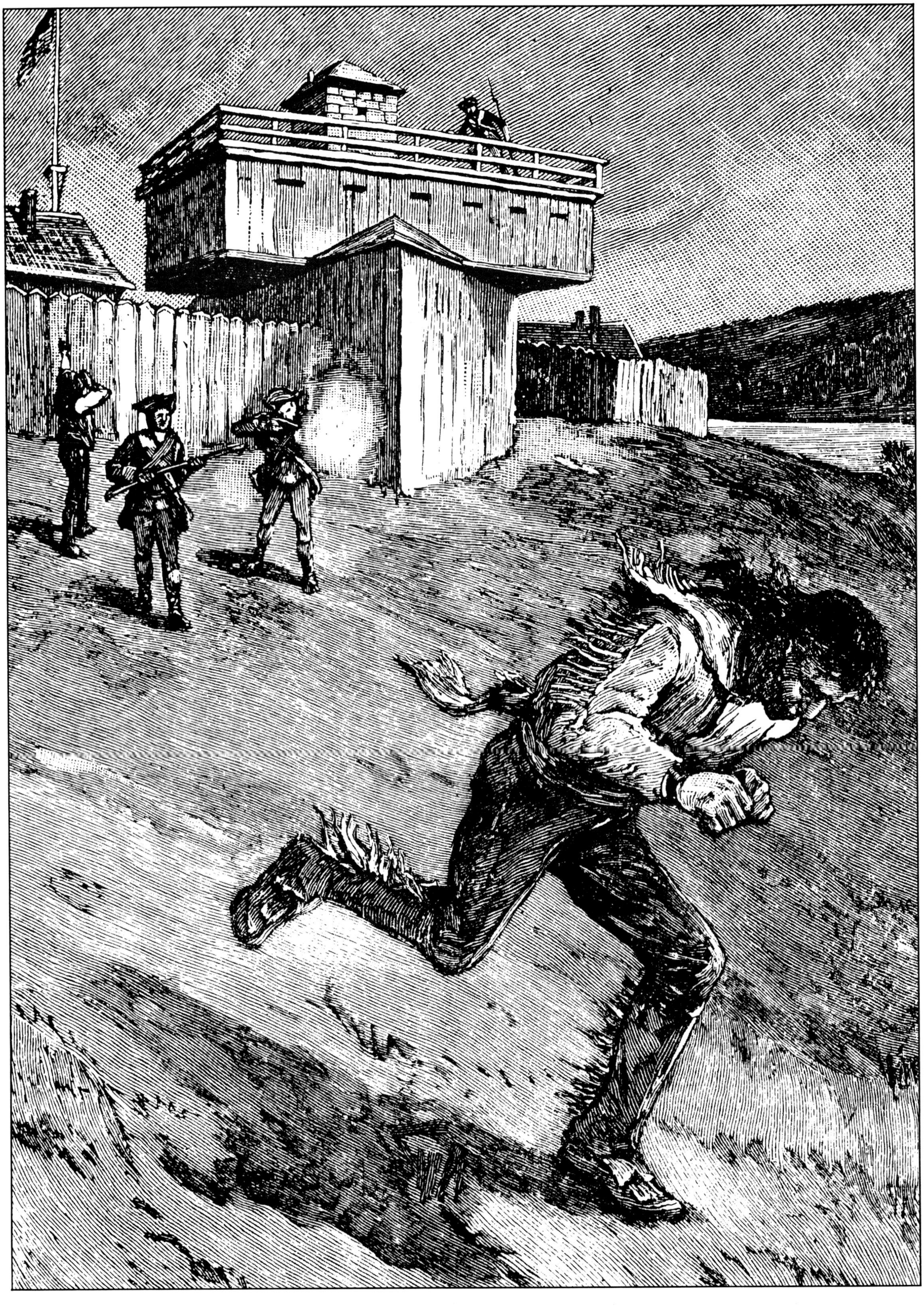

Toren gegenüber, sonderngleichzeitig mit einer Zweierreihe bewaffneter Soldaten konfrontiert. Sein geplanter Überraschungsangriff war aufgeflogen – die indianische Geliebte des Majors, eine Chippewa-Squaw, hatte ihn verraten. Major Gladwin versetzte seine drei Einheiten sofort in Alarmbereitschaft und trennte die Anführer der Verschwörung im Innern des Forts von ihrer Armee vor Detroit, indem er einfach die Tore geschlossen hielt. Pontiac blies die Aktion sofort ab und leugnete den geplanten Angriff. Offensichtlich hätten »böse Vögel« dem Major Lügen über ihn zugeflüstert. Und als Pontiac den Soldaten scheinheilig fragte, weshalb er die Truppe habe aufmarschieren lassen, antwortete dieser mit derselben ernsten Miene, er hätte nur den Befehl gegeben, die Truppe etwas zu drillen. Der Major hätte Pontiac festnehmen lassen können, doch er spielte das Spiel eines angeblich friedlichen *Pow-Wows* bis zum Ende mit.

Am 10. Mai 1763 begann Pontiac doch noch mit einer Belagerung des Forts und ließ die Farmen in Sichtweise von Detroit niederbrennen. Nachdem die Indianer drei Zivilisten getötet und skalpiert hatten, empfahlen ihm seine französischen Freunde, einem Frieden oder wenigstens einer Waffenpause zuzustimmen. Nur zum Schein ging Pontiac darauf ein: Als Hauptmann Campbell unter der weißen Flagge das Fort verließ, um die Friedensverhandlungen zu führen, nahmen ihn die Indianer als Geisel gefangen und verlangten von Gladwin aufzugeben. Doch der Major weigerte sich. Im Juli wurde das Fort mit Männern und Material aus Fort Niagara verstärkt, doch Pontiac setzte die Belagerung noch bis zum Oktober oder November fort.

Der Plan, Detroit einzunehmen, war zwar fehlgeschlagen, aber Pontiacs Überraschungstaktik wirkte an anderen Orten: Zuerst traf es Fort Sanduska, am westlichen Ende des Erie-Sees. Einige Ottawa- und Huron-Indianer hatten freien Zutritt zum Fort erhalten und brachten alle 15 Soldaten um. Nur der Kommandant wurde am Leben gelassen und heiratete eine indianische Frau, deren Mann bei dem Überfall ums Leben gekommen war.

Pontiacs Männer eroberten dann Fort Miami, nachdem der Befehlshaber von seiner indianischen Geliebten in eine Falle gelockt worden war und umgebracht wurde – seine Männer ergaben sich daraufhin. Auch Fort Ouatanon (Ouiatenin) am Wabash-Fluß, in der Nähe des heutigen Lafayette/Indiana, wurde durch Verrat erobert. Später fielen auch die Forts LeBœuf im heutigen Franklin/Pennsylvania und Venango bei Waterford/Pennsylvania. Auch die 27 Soldaten der Presque Isle kämpften verzweifelt gegen eine indianische Übermacht.

Andere Forts wie Ligonier und Bedford konnten sich gegen Pontiacs Indianer behaupten; die Delawaren, die Fort Pitt angriffen, hatten weniger Glück als die Senecas und Chippewas: Obwohl Bouquet zum Zeitpunkt des Angriffes nicht anwesend war, hatte ein anderer erfahrener Offizier, Hauptmann Simeon Ecuyer, das Kommando übernommen. Auch er war ein gebürtiger Schweizer. Er weigerte sich, aufzugeben und schickte den Delawaren stattdessen einige Geschenke – ein kostbares Taschentuch und zwei Decken. Die Textilien hatte er den an Pocken erkrankten Männern aus seinem Lazarett weggenommen. Die nichtsahnenden Delawaren nahmen die Geschenke an, zogen sich zurück und begannen bald darauf an Pocken zu sterben.

Obgleich das Fort in Detroit nach wie vor standhielt, hatten die Briten derart viele Forts verloren, daß sie – zumindest in den Augen der Kolonisten – aufgaben. In einer Proklamation von 1763 bestätigten sie die von Forbes eingeführte Politik: Keine weißen Siedlungen westlich der Appalachen.

Es war schließlich wieder einmal Henry Bouquet, der den indianischen Siegen ein Ende bereitete. Er marschierte mit einer gemischten Streitmacht aus 460 Männern, Kolonisten und ein schottisches Hochlandregiment »Black Watch« (»Schwarze Wacht«), von Carlisle/Pennsylvania nach Fort Pitt, um den Belagerungsring zu durchbrechen. Bouquet wurde von einer Gruppe Delawaren, Shawnees, Huronen und Mingos Anfang August aufgehalten, konnte sie jedoch zurückschlagen und schaffte es sogar, seine Truppe in eine richtige Aufstellung zu bringen. Denn die Indianer machten den Fehler, die Weißen am nächsten Tag nochmals anzugreifen – Bouquet war darauf vorbereitet und zeigte nun zum ersten Mal, mit welch kühner Geschicklichkeit er die Kampfweise der Guerilla-Taktik anwenden konnte: Er zog seine Männer in einen weiten Halbkreis rund um den Wagentreck zurück und ließ einige Männer in der Mitte einen kopflosen Rückzug vortäuschen. Die Indianer verfolgten diese Männer natürlich, sahen sich aber plötzlich der im Gebüsch versteckten Hauptstreitmacht ausgesetzt. Die Soldaten eröffneten auf diese kurze Distanz hin das Feuer und töteten etwa 60 Indianer, darunter auch zwei Delaware-Häuptlinge. Nach dieser Schlacht am **Bushy Run** eilte Bouquet dem Fort zu Hilfe.

Der militärische Erfolg des Schweizers dämpfte die Kampfeslust der Shawnees und Delawaren erheblich und brachte ihm selbst unter den Indianerstämmen ungeheuren Respekt ein. Später führte Bouquet eine gemischte Truppe aus britischen Soldaten und Kolonisten durch verschiedene Indianergebiete, befreite alle weißen Gefangenen und befriedete so alle Grenzstämme. 1765 wurde er zum Brigadegeneral befördert, starb aber noch im selben Jahr an einem Fieber.

Im Laufe des Krieges gegen Pontiac mußten nicht nur Soldaten und Krieger ihr Leben lassen, auch die Zivilbevölkerung traf es hart. Wahrscheinlich wurden insgesamt 2.000 Weiße umgebracht. Auf seiten der Weißen gab es furchtbare Massaker, als beispielsweise 60 junge Männer, die sogenannten »Paxton Boys«, in Lancaster eine Gruppe von nur 20 friedlichen Conestoga-Indianern, darunter viele Frauen und Kinder, umbrachten. Die Weißen marschierten dann weiter nach Philadelphia, wo sogar die eigentlich pazifistischen Quäker Waffen in die Hand nahmen, um die dort lebenden, »gezähmten Indianer«, wie sie sagten, gegen den heranziehenden Mob zu verteidigen! Benjamin Franklin stellte eine Abordnung der Stadt zusammen, um die »Paxton Boys« von ihrem Morden abzuhalten. Dafür sollten sie ein Bündel Indianerskalps erhalten. Später schrieb Benjamin Franklin übrigens ein weit beachtetes, scharfes Pamphlet

Gegenüberliegende Seite: **Lewis Wetzel** stammte aus der Wildnis der Appalachen und galt noch mehr als Daniel Boone und Simon Kenton als Indianerfeind. Nachdem er einen Indianer getötet hatte, der bei einem Friedenvertrag mit den Weißen eine wichtige Rolle spielte, wurde Wetzel in Fort Harmar gefangengesetzt. Dort sollte er auf seinen Prozeß warten, konnte jedoch trotz strenger Bewachung fliehen – zur großen Freude seiner Anhänger.

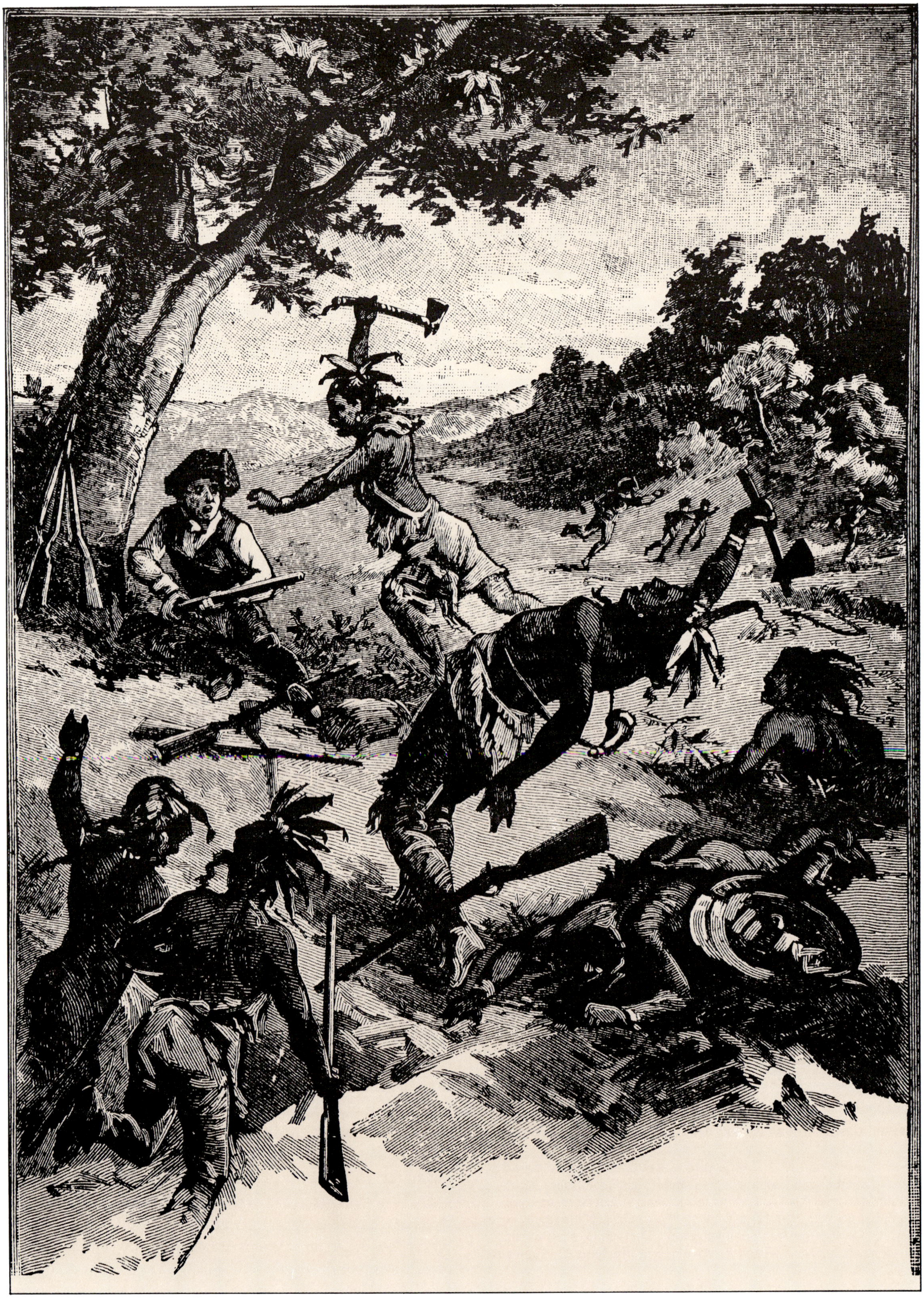

Gegenüberliegende Seite: Die Kinder der Siedler mußten schnell erwachsen werden; für Indianer auf dem Kriegspfad war jeder Einzelreisende Freiwild.

Oben: Überraschungsangriffe auf einsam gelegene Farmen waren häufig.

gegen Skalpjäger. Er prophezeite, daß das Blut der unschuldigen Indianer aus Lancaster geradezu nach Rache schrie.

Doch im Herbst waren einige Stämme bereit, trotz der Proteste von Pontiac, Frieden mit den Weißen zu schließen. Auch Pontiac selbst gab Ende Oktober auf, und bat Gladwin um Frieden, nachdem man ein Kopfgeld auf den Häuptling ausgesetzt hatte. Obwohl die Indianer im Grunde jede einzelne Schlacht bis auf Bushy Run gewonnen hatten, fiel der Indianerbund schnell auseinander. Die Stämme waren nicht daran gewöhnt, sich über längere Zeit zusammenzuschließen, um Krieg zu führen. Einige Kriegsgürtel wurden später von den Shawnees, Delawaren und Senecas herumgeschickt, doch die meisten Stämme kamen mit Bouquet oder Sir William Johnson zu vernünftigen Friedensregelungen. Pontiac soll mit seinem Tomahawk einen Friedensgürtel eigenhändig zerhackt haben! Im November 1763 hatte der Häuptling kaum mehr Macht. Dennoch hielt Gladwin in Detroit das Fort noch ein weiteres Jahr in Alarmbereitschaft. Später kehrte er nach England zurück und sah Detroit nie wieder. Er lehnte es später auch ab, während der amerikanischen Revolution gegen die Kolonisten zu kämpfen und starb 1791.

Pontiac hatte jedoch noch nicht aufgegeben: Sein letzter, fehlgeschlagener Widerstandsversuch war die Eroberung des letzten französischen Forts Chartes bei St. Louis. Nach zweieinhalb Jahren des ständigen Hin und Hers schickten die Franzosen eine größere Truppe von New Orleans den Mississippi hinauf, um der Bedrohung ein Ende zu machen. Der Befehlshaber, St. Ange de Bellarive, war ein alter Freund von Pontiac und überredete den Indianer, alle Kriegsgürtel wieder einzuziehen und das Kriegsbeil endgültig zu begraben.

Pontiac bat 1765 schließlich um Frieden und wohnte einem Zusammentreffen mit Sir William Johnson im Juli 1766 in Fort Ontario bei. Drei Jahre später wurde der alte Häuptling von einem Peoria-Indianer in Cahokia/Illinois umgebracht. Andere behaupteten, Pontiac hätte den Tod in einer Schlägerei zwischen Betrunkenen gefunden.

Vielleicht hat man die Rolle des Häuptlings im Verlauf der Indianerkriege überbetont oder romantisiert. Aber ohne jeden Zweifel ist der Häuptling zum Symbol des indianischen Widerstandes gegen die weißen Eroberungen an der Grenze zur Wildnis kurz vor der amerikanischen Revolution geworden.

Lord Dunmores Krieg

Lord Dunmore von Virginia ignorierte die Proklamation von 1763 und teilte Landurkunden an Veteranen der Indianerkriege aus, die es ihnen gestatteten, westlich der Appalachen zu siedeln. Kurz darauf kam es natürlich zu bewaffneten Konflikten zwischen Weißen und Indianern, die später als Lord Dunmores Krieg bekannt wurden und sich bis zum amerikanischen Unabhängigkeitskrieg hinzogen. Shawnee-Indianer griffen dabei die Siedlungen der Veteranen an; der Gouverneur von Virginia schickte 1.500 Milizsoldaten in den Kampf. Der Neffe von Sir William Johnson konnte die Irokesen davon abhalten, sich mit

Oben: **Benjamin Franklin** wird selten mit Indianerkriegen in Verbindung gebracht. Allerdings spielte er während des Pontiac-Krieges eine wichtige Vermittlerrolle, nachdem haßerfüllte Siedler einige Indianer getötet hatten. Franklin beendete dieses Massaker und veröffentlichte später ein Pamphlet über die Gewalt gegen Indianer.

Oben: **Joseph Brant** oder **Thayendanega** war ein Mohawk-Häuptling, 1742 geboren. Er war ein Freund von Sir William und Guy Johnson, kämpfte aber am Oriskany gegen Nicholas Herkimer und löste das Massaker im Cherry-Tal aus. Er galt als erbitterter Feind von Red Jacket.

den Shawnees zu verbünden. Und bei der größten Auseinandersetzung in diesem Krieg, bei Point Pleasant an der Flußkreuzung von Ohio und Great Kanawha, überraschte Häuptling Cornstalk eine Einheit aus Virginia, tötete 50 Männer und verwundete weitere 100. Doch schon 1774 schloß Cornstalk Frieden mit dem Gouverneur.

Die amerikanische Revolution

Die Indianer verhielten sich während des amerikanischen Unabhängigkeitskrieges klugerweise neutral, nachdem der Krieg 1775 mit den Schüssen von Lexington ausgebrochen war. Selbst der Kontinentalkongreß der aufständischen dreizehn Kolonien sprach sich dagegen aus, die Indianer in diesen Kampf zwischen Kolonien und Mutterland mit einzubeziehen. Dennoch versuchten beispielsweise Ethan Allen und George Washington, auch unter den Indianern Verbündete gegen den König zu finden.

Doch als sich der Krieg ohne eindeutigen Sieg oder Niederlage dahinzog, beauftragte der britische Oberbefehlshaber, Thomas Gage, Guy Johnson und einen anderen General im Süden, die Indianerstämme anzuwerben. Auch Häuptlinge, wie beispielsweise der Mohawk-Häuptling Thayendanega, später Joseph Brant genannt, erhielten einen Offiziersposten in der britischen Armee. Er kämpfte für die Briten und zog fast alle Irokesen auf die Seite von König George. Bald bekämpften sich deshalb die Irokesen-Stämme auch untereinander, denn die Senecas, Cayugas und Canandaiguas des Mohawk-Häuptlings standen den Oneidas und Tuscaroras gegenüber, die General Nicholas Herkimer für die Revolutionsarmee angeworben hatte.

Zum ersten Mal war dies bei der Belagerung von Fort Stanwyx am oberen Lauf des Mohawk-Flusses der Fall. Die Briten stoppten Herkimer in der **Schlacht von Oriskany**. Die Amerikaner töteten dabei etwa 30 Indianer und einige britische Soldaten. Als die auf seiten der Briten kämpfenden Indianer diesen Erfolg des Gegners sahen, wechselten sie kurzerhand die Seiten und stoppten für die Revolutionsarmee den Vormarsch des britischen Generals John Burgoyne am Hudson.

In den Jahren 1778 und 1779 führte Joseph Brant gemeinsam mit dem verhaßten Tory-Oberst John Butler eine gemischte Streitmacht aus Briten und Indianern in verschiedene, kleine Einzelgefechte. Im Juli 1778 traf es dabei das Wyoming-Tal in Pennsylvania, das völlig schutzlos war, da alle wehrfähigen Amerikaner bereits in Washingtons Armee kämpften. Doch einer der wenigen dort lebenden Farmer führte etwa 300 Männer aus dem einzigen Fort des Tals gegen Oberst Butler. Das war ein schwerer Fehler, weil er einer vierfachen Übermacht gegenüberstand. Allein die Indianer überwältigten die kleine Farmer-Armee und töteten später alle Verwundeten – die Briten hatten die Kontrolle über ihre verbündeten Indianer verloren.

Im November desselben Jahres wurde auch das obere Susquehanna-Tal angegriffen: Über 30 Menschen wurden massakriert, ihre Häuser in Brand gesteckt, das Vieh von den Mohawk-Indianern, angeführt von Brant und dem Sohn des Oberst, Hell Hound Butler, fortgetrieben. Doch wahrscheinlich hat Kentucky am meisten unter den Kämpfen gelitten. Die dortigen Ereignisse sind eng mit der Person von Daniel Boone verknüpft, dem Inbegriff des amerikanischen Trappers. Eigentlich war er in Pennsylvania geboren und Quäker. Doch nachdem ihn sein Vater schon mit 12 Jahren das Jagen und Schießen gelehrt hatte, begann er 1769 Kentucky zu durchstreifen. Sechs Jahre später beauftragte man ihn, gemeinsam mit einigen Landspekulatoren das Gebiet zu erkunden und mögliche Straßenrouten festzulegen. Die kleine Gruppe wurde zweimal von Indianern angegriffen, dennoch gelang es Boone, eine kleine Siedlung zu gründen, die den Namen Boonesborough erhielt.

Indianische Krieger tauchten immer wieder in der Nähe des Forts auf und nahmen 1776 sogar Boones Tochter Jemina gefangen. Doch ihr Vater konnte die Indianer verfolgen und das Mädchen wieder befreien. In den folgenden zwei Jahren gab es zwei Angriffe auf Boonesbourough, wobei Boone einmal selbst in Gefangenschaft geriet. Am 7. September nahmen 444 Krieger unter Häuptling Blackfish und dem französischstämmigen Kanadier Hauptmann Antoine Dagneaux de Quindre sowie 11 Kanadiern Aufstellung vor dem Fort und verlangten im »Namen seiner britischen Majestät« die Kapitulation – diesen Satz brachte der französischstämmige Kanadier sicherlich nur schwer über die Lippen. Boone bat um zwei Tage Bedenkzeit. In diesen Tagen ließ er alle Kühe und Pferde der umliegenden Siedlung in das Fort treiben und alle möglichen Behälter mit Wasser auffüllen.

Dagneaux de Quindre versprach Boone im Namen von Oberst Hamilton, daß England die Siedler lebend haben wolle, sie also nichts zu befürchten hätten. Er schlug vor, daß neun Männer aus dem Fort herauskommen sollen, um weitere Verhandlungen zu führen. Natürlich war Boone einer von ihnen. Vorher aber postierte er eine Reihe von Scharfschützen an den Palisaden, um die Gruppe zu decken. Doch die Vorschläge des kanadischen Offiziers schienen recht großmütig zu sein: Die Siedler sollten ihre Freiheit wiederbekommen, wenn sie den britischen Anspruch auf dieses Gebiet anerkannten und einen Treueid auf König George III. leisteten.

Die Indianer waren es schließlich, die den Verhandlungen ein Ende machten und die Eingeschlossenen in eine Falle lockten.

Oben: Auch alte Männer kämpften gegen Indianer. **David Morgan**, ein Bruder von General Daniel Morgan, war schon 70 Jahre alt, als er seine Familie bei einem Indianerüberfall verteidigte.

Oben, Mitte: Die **Schlacht am Oriskany** (August 1777) endete unentschieden; General Herkimer starb dabei. Doch der Kampf hatte dazu geführt, daß viele verbündete Indianer von der britischen Armee desertierten.

Oben: England ermutigte 1778 die Indianer in Pennsylvania dazu, Siedler umzubringen; am schlimmsten traf es das **Wyoming-Tal**.

Oben: **Daniel Boone** (1734–1820) führte sein Leben lang seinen eigenen Krieg gegen die Indianer. Seine Tochter wurde von ihnen gefangengenommen; seinen Sohn mußte er bei Blue Licks (oben) beschützen, und auch er selbst war kurze Zeit ein Gefangener. Allerdings entdeckte er auch eine neue Wildnis für die Besiedlung – Kentucky.

Unten: Die **Schlacht am Blue Licks** fand am 19. August 1782 in der mittleren Flußgabelung des Licking-Flusses statt. Etwa 240 Indianer griffen rund 182 Weiße aus Kentucky an und töteten in einem wilden Rückzugsgefecht 70 von ihnen. Aber der Sieg der Indianer am Blue Licks sollte ihr letzter Triumph in Kentucky sein – nie wieder würden sie einen solchen Vorstoß unternehmen.

Nachdem es einmal zum Kampf gekommen war, dauerte die Belagerung etwa neun Tage lang.

Schließlich ließen sich die Kanadier etwas Neues einfallen und zeigten den Indianern, wie sie einen Schützengraben ausheben konnten. Doch Boone ließ seinerseits einen eigenen Graben anlegen. Seine Männer warfen die Erde einfach in den Graben der Belagerer hinein. Die Indianer gaben Mitte September auf und zogen ab. Sie hatten 37 tote Krieger zu beklagen und viele Verwundete zu versorgen.

Doch der Kampf ging 1780 in Virginia weiter: Dort führte der königstreue Oberst William Byrd 800 Indianer und einige Soldaten gegen zwei amerikanische Siedlungen, Martin's und Ruddle' Stations. Seine blutrünstigen Wyandot-Krieger massakrierten die Einwohner trotz seiner Proteste. Byrd verzichtete auf weitere Angriffe, weil er eingesehen hatte, daß er die Indianer nicht unter Kontrolle halten konnte. Zwei Jahre später im August ereilte Bryan's Station, eine kleine Siedlung aus 40 Blockhütten in der Nähe von Lexington, ein ähnliches Schicksal. 400 Indianer und einige Weiße, angeführt von William Caldwell, Alexander McKee und einem amerikanischen Verräter namens Simon Girty, tauchten vor der Siedlung auf. Doch nur einige der Angreifer zeigten sich am Rand der Waldlichtung vor dem Tor des Forts, allerdings ohne sich zu verstecken. Der amerikanische Kommandant John Craig vermutete deshalb eine List hinter ihrem Verhalten. Wahrscheinlich, so dachte er, wollten ihn die Indianer zu einem Ausfall gegen sie ermuntern, um dann unbeobachtet die Rückseite des Forts angreifen zu können. Mit dieser Vermutung lag er genau richtig. Denn Caldwell hatte den größten Teil seiner Männer in den Wäldern an den hinteren Palisaden der Siedlung versteckt und ihnen befohlen, erst bei einer Schießerei am Tor loszustürmen.

John Craig versuchte nun, seinerseits mit List und Tücke die Angreifer zu schlagen: Da das Fort zu wenig Wasservorräte hatte und er keine Männer zu der kleinen Quelle zwischen dem Fort und dem Wald schicken konnte, setzte er die Frauen und Kinder ein. Er war sich ziemlich sicher, daß die Indianer Frauen und Kinder nicht gefangennehmen würden. Ausgestattet mit Eimern und Schöpfkellen schlenderte die Gruppe gemächlich zu der Wasserquelle und wieder zurück. Wie Craig vorausgesehen hatte, beobachteten die Indianer das Geschehen zwar genau, rührten sich aber nicht. Erst im letzten Moment gerieten einige der nervösen Jugendlichen in Panik und rannten zum Tor, wobei sie das kostbare Wasser verschütteten. Aber kein einziger Schuß war gefallen.

Craig plante nun eine zweite List: Er sandte zwei Reiter aus, um von Boone's Siedlung Verstärkung zu holen. Als sie erst einmal fort waren, schickte er eine kleine Truppe nach draußen, um die stillen Beobachter zu vertreiben. Craigs Männer waren so laut und ungestüm, als wären sie eine ganze Armee. Den Rest der Männer stellte er hinter die rückwärtigen Palisaden und gab ihnen den Befehl, erst auf seine ausdrückliche Order hin zu schießen. Vor der Siedlung war nun eine wilde Schießerei im Gange, die Indianer in den Wäldern hinter dem Fort sprangen wie verabredet aus ihren Deckungen: Aber als sie die Wälle anzugreifen versuchten, wurde daraus plötzlich eine wehrhafte Wand blitzender Gewehrsalven.

Aus dem ersten Geschoßhagel wurde ein Scharmützel, das den ganzen Tag über anhielt. Dabei traf es nur einige Verteidiger hinter den Wällen. Aber jeder Indianer, der seine Deckung im Wald verließ, wurde erschossen; einen oder zwei von ihnen traf es auch auf ihren Hochsitzen in den Bäumen. Wieder griffen die Indianer mit Brandpfeilen an, die im hohen Bogen über die Palisade fast senkrecht auf den Dächern der Blockhütten landeten. Kleine Jungen und Mädchen waren die einzigen verfügbaren Hilfskräfte, so daß sie die Feuer löschen mußten. Allerdings hatte das Fort recht hohe Wälle, so daß sie kaum in Gefahr waren, von einer Kugel getroffen zu werden. Nicht einmal ein Brandpfeil traf jemanden. Schließlich gaben die Indianer nach ihren schweren Verlusten auf, töteten das Vieh auf den umliegenden Farmen, verwüsteten die Felder und zogen sich zurück, noch bevor die Verstärkung aus Boone's Station angekommen war.

Drei Tage später stießen etwa 240 der indianischen Krieger am Licking-Fluß auf etwa 182 amerikanische Milizsoldaten aus Kentucky. Zunächst versuchten die Weißen, die Krieger in einem Überraschungsangriff zu überwältigen, scheiterten dabei jedoch kläglich. In dem folgenden Rückzug mußten 70 Soldaten ihr Leben lassen oder wurden verwundet. Doch diese **Schlacht am Blue Licks** war aus einem anderen Grunde bemerkenswert: Es sollte vorerst der letzte militärische Erfolg der Indianer bleiben. Eine Ära neigte sich langsam ihrem Ende zu.

Großbritannien und seine verbündeten Indianerstämme hätten es am liebsten gesehen, wenn der schlangenförmige Flußlauf des Ohio zur Westgrenze des neuen amerikanischen Staates geworden wäre. Doch ein amerikanischer Soldat und Siedler namens George Rogers Clark zerstörte diese Hoffnungen. Im Sommer 1778 nahm er Großbritannien mit nur 200 Männern fast den gesamten Westen der damaligen Zeit ab, also das Nordwest-Territorium im heutigen Illinois, das vom Fort Detroit aus kontrolliert werden sollte. Clark eroberte Kaskaskia, Cahokia und das Fort Sackville bei Vincennes ohne eigene Verluste. Damit war es Virginia vorbehalten, vor Connecticut, New York und Massachusetts, das Rennen um den neuen Westen zu gewinnen, der sich bis zum Mississippi erstreckte. Allerdings gelang es den Briten unter Oberst Hamilton im Oktober, Detroit wieder einzunehmen.

Am 5. Februar des folgenden Jahres versuchte Clark dann von Kaskaskia aus Vincennes zurückzuerobern. Er stellte ein kleines Expeditionsheer aus 150 Amerikanern und Franzosen zusammen – letztere kämpften wie auch die Indianer auf beiden Seiten. Die Truppe marschierte durch etwa 240 Kilometer ausgetrocknete Präriegebiete, die von übergetretenen Flüssen überschwemmt waren. Clark trieb seine Männer unerbittlich zur Eile an. So gewagt und strapaziös wie dieser Marsch sollte kein zweiter in der amerikanischen Militärgeschichte werden. Währenddessen dachte Hamilton im eingeschneiten Detroit nicht im Traum daran, daß ihn während der Wintermonate irgendjemand angreifen könnte.

Die amerikanischen Offiziere und Soldaten von Clarks Streitmacht wateten bis zu ihren Hüften durch das Wasser, manchmal reichte es auch bis an ihre Bärte. Sie hatten nur einige wenige Kanus dabei, die für die Kranken und völlig Erschöpften reserviert waren. Am Ende der Kolonne hatte Clark einen Sondertrupp zusammengestellt, der jeden Mann erschießen sollte, wenn er

Oben: Der Weiße **Daniel Boone** fühlte sich in der Wildnis von Kentucky am wohlsten.

Unten: Boone gründete 1775 eine befestigte Siedlung im Herzen Kentuckys. Er nannte sie **Boonesborough**.

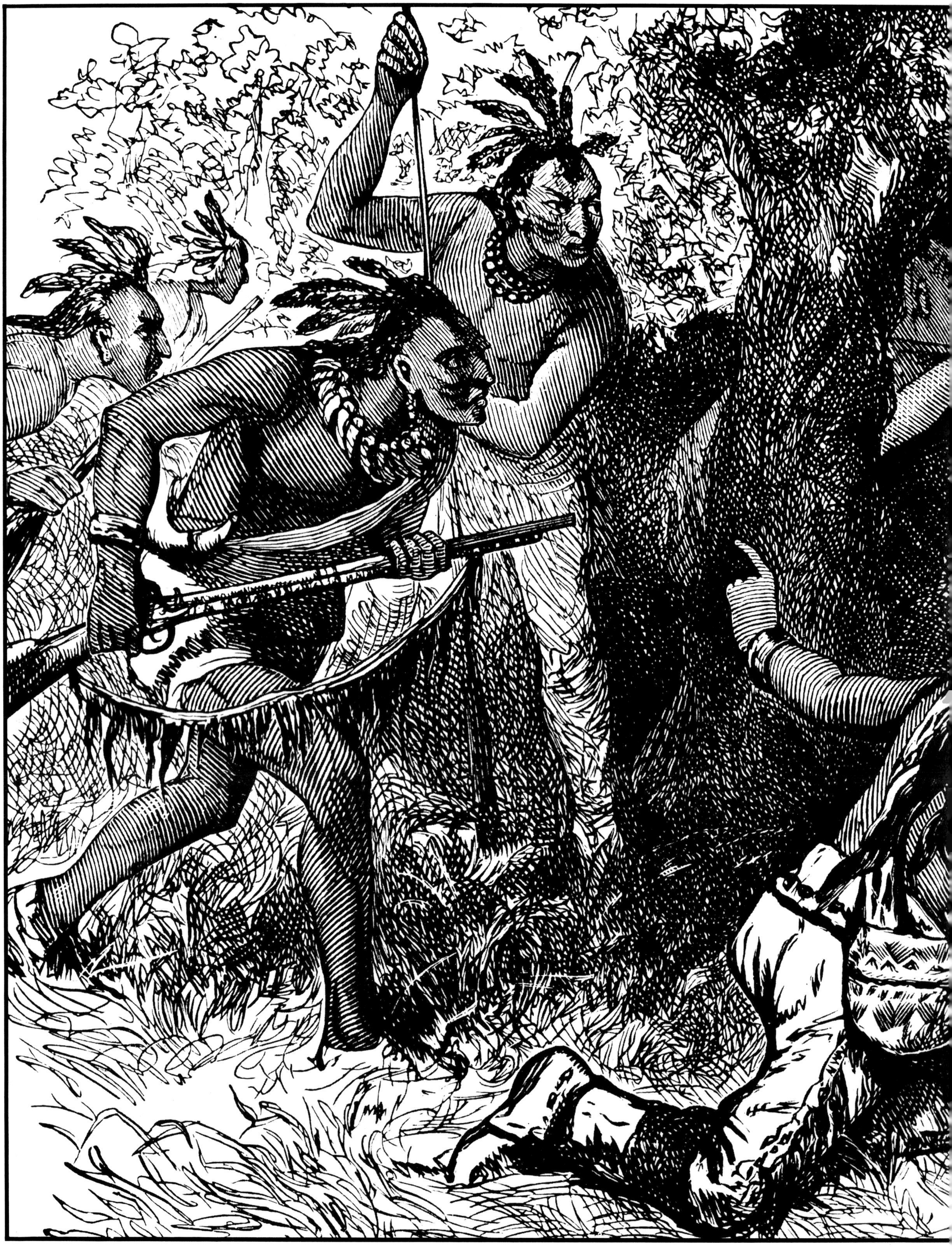

sich weigerte, weiterzumarschieren. In der Nähe von Vincennes angekommen, vertrieb Clark die mit England verbündeten Indianer mit Hilfe eines altes Tricks, den die Prärieindianer benutzten: Er ließ seine Männer in einem kleinen, vom Fort aus einsehbaren Geländestück, vor – und zurückmarschieren, so daß ein Beobachter glauben mußte, eine recht große Streitmacht vor sich zu haben. Clark nahm schließlich die Siedlung vor dem Fort ein. Seine Scharfschützen zielten bereits auf die ersten Männer im Fort. Als Hamilton um einen Aufschub bat, um eine eventuelle Übergabe des Forts abzuwägen, gab ihm Clark zwar Bedenkzeit, machte jedoch klar, wie ernst es ihm war. In Sichtweite des Forts ließ er fünf gefangene Indianer köpfen. Die Krieger waren in seine Hände gefallen, als sie Hamilton einige Skalps von Weißen bringen wollten. Obwohl sich im Fort auch fünf Kanonen befanden, gab Hamilton auf, da er glaubte, einer Übermacht gegenüberzustehen. Am 23. Februar 1779 war Fort Sackville bei Vincennes wieder in amerikanischer Hand. Der verhaßte »Haarkäufer« wurde eilends nach Virginia gebracht, wo er als Kriegsgefangener endete.

Clark wollte auch die Schlüsselstellung des Forts in Detroit besetzt halten, aber das finanziell schwache Virginia hatte weder die Mittel, noch die Männer und das Material dafür. Statt dessen eroberte Clark 1780 erneut Cahokia und besiegte noch im selben Jahr Oberst Byrd und dessen Shawnees in Ohio. Zwei Jahre später zerstörte er alle Shawnee-Dörfer rund um Chillicothe, darunter auch jenes Dorf, in dem die Indianer einst Boone festgehalten hatten. Diese Verwüstungen waren die Rache für die amerikanische Niederlage bei Blue Licks.

Zur selben Zeit erlangte ein Scout Berühmtheit, der schon mit Boone zusammen durch die Wildnis gestreift war: Simon Kenton war auch bei Clarks Expedition dabeigewesen und kehrte nun zu Boone zurück, um in der Nähe von Chillicothe eine Shawnee-Siedlung anzugreifen. Kenton wurde später im Ohio-Tal gefangengenommen und mußte achtmal durch die schlagenden Reihen der Indianer laufen, bevor sie ihn an einen Baum banden, um einen Scheiterhaufen vor ihm anzuzünden. Simon Kenton wurde ausgerechnet von einem Verräter, dem schon genannten Simon Girty, gerettet. Kenton brachte man nach Detroit, wo er unter strenger Bewachung festgehalten wurde. Doch Anfang Juni 1779 gelang ihm die Flucht. Er arbeitete in den folgenden zwei Jahren wieder als Scout für Clark und machte später eine glänzende Karriere in der amerikanischen Armee. Noch mit 60 Jahren zog er gemeinsam mit William Henry Harrison und Richard M. Johnson in die Schlacht am Thames im Jahre 1813.

General George Washington entschloß sich im Sommer 1779, einen Vergeltungsschlag gegen die Indianer zu führen. Er baute eine Armee aus 4.000 Männern auf und unterstellte sie – neben elf Kanonen, ausreichender Verpflegung und sogar Pontonbooten – dem irischstämmigen General John Sullivan. Er zog mit seiner Truppe vom Wyoming-Tal den Susquehanna-Fluß hinauf, wo die Seneca-Indianer des Oberst Butler nur ein Jahr zuvor die Siedler abgeschlachtet hatten. Sullivan drang in

Links: Im Sommer 1776 überfielen die Indianer nicht nur **Boonesborough**, sondern auch **Harrod's** und **Logan's Station**. Letztere Siedlung eroberten die Indianer, töteten drei der nur 16 Verteidiger. Während der Nacht konnte Logan unbemerkt fliehen und Hilfe holen.

das Herz der Seneca-Gebiete ein: Zwar gelang es ihm nicht, Fort Niagara einzunehmen, von dem aus Briten und Engländer wie auch im Falle von Detroit Feldzüge unternehmen konnten, doch brannte er statt dessen 40 Siedlungen der Irokesen nieder, zerstörte ihre Vorräte und Ernten auf den Feldern und ließ sogar alle Obstbäume in ihren Gärten fällen. Diese Taktik der verbrannten Erde und der harte Winter des Jahres 1779 traf die feindlichen Irokesen so empfindlich, daß die Senecas Washington – in dessen Namen Sullivan gehandelt hatte – noch Jahre später als »Der Städtezerstörer« bezeichneten.

Die britischen Truppen empfingen Sullivan dann allerdings bei Chemung. Da sie nicht wußten, daß ihnen kampferprobte Einheiten der Revolutionsarmee gegenüberstehen würden, versuchten sie Sullivan in einigen unkoordinierten Gefechten zu-

Oben: Einen der großen Märsche in der US-Geschichte führte **George Rogers Clark** mit seinen 170 Männern durch, als er im Februar 1779 die überflutete Wabash-Region durchquerte, um Fort Vincennes anzugreifen.

rückzudrängen. Die nachfolgende Schlacht wurde dann für die Briten eine völlige Niederlage.

Im Süden hatten die Cherokees sich seit 1776 auf die Seite der Briten geschlagen und die Amerikaner immer wieder in kleinere Scharmützel verwickelt. Vier Jahre später wurde Oberstleutnant John Sevier mit einer ähnlichen Aktion wie Sullivan beauftragt. Obwohl er nur 700 Männer zur Verfügung hatte, zerstörte er zahlreiche Cherokee-Siedlungen, darunter auch die Indianerstadt Chote und die Städte der Chickamauga.

Die Revolutionsarmee konnte sich glücklich schätzen, daß die

Briten in ihrer Behandlung der verbündeten Indianer im Süden viele Fehler machten. Zwar investierten sie tausende Pfund Sterling in die Kriegskoalition mit den Cherokees, Creeks, Chickasaws und Choctaws, doch diese Stämme konnten die vereinbarten 10.000 Krieger nur auf dem Papier stellen. Dennoch standen nach dem Krieg diese Stämme loyal auf Seiten der Briten, so wie andere Stämme von nun an fest zu den Amerikanern hielten. Doch der junge neue Staat sollte die Feindschaft der auf britischer Seite kämpfenden Indianerstämme nicht vergessen. Neue Kämpfe zwischen Amerikanern und Indianern waren unabwendbar und würden nicht lange auf sich warten lassen.

Im Friedensvertrag von Paris, der 1783 den amerikanischen Unabhängigkeitskrieg zugunsten der Vereinigten Staaten beendete, hatte Großbritannien keine Klausel zum Schutz seiner ehemals verbündeten Indianer mit aufgenommen. Wichtig waren den Briten nur die wenigen Forts im Nordwesten, die sie bis 1796 halten konnten.

Auch Spanien, das die USA während des Krieges unterstützt hatte, fürchtete kommende amerikanische Aggressionen ebenso wie die Irokesen und Cherokees. Deshalb versuchte Spanien, eine breite Pufferzone, in denen verschiedene Stämme lebten, zwischen der amerikanischen Westgrenze, den Appalachen und dem Mississippi, einzurichten, um die Grenzen der spanischen Besitzungen in Louisiana und Florida zu schützen. Aber die USA lehnten solche Ideen rundweg ab. Nach ihrem Sieg hatten sie die Anerkennung unabhängiger Indianernationen nicht mehr nötig.

Allerdings ließ es der amerikanische Kongreß nach dem Krieg zu, daß die US-Armee bis 1785 auf nur ein Infanterieregiment und eine Artilleriekompanie zusammengeschrumpft war. So verwundert es nicht, daß die Indianerstämme am Ohio-Fluß zwischen Kriegsende und 1790 etwa 1.500 Zivilisten beraubten, versklavten oder töteten.

Die Kämpfe nach dem Unabhängigkeitskrieg

Der erste Präsident der Vereinigten Staaten, George Washington, sah sich bald gezwungen, erneut eine Armee gegen aufständische Indianer zu entsenden. Im Süden hatten sich Shawnees, Miamis, Potawatomis und Chippewas unter dem Häuptling Little Turtle zusammengeschlossen. Washington beauftragte den Befehlshaber im Nordwest-Territorium, Generalmajor Arthur St. Clair, neue Truppen auszuheben. Eine Streitmacht aus 1.200 Milizsoldaten und 320 regulären Soldaten wurde in Fort Washington in Cincinnati zusammengestellt und unter dem Befehl von Brigadegeneral Josiah Harmar losgeschickt. Der Offizier hatte bereits in der Revolutionsarmee gedient und kämpfte nicht das erste Mal in einem Indianerkrieg. Schon 1785 hatte er – wenn auch mit zweifelhaftem Erfolg – weiße Siedler aus den Indianergebieten nördlich des Ohio-Flusses vertrieben, und dabei auch viel über Indianer gelernt.

Bevor der schwerfällige Armeetroß des Generals mit seinen Wagen und einer ganzen Viehherde das Indianergebiet erreicht hatte, war Little Turtle längst verschwunden. Der Häuptling ließ sogar einige indianische Siedlungen anzünden, um Harmar tiefer in das Maumee-Tal hineinzulocken. Dort griff er die Armee endlich an, zunächst die Erkundungsvorhut, dann die Hauptstreitmacht. Harmar konnte zurückschlagen, so daß sich Little Turtle erneut absetzte. Bei seiner Verfolgung zerstreuten sich die Truppen weit in der Ebene. Nach einiger Zeit griff er erneut an, diesmal erfolgreich die Flanken der Truppe. Über 200 Männer waren verwundet oder tot, so daß sich Harmar zurückzog. Little Turtle ließ ihn gewähren. Harmar behauptete später, diese Schlacht eigentlich gewonnen zu haben, doch er mußte sich einer Untersuchungskommission der Armee stellen. Zwar kamen die Gutachter zu keinem negativen Ergebnis, doch wurde der General in seinem Kommando durch St. Clair selbst ersetzt.

Oben: Nachdem Indianer **Simon Kenton** gefangengenommen hatten, befreite ihn Simon Girty. Dieser Abtrünnige behandelte Scouts normalerweise noch grausamer als Indianer.

Der 55jährige Revolutionsveteran litt nicht nur an der Gicht, sondern war auch im Kampf gegen Indianer völlig unerfahren. Trotzdem marschierte er mit 2.000 Männern von Fort Washington los, darunter waren nur 600 reguläre Soldaten. Skeptiker meinten schon damals, daß die Milizsoldaten nichts anderes als der Abschaum aus den Gefängnissen und Bordellen seien, Söldner, die bereit wären, sich überall einzutragen – selbst in Armeelisten – wenn sie dafür zwei Dollar am Tag bekämen.

General St. Clair schaffte es trotz der großen Verluste durch desertierende Soldaten, mit etwa 1.400 Männern in Indiana anzukommen. Dort ließ er zwei schwach befestigte Forts errichten und fand einen guten Platz für sein Basislager am Wabash, etwa 80 Kilometer vom späteren Fort Wayne entfernt. St.Clair versäumte es, das Lager besonders zu befestigen oder doppelte Wachen aufzustellen. Allerdings schickte er Patrouillen in die nähere Umgebung, die schließlich von einer größeren Ansammlung indianischer Krieger berichteten. Empfänger dieser Nachricht war jedoch nicht St.Clair selbst, sondern sein Stellvertreter, General Richard Butler. Er vergaß es schlichtweg, seinem Vorgesetzten von diesen Beobachtungen zu berichten.

Schon am nächsten Tag griff Turtle Neck mit 1.100 Kriegern an und überrannte die Milizsoldaten. St. Clair war von seiner Gicht so gelähmt, daß ihn vier Männer auf sein Pferd heben mußten, doch immerhin versuchte er, seine Truppen neu zu sammeln. Butler war sofort verwundet und starb. Die angeworbenen Freiwilligen schossen in ihrer Panik wild um sich und trafen dabei ihre eigenen Kameraden. Und auch die Artillerie,

Oben: **Oberst William Crawford** war ein Freund von George Washington und arbeitete für ihn als Landbeamter im Westen.
Unten: 1782 wurde seine Arbeit jäh unterbrochen, als ihn aufständische Wyandot- und Shawnee-Krieger gefangennahmen und grausam zu Tode folterten.

die eigentlich Ruhe bewahrt hatte, konnte wegen des dichten Pulverrauches am Boden kein klares Ziel ausmachen. St.Clair versuchte mit einigen Bajonett-Angriffen doch noch zu gewinnen, denn Bajonetten wußten die Indianer gemeinhin wenig entgegenzusetzen. Doch die Krieger flüchteten einfach in den Wald und mähten die nachrückenden Soldaten nieder. Als die überlebende Hälfte seiner Armee eingeschlossen war und kurz davor stand, völlig vernichtet zu werden, befahl St. Clair den Rückzug. Daraus wurde schnell eine chaotische Flucht.

Präsident Washington verfluchte St. Clair für diese Niederlage: Für die Armee war dies die schlimmste Katastrophe während der gesamten Indianerkriege. Von seinen 1.400 Männern hatte St. Clair etwa 900 verloren, über 60 Offiziere waren gefallen oder verwundet. Obwohl St. Clair der ranghöchste Offizier der Armee war, führte ein Ausschuß des Repräsentantenhauses eine Untersuchung durch. Wie auch im Fall von Harmar, blieb der General allerdings verschont – die Schuld suchte man statt dessen bei den undisziplinierten und unerfahrenen Truppen.

Dieses militärische Debakel ließ bald den Ruf nach einer starken Armee lautwerden, die mit den Indianern »endlich Schluß machen« sollte. Doch im Kongreß fand diese Forderung, aus Angst, daß eine solche Armee die Rechte der Einzelstaaten bedrohen würde, keine Zustimmung. Lediglich eine kleine Truppe wurde gegründet, die der Kern einer späteren Bundesarmee sein sollte. Diese Einheit sollte unter dem Befehl von Generalmajor Anthony Wayne (»Mad Anthony, verrückter Anthony«) gegen die Indianerstämme geführt werden, die Harmar und St. Clair geschlagen hatten. Anthony Wayne war nun weit davon entfernt, verrückt zu sein – er ging nur sehr gerne Wagnisse ein. Außerdem war er ein äußerst disziplinierter Vorgesetzter, der mit dem Pöbel in den Reihen der Soldaten schnell aufräumte. Wayne übernahm das Kommando 1792, doch zunächst versuchte die Regierung, in einem Großen Rat in Fort Sandusky einen Friedensvertrag mit den Indianern auszuhandeln. Wayne marschierte mit seiner Armee daher in ein Winterquartier in Fort Greenville am Maumee-Fluß. Im Frühjahr 1794 zog er mit einem Trupp aus und gründete Fort Recovery an jener Stelle, wo St. Clair so kläglich gescheitert war. Dort fand er auch die von Indianern versteckten vier Sechspfünder. Little Turtle versuchte Ende Juni, dieses neue Fort einzunehmen, konnte aber zurückgeschlagen werden. Er verlor nun die Nerven und wies seine Anhänger an, mit dem weißen »Häuptling, der nie schläft« einen Friedensvertrag auszuhandeln.

Doch die Krieger verschmähten diesen Rat, setzten ihren Häuptling kurzerhand ab und machten Turkey Foot zu ihrem neuen Häuptling. Er führte sofort einen Angriff gegen eine kleinere Einheit Soldaten, die sich gerade auf dem Weg nach Fort Recovery befand. Auch das Fort selbst griff Turkey Foot an, wurde jedoch geschlagen und mußte große Verluste hinnehmen. Als Wayne eine Verstärkung von 1.400 berittenen Milizsoldaten erhielt, sah sich Turkey Foot zum Rückzug gezwungen. Jetzt war General Wayne endlich bereit, mit seinen insgesamt 3.000 Männern zuzuschlagen: Die Indianer hatten ihre Lager bei **Fallen Timbers** in der Nähe der Maumee-Flußschnellen aufgeschlagen. Turkey Foot und Blue Jacket warteten gespannt auf den Angriff. Am vierten Tag des Wartens schickten sie 1.300 ihrer Männer ins verbündete britische Fort Miami, nur sechs Kilometer entfernt, um neue Verpflegung zu holen. Wayne stand nun nur noch 800 Kriegern und etwa 60 Kanadiern gegenüber.

Der erste Schritt des Generals war allerdings ein Fehler. Er griff mit der Kavallerie an, doch blieben die Pferde in dem Fallobst einer Wiese stecken. Wayne zog die Reiter zurück und ersetzte sie durch die Infanterie, die in abwechselnd schießenden Reihen nach vorne stieß. Dann schickte der General seine Dragoner gegen die Flanken der Indianer – die Krieger stürmten zurück zum Fort, doch die Briten hatten die Tore verschlossen. In den nächsten zwei Stunden vernichtete Wayne fast die gesamte Indianerstreitmacht und beklagte selbst nur 33 Männer und 100 Verwundete. Anschließend ließ er die umliegenden Kornfelder und einen Handelsposten anzünden. Auch er durchzog die Landschaft wie schon vor ihm Sullivan, steckte Indianersiedlungen in Brand und zerstörte tausende Quadratkilometer Ackerland. Dies war eine Niederlage für die Indianer des Ohio-Tals, von der sie sich in den nächsten zwanzig Jahren nicht wieder erholen sollten.

Der Vertrag von Fort Greenville, den der General im August 1795 den Stämmen aufzwang, sah denn auch vor, daß sie weite Teile ihres Landes, also des damaligen Nordwest-Territoriums, den Weißen überlassen mußten. Dazu gehörten auch die Gegenden rund um Chicago und Detroit.

Manche Historiker schrieben später, daß die Ära der Indianerkriege zur Zeit der amerikanischen Revolution mit diesem Vertrag zu Ende ging. Doch im Grunde sollte es zwei weitere Jahrzehnte dauern, bis diese Kriege ein Ende gefunden hatten. Dabei sollte auch ein Indianerhäuptling den Tod finden, der noch mächtiger als Pontiac war.

Oben: Diese Lithographie, entstanden nach einer Zeichnung von Gilbert Stuart, zeigt **Little Turtle** oder Michikinikwa (1752–1812), den Häuptling der Miamis.

Der Krieg von 1812

Schon wenige Jahrzehnte nach dem Unabhängigkeitskrieg kam es zu einem neuen Krieg zwischen Großbritannien und den jungen USA: Die Vereinigten Staaten beschuldigten das einstige Mutterland, amerikanische Schiffe zu kapern und deren Mannschaften für die eigenen Schiffe gefangenzunehmen. Außerdem waren in ihren Augen die Engländer für die ständigen Grenzgefechte mit den Indianern im Norden verantwortlich. Zur selben Zeit, da es zum Krieg zwischen beiden Staaten kam, begann ein Häuptling der Shawnees, Tecumseh, sich der westwärts gerichteten Expansion der jungen Republik zu widersetzen. Er hatte in der Schlacht von Fallen Timbers einen Bruder verloren und selbst gegen Harmar, St. Clair und Wayne gekämpft. Er hatte sich auch geweigert, den Vertrag von Fort Greenville zu unterzeichnen, da er den Verzicht auf indianisches Land bedeutete.

Für Tecumseh kam der Wendepunkt zum Kampf aus einer eher ungewöhnlichen Richtung: Sein Bruder hatte eine Vision gehabt, in der ihm der »Große Geist« befohlen hatte, daß alle Indianer die Kultur und Lebensweise der Weißen ablegen sollten und sich stattdessen auf die alten Traditionen der Indianer besinnen müßten. Tecumseh folgte dieser Forderung nur teilweise.

Nächste Doppelseite: Das Gemälde von Rufus Zogbaum zeigt den Sieg von Anthony Wayne in der **Schlacht bei Fallen Timbers** (1794), in der Nähe der Maumee-Flußschnellen. Die berittenen Soldaten vernichteten dabei die Indianer des Ohio-Territoriums und bereiteten so den Vertrag von Greenville (1795) vor.

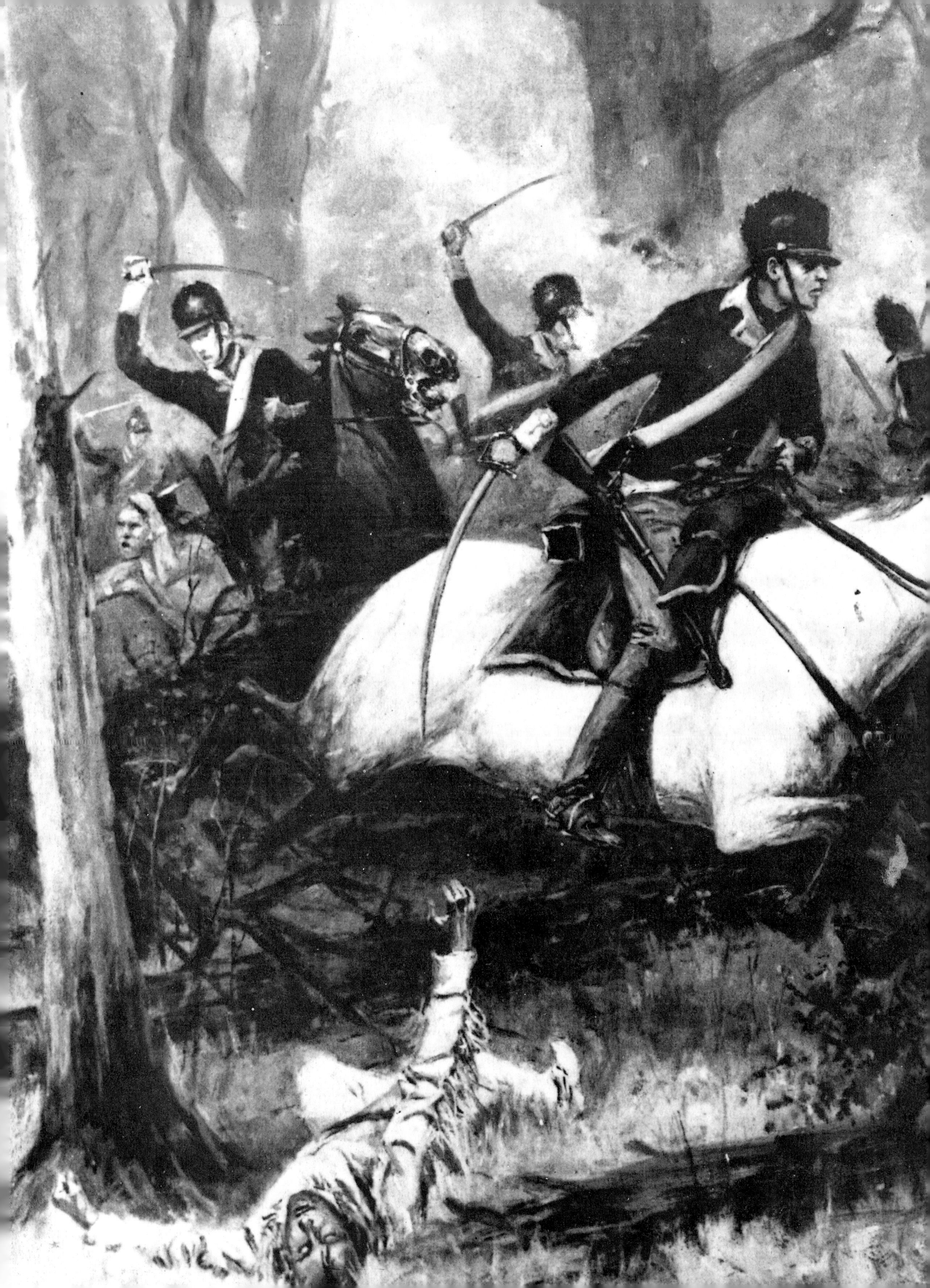

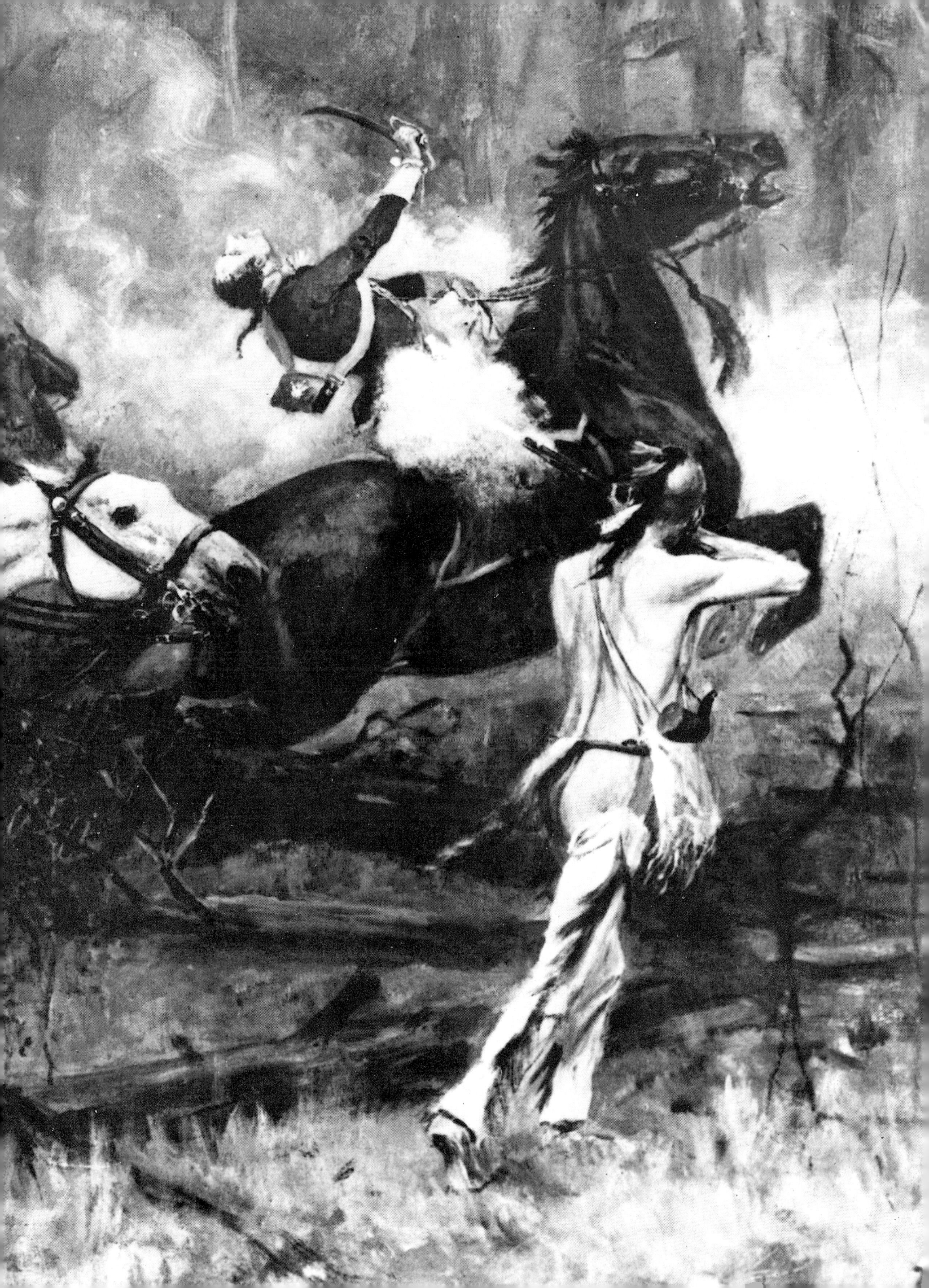

Zwar schuf er die Farmwerkzeuge in seinem Stamm ab, die wohlmeinende Weiße an die Indianer verteilt hatten – Tecumseh wollte die Indianer wieder als jagendes Volk sehen. Doch die Gewehre oder die Allianz mit den Briten wollte er nicht aufgeben. Tecumseh verlangte keinen heiligen Krieg, sondern einen Bund der verschiedenen Indianerstämme nach dem Vorbild von Pontiac. Seine Vision war eine politische, keine religiöse. Die Briten waren ihrerseits natürlich froh, denn Tecumseh ließ sich für ihre machtpolitischen Pläne in der Neuen Welt als hervorragendes Werkzeug benutzen.

Tecumseh begann mit der Verwirklichung seiner Pläne, indem er aus Shawnees, Wyandots, Delawaren, Ottawas, Chippewas und Kickapoos eine bunt zusammengewürfelte Armee aufstellte, die sich in einer neuen Indianersiedlung, Prophet's Town, traf, an der Flußkreuzung von Tippecanoe und Wabash. Gleichzeitig ließ Tecumseh immer wieder einzelne Farmen und Siedlungen in einsam gelegenen Lichtungen angreifen, um so Druck auf die Weißen auszuüben.

Der weiße Gegenspieler des Häuptlings sollte William Henry Harrison werden. Er hatte großen Respekt vor dem Indianer, den er als revolutionäres Genie ansah. Für ihn war vor allem erstaunlich, mit welchem unbedingten Gehorsam und Respekt die Krieger dem Häuptling folgten. Harrison war in die Armee eingetreten, nachdem er in einem Medizinstudium gescheitert war und auch in Jura und Theologie versagt hatte. Aber Harrison machte Karriere in der Politik und in der Armee und wurde zum Gouverneur des Indiana-Territoriums bestellt.

Da sich Tecumseh in Prophet's Town aufhielt, nutzte Harrison die Abwesenheit des Häuptlings, um mehrere andere Häuptlinge nach Fort Wayne einzuladen. Dort machte er ihnen wertvolle Geschenke, zahlte ihnen 7.000 US-Dollar und versprach eine jährliche Zahlung, wenn sie ihre Gebiete abgeben würden. Als Tecumseh von diesem Handel hörte, brach er in einen Wutanfall aus und verlangte, diesen Handel rückgängig zu machen.

Aber Harrison war geschickt und vermied einen direkten Zusammenstoß mit dem Häuptling, indem er Tecumseh und 400 Krieger im August 1810 in Vincennes empfing. Drei Tage lang hörte sich Harrison dort geduldig die Beschwerden des Indianers an. Doch als der Shawnee die Forderung des Generals nach »Gerechtigkeit« verhöhnte und ihn einen Lügner nannte, zog Harrison plötzlich seinen Säbel. Der Indianer entschuldigte sich und der gefährliche Augenblick war vorbei. Dennoch endete das Gespräch ohne jedes Ergebnis.

Im Juli 1811 kam es dann erneut zum Kampf zwischen Weißen und Indianern, als Potawatomis Farmer in Illinois umbrachten. Harrison ging davon aus, daß die Mörder Anhänger von Tecumseh und dessen Bruder waren. Er verlangte die Auslieferung der Täter. Doch Tecumseh lehnte dies ab und reiste statt dessen zu weiteren Stämmen, um sie für seine Idee einer Allianz zu gewinnen.

Obwohl Tecumseh befohlen hatte, jeden Kampf mit der Armee zu vermeiden, entschloß sich der Priester in Prophet's Town zu einem Überfall auf das Lager von Harrison. Er überzeugte sich selbst und wohl genügend Krieger, daß sie durch seine Zauberei unverwundbar seien – außerdem versicherte er seinen Männern, er habe bereits einige der Soldaten durch seine

Oben: **William Henry Harrison** wurde unter anderem deshalb Präsident der USA, weil er 1811 am Tippecanoe einen knappen und blutigen Sieg über die Krieger von Tecumseh errungen hatte.

Kräfte getötet. Er befahl einer ausgewählten Gruppe von Kriegern die Lagergrenze zu überwinden, und Harrison im Schlaf umzubringen. Dann würden dessen Männer aufgeben, prophezeite der Priester.

Für einen in Militärtaktik ungeübten Mann ging der Priester geschickt vor: Seine Männer griffen nachts an – für Indianer war dies ungewöhnlich – und näherten sich dem Lager bäuchlings durch das Gras robbend. Nur ein Wachposten konnte noch einen Warnschuß abgeben, bevor die Indianer ihn und die anderen Wachen getötet hatten und in das Lager eingedrungen waren. Sie schossen in die Zelte und steckten einige in Brand. Schnell war auch die Hauptmacht der Krieger im Lager. Harrison wurde im Schlaf überrascht – der Trommler hatte noch nicht zum Wecken getrommelt, denn es war erst 3.45 Uhr morgens. Als Harrison, verwirrt von dem Gewehrfeuer, aufsprang, nahm er in seiner Eile das Pferd seines Adjutanten, um seine Männer zu sammeln. Der Adjutant aber nahm die auffallend graue Stute des Generals und wurde deshalb von einem Indianer mit Harrison verwechselt und erschossen.

Harrison behielt einen klaren Kopf und rettete damit seine Truppe: Dreimal fielen die Indianer in die Mitte des Lagers ein und immer konnten die Soldaten den Angriff abwehren. Als der Morgen dämmerte, formierte der General die Infanterie und die abgestiegenen Dragoner, die mit ihren aufgesteckten Bajonetten vorrückten. Die Indianer konnten wie immer mit dem kalten Stahl nichts anfangen, brachen den Angriff ab und zogen sich zurück. Zwar feuerten sie während des ganzen Tages auf das Lager, aber die unmittelbare Gefahr für die Truppe war gebannt.

Oben: **Tecumseh** oder **Tecumtha** war der große Häuptling der Shawnees und galt als begnadeter Politiker und mutiger Krieger. Er starb 1813.

Die indianischen Krieger waren sogar so demoralisiert, daß sie nicht einmal ihre eigene Siedlung verteidigten: Harrison konnte fast ungehindert in Prophet's Town einmarschieren und sich mit so viel Nahrungsvorräten eindecken, wie seine Männer tragen konnten. Danach ließ er die Siedlung in Brand stecken. Doch dieser schmerzhafte Sieg hatte keine Entscheidung gebracht, eher ähnelte er einem unentschiedenem Spiel. Harrison zog sich wegen seiner 61 Toten und 127 Verletzten zurück. Die Zahl der Verwundeten überstieg die Transportmöglichkeiten, so daß einige Vorräte aus den Planwagen geworfen werden mußten, um Platz für die Männer zu schaffen.

Wieviele Krieger die Indianer verloren hatten, ist nicht bekannt, aber die Verluste müssen groß gewesen sein. Viel wichtiger war jedoch, daß diese militärische Schlappe eine psychologische Niederlage für Tecumseh darstellte, ein Rückschlag in seinem Bemühen, einen Indianerbund zu errichten. Und natürlich war es dieser Sieg, der Harrison 30 Jahre später das Präsidentenamt einbringen sollte, als er und seine Vize-Kandidat John Tyler mit dem Wahlslogan »Tippecanoe und Tyler dazu« großen Erfolg hatten.

Im Juli 1812 setzten die Amerikaner den Kampf gegen die Briten und Tecumseh fort. Brigadegeneral William Hull, mit 60 Jahren eher eine väterliche, friedliebende Natur, rückte mit seinen Truppen über die Grenze bei Detroit nach Kanada vor. Obwohl sein Marsch keine Gegenwehr fand, war er zurückhaltend und blieb unentschlossen. An einem Tag befahl er einen Angriff auf Fort Malden, am nächsten widerrief er den Befehl und eilte nach Detroit zurück, um eine Verteidigungsstellung

Oben: **Der Seher** der Shawnees, Tenskwatawa, war ein Zwillingsbruder von Tecumseh. Er lehnte die weiße Kultur und Zivilisation ab und verlangte die Rückkehr zur indianischen Tradition und Lebensweise. Nachdem er 1806 eine Sonnenfinsternis richtig vorausgesagt hatte, wurde er noch einflußreicher. Er spielte eine wichtige Rolle bei Tecumsehs Idee, ein Bündnis verschiedener Stämme zu gründen. Doch die Niederlage bei Tippecanoe vereitelte diese Pläne.

Nächste Doppelseite: In der **Schlacht an der Thames** (1813) wurde Oberst Richard M. Johnson schwer verwundet, glaubte aber, Tecumseh getötet zu haben. Dadurch wurde er schnell bekannt, stieg zum Senator und am Ende gar zum Vizepräsidenten auf. Ob er den Häuptling tatsächlich getötet hat, ist unklar: Die Indianer behaupteten, Tecumseh sei in der Schlacht umgekommen, seine Leiche sei aber sofort in einem hohlen Baum versteckt worden. Mit dieser Schlacht hatten die Amerikaner England und die verbündeten Indianer endgültig geschlagen und den Mittleren Westen für die Besiedlung freigemacht.

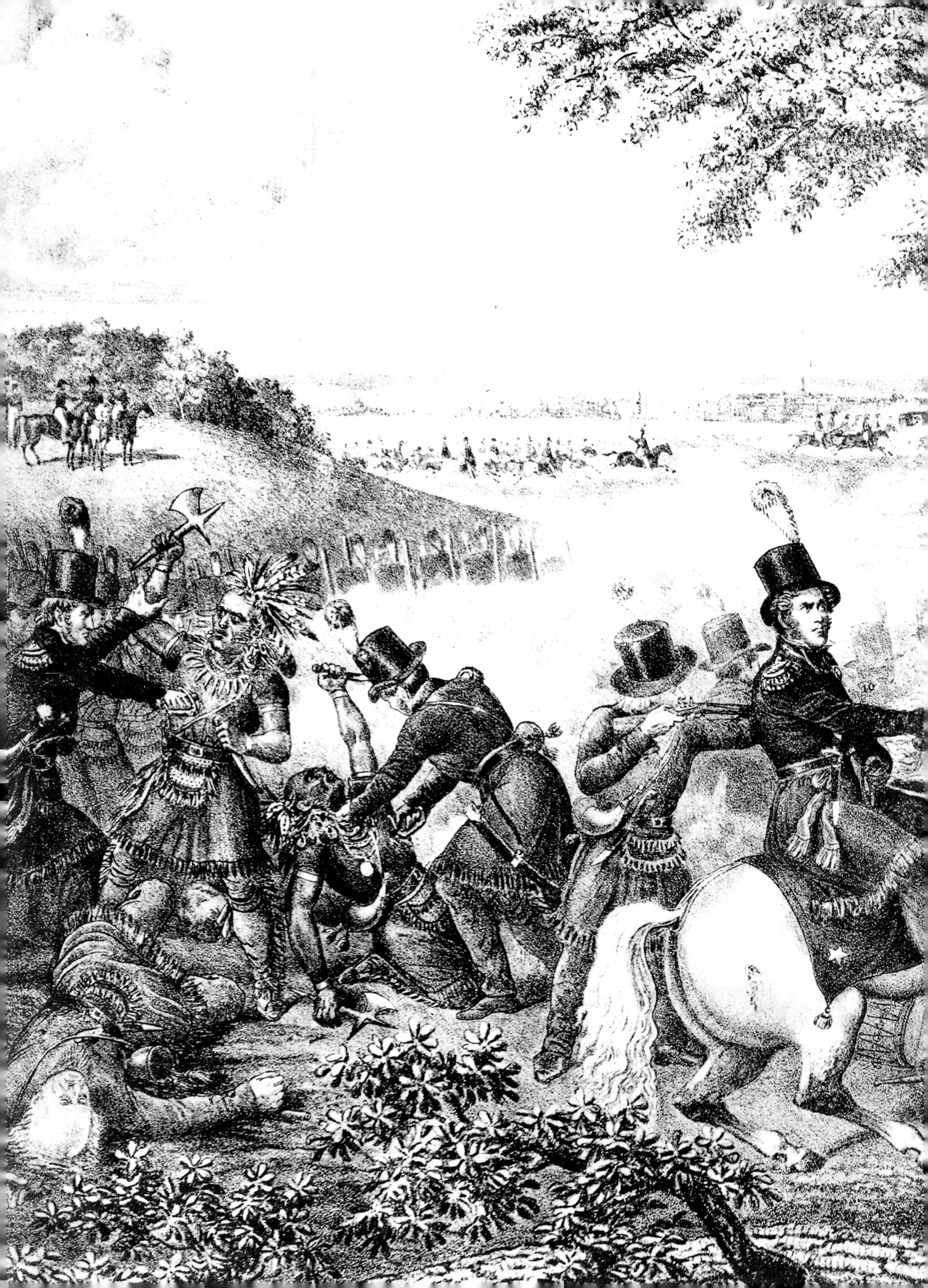

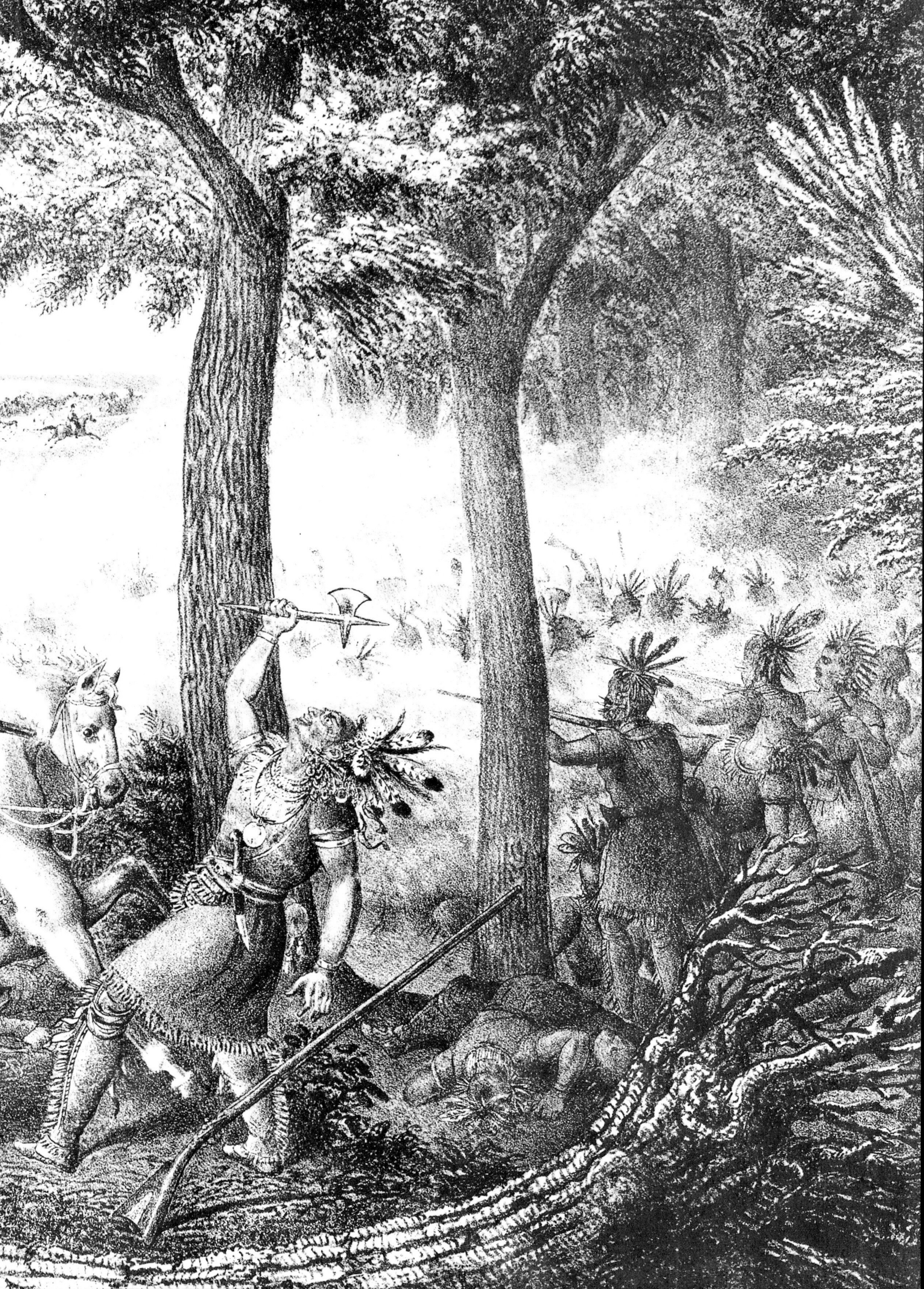

anzulegen. Im Grunde fürchtete Hull nichts mehr, als daß Tecumseh ihm jeden Weg zurück abschneiden könnte.

Tecumseh trug inzwischen die Uniform eines britischen Brigadegenerals und schlug dem schneidigen britischen General Isaac Brock in Malden vor, einen Angriff gegen Hull in Detroit zu wagen. Beide konnten sich schnell auf einen gemeinsamen Plan einigen und marschierten nach Detroit. Dort war es ein Kinderspiel für sie, die amerikanischen Truppen einzukreisen, Hull unablässig einzuschüchtern und seine Angst vor einem Massaker zu schüren. In Detroit hielten sich nämlich auch Tochter und Enkel des Amerikaners auf. Tecumseh wandte wieder den alten Indianertrick an, um aus seinen nur 600 Kriegern eine eindrucksvolle Streitmacht von 5.000 zu machen. Hull setzte sich schließlich über die Forderungen seiner verteidigungsbereiten Offiziere hinweg und gab Detroit auf, ohne einen einzigen Schuß abgefeuert zu haben. Die Schande des Generals, gegenüber einer Armee kapituliert zu haben, die nur halb so groß war wie seine eigene, entsprach genau den Niederlagen von Harmar und St. Clair. Alle diese militärischen Rückschläge waren typisch für Offiziere, die man nicht wegen ihres Könnens, sondern aufgrund ihrer politischen Stellung und ihrer Herkunft ausgewählt hatte.

Doch Hull sollte eine zweite Demütigung hinnehmen müssen: Als Fort Michilmackinac gefallen war, befahl er die Evakuierung von Fort Dearborn bei Chicago. Der örtliche Kommandant, Hauptmann William Wells, hatte zwar von einem befreundeten Indianer die Warnung erhalten, keinesfalls die schützenden Wälle zu verlassen, doch der Hauptmann mußte sich strikt an die Befehle von Hull halten. Soldaten, Zivilisten – darunter Frauen und Kinder – verließen das Fort am 15. August. Tecumseh ließ sich nicht blicken – Dearborn blieb verschont. Doch plötzlich gab es doch noch einen Angriff auf die Evakuierten, bei dem Tecumsehs Krieger die Hälfte von ihnen tötete und den Rest versklavte. Wells wurde von den Kriegern enthauptet.

Schließlich zwangen die Politiker aus den westlichen Staaten die Bundesregierung in Washington dazu, William Henry Harrison eine größere Armee zu unterstellen. Der General konnte bald darauf auf 10.000 Männer zurückgreifen, mit deren Hilfe er im Herbst 1812 Detroit zurückerobern sollte. Die schweren Regenfälle verwandelten die Landschaft jedoch in einen morastigen Sumpf, so daß Harrison in Fort Defiance am oberen Maumee-Fluß überwintern mußte. Verschiedene Krankheiten und eine hohe Desertionsrate ließen am Ende nur 6.500 Männer seiner Armee übrig, dennoch befahl er General James Winchester, mit etwa 1.200 Soldaten am Maumee entlang Richtung Norden zu marschieren. In der Nähe von Fallen Timbers, an den Maumee-Flußschnellen, errichtete Winchester ein befestigtes Lager. Als ihn jedoch ein Hilfsgesuch einiger amerikanischer Siedler aus Frenchtown am Raisin-Fluß (Monroe, Michigan) erreichte, riskierte Winchester einen Angriff, obgleich Frenchtown gefährlich nahe am britischen Fort Malden lag. Etwa 700 Indianer und 50 Kanadier hatten die kleine Siedlung überfallen, so daß sich Winchester entschloß, 550 seiner Männer unter dem Befehl von Oberst William Lewis zu entsenden. Der Oberst schlug die Eindringlinge schnell zurück, Winchester folgte mit weiteren 300 Soldaten. Doch mit einer unglaublichen Nachlässigkeit verlegte Winchester den größten Teil der Einheiten auf die Nordufer des **Raisin-Flusses**, sein Hauptquartier aber an das Südufer. Außerdem verzichtete er auf Patrouillen und zusätzliche Wachen während der Nacht. Ein Angriff von Briten und Indianern ließ nicht lange auf sich warten: Die Briten unter dem Kommando von Oberst Henry Proctor und die Indianer unter »Walk in the Water« und »Roundhead« überfielen mit ihren 1.200 Männern das Lager der Amerikaner im Morgengrauen des 22. Januar 1813. Die Amerikaner hatten keine Chance. Innerhalb von Minuten waren hundert von ihnen skalpiert, und Winchester ein Gefangener.

Proctor zog sich gleich nach seinem Sieg zurück, da er einen Gegenangriff von Harrison fürchtete. Trotz der Eile konnte er sein Versprechen halten, die Gefangenen fair zu behandeln, indem sie unter britischem Schutz marschierten. Allerdings ließ er alle verwundeten Amerikaner ohne medizinische Hilfe oder britische Wachposten in den Händen der Indianer zurück – diese seien ja ausgezeichnete Mediziner, soll Proctor damals in einem makabren Witz gescherzt haben.

In der Tat hatte sich Harrison in Richtung Norden bewegt und kam etwa eine Woche nach dem Massaker am Raisin-Fluß an. Er ließ ein neues Fort (Fort Meigs) errichten, um von dort aus Detroit und das nahegelegene Fort Malden in Kanada angreifen zu können. Doch im Februar machte das schlechte Wetter – Eis und Schnee – die Straßen wieder unpassierbar, so daß Harrison den Vorstoß abblasen mußte. Von seiner kleinen Armee waren nun nur noch etwa 1.000 Männer übrig, doch etwa dieselbe Zahl sollte an Verstärkung aus Kentucky kommen.

Proctor und Tecumseh griffen das neue Fort Meigs natürlich an und durchbrachen mit ihren Kanonen die gerade erbauten Palisaden ohne Schwierigkeiten. Die Milizsoldaten aus Kentucky waren zu diesem Zeitpunkt noch zwei Stunden entfernt. Um die Belagerung aufzubrechen, setzte Harrison auf einen gewagten Plan: In einem mutigen Ausfall führte er einen Angriff gegen die Kanonen am Südufer des Flusses, in der Hoffnung, daß die anrückenden Männer aus Kentucky die Kanonen am Nordufer ausschalten würden. Doch der übereifrige Befehlshaber der Milizsoldaten, Oberstleutnant William Dudley, führte seine Männer gegen die Indianer, so daß sie sich in das britische Lager zurückzogen. Die Briten sammelten sich, griffen wieder an und auch die Indianer stürmten gegen die Flanken der Amerikaner: 600 Männer von Dudley starben, er selbst wurde zu Tode geschlagen.

Ein erneutes Blutbad unter den Amerikanern konnte Tecumseh allerdings verhindern. Schließlich wollte er auf britische Hilfe verzichten und desertierte mit seinen Indianern. Proctor

Gegenüberliegende Seite: Dieses Portraitgemälde (1776) zeigt **Oberst Guy Johnson** und stammt von dem ersten großen amerikanischen Maler, Benjamin West. Johnson (ca. 1740 – 1788) war der Schwiegersohn des irischstämmigen Sir William Johnson und folgte ihm in dessen Amt als Oberster Kronbeamter für die Indianer in den Kolonien. Wie auch sein Namensvetter war er während seiner Amtszeit (1774 bis 1782) für alle Stämme verantwortlich, kümmerte sich aber insbesondere um die Irokesen. So wie Sir William den Stamm einst für Großbritannien gewonnen hatte, hielt der königstreue Guy Johnson die Indianer während der amerikanischen Revolution auf britischer Seite. Er schickte sie auch zu Überfällen gegen amerikanische Siedlungen und ist daher mitverantwortlich für das Massaker im Wyoming-Tal.

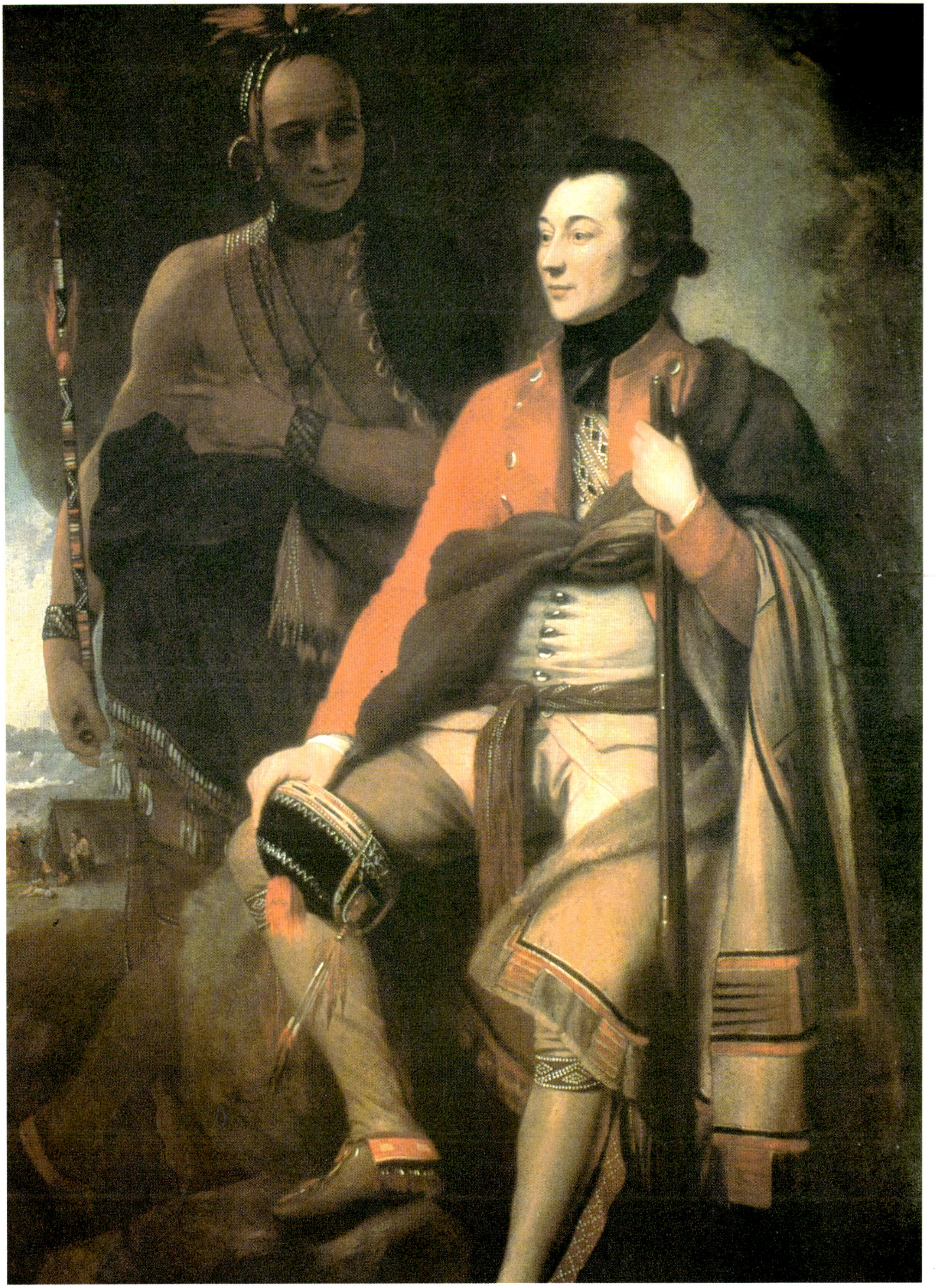

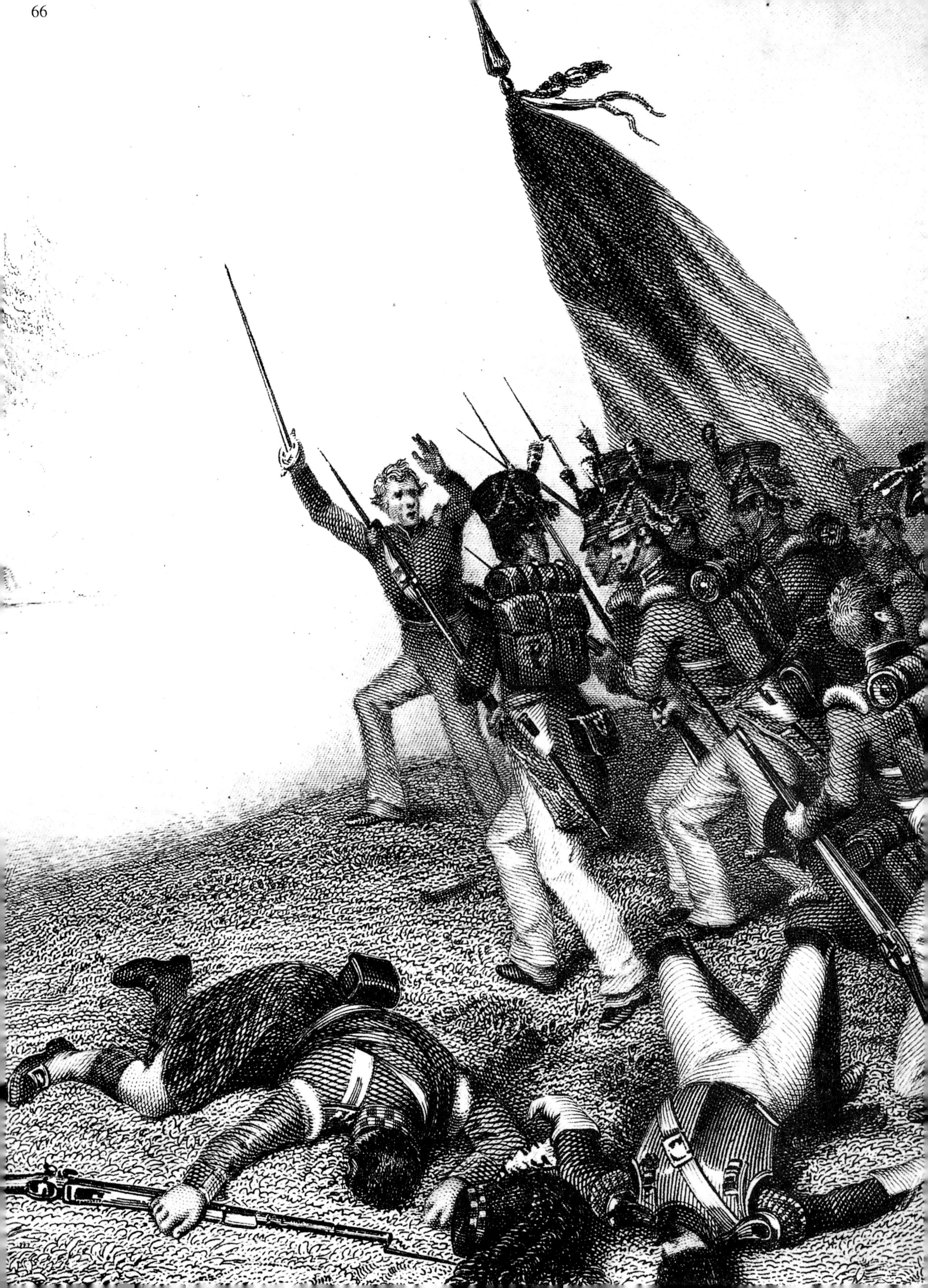

Unten: **General Winfield Scott**, Oberbefehlshaber der amerikanischen Armee, gehörte zu den wenigen amerikanischen Offizieren, die sich im Krieg 1812 hervortaten. Dieser Kupferstich zeigt ihn in der Schlacht von Chippewa (1814).

Die Östküste Nordamerikas:
Wichtige Schlachten während der amerikanischen Revolution und des Krieges von 1812

- Three Rivers (1776)
- Ft Schuyler (1777)
- Saratoga (1777)
- Oriskany (1777)
- Ft Ticonderoga
- Bunker Hill (1775)
- Concord (1775)
- Cherry Valley (1777)
- Chippewa (1814)
- Lundy's Lane (1814)
- **Krieg gegen Black Hawk (1832)**
- Thames (1813)
- Detroit (1812 & 1813)
- Ft Malden (1813)
- Wyoming Valley (1778)
- Frenchtown (1813)
- Lake Erie (1813)
- Ft Meigs (1813)
- Ft Defiance
- Fallen Timbers (1794)
- Ft Necessity
- Tippecanoe (1811)
- Washington (1814)
- Yorktown (1781)
- King's Mtn (1780)
- Cowpens (1781)
- **Creek-Krieg (1813–14)**
- Horseshoe Bend (1814)
- Ft Mimms Massacre (1813)
- Pensacola (1814)
- New Orleans (1815)
- **Erster Seminolen-Krieg (1816–18)**
- Dade's Massacre (1835)
- **Zweiter Seminolen-Krieg (1835–42)**
- **Dritter Seminolen-Krieg (1855–58)**
- Golf von Mexiko

Legende:
- ■ Forts
- ✕ Schlachten
- Die 13 Gründerkolonien der USA
- US-Territorium nach dem Vertrag von 1813

Oben: Der tollkühne General Anthony Wayne erwies sich 1795 als mutiger Soldat und geschickter Verhandlungsführer gegenüber den Indianern. Nach seinem Sieg über die Indianer bei Fallen Timbers entwarf er den harten **Vertrag von Greenville**, der das Nordwest-Territorium (Ohio und die großen Seen) für die USA freigab.

Unten: Seltsamerweise war es ein Marineoffizier, der 1812 das amerikanische Kriegsglück im indianischen Grenzgebiet wendete. **Commodore Oliver Hazard Perry** vernichtete die britische Flotte auf dem Erie-See. Ein Jahr später griff er in die Schlacht an der Thames in Kanada gegen die Briten und ihre indianischen Verbündeten unter Tecumseh ein.

Oben: Charles Willson Peale, ein Schüler von Benjamin West, malte dieses Portrait eines alten Indianerkämpfers – **George Washington**.

gab die Belagerung deshalb Anfang Mai auf, zumal seine Milizsoldaten in ihre Heimatdörfer zurück mußten, da die Erntezeit bald kommen würde. Ende Juli versuchte Tecumseh allein, das amerikanische Fort einzunehmen. Doch sein Plan, mit einem Scheingefecht im nahen Wald die Amerikaner zu einem unüberlegten Ausfall zu drängen, schlug fehl.

Währenddessen stellte Harrison weiter im Süden eine neue Armee aus insgesamt 4.500 Soldaten auf, um Detroit doch einnehmen zu können. Aber nur durch ein Wunder hätte er dies noch schaffen können, denn zwischen seiner Truppe und der Stadt lag der Erie-See.

Am 10. September 1813 war es dann soweit. Den amerikanischen Schiffen auf dem Erie-See gelang es, unter dem Kommando von Commodore Oliver Hazard Perry, die britische Flotte auf dem See fast vollständig zu zerstören. Tecumseh beobachtete die Seeschlacht aus der Ferne, konnte aber nicht erkennen, welche Seite gewinnen würde. Als Perry die britischen Schiffe vernichtet hatte, ließ er Harrison den Sieg signalisieren und meldete ihm die Invasion Kanadas.

Schließlich verwandelte er seine Kriegsschiffe in Militärtransporter und setzte Harrison und dessen Truppen über den Erie-See. Es dauerte nur wenige Tage, und Ende September hatten die Amerikaner Detroit eingenommen. Die Briten hatten nach dem überraschenden Seesieg der USA den Mut verloren – außerdem fürchtete Proctor die Rache der Milizsoldaten aus Kentucky für das Massaker am Raisin-Fluß. Deshalb gab er auch Fort Malden auf, obwohl er den Indianern versprochen hatte, es zu halten. Tecumseh schloß sich Proctor bei diesem überhasteten Rückzug an. Harrison verfolgte Briten und Indianer; Perry segelte mit seinen Schiffen den Thames-Fluß nach Norden, um Proctor den Weg abzuschneiden. Proctor schaffte es bis Moravian Town, wahrscheinlich weil Tecumseh ihn angetrieben hatte. Er wählte eine gute Stelle für das Schlachtfeld aus: Die Straße wurde hier sehr schmal, da sie sich durch ein Moor, zwischen dem Fluß und einem Sumpf, hindurchschlängelte. Die Briten errichteten eine Verteidigungslinie zwischen dem Fluß und dem Moor, die Indianer besetzten das Gelände zwischen Moor und Sumpf. Tecumseh hatte eine Todesvorahnung gehabt und übergab deshalb einem anderen Indianer seinen Säbel, damit ihn eines Tages sein Sohn tragen konnte.

Am 5. Oktober 1813 war Harrison angekommen und wollte gerade einen direkten Angriff seiner Fußtruppen gegen die feindlichen Stellungen führen, als seine Scouts von den gut ausgebauten britischen Stellungen berichteten. Harrison teilte seine Männer in zwei berittene Gruppen auf. Sie griffen die Briten und Indianer von den Seiten an und hatten sie schon in kurzer Zeit besiegt. Einer der amerikanischen Offiziere berichtete später, er habe einen Indianer getötet, den er für Tecumseh hielt. Auch ein anderer Offizier behauptete dies von seinem Opfer. Und einige der Milizsoldaten aus Kentucky hatten die

Oben: Der britische General Proctor und Tecumseh versuchten erfolglos, die gut befestigte Stellung der Amerikaner einzunehmen.

Leiche eines großen Kriegers auf der Suche nach wertvollen Gegenständen geschändet – auch sie glaubten, daß der Tote Tecumseh war. Wahrscheinlich war auch dies nicht der echte Tecumseh. Man kann davon ausgehen, daß er im Laufe der Schlacht getötet wurde und seine Krieger den Leichnam irgendwo versteckten. Harrison nahm Hunderte von Gefangenen und millionenteure Munition und Verpflegung in Besitz.

Mit dieser Schlacht war die Macht der Briten und ihrer verbündeten Indianer ein für allemal gebrochen. Der gesamte mittlere Westem, von Ohio bis nach Minnesota, war nun frei für die amerikanische Besiedelung: 1816 und 1818 wurden die Territorien von Indiana und Illinois als neue Einzelstaaten in die USA aufgenommen.

Oben: **Richard M. Johnson** brachte **Tecumseh** in der Schlacht an der Thames um. *Links:* Fort Wayne, Indiana, 1812. William Henry Harrison war hier zum großen Ärger Tecumsehs mit anderen Häuptlingen zusammengetroffen, um über Landverkäufe zu verhandeln.

Unten: Die Amerikaner benutzten politische Cartoons, um die »**Detroit Hair Buyers**« anzugreifen, die jeden Yankee-Skalp gut bezahlten.

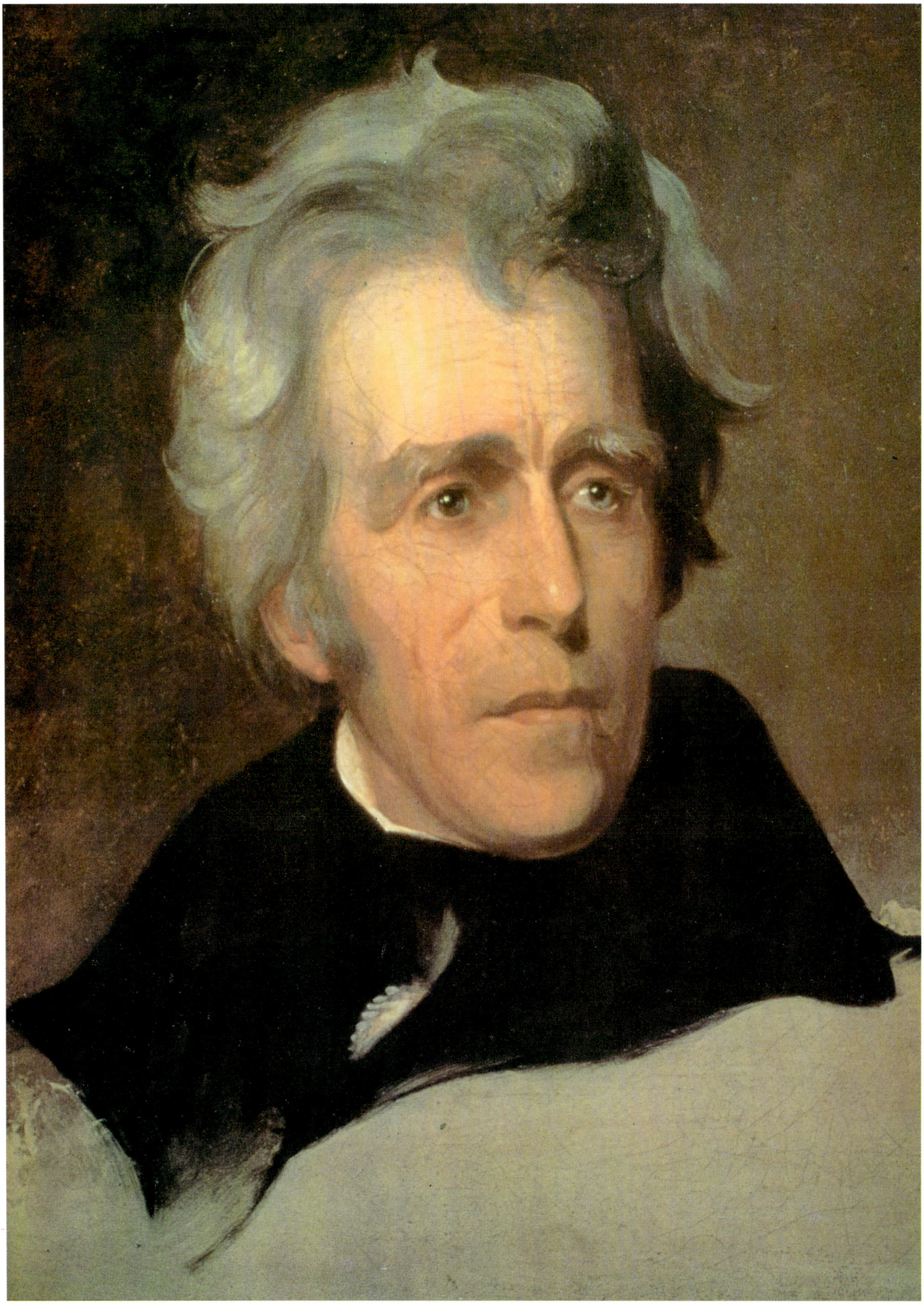

DIE BESIEDLUNG DES WESTENS
1816–1849

Die junge Republik hatte den Krieg gegen Großbritannien, den zweiten Unabhängigkeitskrieg, gewonnen. Jetzt besiedelte Amerika den Westen des Kontinentes: Viele Amerikaner glaubten, dies sei das gottgewollte Schicksal (*Manifest Destiny*) für ihre Nation. Die Auseinandersetzungen zwischen Weißen und Indianern nahmen nun eine andere Form an. Früher hatte es Gefechte um einzelne Farmen und Dörfer gegeben, jetzt wehrten sich die Indianer in verzweifelten Kämpfen gegen den Siedlerstrom, der in die eigentlich für Indianer reservierten Gebiete eindrang.

Der Creek-Krieg

Der Krieg mit den Creek-Indianern 1813 sollte eine Reihe weiterer Indianerkriege nach sich ziehen, darunter die beiden Florida- oder Seminolenkriege 1817/18 und 1835/42. Dieser dramatische Konflikt war jedoch nur der Vorbote für einen weiteren, erfolgreichen Krieg, den die USA gegen Mexiko führen sollten.

Die Creeks hatten im Süden der heutigen USA in ihrem Häuptling »Little Warrior« (»Kleiner Krieger«) einen wagemutigen Führer gefunden. Er hatte sich an dem Massaker am Raisin-Fluß beteiligt und auf dem Rückweg einige Farmerfamilien im Ohio-Tal überfallen und umgebracht. Als die US-Regierung von den Creeks die Auslieferung des Täters forderte, wurde Little Warrior kurzerhand von den Creeks und ihrem Häuptling

Gegenüberliegende Seite: Dieses Gemälde des alten Indianerkämpfers **Andrew Jackson** wurde 1845 von Thomas Sully gemalt.

Unten: Ein Detail aus dem Gemälde von George Catlin, »***Buffalo Hunt***«, das eine Büffeljagd in der verschneiten Prärie zeigt (1830).

Oben: Die Indianerkriege breiteten sich während des Krieges von 1812 in den Süden aus. Im August 1813 überfielen Creek-Krieger unter dem Halbblut-Indianer William Weatherford überraschend **Fort Mims**, an der Kreuzung von Alabama- und Tombigbee-Flüssen. Bei dem Massaker wurden etwa 500 Menschen, hauptsächlich Zivilisten, umgebracht.

»Big Warrior« (»Großer Krieger«) selbst hingerichtet. Dieses Beispiel zeigt, wie schnell sich die Creeks vereinnehmen ließen: Sie waren schon immer tief in Fehden zerstritten gewesen, doch die harte Bestrafung durch Big Warrior entfachte einen regelrechten Bürgerkrieg unter den Stammesgruppen der Creeks. Auf der einen Seite standen die »loyalen«, weißenfreundlichen Creeks, die man auch »White Sticks« nannte.

Auf der Gegenseite standen die aggressiven »Upper Creeks«, auch »Red Sticks« genannt, da sie auffallende Kriegskeulen besaßen.

Die insgesamt 24.000 Indianer der Creek-Stämme galten als zivilisiertes Volk, das Ackerbau betrieb und in etwa 100 Städten zerstreut wohnte. Die Zahl der Heiraten zwischen Weißen und Creeks war so hoch, daß viele ihrer Häuptlinge keine echten Indianer mehr waren, sondern Halbblut-Indianer. Einer von ihnen war William Weatherford, der sich selbst »Red Eagle« (»Roter Adler«) nannte, obwohl er nur zu einem Achtel Indianer war – seine Vorfahren stammten aus Spanien, Frankreich und Schottland. Weatherford war ein enger Freund und Verbündeter eines anderen mächtigen Häuptlings, Alexander McGillivray, der vorgab, auf der Seite der US-Armee zu stehen. Dafür hatte man ihn zum Brigadegeneral ernannt.

Doch in Wirklichkeit blieb er bis zu seinem Tode 1793 ein Feind der Weißen. Weatherford behauptete gern von sich, in seinen Adern fließe kein Tropfen »Yankeeblut«. Er und ein anderer Halbblut-Indianer, Peter McQueen, waren die Anführer der »Red Sticks«.

Weatherford lieferte den Weißen und den gegnerischen Creek-Indianern immer wieder kleinere Gefechte. Im August 1813 versuchten seine Krieger, nachdem sie einen Siedlertreck überfallen hatten, Fort Mims am Alabama-Fluß, 64 Kilometer nördlich von Mobile, anzugreifen. Dieses Fort war die befestigte Siedlung eines weiteren Halbblut-Indianers, Sam Mims. Allerdings war sein Dorf zu diesem Zeitpunkt mit über 500 Flüchtlingen aus dem Umland überfüllt: Creeks, Halbblut-Indianer, Schwarze und Weiße – alle unter dem Schutz der Rivalen von Weatherford und der Miliz von Louisiana. Diese Truppe wurde ebenfalls von zwei Halbblut-Indianern befehligt, Major Donald Beasley und Hauptmann Dixon Bailey.

Obwohl die Schwarzen im Fort von umherschleichenden Indianergruppen in der näheren Umgebung der Siedlung berichtet hatten, ließ Beasley die Tore weit offen – eines konnte gar nicht geschlossen werden, weil in der Mitte des Weges ein Erdhügel den Toreingang versperrte. Auch zusätzliche Wachen ließ der Major nicht aufstellen. Als am Nachmittag des 30. August die Kriegstrommeln der Creeks als Signal zum Angriff ertönten, traf es ausgerechnet Beasley zuerst, als er zum Tor lief. Die Milizsoldaten hielten der ersten Angriffswelle dennoch stand, doch bald brannte das ganze Fort. Etwa 36 Menschen entkamen dem folgenden Massaker, die meisten Schwarzen überlebten ebenfalls, wurden aber von den Creeks weiter in der Sklaverei gehalten. Weatherford versuchte am Ende des Tages der Abschlachterei ein Ende zu bereiten, mußte aber aufgeben.

Das Massaker in Fort Mims schockierte die amerikanische Öffentlichkeit. Ein Parlamentsausschuß im Kongreß ließ schließlich nach Andrew Jackson als Retter in der Not schicken. Jackson lag jedoch im Sterben, nachdem er während einer Schießerei eine schwere Schußverletzung an seiner Schulter erlitten hatte. Das Parlament von Tennessee stellte ausreichende Geldmittel zur Verfügung, um 3.500 Männer für eine Miliz anzuwerben, so daß Jackson sich doch dazu entschloß, mit den Freiwilligen von Fayetteville aus abzumarschieren.

Anfang Oktober 1813 führte Jackson die Männer tatsächlich in die Creek-Gebiete, wo ihm insgesamt etwa 4.000 »Red Sticks« gegenüberstanden; allerdings dürften es nie mehr als 1.000 Krieger gleichzeitig gewesen sein. Viele von ihnen besaßen noch nicht einmal Gewehre, konnten aber sehr effektiv mit Tomahawk, Pfeil und Bogen umgehen. Gefürchtet waren auch ihre legendären Kriegskeulen. Doch Jackson sollte zunächst keinen Erfolg haben: Das heilige Land der Creeks, das sie selbst »Hickory Ground« nannten (Nußbaum-Land), lag unzugänglich zwischen Coosa- und Tallapoosa-Fluß verborgen. Jackson mußte einen umständlichen Marsch über einige Berge hinnehmen und sich durch dichte Wälder kämpfen. Dabei legten seine Truppen zwischen 30 und 50 Kilometer am Tag zurück. Jackson selbst war am Rand der Erschöpfung, abgemagert und blaß, den schmerzenden Arm in einer Schlinge, da die Kugel noch immer im Fleisch steckte. Schließlich erkrankte er auch noch an Ruhr. Doch Jackson hatte eine starke körperliche Kondition und hielt durch. Nicht umsonst wurde zu dieser Zeit sein Spitzname geprägt: »Old Hickory«, da er tatsächlich aus hartem Holz geschnitzt zu sein schien.

Jackson schickte einen Offizier, dem er am stärksten vertraute, Oberst John Coffee, mit fast 1.000 Berittenen der eigenen Truppe voraus. Am 3. November stieß diese Vorhut am **Tallushatchee-Fluß** zum ersten Mal mit den Creeks zusammen. Coffee gelang es, die »Red Sticks« einzukreisen und sie dann anzugreifen. Er tötete 180 Krieger und beklagte selbst nur fünf Männer und 41 Verwundete. Eine Woche später griff Jackson selbst in die Kämpfe ein, als er eine Belagerung freundlich gesonnener Creeks durch die »Red Sticks« bei **Talladega** aufbrach.

Doch die Kämpfe zogen sich ohne größere Schlachten durch den November und Dezember hin. Viele der gelangweilten und unzufriedenen angeworbenen Soldaten in Jacksons Armee forderten ihre Entlassung. Jackson war jedoch der Meinung, daß ihre vereinbarte Dienstzeit noch nicht zu Ende wäre – was allerdings nicht richtig war. Am Ende soll er seine Männer eigenhändig mit einem Gewehr zur Vernunft gebracht und ihnen angedroht haben, den ersten Deserteur augenblicklich zu erschießen. Trotzdem nahm die Truppenstärke kontinuierlich ab. Schließlich konnte Jackson nur mehr über 500 Männer verfügen.

Bald erhielt Jackson einige Truppenverstärkungen, die allerdings nur für 60 Tage angeworben waren. Als jedoch im Februar 1814 ein reguläres Infanterieregiment angerückt war, konnte er wieder in die Offensive gehen. Ende März griff er mit 2.000 Männern, darunter auch Cherokees und Creeks, etwa 800 »Red Sticks«-Krieger in ihren befestigten Stellungen bei **Horseshoe Bend** im östlichen Alabama an. Dort hatten sie quer über eine Halbinsel im Tallapoosa-Fluß zickzackförmige Barrikaden gebaut. Am Strand lag eine Flotte von Kanus, um sich eventuell

Oben: Tecumseh hatte die **Creeks** in Alabama und Georgia zum ersten Mal in den Krieg geführt – doch Jackson schlug sie vernichtend.

zurückziehen zu können. Schon die ersten Kanonenschüsse zerschmetterten die Barrikaden. Jackson schickte seine Reiter quer durch das Wasser, um einem Rückzug auf dem Fluß zuvorzukommen. Bald darauf griff der General in einem Frontalstoß die Creeks von vorne an, so daß sie bald geschlagen waren. Über 500 Krieger der »Red Sticks« mußten an diesem Tag ihr Leben lassen.

Bei dieser Schlacht hatte Weatherford nicht mitgekämpft. Doch einige Tage nach der Schlacht kam ein hochgewachsener, starker Mann in zerlumpten Kleidern in das Armeelager und stellte sich als Bill Weatherford vor: Der stolze Häuptling der »Red Sticks« hatte aufgegeben und sich gestellt.

Jackson ließ den Häuptling wieder frei. Doch wenn der Häuptling geglaubt haben sollte, Jackson würde milde mit den Indianern umgehen, hatte er sich gründlich getäuscht: Der Vertrag von Horseshoe Bend, der am 9. August 1814 in Fort Jackson unterzeichnet wurde, sah gewaltige Landabtretungen der Creeks vor, fast die Hälfte des gesamten Staates Alabama und ein Fünftel von Georgia. Selbst die freundlich gesonnenen »White Stick«-Creeks unter Big Warrior protestierten energisch gegen diese Bedingungen, doch Jackson erinnerte sie an die Bedrohung durch die immer noch starken »Red Sticks«. Die Häuptlinge unterzeichneten den Vertrag – nicht zuletzt, weil sie und ihre Stämme hungerten. Nur einige wenige Creek-Stämme leisteten nach diesem Vertrag noch Widerstand. Bald flohen auch die letzten von ihnen nach Florida zu den kriegerischen Seminolen-Stämmen.

Nächste Seite: **Meriwether Lewis** und **William Clark** bewiesen in ihrer berühmten Expedition (1804/06), daß Diplomatie mehr einbrachte als Krieg, wenn es galt, den Westen zu besiedeln. Das 1897 entstandene Gemälde von Charles M. Russell zeigt eine Verhandlung zwischen Clark und Indianern im Nordwesten. Die Lewis & Clark-Expedition sollte auch das obere Missouri-Gebiet für die USA und den Zugang zum Pazifik durch die Inbesitznahme des Oregon-Territoriums sichern.

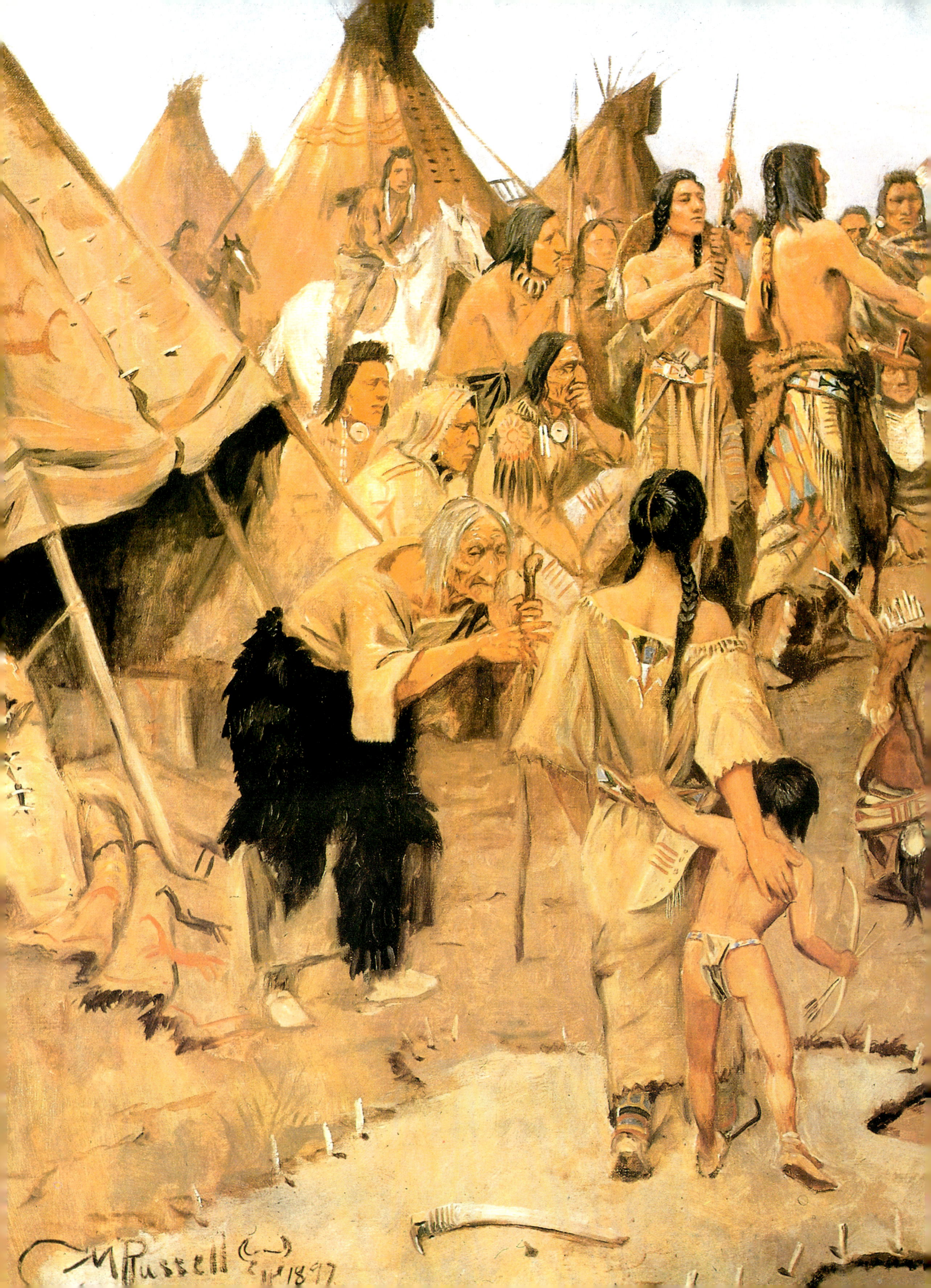
CM Russell 1897

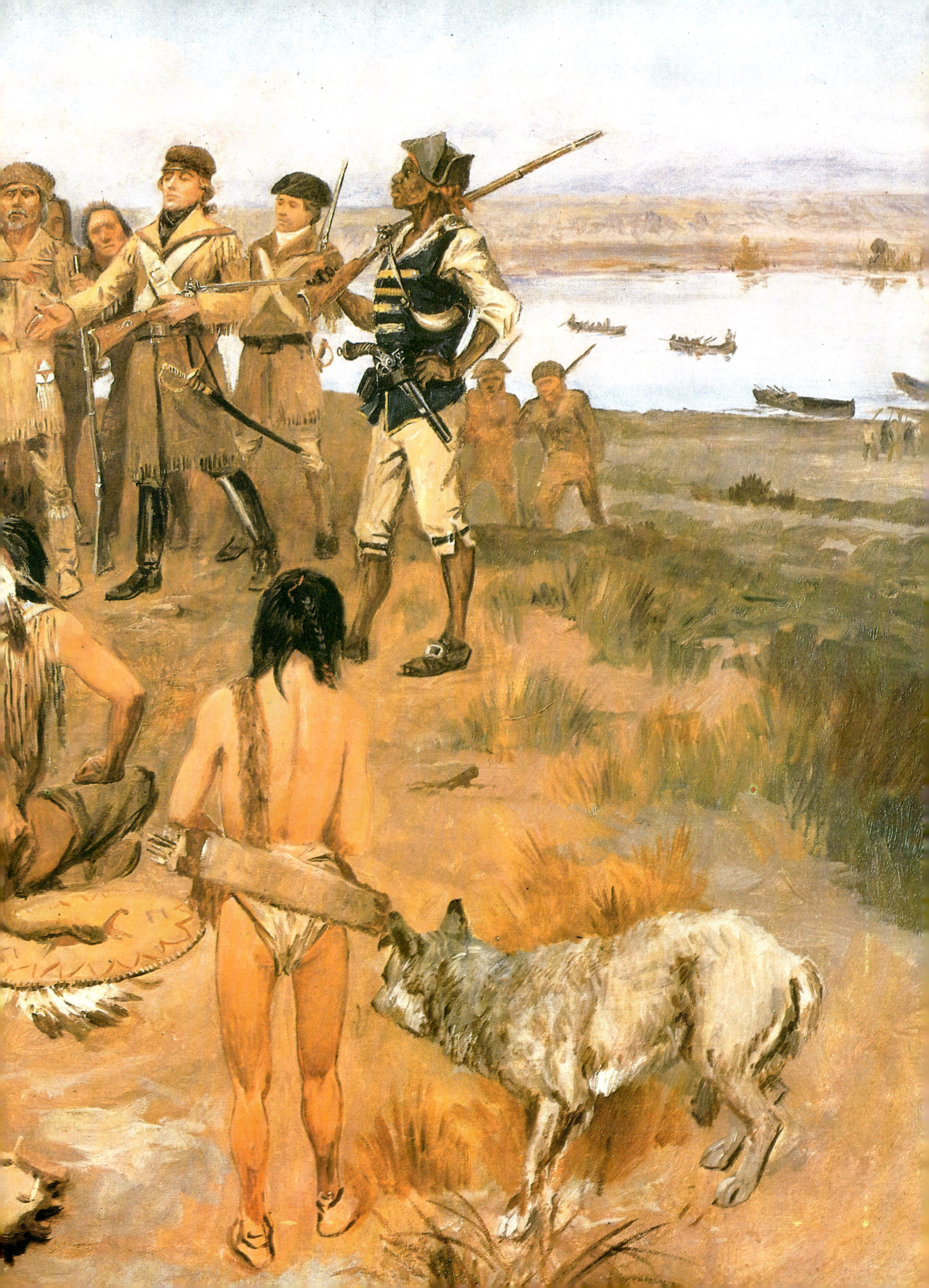

Der Seminolen-Krieg (der erste Florida-Krieg)

Die Auseinandersetzungen mit den Stämmen der Seminolen-Indianern, die im heutigen Georgia und Florida lebten, nahmen ab 1818 zu: Eine Gruppe von Seminolen-Kriegern, bekannt unter dem Namen Mikasuki-Gruppe, drang aus dem von Spanien kontrollierten Florida immer wieder in amerikanisches Gebiet vor. Die US-Armee führte einige Strafexpeditionen durch, bis Andrew Jackson Anfang 1818 auf direktem Befehl von Kriegsminister John C. Calhoun einen größeren Feldzug unternahm, um die Grenzen von Georgia und Florida zu befrieden. Jackson hatte dafür etwa 800 reguläre Soldaten, 900 Freiwillige aus Georgia und eine Einheit verbündeter Creeks zur Verfügung. Im März hatte Jackson die ersten Siedlungen der Seminolen erreicht und brannte mehrere ihrer Dörfer nieder. Er nahm später auch den Hauptsitz des Häuptlings Boleck, alias Billy Bowlegs, ein und verfolgte die fliehenden Indianer trotz knapper Vorräte weit bis nach West-Florida. Jackson ging davon aus, daß er die politische Rückendeckung des Präsidenten hatte. Nachdem er das alte spanische Fort und die Siedlung St. Markus Ende April erobert hatte, nahm er auch das spanische Fort Pensacola ein und vertrieb den dortigen Gouverneur!

Natürlich entstand aus Jacksons eigenmächtigem Vorgehen auf spanischem Territorium ein internationaler Konflikt. Es war vor allem Madrid, aber auch London, die scharf gegen dieses militärische Vorgehen protestierten. Auch einige Politiker in Washington verlangten, daß man Jackson wegen seines unüberlegten Handelns abberufen sollte, doch Präsident John Quincy Adams dachte gar nicht daran: Er hielt an dem Volkshelden Jackson fest und benutzte den Feldzug als Druckmittel gegenüber Spanien. Entweder sollte Spanien endlich die Seminolen kontrollieren, argumentierte er, oder aber die Besitzungen in Florida an die USA abgeben. Tatsächlich geschah letzteres, als Spanien 1819 alle seine Gebiete westlich des Mississippi und den Osten Floridas für fünf Millionen US-Dollar an die Vereinigten Staaten verkaufte. Dabei wurde ausdrücklich vereinbart, daß die USA die Rechte der dort lebenden Indianer zu respektieren hatten. Die Landabtretung war bis 1821 vollständig durchgeführt. Das spanische Königreich erkannte außerdem die neue amerikanische Grenze entlang des 42. Breitengrads an, also eine Linie, die sich quer durch das heutige Neu-Mexiko bis hin zur Westküste im Oregon-Territorium hinzog. Zum ersten Mal hatte eine europäische Großmacht das junge, aufstrebende Amerika, erst 43 Jahre nach seiner Unabhängigkeit, als einen Staat seinesgleichen anerkannt.

Vielleicht war es diese plötzliche Ausdehnung des Staatsgebietes, die in den USA jener Zeit zu einer politischen Idee führte, die der Journalist John O'Sullivan in der New Yorker *Morning Post* als *Manifest Destiny* deklariert hatte: Damit meinte er die gottgewollte, schicksalhafte Bestimmung des amerikanischen Volkes, den gesamten nordamerikanischen Kontinent in Besitz zu nehmen und zu besiedeln. Doch schon lange vorher hatte eine andere Philosophie das *Manifest Destiny* vorweggenommen – die Vertreibung der Indianer.

Die endgültige Antwort des Kongresses auf die »Indianerfrage« war ein neues Gesetz, der *Indian Removal Act* von 1830.

Oben: **Davy Crockett** (1786–1836), der bei der Verteidigung von Fort Alamo während der Revolution in Texas starb, war Trapper und Soldat, später auch Richter und Politiker. Er hatte schon an der Seite Jacksons gegen die Creeks gekämpft. Er galt auch als ausgezeichneter Jäger: Einmal soll er in nur einer Woche 17 Bären erlegt haben.

Nach dieser Bestimmung sollten alle Indianerstämme westlich des Mississippi in einer eigenen Nation oder einem eigenen Territorium angesiedelt werden. Doch dieses Staatsgebilde sollte nicht die Form annehmen, von der einst Pontiac und Tecumseh geträumt hatten. Dieses Indianerland befand sich (noch) weit entfernt von der weißen Besiedlung, auf kargem und fruchtlosem Boden der Prärie, auf dem die Weißen wohl kaum siedeln würden. Außerdem hielt eine Reihe von Forts die beiden sich feindlich gegenüberstehenden Kulturen auseinander. Doch schon nach der Vertreibung der Seminolen zeigte sich, daß die Indianer auch in Florida keine Ruhe haben würden: Hinter Jacksons Truppen zogen weiße Siedler durch Florida, nahmen den fruchtbaren Boden in Besitz, den die geflohenen Indianer hinterlassen hatten. Die Stämme mußten sich mit einem kleinen Reservat in der Mitte Floridas zufriedengeben. Doch als die jährlichen Zahlungen, Saatgut und landwirtschaftliche Geräte für die Indianer nur langsam eintrafen, gaben immer mehr Indianer das Land auf und überfielen statt dessen wieder die weißen Siedler.

Der zweite Florida-Krieg

Um die Bestimmungen des *Indian Removal Acts* durchzusetzen, wurden einige Abgesandte der Seminolen-Stämme 1832 zur Unterschrift des Vertrages von Payne's Landing gezwungen.

Oben: Der zweite Seminolen-Krieg begann am 28. Dezember 1835, als die Indianer unter Micanopy, Jumper und Alligator eine Truppe von **Major Francis L. Dade** auf dem Weg von Fort Brooke nach Fort King in Florida überfielen. Obwohl die Soldaten eine Kanone dabei hatten und hinter Holzbarrikaden Schutz fanden, überlebten von 102 Soldaten nur drei.

Dieser Vertrag stellt das Bindeglied zwischen dem **ersten und zweiten Florida-Krieg** dar. Die Vereinbarung sah vor, daß alle Seminolen Florida innerhalb der nächsten drei Jahre zu verlassen hatten, um auf dem ehemaligen Gebiet der Creek-Stämme im Indianer-Territorium in Oklahoma zu siedeln. Dafür erhielt jeder männliche Indianer eine Decke (bzw. jede Frau ein Kleid). Außerdem verpflichtete sich die US-Regierung, insgesamt die lächerlich geringe Summe von 15.400 US-Dollar zu zahlen. Der Betrag sollte sich allerdings um die Hälfte verringern, wenn man in den Dörfern der Seminolen »entlaufene Sklaven«, mit anderen Worten Schwarze, finden sollte. Die Indianer zogen sich daraufhin immer tiefer in die unzugänglichen Sümpfe zurück. Sie hatten gar keine andere Wahl, denn in den Stämmem gab es viele Indianer, die mit Schwarzen Kindern gezeugt hatten. Diese Halbschwarzen wurden von den Weißen natürlich ebenfalls als Sklaven betrachtet.

Als die drei Jahre vergangen waren, hatte sich nicht ein einziger Seminole in Richtung Westen aufgemacht. Deshalb unterbreitete der Beamte für Indianerangelegenheiten in dieser Region, Wiley Thompson, im Frühjahr 1835 einigen ausgewählten Seminolen-Häuptlingen einen fast wortgleichen Vertrag wie drei Jahre zuvor. Sieben Häuptlinge unterzeichneten das Dokument widerwillig, weitere Unterschriften folgten ein Jahr später.

Doch als die Beamten versuchten, auch andere Häuptlinge zur Umsiedlung zu bewegen, stieß einer der Krieger (noch nicht einmal einer der Häuptlinge) mit seinem Jagdmesser durch das Stück Papier, als ob er die gehaßten Vereinbarungen so töten könnte. Wiley Thompson ließ diesen Mann, den damals 30jährigen Osceola (»Black Drink Singer«), in Ketten legen. Eigentlich war Osceola gar kein Seminole, sondern ein Creek, der die Regierung in ihrer Umsiedlungspolitik zunächst unterstützt, sich aber nach dem Vertrag von Payne's Landing geweigert hatte, selbst in den Westen zurückzukehren und daraufhin auch die Seminolen-Stämme überzeugte, Widerstand gegen ihre Vertreibung zu leisten. Aber nach nur einem Tag Gefangenschaft unterschrieb Osceola den Vertrag doch – natürlich nur, um sofort nach seiner Freilassung in den Sümpfen zu verschwinden und eine Widerstandsbewegung aufzubauen.

In den folgenden Wochen konnte er zahlreiche Anhänger gewinnen und überfiel immer wieder die gerade angesiedelten Farmen der Weißen. Sowohl die Siedler als auch friedliche Indianer baten nun in Washington um Hilfe, doch erst gegen Ende des Jahres handelte die Regierung.

Zu diesem Zeitpunkt waren die Kämpfe zwischen Seminolen-Kriegern und Armee schon längst entbrannt. Dieser zweite Seminolen-Krieg erreichte seinen Höhepunkt mit einem Attentat auf Wiley Thompson. Osceola, der seit seinem Tag in Ketten auf Rache gewartet hatte, überfiel den Beamten in dessen Haus bei Fort King, erschoß Thompson und seine vier Gäste.

Am Silvesterabend überfiel Osceola eine Truppe aus 300 regulären Soldaten und 500 Milizsoldaten aus Florida am With-

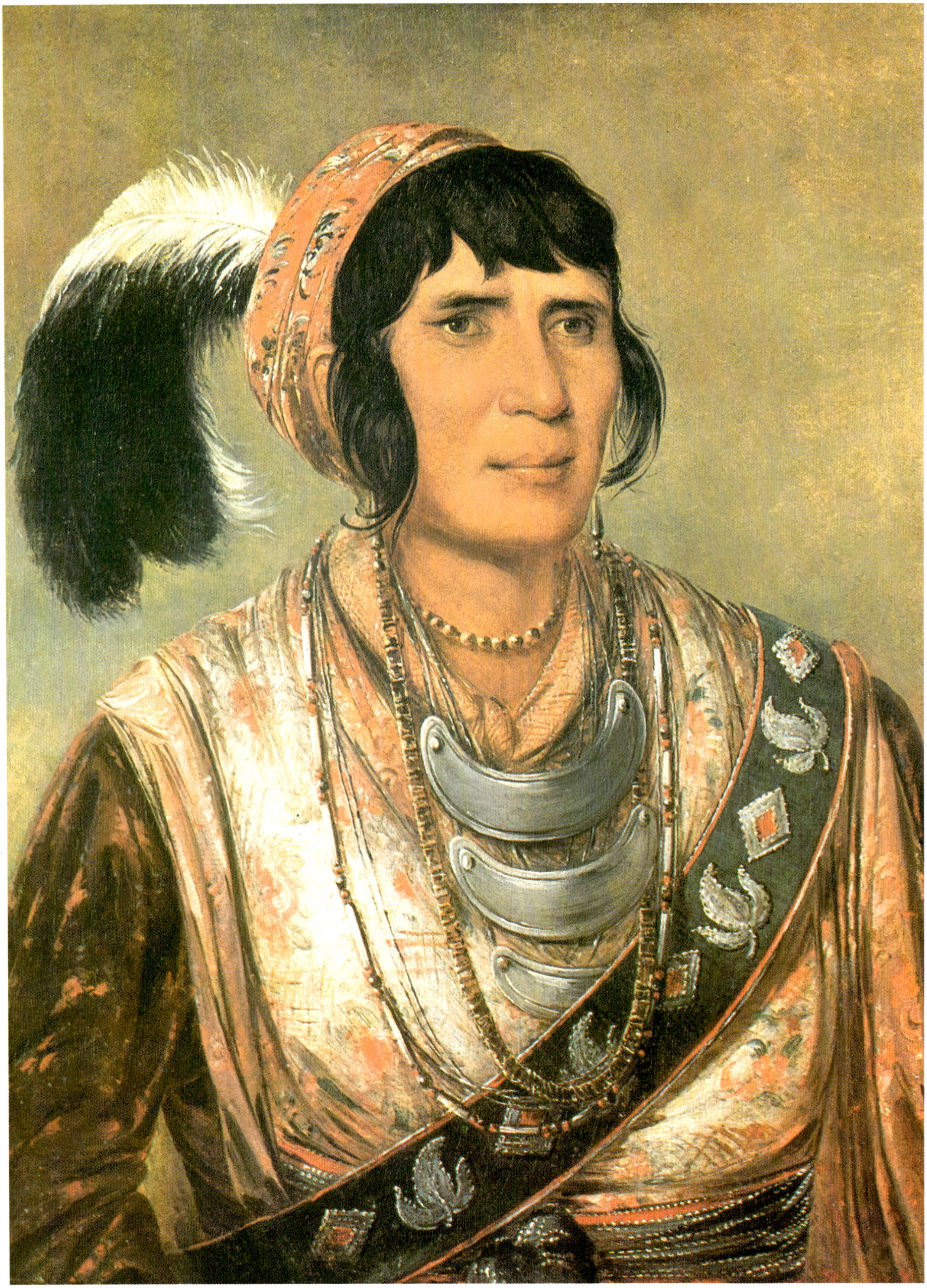

lacoochee-Fluß. Er tötete oder verwundete 63 Männer, wurde aber auch selbst getroffen und verlor viele Anhänger. In Zukunft sollten die Seminolen keine offenen Schlachten mehr suchen, sondern in den dichten Dschungeln Floridas eine erfolgreiche Guerilla-Taktik anwenden. Washington schickte daraufhin verschiedene Generäle, darunter auch Winfield Scott, nach Florida, um den Widerstand der Indianer zu brechen. Doch auch General Thomas S. Jesup gelang es nicht, in dem ein Jahr lang währenden Hin und Her der ständigen Schießereien einen Erfolg zu erzielen. Im Oktober 1837 wußte er sich nicht anders zu helfen, als die Regeln des militärischen Anstands zu brechen und Osceola, der unter der weißen Parlamentärsflagge zu Verhandlungen erschienen war, einfach festnehmen zu lassen. Er ließ den Häuptling in ein Verlies des alten spanischen Forts Marion werfen, wo Osceola Ende Januar 1838 an Malaria starb.

Als dieses Vorgehen des Generals und sein Einsatz von Bluthunden zur Jagd von Indianern bekannt wurde, reagierte die amerikanische Öffentlichkeit empört, so daß sein ruiniertes Ansehen und seine Unfähigkeit, den Krieg zu beenden, für einen erneuten Wechsel in der militärischen Führung sorgten. Der neue Befehlshaber, Zachary Taylor, den man damals »Old Rough and Ready« nannte, verzichtete ganz auf große Truppenbewegungen, sondern versuchte die Seminolen mit ihrer eigenen Taktik zu schlagen: Er teilte das Land in 30 x 30 Kilometer große Planquadrate auf, in denen er kleine Militärlager errichtete, von denen aus die Soldaten ständig patrouillierten.

Mit etwa 1.000 regulären Soldaten und einem großen Wagentroß aus 80 Planwagen und zahlreichen Mulis marschierte er dann von Tampa aus zum Okeechobee-See und zwang die Seminolen-Stämme dort zu einer zweiten und letzten Entscheidungsschlacht. Am Weihnachtstag des Jahres 1837 griff der General die gut ausgebauten Verteidigungsstellungen der Indianer unter Häuptling Alligator an. Taylor mußte seine Dragoner absitzen lassen, da die Pferde in dem sumpfigen Gelände versackten. Doch als die erste Reihe dieser Soldaten nach vorne zog, wurde sie von den Gewehrsalven der Seminolen niedergestreckt. Daraufhin zogen sie sich zurück. Taylor schickte seine reguläre Infanterie ins Feld, die allerdings auf höher gelegenem Gelände vorrückte. Nach dem ersten Angriff dieser Truppen gaben die Seminolen auf und zogen sich tiefer in die Sümpfe zurück. Für Taylor war dies ein eindeutiger Sieg: Er hatte 28 Tote und 111 Verwundete zu beklagen. Aber die Indianer hatten kaum Verluste erlitten und Taylor lediglich einige Versorgungsgüter hinterlassen.

Schließlich berief man auch Zachary Taylor ab. Er wurde von den eher zurückhaltenden Generälen Alexander Macomb und Walter K. Armistead ersetzt. Letzterer brachte einige Seminolen-Häuptlinge aus Oklahoma mit, die ihre Stammesbrüder zur Umsiedlung überreden sollten. Doch sie hatten kein Glück, und die Regierung griff nach dieser kurzzeitigen Diplomatie wieder auf militärische Mittel zurück, die ein neuer General,

Gegenüberliegende Seite: Dieses Bildnis des Seminolen-Häuptlings **Osceola** zeichnete Catlin in dessen Todesjahr 1838. Der Häuptling hatte die jungen Krieger gegen die Weißen geführt, als sie den Westen Floridas verlassen sollten. Osceola ermordete auch einen Beamten für Indianerangelegenheiten und wurde später gefangengenommen.

Oben: Oberst Zachary Taylor griff die Seminolen am Weihnachtstag des Jahres 1837 in ihren Verteidigungsstellungen an den Ufern des **Okeechobee-Sees** an. Er gewann die Schlacht zwar, verlor aber den größten Teil seiner Männer.

William J. Worth, anwenden sollte: Er begann im Frühjahr 1841 einen systematischen Zerstörungskrieg gegen die Indianer, indem er in den Sümpfen einen Krieg der verbrannten Erde führte. Er ließ alle Ernten vernichten, Vorratshäuser und Siedlungen niederbrennen, selbst Kanus anzünden. Schließlich gaben immer mehr der hungrigen und erschöpften Indianer auf.

Am Ende wurden etwa 4.000 Seminolen nach Oklahoma gebracht. Einige hielten sich in den Sümpfen der Everglades versteckt und führten zwischen 1855 und 1858 einen dritten Florida-Krieg. Einige der Nachfahren aber leben noch heute in Florida und sind stolz darauf, niemals einen Friedensvertrag mit den USA abgeschlossen zu haben.

Der kleine Stamm der Seminolen hatte den USA einen teuren Krieg (zwischen 20 und 60 Millionen US-Dollar) aufgezwungen. In diesem sechs Jahre währenden Kampf hatten 30.000 reguläre Truppen und Freiwillige gekämpft und bis zu 2.000 Menschen den Tod gefunden. Tausende Männer wurden verwundet oder starben am Sumpffieber. Die Indianer hatten wahrscheinlich 1.500 Tote zu beklagen.

Die Vertreibung der Cherokees

Obwohl die Seminolen-Stämme auch Ackerbau betrieben und sich Sklaven hielten, wirkten sie im Vergleich zu den Cherokee-Stämmen fast ärmlich: Die Cherokees lebten in den Grenzgebieten zwischen Tennessee und Georgia und galten als die fortschrittlichsten aller nordamerikanischen Indianerstämme. Sie verfügten über große Flächen fruchtbaren Ackerlandes entlang des Tennessee-Flusses und züchteten Vieh und Pferde. Außerdem hielten sie sich viele schwarze Sklaven, besaßen Pflüge und sogar zehn Sägewerke. Sie bauten gut befestigte Straßen und benutzten Fähren. Die Cherokees verfügten auch über ein Alphabet, lasen Bücher und gaben eine eigene Zeitung, den

Nächste Seite: Ein Detail aus dem Gemälde von Charles M. Russell (1905), »*Captain Meriwether Lewis and Lieutenant William Clark*«, das die beiden während ihrer Expedition am Columbia-Fluß zeigt. Beide Männer hielten eine Reihe von *wa-was* oder *pow-wows* ab, die den Frieden zwischen Weißen und Indianern in diesen Regionen sicherten.

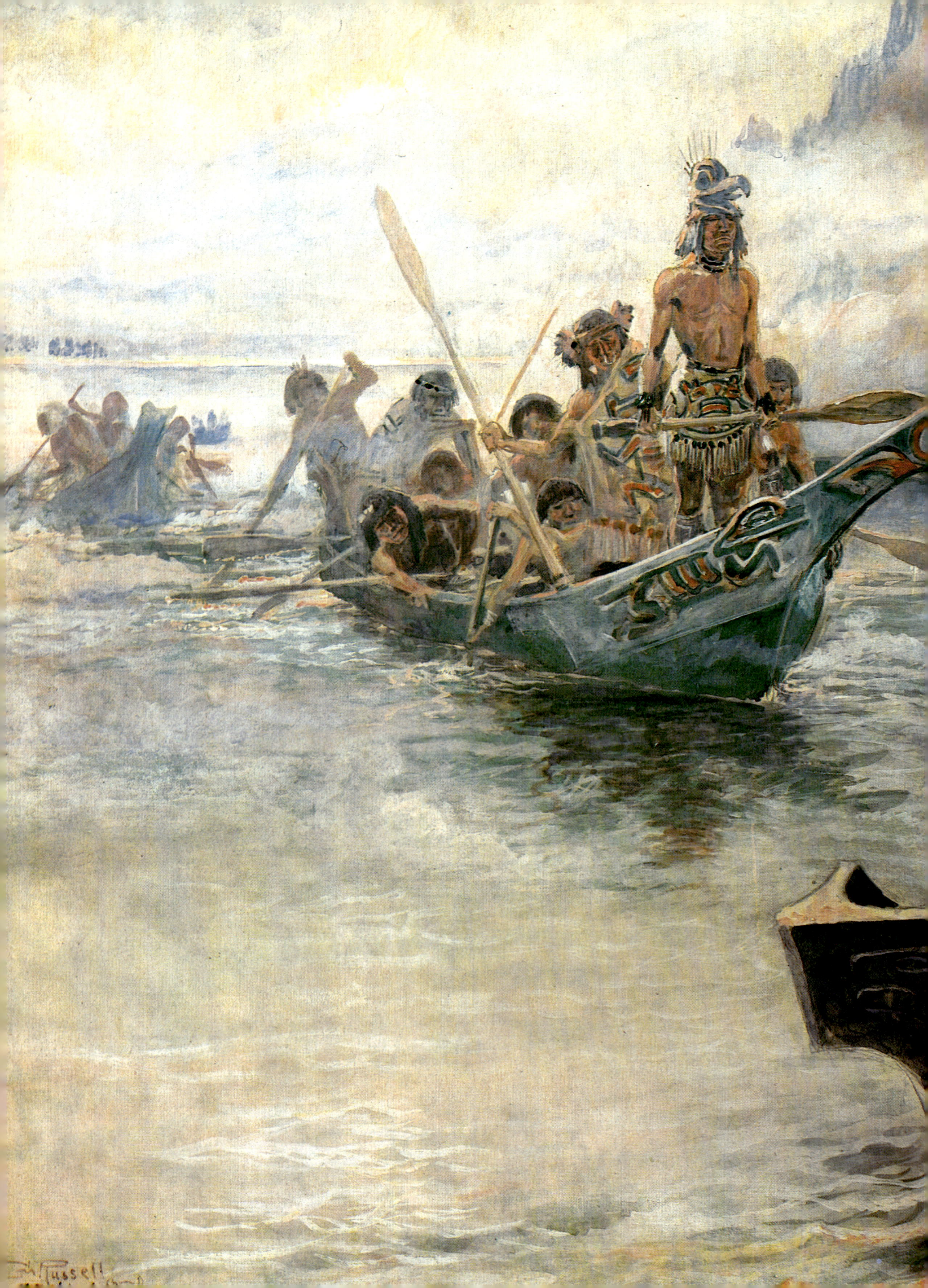

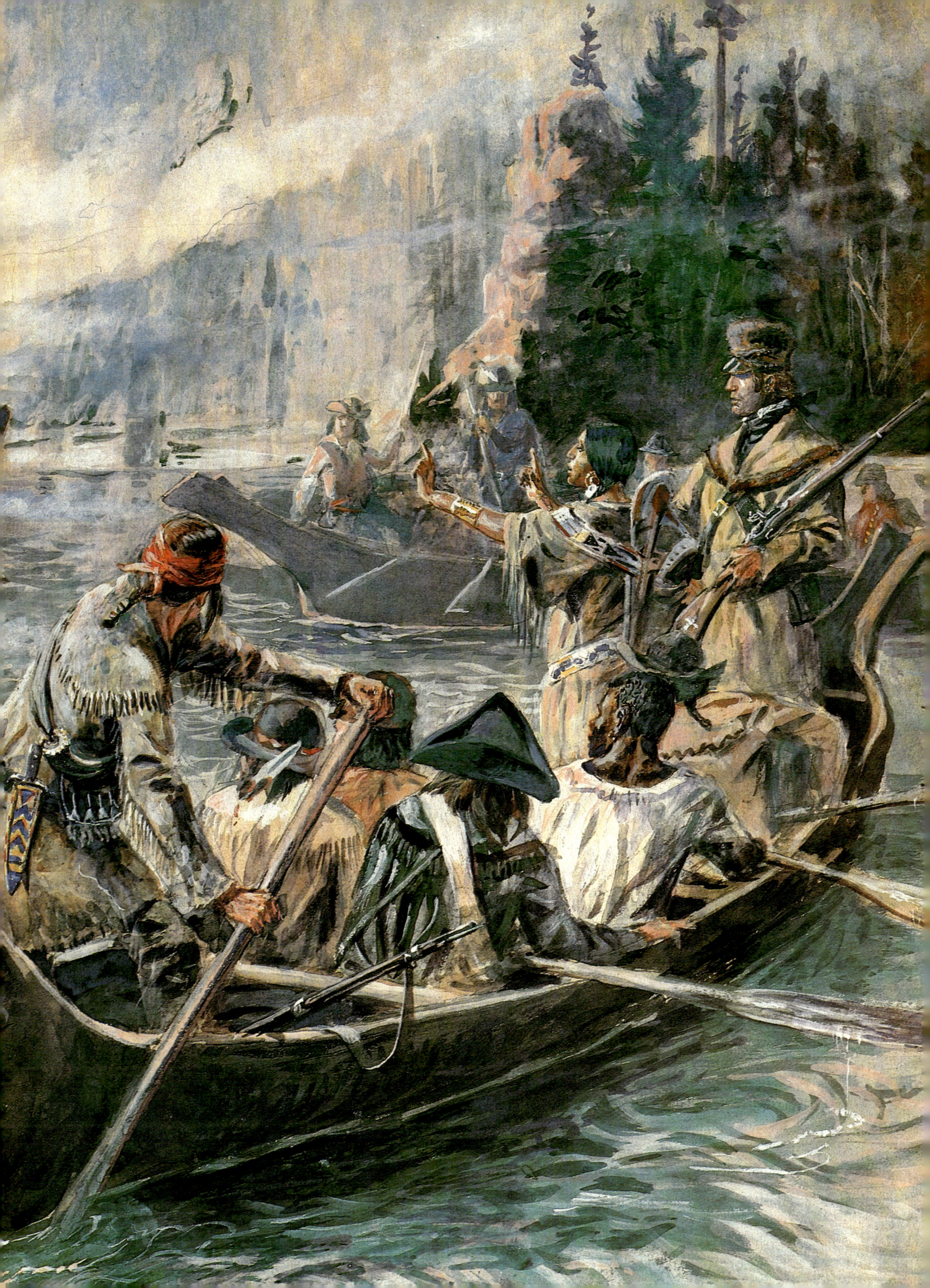

Oben: In der **Schlacht am Tallapoosa**, im März 1814, stieß Andrew Jackson mit den Creek-Indianern zusammen und vernichtete die »Red Sticks« fast völlig.

Phoenix, heraus, bis sie von den Weißen verboten wurde. Doch im Grunde hatten die Cherokees im friedlichen Einvernehmen mit ihren weißen Nachbarn gelebt. Sie hatten sich 1826 sogar eine eigene Verfassung – nach dem Vorbild der US-Verfassung – gegeben; die einzige Verfassung, die eine Indianernation je besessen hat. Die Cherokees lebten nicht in Zelten, sondern in Lehm- oder Blockhäusern. Ihr wichtigster Häuptling, John Ross, residierte in einem prächtigen Ziegelbau, bis er eines Tages verhaftet wurde. Man ließ ihn später wieder frei, sein Besitz wurde jedoch beschlagnahmt.

Die Cherokees hatten allerdings nicht mit dem Landhunger der Weißen gerechnet. Die örtlichen Politiker verlangten immer wieder, daß die Bundesregierung das Indianerland enteignen und den Stamm westlich des Mississippi neu ansiedeln sollte. Natürlich wehrten sich die Indianer. Georgia hatte zudem kein Recht, eigene Gesetze auch auf Cherokees auszudehnen, denn das Oberste Bundesgericht der USA hatte in einer Entscheidung die Cherokees als souveräne und unabhängige Nation definiert. Interessanterweise war dieses Urteil 1832 aufgrund eines Prozesses gefallen, den die Cherokees selbst angestrengt hatten.

Nachdem 1830 der *Indian Removal Act* im Kongreß mit nur einer Stimme Mehrheit verabschiedet worden war, zwang Georgia 1835 etwa 500 Cherokees, keiner von ihnen war ein Häuptling, das Dokument zu unterzeichnen. Seine Bestimmungen sahen vor, daß die Indianer all ihr Land für fünf Millionen US-Dollar verkaufen und zusätzlich Ackerland im Westen an die Weißen abtreten sollten. Außerdem erhielten die Siedler eine Option, nach der sie weitere Millionen Hektar Land für nur 500.000 US-Dollar erwerben konnten. Etwa 16.000 Cherokees formulierten eine Eingabe und protestierten gegen diesen Vertrag. Doch Andrew Jackson ignorierte die Petition der Indianer. Für ihn bestand die einzige Lösung für das konfliktreiche Zusammenleben zwischen Weißen und Indianern in der vollständigen Umsiedlung aller Stämme hinter den Mississippi – sogar wenn dafür die fünf zivilisierten Indianerstämme geopfert werden müßten und die Weißen damit einen gigantischen Landraub begingen.

Bis zum 23. Mai 1838 mußten die Cherokees umgesiedelt werden. Die Generäle Scott und John E. Wool, ein späterer Held im mexikanischen Krieg, waren die widerwilligen Beamten des Präsidenten für diese Aufgabe. Beide schämten sich ihrer Rolle in diesem verabscheuungswürdigen Vorgang. Für Wool war die Umsiedlung eine herzzerreißende Sache – zwar war er grundsätzlich dafür, doch nur, wenn sie die Indianer außerhalb der Reichweite des weißen Land- und Machthungers in Sicherheit bringen würde.

Oben: Vor seinem Sieg über die Creeks am Tallapoosa-Fluß hatte Jackson ein erstes Gefecht mit ihnen am **Emuckfaw-Fluß** in Alabama überstehen müssen.

Scott befahl seinen 7.000 Soldaten, die die 16.000 Cherokees auf ihrem langen Weg begleiten sollten, alle Indianer freundlich zu behandeln. Etwa 2.000 Cherokees hatten sich bereits zuvor auf den Weg gemacht, andere Stammesgruppen waren in die Berge nach North Carolina ausgewichen und hielten sich dort versteckt. Scott versprach den Indianern auch, jedes unrechtmäßige oder brutale Vergehen gegen sie sofort und hart zu bestrafen. Tatsächlich kam es während des Marsches kaum zu Gewalt, obwohl es einige Diebstähle, Vergewaltigungen und sogar einen Mord gab.

Präsident Jackson drang darauf, die Indianer so rasch wie möglich umzusiedeln, aber Scott wartete auf etwas kühleres Wetter, um den Weg durch die Prärie zu erleichtern. Während des heißen Sommers wurden die Indianer in Lagern zusammengefaßt, wo viele von ihnen an Ruhr und Fieber erkrankten. Und in dem Moment, in dem sie ihre Siedlungen verlassen hatten, wurden diese von den Weißen angezündet und zerstört! Im Herbst des Jahres 1838 machten sich die Cherokees schließlich auf den fast 2.000 Kilometer langen Weg nach Oklahoma. Bis heute heißt dieser Marsch *Trail of Tears*, Pfad der Tränen: Etwa 4.000 Cherokees kamen auf dem Weg durch Krankheiten oder Erschöpfung um.

Der Stamm sollte auch in Oklahoma keine Ruhe finden und dort durch Fehden zwischen den Stammesgruppen auseinandergerissen werden. Schon vor den Cherokees waren die Choctaws im November 1831 nach Oklahoma übergesiedelt, die Creeks folgten 1836, die Chickasaws ein Jahr später.

Der Krieg gegen »Black Hawk«

Während die Indianer im Süden durch Krieg oder Vertreibung dezimiert wurden, blieb es im Norden nach dem Krieg von 1812 längere Zeit ruhig. Doch bald erhob sich dort ein Häuptling, der schon Tecumseh aufmerksam zugehört hatte: »Black Hawk«, eigentlich Black Sparrow Hawk (*Ma-a-tai-me-she-kia-kiak*) war ein Sauk (Sac)-Indianer und Häuptling der eng miteinander verbundenen Stämme der Sauk- und Fox-Indianer im Flußdelta des Rock River in Illinois. Er hatte schon mit 15 Jahren (etwa 1782) seinen ersten Skalp erkämpft und im Alter von etwa 30 Jahren als Anführer mehrerer Stammesgruppen gegen die Osages und Cherokees gekämpft. 1804 wurde er zum erbitterten Gegner der Weißen, als ein Vertrag General William Henry

Nächste Seite: Ein Ausschnitt einer Indianergruppe, die Charles Bird King (1785–1862) 1821 gemalt hatte. Es zeigt die Mitglieder einer Abordnung der Pawnee-Indianer, die nach Washington gekommen waren, um den Präsidenten zu sprechen. Der Stamm verhielt sich gewöhnlich friedlich, obwohl es 1859 zu einem kleineren Pawnee-Krieg kam.

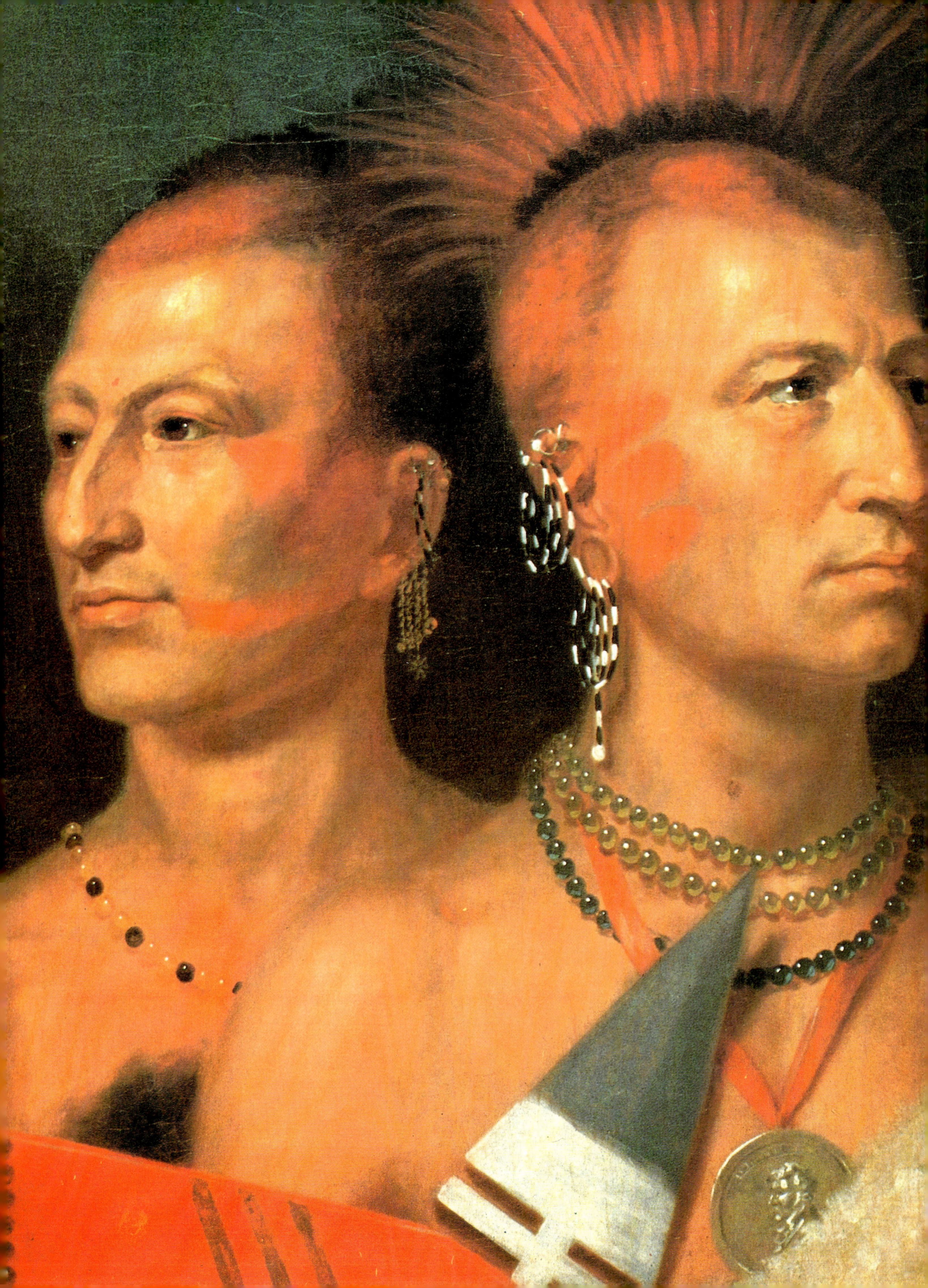

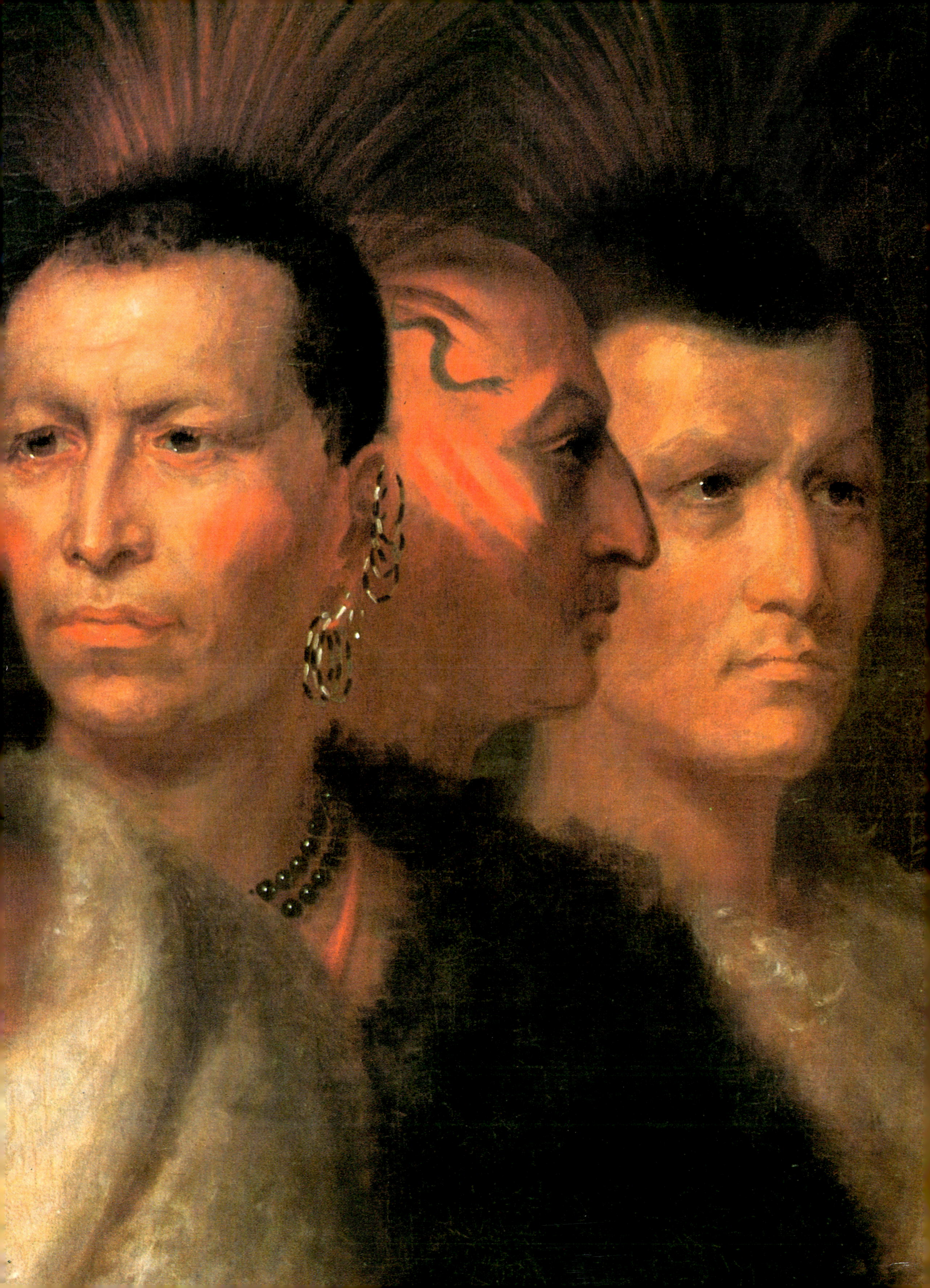

Oben: Die Maler, die den Krieg von 1812 in Bildern festhielten, bedienten sich allzusehr ihrer künstlerischen Freiheit. Für dieses Bild verlegten sie Creeks und Seminolen weit in den Norden, damit sie einen Kampf zwischen ihnen und Henry Harrison darstellen konnten.

Harrison das Recht gab, den verbündeten Stämmen große Landgebiete abzunehmen. Black Hawk kämpfte damals an der Seite von Tecumseh und beteiligte sich auch an dem Massaker am Raisin-Fluß.

Black Hawk sah wie ein typischer Indianer aus, er hatte hohe Wangenknochen, eine »klassische Nase« und einen rasierten Kopf, aus dem nur der traditionelle Haarskalp hervorstach.

Allerdings galt er auch als ausgezeichneter Redner, dessen Autobiographie in den USA später ein großer Verkaufserfolg werden sollte. In den zwanziger und dreißiger Jahren des 19. Jahrhunderts protestierte er immer wieder bei den Beamten der Indianerbehörde, weil weiße Siedler die Ackerflächen seiner Stämme einfach in Besitz nahmen. Dies war ganz klar ein Bruch des Vertrages von 1804. Doch Black Hawk selbst glaubte nicht an das Recht, Land zu kaufen oder zu verkaufen – den Erdboden hatte der »Große Geist« den Menschen genauso geschenkt wie die Luft, also zur Freude und zum Nutzen aller.

Die Weißen ließen sich 1831 nicht nur in seinem eigenen Dorf nieder, sondern nahmen auch sein Haus in Beschlag, ignorierten seine Bitten, wieder davonzuziehen und pflügten sogar einen indianischen Friedhof für den Ackerbau um.

Sogar als sein Besitz unrechtmäßig von den weißen Beamten versteigert wurde, kehrte Black Hawk von seinen Jagdausflügen im Westen immer in seine alte Heimatsiedlung zurück, um Korn anzupflanzen und zu ernten. Zum letzten Mal kam er 1832 zurück, entgegen der Forderungen seines Rivalen, Häuptling Keokuk, und dessen 500–1.000 Gefolgsleuten. Immerhin führte Black Hawks blinder Haß gegen die Weißen dazu, daß er einige Hütten der weißen Siedler in Brand steckte, um sie zur Flucht zu bewegen. Diese Vorfälle ließen den Gouverneur von Illinois General Gaines und dessen Truppen sogleich um Hilfe anrufen.

Gaines kam auf einem Dampfboot den Mississippi hinauf, um mit Black Hawk zunächst zu verhandeln. Er wollte den Häuptling davon überzeugen, besser westlich des Flusses zu siedeln. Einige der Indianer ließen sich tatsächlich dazu überreden und verließen ihre angestammten Gebiete, doch Black Hawk und andere gaben nicht nach. Der Häuptling warnte Gaines, der eigentlich einem Konflikt aus dem Wege wollte, daß er seinen Krieg haben könne, wenn er wolle.

Doch als die 700 Milizsoldaten gegen Black Hawk vorrückten, verschwand dieser mit seinen Kriegern auf die andere Flußseite. Gaines verhandelte erneut und bot weitere Zugeständnisse an, doch diesmal waren es die Siedler, die nicht nachgeben wollten. Black Hawk und seine Anhänger waren schließlich gezwungen, die Ernten von ihren eigenen Feldern zu stehlen, um nicht verhungern zu müssen.

Black Hawk versuchte ebenso wie vor ihm Tecumseh und Pontiac, einen Stammesbund aufzubauen. Er sollte aus Sauks, Foxes, Winnebagos, Potawatomis und den Kickapoos bestehen. Die mächtigen Sioux-Stämme gehörten nicht dazu, weil sie mit den Sauks tief verfeindet waren. Doch als Black Hawk im April 1832 wirklich Hilfe brauchte, war es schon zu spät – neben seinen 500 Sauk-Kriegern konnte er nur auf etwa 100 Foxes vertrauen.

Die Schätzungen weißer Flüchtlinge über die Zahl der Krieger waren weit übertrieben und auch Black Hawks angebliche Kampfeslust entsprach nicht der Wahrheit: Die Armee sah sich einem Aufstand gegenüber, den es eigentlich nicht gab. Der befehlshabende Kommandeur, General Henry Atkinson, blieb denn auch eher vorsichtig und zurückhaltend. Doch sein Stellvertreter war Zachary Taylor. Er verfügte über 1.800 Freiwillige, viele von ihnen beritten, und etwa 400 reguläre Soldaten.

Als Black Hawk mit seinem Stamm erneut zu seinen alten Dörfern zurückkehrte, angeblich, um wie jedes Jahr die Felder zu bestellen, wurde er von einer 270 Mann starken Truppe unter Major Isaiah Stillman aufgehalten. Als der Häuptling einige Boten zu ihm schickte, nahm der Major die Indianer gefangen. Daraufhin entsandte Black Hawk fünf Krieger, die nach den verschwundenen Männern suchen sollten. Doch die Soldaten griffen auch diese Krieger an und töten zwei von ihnen. Black Hawk hatte nun gar keine andere Wahl mehr als zu handeln, obgleich er nur 40 Krieger bei sich hatte. Er bereitete einen Hinterhalt vor, in den Stillmans Truppen geradewegs hineinmarschierten. Als die Indianer das Feuer eröffneten, rannten die Freiwilligen zur großen Verwunderung der Indianer sofort weg, um in ihr Lager in etwa 40 Kilometer Entfernung zu flüchten. Später nannten selbst ihre Kameraden dieses kleine Gefecht **Stillman's Run** (Stillmans Flucht).

Bald darauf stellte General Scott eine größere Armee zusammen, die allerdings von einer Cholera-Epidemie heimgesucht wurde.

Black Hawk zog sich währenddessen weiter in das südliche Wisconsin zurück, wo der mittlerweile 65jährige Häuptling zahllose Farmen plünderte und Siedler umbrachte. Immer mehr Stimmen im weißen Amerika wurden laut, die nun einen Vernichtungskrieg forderten, bis auch der letzte Indianer in Illinois tot und skalpiert wäre.

Ende Juli 1832 besiegten die Freiwilligenverbände unter dem Befehl von General James D. Henry Black Hawk und dessen letzte Krieger. Er verlor 68 Männer seiner kleinen Getreuen-

Gegenüberliegende Seite: Dieses Portrait von McKenney und Hall stellt den Seminolen-Häuptling **Micanopy** dar, der eine Friedensmedaille trägt. Allerdings mußte ihre Verleihung eher wie Hohn gewirkt haben, denn Micanopy war kein Friedensstifter, sondern ein Krieger.

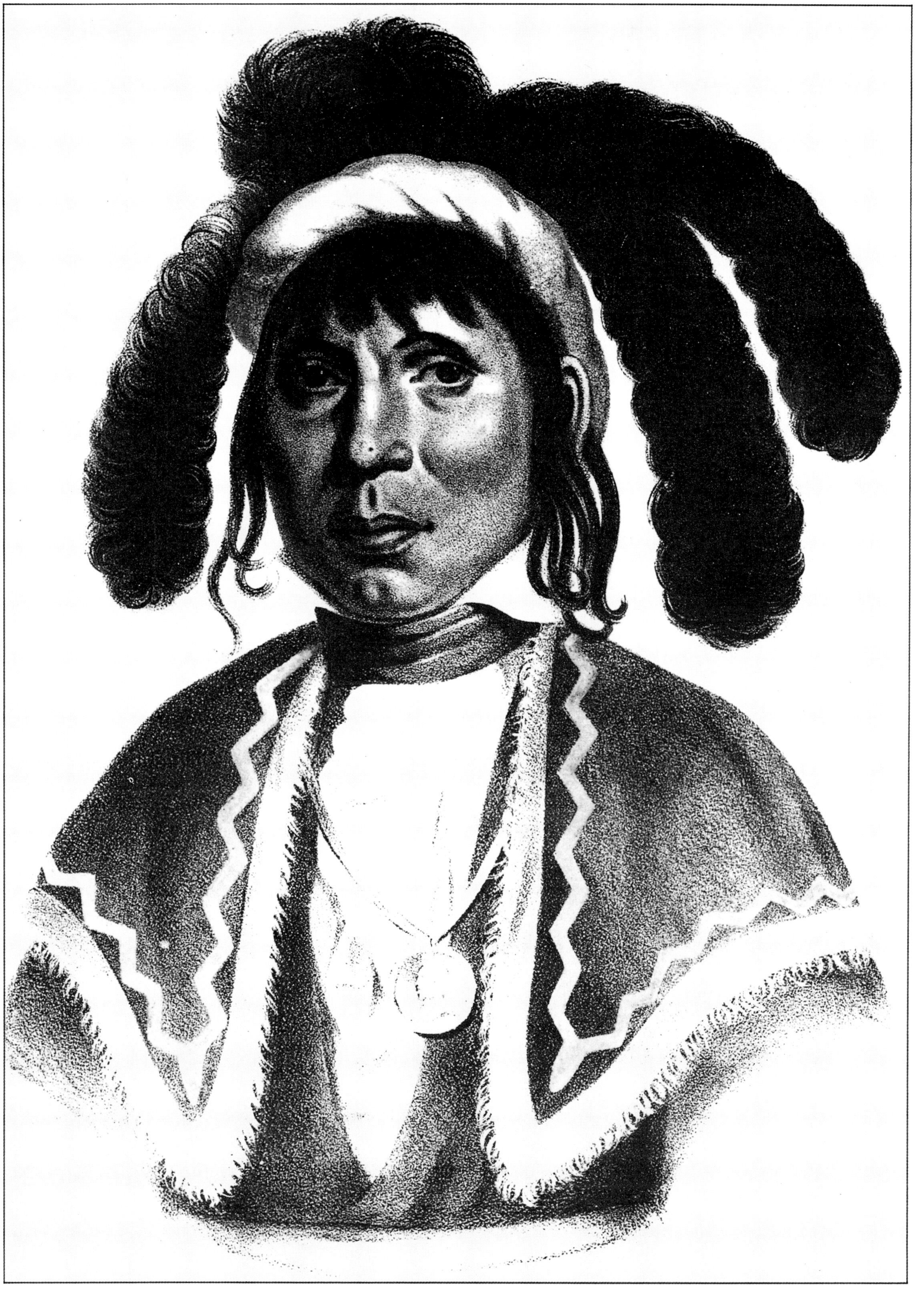

Oben: Ein Ausschnitt aus einem Ölgemälde (1832) von George Catlin, das **Häuptling Keokuk** darstellt, wie er als großer Krieger, die Haare furchterrengend rot eingefärbt, posiert. In Wirklichkeit war Keokuk einer der friedlichen Häuptlinge der Sauks und Foxes. Erst sein Gegenspieler, Black Hawk, kämpfte an der Seite der britischen Armee im Krieg von 1812 und bekämpfte später im mittleren Westen auch die amerikanischen Siedler. Keokuk war ein einflußreicher, weiser und erfahrener Häuptling und wurde zweimal nach Washington eingeladen.

Gegenüberliegende Seite: Der in Pennsylvania geborene Maler George Catlin (1796–1872) war einer der ersten, genauesten und sicher auch talentiertesten Künstler, die die Indianer Nordamerikas zeichneten. Eigentlich hatte er in Philadelphia als Rechtsanwalt gearbeitet, war dann als Portraitmaler nach New York gezogen und 1832 während einer Expedition im amerikanischen Westen dazu übergegangen, nur noch Indianer darzustellen. Das Gemälde »**Horse Chief**« ist ein typisches Beispiel für einen Pawnee-Krieger, den er 1832 kennengelernt hatte.

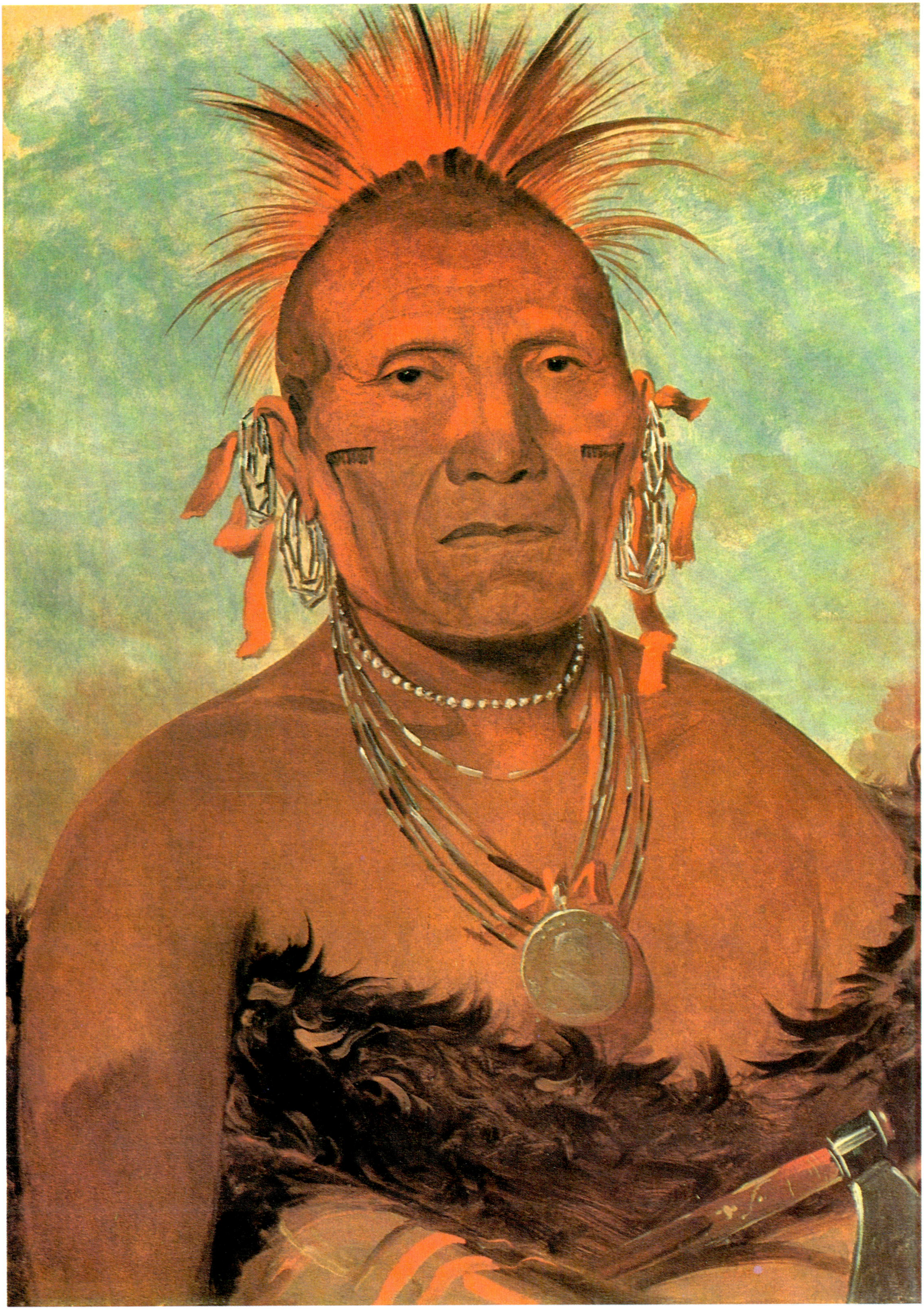

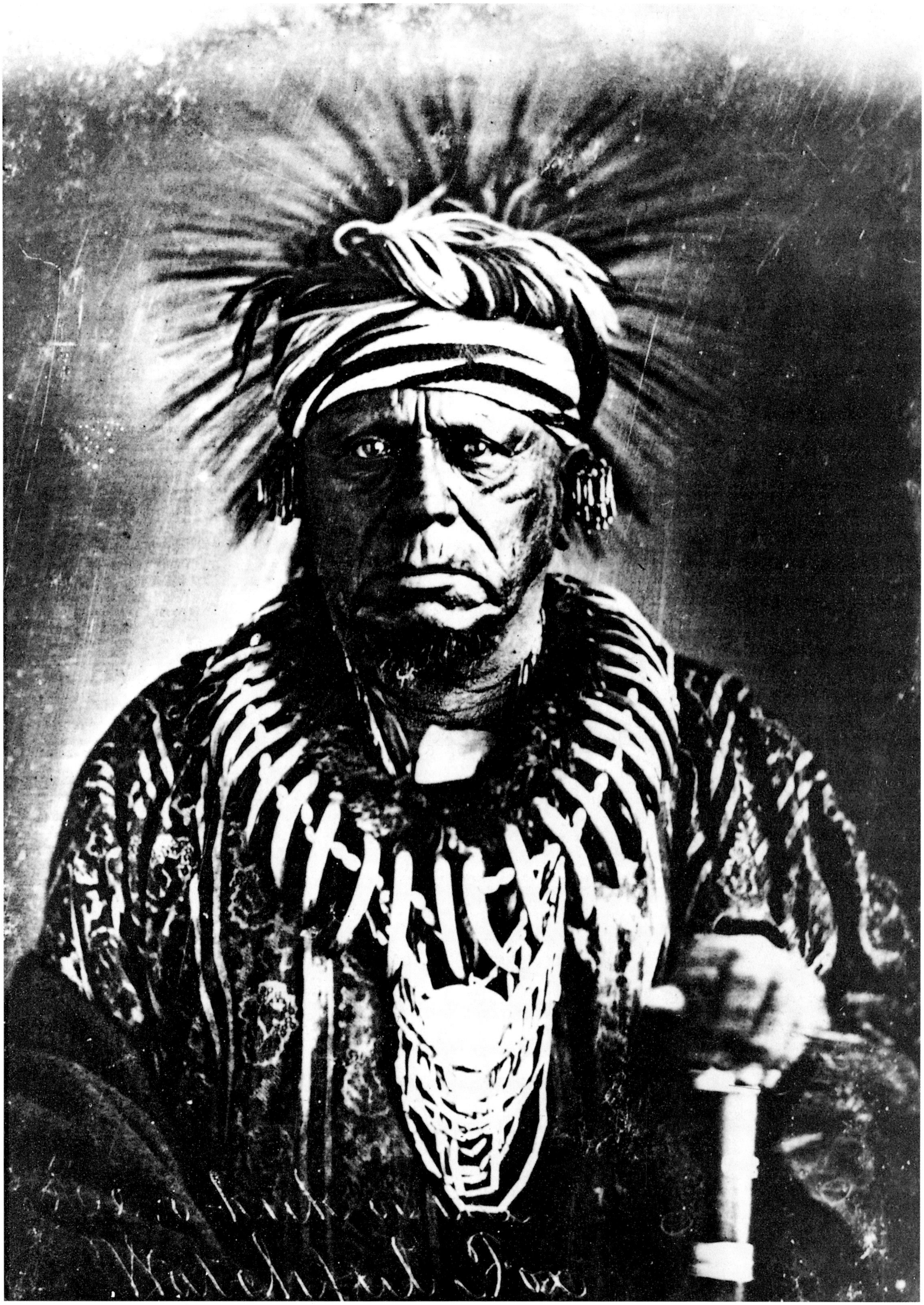

schar. Doch erst am 3. August kam das Ende für Black Hawk, als er gezwungen war, an den Mississippi zurückzukehren. Dort hatte Scott bereits das Dampfschiff *Warrior* mit Kanonen ausgestattet und strategisch günstig auf dem Fluß postiert. Black Hawk versuchte ein letztes Mal, sich mit Verhandlungen zu retten, er war sogar bereit, die Waffen zu strecken. Doch als seine Unterhändler eintrafen, wurden sie von den Soldaten sofort erschossen – kein Wunder, hatte der schlaue Häuptling doch ganze 150 Krieger »zum Verhandeln« geschickt.

Wieder wurde er unter der weißen Parlamentärsflagge angegriffen, so daß er schließlich die Geduld verlor und das Dampfboot selbst angriff. Die *Warrior* mußte sich tatsächlich zurückziehen, da ihr das Brennholz ausging und sie damit kaum mehr beweglich gewesen wäre.

Black Hawk verlor 23 Männer, als er die *Warrior* überfiel. Doch dies war nur der Anfang vom Ende: Atkinson verstärkte die Truppen von Scott mit weiteren 1.300 Männern. Die Armee überrannte die Indianer regelrecht, als diese gerade aufgeben wollten. Der Angriff verwandelte sich in eine Vergeltung für das Massaker am Raisin-Fluß – acht Stunden lang wütete das Massaker an den Indianern. Nur 30 Krieger wurden gefangengenommen, etwa 200, darunter auch Frauen und Kinder, auf oft bestialische Weise von den Soldaten umgebracht. Die Truppe hatte nur 20 Männer verloren. Etwa 200 Sauks und Foxes gelang es, am Mississippi entlang zu fliehen, dort aber lauerten schon die feindlichen Sioux-Krieger, die die Reste der stolzen Armee von Black Hawk vernichteten.

Black Hawk selbst konnte entkommen, wurde aber von den Winnebagos gefangengenommen und gegen 100 US-Dollar und 20 Pferde an die Armee ausgeliefert. Der Häuptling wanderte für ein Jahr ins Gefängnis, zunächst nach Fort Armstrong auf Rock Island und dann nach Fort Monroe. Später ließ Präsident Jackson den Indianer nach Washington bringen, wo beide Männer ein längeres Gespräch führten. Doch was er mit dem geschlagenen Häuptling anfangen sollte, wußte Jackson selbst nicht so recht. Er wurde erneut ins Gefängnis geworfen, wieder freigelassen und wie ein Ausstellungsstück quer durch das Land geschleift. Alt und recht friedlich geworden, entwickelte er sich plötzlich zu einer gesellschaftlichen Berühmtheit, eine romantische und verklärte Erinnerung an den »Wilden Westen« hinter dem Mississippi.

Als die US-Regierung jedoch Keokuk als den einzigen Häuptling der Sauks und Foxes anerkannte, war Black Hawk in seinem Stolz tief getroffen. Deprimiert und gebrochen reiste er 1837/38 auf einer letzten Tour durch das Land und starb schließlich in Iowa. Aber selbst im Tode sollte er keine Ruhe vor den Weißen haben: Sein Grab wurde von Grabjägern geschändet und sein Kopf in einer widerwärtigen Ausstellung zur Schau gestellt.

Die ersten Schlachten in den *Plains*

Die US-Bundesregierung in Washington wurde nicht nur durch die Berühmtheit von Black Hawk an ihre Verantwortung für die Indianer erinnert, sondern auch durch die zunehmenden Besuche von Indianerdelegationen in der Hauptstadt. Man erwartete

Links: Diese 1847 von dem Fotografen Thomas M. Easterby hergestellte Daguerreotypie zeigt den Sauk-Häuptling **Keokuk**.

von ihnen, daß diese Abgesandten in ihren Stämmen von den freundlichen Gefühlen des »Großen Weißen Vaters« gegenüber seinen »indianischen Kindern« berichten würden, und daß die Delegationen beim Anblick der Macht und bloßen Größe der weißen Zivilisation tief beeindruckt zurückkehren würden. Gewöhnlich wurden die Gesandtschaften gut behandelt und von Künstlern wie Charles Bird King portraitiert, später auch fotografiert. Und bald vertauschten sie ihre Büffelhautkleidung mit den Uniformjacken aus den Armeedepots.

Im neuen Westen hinter dem Mississippi, den weiten Steppen der *Plains*, stand die Armee einer schier unlösbaren Aufgabe gegenüber: Sie hatte eine Grenze von 9.600 Kilometer Länge, von Kanada bis hinunter nach Mexiko, zu schützen. Eine gewaltige Ebene, in der der Sonnenuntergang in der Endlosigkeit zu liegen schien. Fast ein halber Kontinent mußte von unterbesetzten Truppeneinheiten kontrolliert werden, die von einigen wenigen, an strategischen Orten erbauten Forts aus ihre Patrouillen durchführten. Die Armee konnte von *außerordentlichem* Glück sprechen, daß die Indianerstämme westlich des Mississippis den Weißen gegenüber nicht grundsätzlich feindlich gesonnen waren, wenigstens bis zum Beginn des Goldrausches in Kalifornien 1849. Zu dieser Zeit hatte die gesamte Armee etwa 16.000 Männer im Dienst (1860), zehn Jahre später immerhin 37.000 Soldaten. Die Zahl der im Westen stationierten Einheiten war natürlich wesentlich geringer. Ihnen standen aber etwa 75.000 Indianer der *Plains*-Stämme gegenüber. Davon machten allein die Lakota (Dakota) 16.000 Menschen aus. Selbst mit ihren neuen, d. h. treffgenaueren Gewehren und modernen Kanonen unterlag die Armee in den meisten bewaffneten Auseinandersetzungen mit diesen Stämmen. Schätzungsweise hat es zwischen 1869 und 1875 allein etwa 200 Gefechte zwischen Weißen und Indianern im Westen gegeben.

Die Stämme der Steppe, deren allumfassende Lebensgrundlage die Büffeljagd war, machten etwa ein Fünftel der insgesamt 360.000 Indianer westlich des Mississippis aus. Auch Kalifornien und der Nordwesten waren dicht von Indianern besiedelt. Im heutigen Arizona und Neu-Mexiko lebten damals etwa 12.000 Navahos, die recht kriegerisch waren und erst nach ihrer Vernichtung 1864 an Bedeutung verloren. Die Apachen in Arizona und Neu-Mexiko waren zahlenmäßig viel schwächer, galten aber als aggressiver als die Sioux, Comanchen oder Kiowas. Sie beherrschten den gesamten Südwesten der heutigen USA in den beiden Jahrzehnten zwischen 1860 und 1880. Im Gegensatz zu den Indianern der Hochebene waren die Sioux-Krieger Guerilla-Kämpfer, die große Erfahrung in der Tarnung und im Kampf zu Fuß hatten, obwohl sie auch Pferde besaßen.

Die Indianer der Hochebenen setzten ihre Stammesfehden untereinander auch nach dem Erscheinen des weißen Mannes fort. Die kriegführenden Sioux-Stämme – Oglalas, Tetons und andere – dominierten die Hochebenen vom Ende des mexikanischen Krieges bis etwa 1875. Sie galten als typische Vertreter der *Plains*-Krieger und wurden bald zum Symbol des nordamerikanischen Kriegers schlechthin. Die 4.000 kämpfenden Sioux-Krieger wurden in ihrer Reitkunst nur von den Comanchen übertroffen, die man auch »Herren der südlichen Ebene« nannte, da sie ausgezeichnete Reiter waren.

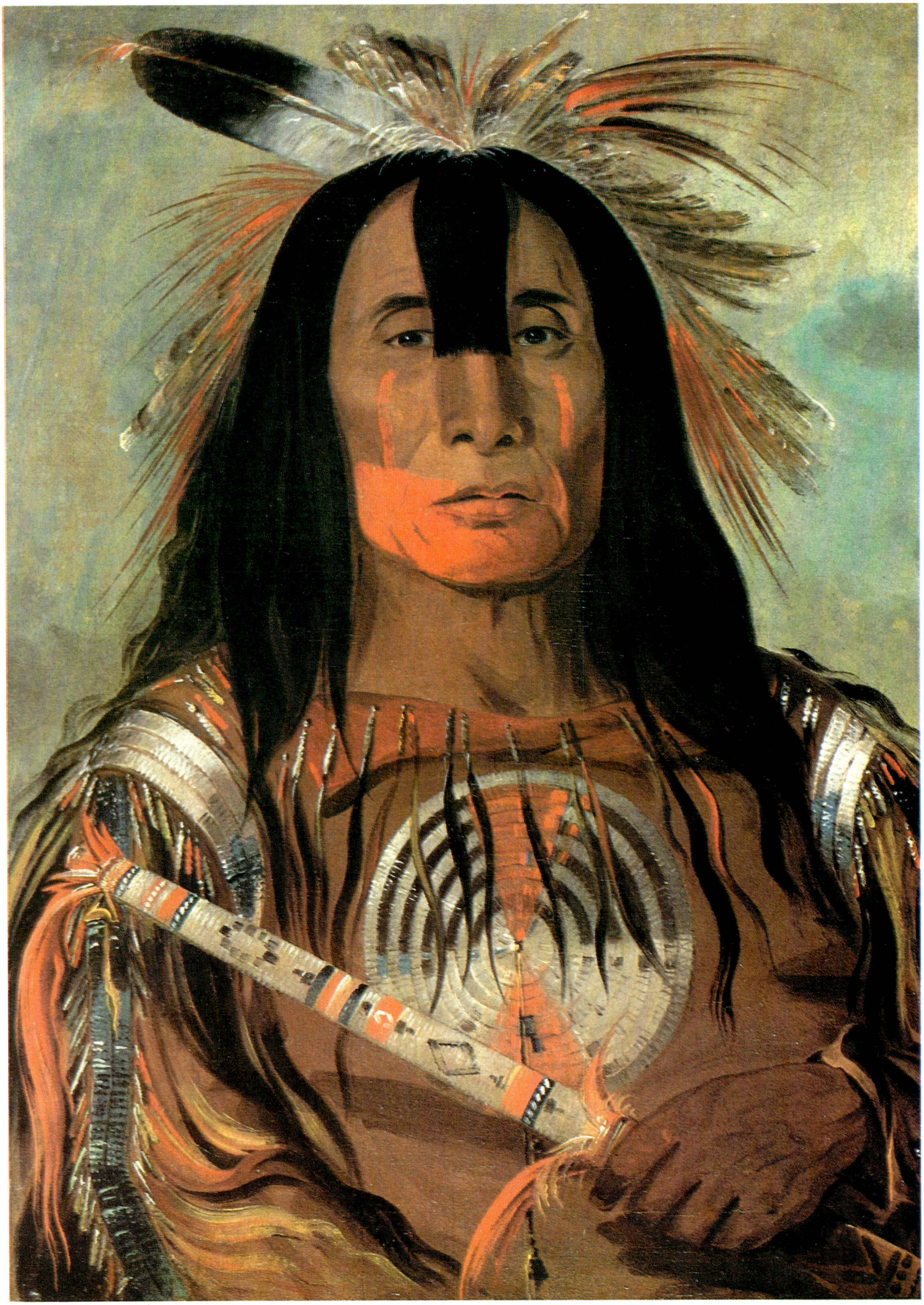

Gegenüberliegende Seite: In Fort Union am Missouri malte George Catlin dieses Portrait von **Buffalo's Backfat**. Er war ein Kainah oder Blood-Indianer, ein Vertreter des aus drei Stämmen bestehenden Bundes der Blackfoot-Stämme. Sie alle waren Teil der großen Sprachgruppe der Algonkin-Stämme zwischen den Rocky Mountains und dem Yellowstone und dem Saskatchewan-Fluß im Norden. Die Blackfoot-Stämme verhielten sich Weißen wie auch anderen Indianern gegenüber außerordentlich feindselig. Meriwether Lewis mußte in seinem einzigen Kampf gegen Blackfoot-Krieger bestehen.

Links: Das Gemälde zeigt **Mint**, eine Mandan-Squaw, die George Catlin 1832 zeichnete. Die Mandans waren ein wichtiger Stamm am oberen Missouri-Flußlauf, bis sie durch eingeschleppte Krankheiten, insbesondere Blattern, Ende der dreißiger Jahre des vorigen Jahrhunderts fast ausgestorben waren. Die wenigen Überlebenden fanden Schutz bei anderen Stämmen. Kulturell waren sie den Hidatsa und Arikara sehr viel näher als den feindlichen Sioux, obwohl ihre Ursprünge in dieser Stammesfamilie lagen.

Unten: Catlin war beeindruckt von den hoch gebauten Dörfern der Mandans. Sie hatten ausgefeilte Zeremonien, wie beispielsweise den **Bull Dance** (unten), den Büffeltanz, oder den fast selbstmöderischen Okeepa-Tanz, eine Sonnenanbetung. Wie auch die Pueblo-Indianer, betrieben sie Ackerbau und pflanzten neben Mais, Kürbissen und Melonen auch Tabak an. Ihre kugelförmigen Hütten wurden aus gestampfter Erde und Pfählen gebaut und lagen teilweise unter dem Erdboden. Wegen ihrer braunen Haare, den nußbraunen oder grauen Augen und der hellen Hautfarbe glaubten manche Weiße, in ihnen die Nachfahren einstmals ausgewanderter Waliser zu sehen!

B-4621

Gegenüberliegende Seite: Als junger Mann hatte **Sam Houston** einige Jahre unter den Cherokees verbracht. Später kämpfte er an der Seite von Andrew Jackson im Creek-Krieg. Als Major Montgomery in der Schlacht am Horseshoe Bend gefallen war, führte Sam Houston einen gewagten Angriff, wurde dabei aber von einem Pfeil im Oberschenkel verletzt. Dennoch kämpfte er weiter und gab erst auf, als er zweimal in den rechten Arm getroffen wurde. Dabei hätte er ihn fast verloren.

Rechts: **Bent's Fort** oder Fort William wurde 1833 von Charles Bent und Ceran St. Vrain am Arkansas-Fluß in Colorado erbaut. Bald danach wurde es ein wichtiger Handelsposten für Indianer und Mexikaner. Fast jeder Reisende oder Händler, der auf dem Weg in den Westen war, machte hier Station. Später brannte der Bruder von Charles Bent das Gebäude nieder, nachdem die US-Regierung das Fort zwar hatte kaufen wollen, aber einen viel zu niedrigen Preis geboten hatte.

Die fünf zivilisierten Stämme im Indianer-Territorium in Oklahoma machten etwa weitere 84.000 Menschen aus, waren aber für die weißen Siedler keine Gefahr mehr.

Die Forts in den Ebenen waren recht unterschiedlich: Sie reichten von dem kleinen und schlecht ausgebauten Fort Gibson, das man auch »Friedhof der Armee« nannte, bis hin zu solch komfortablen und großen Festungen wie Fort Leavenworth, die an Festungen wie etwa der Presidio in San Francisco heranreichten. Die besten Forts führten einige wenige Segnungen der Zivilisation in ihrer unmittelbaren Umgebung ein, etwa modernen Ackerbau, Sägemühlen, Rinderzucht und eine verbesserte Infrastruktur, also feste Straßen, Brücken und Fähren.

Doch schon 1829 kam es zum ersten bewaffneten Konflikt zwischen Weißen und Indianern westlich des Mississippi. Dabei handelte es sich um einen Angriff von Kiowas und Comanchen. Major Bennett Riley, später Militärgouverneur in Kalifornien, begleitete mit einem Bataillon einen Wagentreck mit 60 Zivilisten und 36 Planwagen von Fort Leavenworth nach Neu Mexiko. Etwa 100 Krieger trennten die Rinderherde von dem Treck gerade in dem Moment, als die Truppeneinheit mit dem Wagentreck Mitte Juni zusammentreffen sollte. Die Indianer kreisten nun den Treck und die Soldaten ein, bis Riley mehrere Gewehrsalven auf die Angreifer abfeuern ließ. Die Überlebenden dieser verheerenden Gegenwehr zogen sich zurück. Nur ein Soldat war tot, aber in seinem Körper steckten ganze 13 Pfeile! Riley brachte die Wagenkolonne über den Arkansas-Fluß nach Mexiko und errichtete dort ein Lager, um auf die Rückkehr der Wagen zu warten. Der Wagentreck wurde zwar angegriffen, schaffte es aber dennoch nach Santa Fe und kehrte unter dem Schutz einer Kavallerieeinheit bis zum Arkansas zurück. Auch Riley wurde in seinem Lager Opfer eines Indianerüberfalls. Er verlor vier Männer und einige Stück Vieh. Doch mit seiner Geduld war er nun am Ende: Da er über keine berittenen Soldaten verfügte, hatte er die Krieger nicht verfolgen können. Am 8. November kehrte er nach Fort Leavenworth zurück, nach einer langen, schwierigen, aber erfolgreichen Mission.

Der Handel mit Santa Fe war seit 1821 ins Rollen gekommen. Während sich die Siedler und Händler darüber beklagten, ständig von Indianern belästigt zu werden, errichtete die Armee dennoch kein Fort am Arkansas oder an der Mündung des Little Arkansas. Das weit entfernt gelegene Fort Leavenworth sollte diese Aufgaben stattdessen wahrnehmen. Allerdings war der Begleitschutz von Riley ein Experiment gewesen, das man nicht wiederholte. Eskorten wurden auf dem Santa Fe-Weg zwischen 1829 und 1843 nicht notwendig. Die Kiowas und Comanchen ließen durchziehende Planwagen unbehelligt, wenigstens nördlich des Arkansas, nicht zuletzt, um auch weiterhin von den Weißen Geschenke zu bekommen, unter anderem wertvolle Waffen und die dazugehörige Munition.

Währenddessen wurde die Rangereinheit der Armee im Westen in eine Dragonertruppe umgewandelt. Das 1832 gegründete Regiment zog einige der besten Offiziere jener Tage an, darunter Männer wie Oberst Richard Dodge. Um die Aufgaben der Armee im Westen zu erfüllen, die Verteidigung und Sicherung der *Frontier*, wie es im Kongreß optimistisch hieß, zog Dodge 1834 mit seinem Regiment durch einige Indianersiedlungen. In diesen Dörfern der Pawnees vermutete er zahlreiche weiße Gefangene, die er befreien sollte. Gleichzeitig hoffte er so, militärische Präsenz gegenüber den Pawnees, Comanchen und Kiowas zu

Oben: Ein unbekannter Künstler schuf diese Zeichnung von **Sam Houston**, verlieh ihm aber die Gesichtszüge des gealterten Sam Grant.

Oben: Das Gemälde »**The White Cloud**« von George Catlin zeigt einen Häuptling der Iowa-Indianer. Auffallend ist die Gesichtsbemalung und die Kette aus Bärenklauen, die typisch für einen »wilden Krieger« waren. Schon 1820 hatten Sioux und Potawatomis die Iowa-Stämme aus ihren Gebieten vertrieben. Dennoch wurde das Territorium auf ihrem Ursprungsland 1836 nach ihnen benannt, ebenso wie der spätere Staat im Jahre 1844.

Wichtige Expeditionen und Trails im Westen

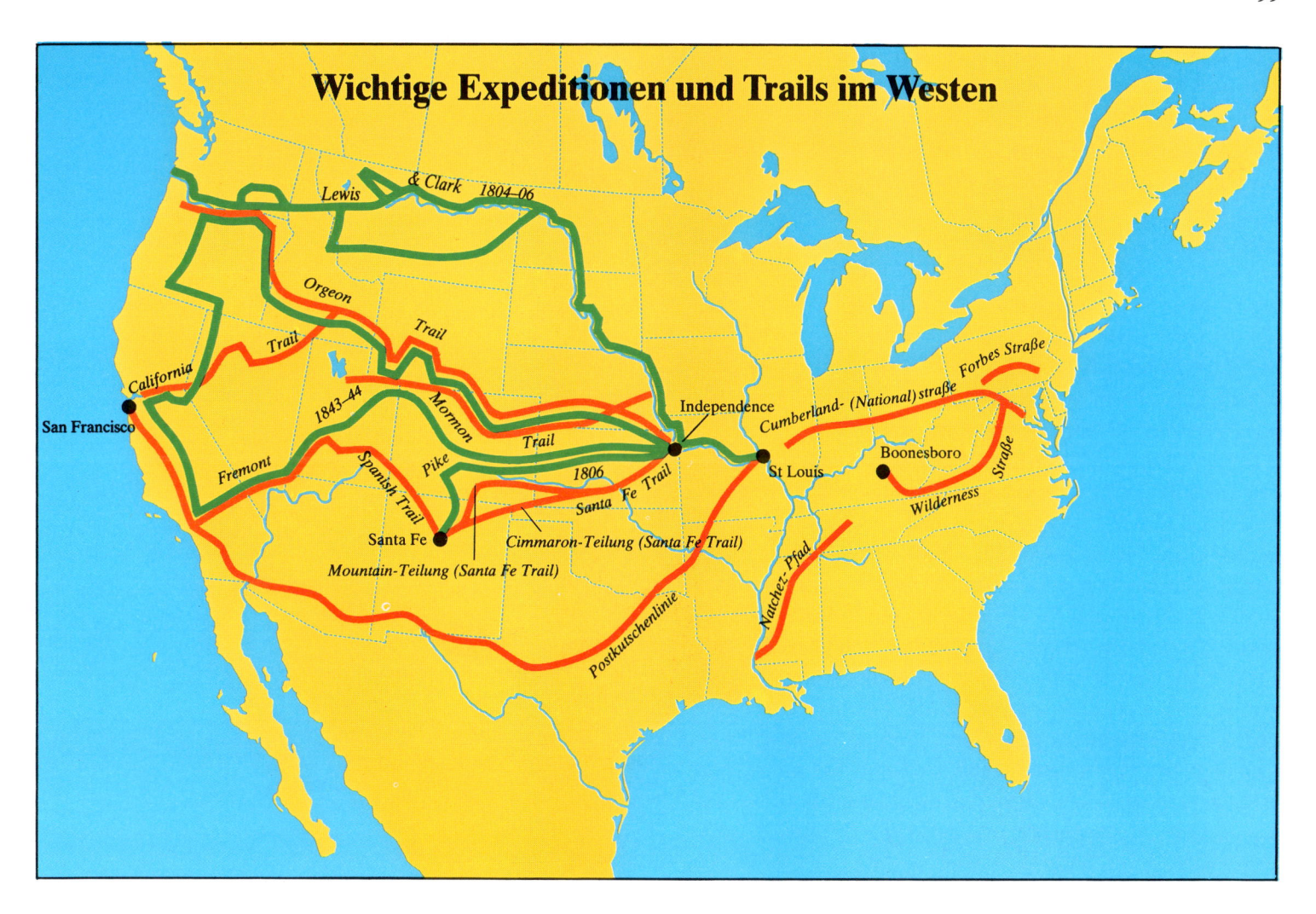

demonstrieren. Obwohl die Krankheitsfälle in seiner Truppe drastisch zunahmen, da viele Männer die ungewöhnliche Hitze in der Prärie nicht gewohnt waren, erwies sich seine Aktion als voller Erfolg, zumal es keine Zusammenstöße mit Indianern gab. Die umliegenden Stämme waren außerdem von der Schnelligkeit und Mobilität der berittenen Soldaten beeindruckt.

In Texas, das zwischen 1836 und 1845 eine unabhängige Republik war, gab es seit der Gründung dieses Staates bis hin zu seiner Aufnahme in die Vereinigten Staaten immer wieder Auseinandersetzungen mit Indianern, besonders mit den Stämmen der Comanchen.

Die Öffentlichkeit in Texas war besonders geschockt, als bekannt wurde, daß die Comanchen gefangene Weiße und Mexikaner versklavten und untereinander auch verkauften. Allerdings waren die meisten Stämme in Texas in den 1840er Jahren durch die ständigen Kämpfe gegen die Weißen und untereinander erschöpft. Da Texas seine Armee 1835 aufgelöst hatte, wurde ein Feldzug gegen die Comanchen von einer eilends einberufenen Rangereinheit durchgeführt. Allerdings waren sie kaum diszipliniert und hatten keinerlei Erfahrung im Kampf gegen Indianer. Deshalb konnte es 1837 zu solchen Debakeln bei der Verfolgung von Comanchen kommen, in denen die Verfolger von den Indianern plötzlich überrascht und die Hälfte von ihnen umgebracht wurde. Ein Jahr später geschah ähnliches im **Council House Fight**, bei dem die Ranger zwar 35 Krieger töteten und 29 gefangennahmen, dies alles aber nur durch eine geschickte Falle erreicht hatten.

Oben: **See-non-ty-a** war ein Medizinmann der Iowas und ließ sich von Catlin portraitieren. Der Indianer war ein Priester, den man Shamane nannte, obwohl der Begriff aus Asien stammt.

Die Häuptlinge der Comanchen kamen schließlich mit 65 Kriegern und einem gefangenen weißen Mädchen nach San Antonio, um über einen Frieden zu verhandeln. Doch die Texaner nahmen die Indianer gefangen, um sie als Austauschgeiseln für weiße Gefangene zu benutzen, obwohl die Indianer schwörten, gar keine anderen Weißen in ihrer Gewalt zu haben. Nach diesem Streit brach der Kampf zwischen Indianern und Texanern erneut aus. Der Streit des »Council House Fights« führte direkt zu einer Vergeltungsaktion der Indianer, die kurze Zeit später Victoria niederbrannten, doch auf dem Rückweg von einer Einheit Freiwilliger bei Plum Creek, in der Nähe von Lockhart, aufgerieben wurden. Dabei starben wohl um die 100 Krieger, die Weißen verloren nur einen Mann.

Auch im Osten von Texas kam es zu Kämpfen mit Indianern. Schon vor dem *Trail of Tears* hatten sich in den 1820er Jahren rund um die Flüsse Trinity, Neches und Angelina Cherokees angesiedelt. Ihr Häuptling Bowles blieb während der texanischen Revolution neutral, da er mit den Weißen einen Vertrag abgeschlossen hatte, der seinem Stamm feste Gebiete in Texas sicherte. Doch dieser Vertrag wurde 1837 vom texanischen Senat abgelehnt. Sam Houston, der erste Präsident dieser jungen Republik, galt eigentlich als Freund der Indianer, doch sein Nachfolger, Mirabeau Lamar, glaubte nicht an ein friedliches Zusammenleben von Indianern und Weißen. 1839 schickte er eine kleine Armee, um die Cherokees zu bekämpfen. Häuptling Bowles wurde geschlagen und kam dabei um; die überlebenden Indianer wurden aus Texas vertrieben.

Die texanischen Ranger waren trotz dieser militärischen Erfolge nach wie vor recht chaotisch. Erst John Coffee Hay, ein energischer junger Mann, stieß in den 1840er Jahren zu ihnen und hob die Moral beträchtlich. Außerdem war er nicht nur ein disziplinierter und begnadeter Offizier, sondern sicher auch einer der erfahrensten Indianerkämpfer überhaupt. Er ließ seine Männer mit neuen Sechsschußgewehren ausstatten, die später – neben den modernen Waffen wie dem Winchester-Repetiergewehr, die Übermacht der Indianer ausglichen. Mehr als jeder andere war es Hays, der den legendären Ruf der texanischen Ranger begründete. Schließlich ging er 1849 nach Kalifornien, um Gold zu schürfen und wurde später Sheriff in San Francisco.

Der texanische Westen wurde entlang einer Linie aus 13 Forts überwacht, die zwischen 1849 und 1852 dennoch nicht in der Lage war, den Staat vor ständigen Überfällen der Comanchen zu schützen. Doch ein anderer Mann vom Kaliber eines Coffee Hays, Rip Ford, übernahm das Kommando über fünf Kompanien der Rangers. Im Mai 1858 zog er mit nur 100 seiner Männer durch das Canadian River-Tal zu einer Comanchen-Siedlung an den Antelope Hills in Oklahoma. Nach einem verzweifelten, siebenstündigen Kampf mußten die 300 Krieger aufgeben.

Der mexikanische Krieg

Als Präsident James K. Polk, ein politischer Protegé Andrew Jacksons, 1846 das Interesse der USA von den Indianerkriegen weg und auf Mexiko richtete, sollten die Indianer im kommenden Krieg zwischen beiden Staaten nur eine unbedeutende Rolle spielen. Der Politiker aus Tennessee hatte den Sprung ins Weiße Haus durch seine politischen Ideen geschafft, die eng der Ideologie des *Manifest Destiny* verhaftet waren: Um die schicksalshafte Westexpansion der USA praktisch in die Tat umzusetzen, hatte er schon 1845 Texas annektiert und mit Großbritannien eine Kompromißlösung für die gemeinsame Besetzung des Oregon-Territoriums gefunden. Schließlich ließ er Zachary Taylor mit einer Kavallerieeinheit in dem zwischen Mexiko und den USA umstrittenen Landgürtel am Rio Grande patrouillieren, um so Mexiko in einen Krieg zu ziehen.

Die Indianer spielten dabei eine unwichtige Rolle. Die Comanchen hielten Taylor nicht auf, als er von Texas aus in das nördliche Mexiko eindrang. Nur in einen relativ unbedeutenden Konflikt waren auch Indianer verwickelt: Oberst Stephen Watts Kearny, der seine Truppe auf dem Sante Fe- und dem Gila-Weg in Richtung Westen führte, um Kalifornien für die USA

Oben: Die Spanier hatten den Namen Pueblo-Indianer auf eine eingeborene Volksgruppe angewandt, die zwar alle in Häusern aus Stein oder getrocknetem Lehm wohnten, aber aus vier völlig verschiedenen Sprachgruppen stammte. **Taos** in Neu-Mexiko war eine typische Pueblo-Siedlung, obwohl Spanier, Mexikaner und *Yanquis* eigene Siedlungen daneben errichtet hatten. Taos wurde so ein wichtiger Posten im Fellhandel. Die Siedlung lag etwa 2.100 Meter hoch, eingezwängt zwischen den Rocky Mountains und den Sangre de Cristo-Bergen, und konnte daher eine kulturelle Eigenständigkeit bewahren – auch wenn in der Nähe eine weiße Siedlung lag.

Links: Die **Taoseños** und andere Pueblos blieben nach ihrem einmaligen Aufstand 1680, der die Spanier für kurze Zeit aus Neu-Mexiko vertrieben hatte, eigentlich friedlich. Erst im Januar 1847 nahmen die **Taos-Indianer** an einem weiteren Aufstand der Mexikaner gegen die Amerikaner teil, nachdem Charles Bent Handel mit ihren Feinden getrieben hatte. Auch Bent selbst kam in Taos um und wurde von den Kriegern skalpiert. Oberst Sterling Price zerstörte die Kirche der Pueblo-Siedlung, schlug den Aufstand nieder und ließ die Anführer hinrichten.

zu sichern, geriet in einen indianischen Aufstand, der an den Widerstand der Indianer 1680 erinnerte, mit dem sie die Spanier aus dem Land hatten vertreiben wollen. Die amerikanischen Truppen gerieten nun ebenfalls in Auseinandersetzungen mit den Navahos.

Der Befehlshaber von Santa Fe, Oberst Alexander W. Doniphan, schickte Oberst Sterling Price mit 400 Dragonern, Infanterie und einigen Kanonen zu einer entsprechenden Strafexpedition. Price zog los und erreichte Ende Januar 1847, völlig erschöpft und halberfroren von den Märschen durch den Schnee, **Taos Pueblo**. Die Artillerie beschoß die mehrstöckigen, aus Lehm gefügten *Pueblos* und die alte spanische Missionskirche. Doch erst als es am nächsten Morgen gelang, aus geringer Entfernung ein Loch in die Kirchenmauer zu schießen, konnten Prices Männer das Gebäude stürmen und die Verteidiger überwältigen. Die überlebenden Indianer und Mexikaner in den *Pueblos* ergaben sich daraufhin oder flohen in die Berge. Price behandelte sie fair, doch die Rädelsführer stellte er vor ein Schnellgericht und ließ sie anschließend erschießen.

Schließlich beschuldigte man die Navahos, etwa 3.500 Pferde, 13.000 Stück Vieh und über 300.000 Schafe zwischen 1847 und 1867 gestohlen zu haben und viele Kinder der überfallenen Farmer versklavt zu haben. Allerdings hatten auch Mexikaner und weiße Siedler Navaho-Kinder als sklavenähnliche Dienstkräfte mißbraucht. In einem Winterfeldzug im Jahre 1846 versuchte Oberst Doniphan, den Übergriffen der Navahos endgültig ein Ende zu bereiten. Mit seinen 330 Männern stieß er zwar nur auf wenig Indianer, doch drang er bei seinem Vormarsch in noch unbekannte Gebiete vor. Die Indianer waren von dem schnellen Vorrücken der Armee so eingeschüchtert, daß sie sich zu einer Vertragsunterzeichnung überreden ließen. Allerdings war dieser Vertrag wertlos und diente dem Stamm wohl nur dazu, die Armee von ihrem weiteren Vormarsch abzuhalten, bevor sie die heiligen, inneren Gebiete ihres Stammeslandes, den Canyon de Chelly an der Grenze zwischen Arizona und Neu-Mexiko, erreichen würden. Schließlich brachen die Navahos diesen Vertrag und verwickelten die Armee während des amerikanischen Bürgerkrieges in ständige Gefechte. Erst Oberst Kit Carson führte 1863/64 eine endgültige Strafexpedition durch und drang auch in den Canyon de Chelly ein. Außerdem ließ er alle Siedlungen, Kornfelder zerstören und ihr Vieh töten. Diese Vernichtungspolitik sollte die Navahos für immer zu einen friedlichen Stamm machen.

Wie auch die Cherokees, wurden die Navahos aus ihren angestammten Gebieten vertrieben und in ein Reservat bei Bosque Redondo in der Nähe von Fort Sumner am Pecos-Fluß um-

Unten links: Dieses Phantasiebild von George Catlin zeigt, wie ein Comanche-Krieger im schnellen Galopp einem Osage-Krieger die Lanze zwischen die Rippen stößt.

Oben links: **Little Bluff** war einer der obersten Häuptlinge der Kiowas (1834–1864). Diese Indianer waren Büffeljäger und ebenso wie die Comanchen auch Nomaden.

Oben: Catlin-Gemälde wie dieses von »*The Light*« (1831) erweckten das Bild der »edlen Rothaut« zu neuem Leben, kurz bevor die Weißen westwärts bis zur Pazifikküste vordrangen.

Oben: **Charles A. May** von der zweiten Dragonereinheit war ein Vorläufer des legendären Kavallerie-Generals George A. Custer. Schon 20 Jahre vor ihm galt Charles A. May als erbitterter Indianerkämpfer. May wurde von Zeitgenossen als jugendlicher und ambitionierter Offizier beschrieben, der buchstäblich in sein Kommando als Leutnant hineinsprang. Präsident Jackson gab ihm den Befehl über eine neue Dragonereinheit, die während des mexikanischen Krieges nationale Berühmtheit erlangte. In der Schlacht von Resaca de la Palma am 9. Mai 1846 tat sich May zum ersten Mal hervor: General Mariano Arista hatte sich in einem alten Flußbett verschanzt und so die einzige, schmale Straße durch dichte Schilfgebiete unter Kontrolle. Der amerikanische General Taylor befahl seinen Männern, mit ihren Kanonen neben diesem Pfad zu warten, um May und dessen Einheit vorbeizulassen. Der Hauptmann, damals erst 30 Jahre alt und schon eine illustre Persönlichkeit wie später Custer, schickte seine Truppen in vier Kolonnen nach vorne und führte einen schweren Angriff gegen die Mexikaner. Kritiker behaupteten allerdings, er sei mit seinen Pferden davongerannt. Immerhin gelang es ihm, in die mexikanischen Linien einzudringen und ihre Artillerie auszuschalten. May verlor nur neun Männer, hatte zehn Verwundete und 18 tote Pferde. Den Rest seiner Einheit führte er unbeschadet zurück und brachte den mexikanischen General R. D. de la Vega mit, damals ein bekannter Soldat, durch dessen Gefangennahme Charles A. May zu plötzlichem Ruhm kam. Doch erst im zweiten Seminolen-Krieg sollte May zum erfahrenen Soldaten werden. Er führte mehrere erfolgreiche Erkundungstrupps in Florida an und bestand einige Gefechte in den Schilfgebieten und den *Pine Barrens*. Schließlich konnte er 1837 bei der Schlacht von Welika Pond einen Seminolen-Häuptling gefangennehmen. Als Oberst Worth 1841 Berichte über seine Offiziere an höhere Dienststellen weitergab, empfahl er, ein besonderes Augenmerk auf Hauptmann May zu werfen. Während des mexikanischen Krieges hatte man ihn bereits dreimal befördert, nach Palo Alto, Resaca de la Palma und Buena Vista. Bei Buena Vista hatte er General Taylor eskortiert, dann die mexikanische Kavallerie angegriffen und so Santa Anna zurückgedrängt.

gesiedelt. Den 500 Kilometer langen Marsch dorthin, der stark an den *Trail of Tears* erinnerte, nannte man später *The Long Walk*, den langen Marsch. Die Navahos lebten dort unter erbärmlichen Umständen, bis die US-Regierung sie 1868 in ihre alten Länder zurückkehren ließ, wo sie in Reservaten bis heute leben.

Konflikte im Nordwesten

Weit entfernt von Neu-Mexiko, im pazifischen Nordwesten des amerikanischen Kontinents, kam es 1847 zu einem kleineren Konflikt mit Indianern, der eine Ära weiterer Kämpfe mit den dort lebenden Stämmen einleiten sollte. Auseinandersetzungen zwischen Eingeborenen und Weißen hatte es in der Umgebung der Missionsstationen am Ende des Oregon Trails schon seit Jahren gegeben. Sie verschärften sich mit dem stetig anwachsenden Strom neuer Einwanderer, die sich in den Willamette- und Columbia-Flußtälern niederließen. Diese Neuankömmlinge unterschieden sich erheblich von jenen Weißen, die den Indianern schon vertraut waren, den Trappern und Jägern. Denn die weißen Farmer blieben im Land und breiteten sich aus. Hinzu kam, daß gerade in dieser Region viele Priester versuchten, Missionsarbeit zu leisten. Katholische Geistliche wie etwa der Jesuitenpater Jean Pierre De Smet, wurden von den Indianern toleriert, weil er die traditionellen Stammesgewohnheiten respektierten. Andere Priester, Angehörige der presbyterianischen Kirche, versuchten dagegen nicht nur, die Indianer energisch zu bekehren und sie zum christlichen Glauben zu führen, sondern warben auch ständig neue Siedler für Oregon an. Außerdem zerstörten sie indianische Traditionen und Kulturbräuche.

Marcus und Narcissa Whitman können unter diesen Priestern als die wohl erfolgreichsten, d.h. aggressivsten Geistlichen gelten. Sie tendierten dazu, Indianer in nur zwei Kategorien einzuordnen – in Untertänige (also Christen) und in Heiden. Es wundert kaum, daß die Indianer die Whitmans verantwortlich machten für eine Masernepidemie, die 1847 weiße Einwanderer in das Stammesgebiet der Cayuse-Indianer eingeschleppt hatten. Ende November des Jahres entfesselten Häuptling Tilokaikt und seine Anhänger einen Aufstand, bei dem die Whitmans und andere Missionare den Tod fanden.

Die provisorische Parlamentsversammlung von Oregon spielte nun ein doppelzüngiges Spiel: Auf der einen Seite stellte sie eine Friedenskommission zusammen, die von dem fähigen Joel Palmer geleitet wurde. Doch auf der anderen Seite wurde eine Streitmacht aus 550 Freiwilligen aufgebaut. Sie wurde ausgerechnet von einem Pfarrer angeführt – ein Phänomen, das insbesondere im Westen auffiel. Dieser kampflustige Indianerfeind, Cornelius Gilliam, war allerdings so unfähig wie fanatisch. Er zerstörte ein Lager der Cayuses im Februar 1848, doch sie waren eigentlich friedliche Indianer gewesen, die mit dem Waiilatpu-Massaker gar nichts zu tun gehabt hatten. Daraufhin zog Joel Palmer seine Mitarbeit in der Friedenskommission angewidert zurück.

Bald darauf erhoben sich etwa 250 Palouse-Indianer, die Gilliam und dessen Männer empfindlich schlugen und sie zum Rückzug zwangen.

Vier Jahre später war der Kampf beendet – sechs Häuptlinge der Cayuses, darunter auch Tilokaikt und Tomahas, ergaben sich. Sie wurden in einem Eilverfahren in Oregon City verurteilt und gehängt. Doch noch im selben Jahr sollte die Saat für einen weiteren Krieg gelegt werden: Ein neues Gesetz gab große Teile Oregons zur Besiedlung frei. Das Land der Indianer wurde nun von Weißen überschwemmt.

Konflikte in Kalifornien

Auseinandersetzungen mit Indianern in Kalifornien begannen nach den ersten Goldfunden 1848, obgleich die meisten dort lebenden Stämme friedlich waren. Doch der Goldrausch brachte die natürliche Lebensumwelt dieser Stämme durcheinander, viele von ihnen endeten als sogenannte *Digger Indians*, die sich in den Goldgruben verdingten und nicht mehr – wie ihre Vorfahren – auf die Jagd gingen. Schließlich breitete sich unter den Indianern Unterernährung aus, die zu Widerstand und schließlich offener Gewalt führte. Weiße schossen manchmal schon beim ersten Anblick eines Indianers und umgekehrt.

Allerdings kamen nur etwa zehn Prozent der Indianer durch Kämpfe um – die Mehrheit starb an verschiedenen Krankheiten, insbesondere Malaria, Cholera und Blattern oder auch Hunger. Die Zahl der in Kalifornien ansässigen Indianer sank von 100.000 im Jahre 1846 auf nur noch 30.000 im Jahre 1851. In diesem Jahr kündigte der Gouverneur von Kalifornien einen rücksichtslosen Vernichtungskrieg gegen die Indianerstämme an.

Doch der einzige größere Kampf in Kalifornien, neben dem Modoc-Krieg, war der **Mariposa-Indianerkrieg**. Auch er wur-

Ganz oben: Das Skalpieren gab es nicht nur unter den nordamerikanischen Indianern, sondern auch in Europa, Asien und Afrika.

Oben: Die Konflikte mit den Indianern im Südwesten rissen nicht ab.

Nächste Seiten: Skalp-Tänze gehörten zu einem Ritual, in dem die Weitergabe der Kraft des toten Gegners auf den Sieger gefeiert wurde. Dieser Übergang war der Akt des Skalpierens selbst. Die Tänze waren also keine Freudenfeiern mit Kriegstrophäen.

de durch den Goldrausch ausgelöst, brach aber erst im Jahre 1850 voll aus. Häuptling Tenaya führte etwa 350 Krieger der Miwoks, Chowchillas und Yokuts gegen die Goldsucher und steckte die Handelsposten von James D. Savage, den man den König der Tulare-Indianer nannte, in Brand. Savage war jedoch auch Offizier in der Miliz und führte eine Strafexpedition in die Sierra Nevada, stieß aber nur auf wenige Indianer. Dafür entdeckte er 1851 das Yosemite-Tal.

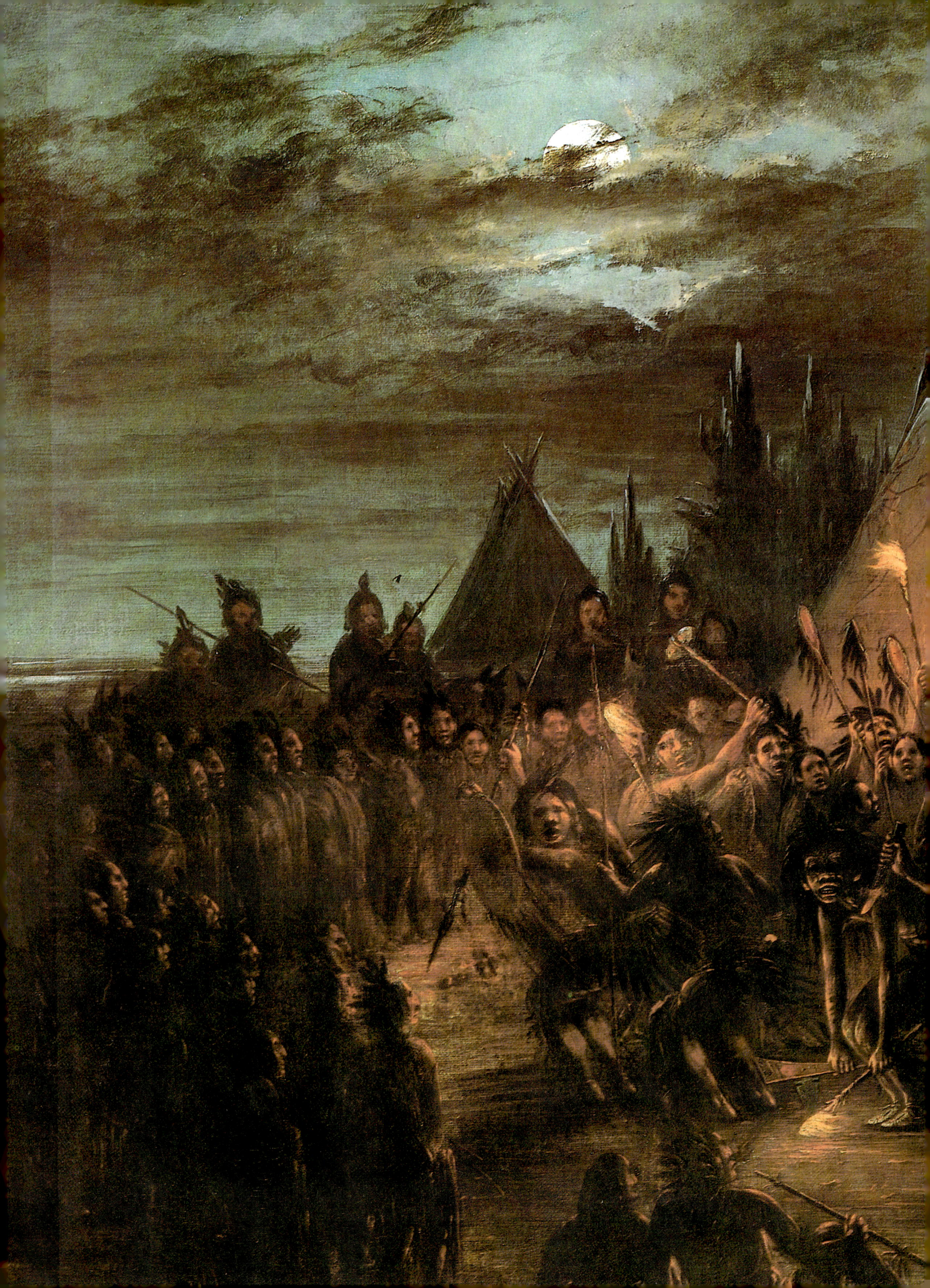

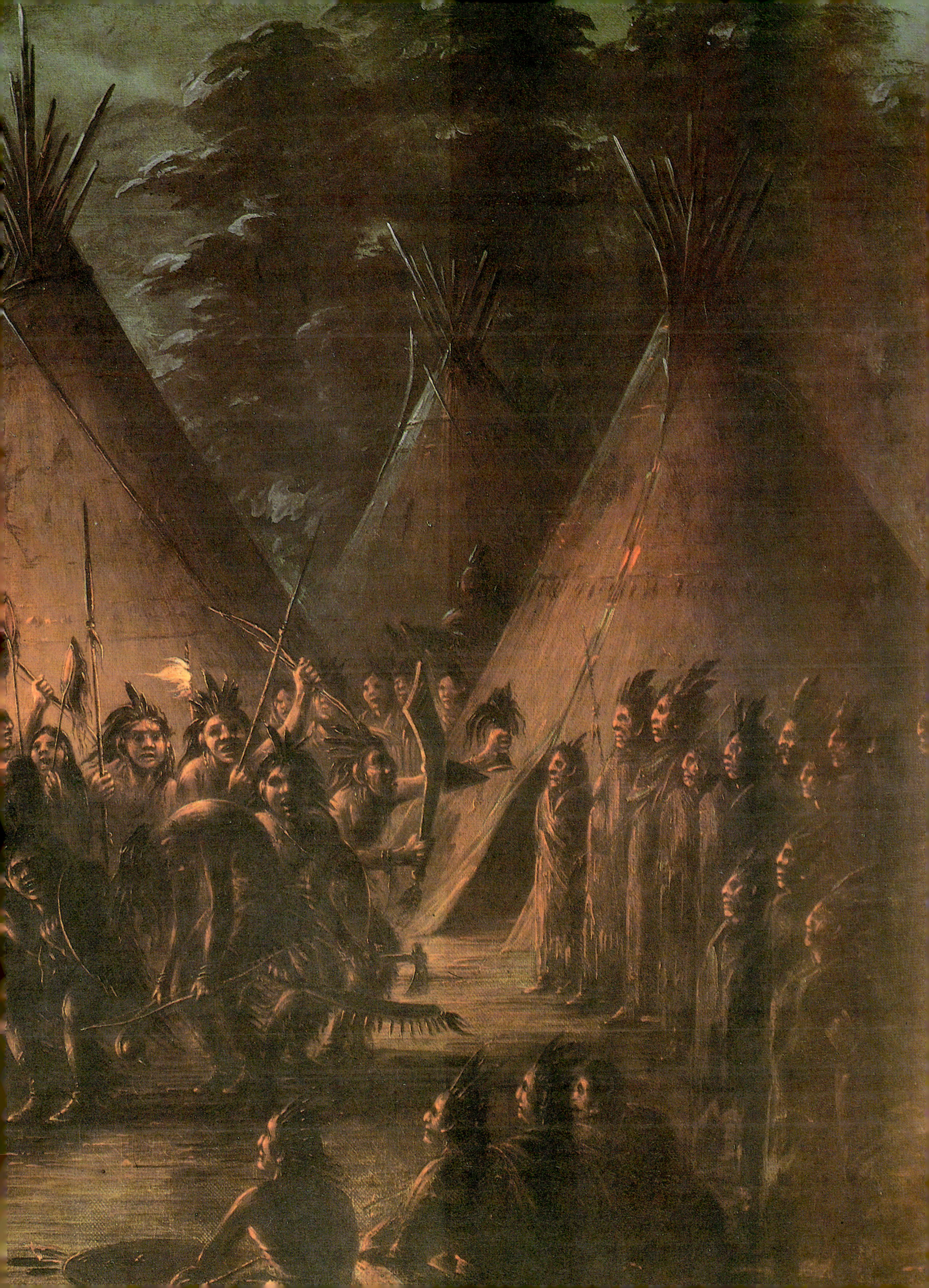

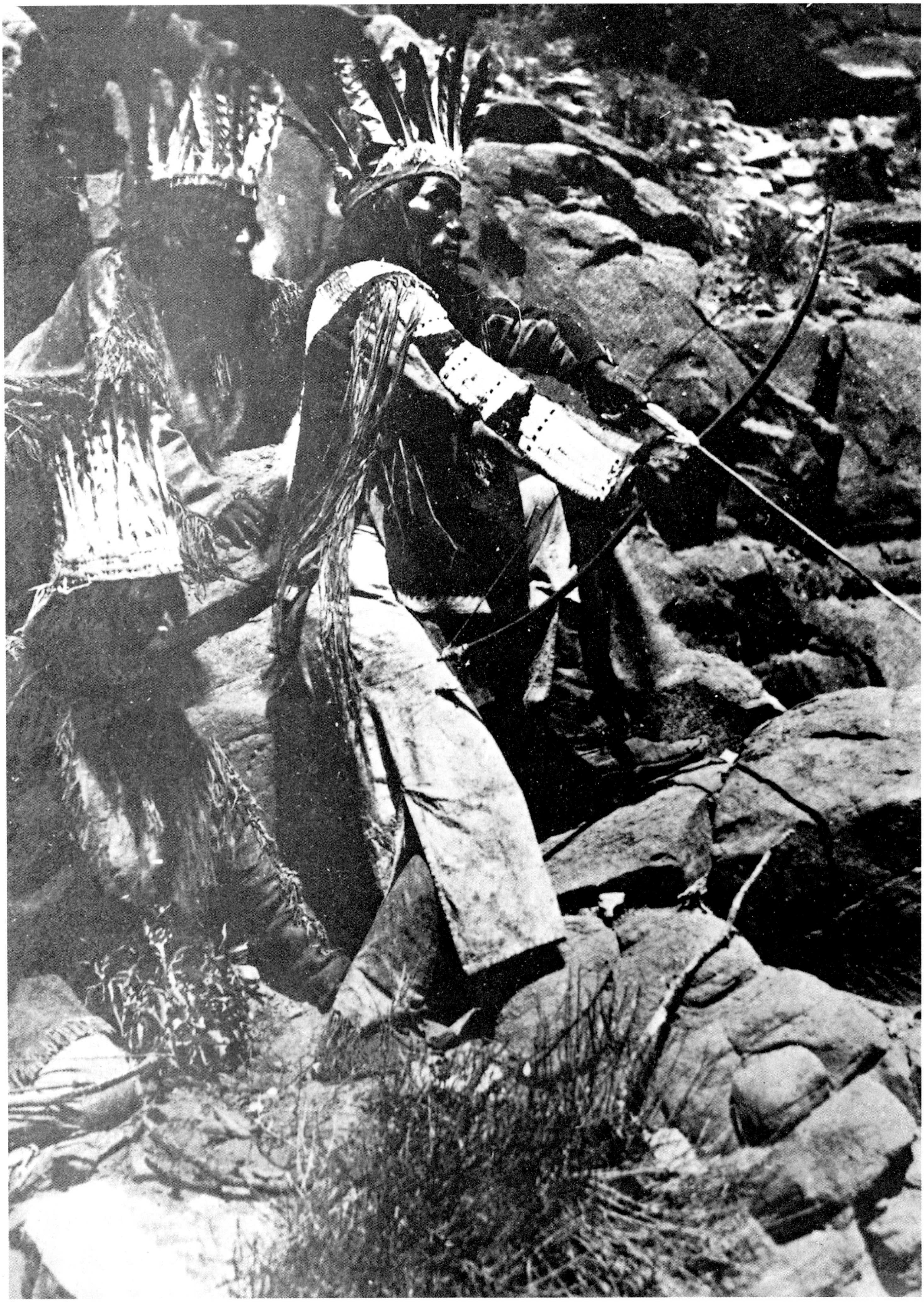

DIE VORBOTEN DES KRIEGES
1850–1865

In den 1850er Jahren wurde die US-Armee im Westen stationiert, um den Frieden zwischen Indianern und Weißen zu garantieren. Lange Zeit gab es wenige Auseinandersetzungen, da die Armee in erster Linie im amerikanischen Bürgerkrieg kämpfen mußte. Die Indianerkriege dieser Jahrzehnte beschränkten sich deshalb auf Kämpfe im pazifischen Nordwesten und kleinere Gefechte, oftmals von übereifrigen und brutalen Armee-Einheiten provoziert, sobald sie die Indianer in ihre neuen Reservate bringen mußten. 1864 errang der berühmte Scout und Offizier Kit Carson den bis dahin größten Sieg über die Indianer, als mehrere Stämme im Canyon de Chelly kapitulierten.

Die goldsuchenden Einwanderer bauten keine Straßen durch die Prärie westlich des Mississippi: Sie hielten kaum an, um die Hitze des Landes, die Strapazen der Reise und die Indianer verfluchen zu können, als sie in das Eldorado des Goldes an der Westküste eilten. Doch oft genug ließen sie eine Spur der Verwüstung zurück. Über hunderte von Kilometern wurde die Graslandschaft durch Feuer zerstört, jedes getrocknete Tierfell mitgenommen, das Großwild geschossen, besonders die Büffel, die Lebensgrundlage der Indianer. Die Siedler verschmutzten ihre Lagerplätze mit menschlichem und tierischem Abfall, verunreinigten Wasserquellen und Flüsse.

Die Indianer der Prärie sahen den gierigen und intoleranten Weißen mit einer stoischen Ruhe zu, die damals schon Karikaturisten herausforderte. Sie störten die Wellen der Einwanderer, die nach Kalifornien zogen, kaum. Nur selten kam es damals zu Konflikten zwischen Weißen und Indianern, meist dann, wenn Indianer Vieh gestohlen hatten, um sich mit Nahrung zu versorgen oder den Besitz der Siedler entwendeten, oft aus reiner Neugierde. Auch um Fleisch oder Bohnen bettelnde Indianer wurden häufig Opfer weißer Brutalität, aber ansonsten trat Gewalt relativ selten auf.

Eine der wohl schlimmsten Folgen des Goldrausches war die Tatsache, daß die durchziehenden Weißen die große Büffelherde der Prärie in zwei Teile trennten. Dies wurde durch den Bau der transkontinentalen Eisenbahnlinie in den 1860er Jahren noch verstärkt. Um 1875 waren die Büffelherden fast ausgerottet.

1851 organisierten der Indianerbeamte Tom Fitzpatrick und sein Vorgesetzter, der *Superintendant of Indian Affairs*, David D. Mitchell, einen Vertragsrat in Fort Laramie, Wyoming. Der Häuptling der Arapahoes, Little Raven (»Kleiner Rabe«), hatte Fitzpatrick einmal als den einzigen wirklich gerechten Beamten beschrieben, den sein Volk je getroffen hatte. Fitzpatrick war unter den Indianern besser als »Broken Hand« bekannt, da eine Gewehrkugel einige seiner Finger weggerissen hatte. Man nannte ihn auch »White Hair«, weil eine Narbe, die quer durch sein Gesicht lief, das Haar über Nacht gebleicht haben soll.

Zu seinem großen Erstaunen kamen etwa 10.000 Indianer zu den Verhandlungen und kampierten rund um das Fort. Die gesamte Armee hatte ungefähr genausoviele Männer zur Verfügung, doch sie waren entlang einer Linie von Maine bis nach Kalifornien verstreut!

Die mächtigen Sioux-Indianer waren bei diesem Treffen mit zahllosen Kriegern anwesend, auch ihre treuen Verbündeten, die Nord-Cheyennes und die Arapahoes, waren dabei. Die Hidatsas und Mandans kamen ebenfalls zu diesem »Großen Rat«, und sogar die Feinde der Sioux, die Crows oder Absarokas, die Gros Ventres, Arikaras, ja sogar die Assiniboines aus dem fernen Kanada waren erschienen. Nur die Pawnees blieben fern, da sie den Sioux doch allzu feindlich gesonnen waren. Sie erzählten einigen Weißen übrigens, daß sie zu dem Treffen deshalb nicht kommen würden, weil zu viele Pferdediebe am Fort herumlungern würden – damit spielten sie auf die Crows und Sioux an. Selbst die mißtrauischen Shoshonen zeigten sich am Fort, angeführt von ihrem Freund und Beschützer Jim Bridger. Im Verlauf der Gespräche kam es immer wieder zu Reibereien zwischen den verfeindeten Stämmen, die teilweise in regelrechte Kämpfe umzuschlagen drohten. Doch den 270 Soldaten des Forts gelang es, den friedlichen Ablauf des »Großen Rates« zu gewährleisten.

Die US-Regierung hatte den Stämmen vor längerer Zeit ein ausgedehntes Gebiet nur für Indianer versprochen; ein einziges, zusammenhängendes Reservat westlich des Missouri und der sogenannten ständigen Indianergrenze. Doch dieses Verspre-

Gegenüberliegende Seite: Der Fotograf John K. Hillers konnte keine **Paiute-Krieger** in Aktion aufnehmen, so daß er sie posieren ließ.

chen wurde nun zurückgenommen, weil der Goldrausch und die Idee des *Manifest Destiny* einfach stärker waren als jede Vereinbarung.

Dennoch handelte Fitzpatrick in Fort Laramie einen neuen Vertrag aus: Dieser »Vertrag von Horse Creek« verlangte von den Indianern, die durchreisenden Siedler nicht anzugreifen und erlaubte den Weißen den Bau von Straßen und Eisenbahnlinien. Außerdem akzeptierten die Indianer mit diesem Vertrag ihre Umsiedlung in spezielle, fest umrissene Reservate, die man ihnen zuweisen würde. Und die Stämme verpflichteten sich, fortan untereinander Frieden zu halten. Die Bundesregierung garantierte ihnen dafür, daß diese Reservate für immer »ihr Land« sein würden, mit festen Grenzen wie ein US-Bundesstaat. Die Häuptlinge waren von den langwierigen Verhandlungen derart zermürbt, daß sie die Dokumente schließlich unterzeichneten und »Broken Hand« endlich die für sie vorbereiteten Geschenke verteilen konnte. Zwei Jahre später setzte Fitzpatrick in Dodge City, Kansas, einen ähnlichen Vertrag durch, bei dem die südlichen Stämme, die wegen ihrer Feindschaft mit den Sioux nicht in Fort Laramie erschienen waren, ein entsprechendes Dokument unterschrieben. Fitzpatrick wußte dennoch, daß die Kämpfe zwischen den Stämmen kein Ende finden würden; sie waren Bestandteil der indianischen Kultur: Der Mut in einer Schlacht zählte unter Indianern zehnmal mehr als der Erfolg in einer Jagd. Indianer würden immer um Gebiete kämpfen, Rache üben oder zurückschlagen und ihre persönliche Eitelkeit befriedigen, glaubte er. Fitzpatrick war auch bekannt, daß die Häuptlinge in Kriegs- und in Friedenszeiten nicht die Autorität besaßen, für ihr ganzes Volk zu sprechen. Die Idee eines souveränen Häuptlings war eine Erfindung der Beamten in Washington, denn die Vorstellung von Häuptlingen als europäische Prinzen oder asiatische Potentaten war für Verhandlungen äußerst bequem.

Es verwundert daher kaum, daß Fitzpatrick nicht allein auf die schriftlichen Vereinbarungen vertraute, um den Frieden dauerhaft zu sichern. Er setzte seine größte Hoffnung in die Kette von Forts im Westen, obgleich sie nur schwach besetzt waren.

Die Stärke der US-Armee war seit dem Ende des Krieges zwischen den Vereinigten Staaten und Mexiko 1848 auf ein gefährliches Niveau abgesunken. Ihre Effektivität nahm durch Alkoholismus, Krankheiten und Desertion ständig ab. Die Reihen wurden mit jungen, unerfahrenen Männern aufgefüllt, oft genug irische oder deutsche Einwanderer, die voller Verzweiflung bereit waren, alles zu tun, um in Amerika seßhaft zu werden und nicht in die europäische Armut zurückzumüssen.

Doch die Tinte auf den beiden hoffnungsvollen Verträgen war kaum getrocknet, als es zu ersten Auseinandersetzungen zwischen der Armee und den mächtigen Teton-Sioux-Stämmem kam. Am 18. August 1854, sechs Monate nachdem Fitzpatrick in Washington an einer Lungenentzündung gestorben war und kurz bevor er die Anerkennung der Verträge erreicht hätte, nahm der Konflikt seinen Lauf.

Rechts: Der Künstler Charles M. Russell stellte hier eine häufige Szene aus der Prärie in Montana dar. Eine Gruppe von Indianer-Scouts beobachtet unbemerkt die herannahenden Weißen.

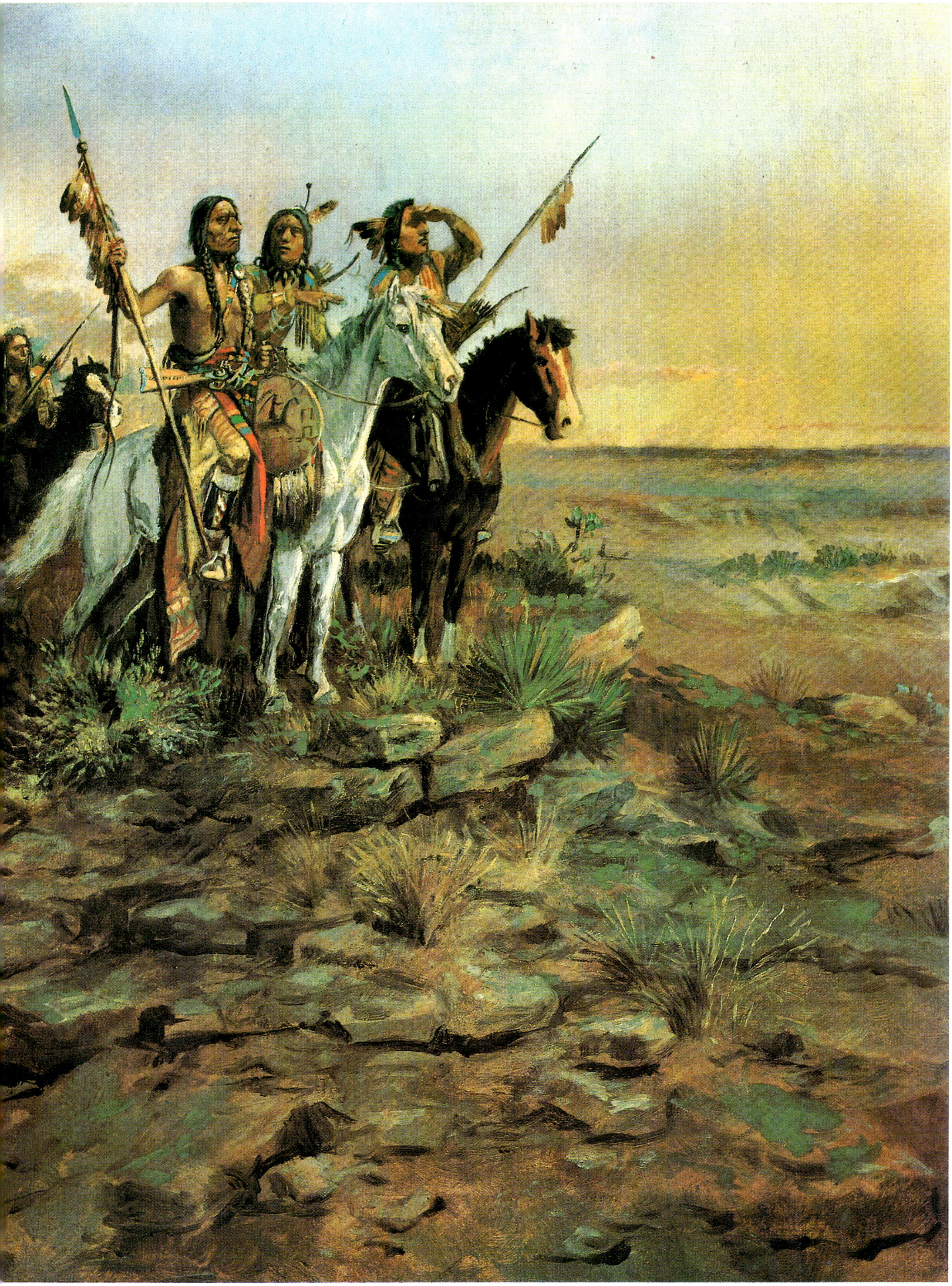

»High Forehead«, ein Miniconjou-Sioux, besuchte seine Brulé-Verwandten und Oglala-Freunde, da er Rinderleder benötigte. Er verließ seinen Stamm von etwa 4.000 Indianern, die dort kampierten und auf ihre jährlichen Zahlungen warteten. Der Miniconjou schoß die Kuh eines Mormonen. Der Besitzer beklagte sich über den Vorfall bei dem kommandierenden Offizier in Fort Laramie, Hugh B. Fleming. Er war bereit, mit den Indianern über eine Wiedergutmachung zu verhandeln.

Einer von Flemings Untergebenen, John L. Grattan, bat um die Erlaubnis, mit den Sioux zu verhandeln. Er hatte gerade die Militärakademie von West Point verlassen und noch nicht einmal sein Offizierspatent erhalten. Doch immer wieder hatte er betont, wie gerne er gegen die Sioux kämpfen würde. Grattan nahm nur etwa 30 Freiwillige mit auf den Weg; er war davon überzeugt, daß alle Indianer Feiglinge seien.

Der Offizier zog in das Lager einer Sioux-Brulé-Gruppe unter Häuptling »Conquering Bear« (»Erobernder Bär«). Da sein Dolmetscher ziemlich angetrunken war, verärgerte Grattan die Indianer: Der Häuptling bot als Wiedergutmachung für das getötete Rind einige Pferde an, wollte aber nicht den Indianer ausliefern. Daraufhin wurde der Dolmetscher ausfallend und drohte den Sioux damit, daß die Armee sie verfolgen würde.

Conquering Bear versuchte, den Hitzkopf zu beschwichtigen, aber aus dem Wortgefecht zwischen den Sioux-Indianern und den Soldaten wurde offene Feindschaft. Plötzlich wurde geschossen, vielleicht unbeabsichtigt, als ein unerfahrener Soldat sein Gewehr laden wollte. Nun wurde auf beiden Seiten gefeuert, die zwei bedrohlichen Haubitzen in Grattans Einheit hatten den ersten Schuß als Signal verstanden und zielten nun geradewegs in die Menge der Indianer hinein, trafen Conquering Bear, bevor dieser seinen Männern zurufen konnte, nicht zu schießen. Das Indianerdorf verwandelte sich in ein Hornissennest: Grattan beging einen schweren Fehler, als er versuchte, sich zum Fort zurückzuziehen. Denn die Sioux waren schneller und schnitten ihm den Weg ab.

Dieser Kampf wurde später als **Grattans Massaker** bekannt, weil die Indianer die Truppe bis auf den letzten Mann aufrieben. Später plünderten die Indianer das Vorratslager für die jährlichen Zuweisungen an die Stämme und lösten sich dann in kleinere Gruppen auf.

Der oberste Beamte für Indianerangelegenheiten verurteile das Vorgehen der Armee, weil Grattan die Befugnisse der Armee weit überschritten hatte. Doch für Kriegsminister Jefferson Davis war Grattans Massaker nichts anderes als Teil einer groß angelegten Verschwörung der Sioux-Stämme, um in ihrer Region alle Armeevorräte zu vernichten. Er wollte an den Indianern ein Exempel statuieren, um Grattan und dessen Männer zu rächen.

Jefferson Davis hatte auch sogleich den richtigen Mann für diese Aufgabe gefunden, Oberst William S. Harney. Er war 1800 geboren worden, ein stahlharter Soldat, der während des mexikanischen Krieges und der Kämpfe gegen die Seminolen-Stämme gelernt hatte, alle Indianer zu hassen. Er galt als scharfzüngiger und pragmatisch denkender Mann.

Im August 1855 führte Harney etwa 600 Infanteristen, Kavallerie und Artillerie aus Fort Kearny in Nebraska nach **Ash Hollow**. Aus irgendeinem Grund ließ Häuptling »Little Thunder« (»Kleiner Donner«), der Nachfolger von Conquering Bear, die Armee unbehelligt in sein Gebiet eindringen. Vielleicht war er ratlos und von seiner eigenen Unentschlossenheit wie gelähmt. Er wartete Harneys Ankunft regelrecht ab und stand ihm schließlich mit den nur 250 Kriegern gegenüber, die Grattan und dessen Männer besiegt hatten. Diesmal war die Armee eindeutig in der Übermacht.

Harney gab den Brulés ein Ultimatum bis Anfang September, um sich zu ergeben. Doch dieser Zeitaufschub stellte sich als reine Farce heraus – schon bei seinem Abrücken aus dem Fort hatte Harney angekündigt, er wolle keinen Frieden, sondern eine Schlacht. Tatsächlich wartete er eine Antwort der Indianer nicht ab, sondern griff ihr Dorf sofort an. Seine Infanterie und die berittenen Soldaten stießen in zwei Kolonnen vor, offensichtlich mit einer solchen Wucht, daß die Sioux-Krieger nach nur kurzem Widerstand aufgaben und flohen. Die Vergeltung war perfekt. Harney hatte 85 Krieger getötet, mit Frauen und Kindern hatten rund 100 Indianer den Tod gefunden. Vier Krieger nahm er als Gefangene, 70 Frauen und Kinder ließ er außerdem mitschleppen.

Seit diesem Überfall nannten die Sioux William Harney nur noch »den Schlächter«.

Der kriegerische Oberst ließ den gesamten Handel zwischen Sioux und Siedlern unterbinden und marschierte schließlich mitten durch die Kernregion der Dakotas, um sie zu provozieren. Doch die Indianer hielten sich zurück und vermieden jeden Zusammenstoß. Harney machte immerhin einen großen Bogen um die für Sioux-Indianer heiligen Black Hills und kam im Winter in Fort Pierre am White-Fluß an. Im März 1856 zwang er dort einige Häuptlinge der Teton-Sioux, einen Vertrag zu unterzeichnen, der Fitzpatricks Vertrag aus dem Jahre 1851 bestätigte.

Damit hatte Harney zwar die Tetons bestraft, nicht aber die Cheyennes, die nach wie vor durchreisende Siedler und Goldsucher überfielen. Die US-Armee beauftragte deshalb den schon 60jährigen Oberst Edwin Vose Sumner mit einer Strafexpedition. Am 29. Juli stieß er mit Cheyennes am **Solomon-Fluß** zusammen. Die 300 Krieger waren sich des Sieges derart sicher, daß sie die Armee in einer fast europäisch anmutenden, offenen Kampflinie erwarteten. Diese bei Indianern seltene Taktik war das Ergebnis der Prophezeiungen eines Medizinmannes, der den Kriegern weisgemacht hatte, daß ihnen Kugeln nichts mehr anhaben würden, wenn sie ihre Hände einmal in einem in der Nähe liegenden heiligen See gewaschen hätten.

Sumner stand den Indianern mit etwa genauso vielen Soldaten gegenüber. Er befahl seinen Männern, die Karabiner zu schultern und statt dessen mit dem Säbel anzugreifen – der wohl erste und letzte Angriff dieser Art in der Geschichte der Indianerkriege, auch wenn die Spielfilme ein anderes Bild darüber verbreitet haben.

Die Weissagungen des Medizinmannes stellten sich jedenfalls schnell als falsch heraus. Die Beschwörungsformeln übten keinerlei Kraft aus, weder über Kugeln noch Säbelhiebe. Die überraschten Indianer kämpften verzweifelt, gaben bald auf und liefen am Ende um ihr Leben. Neun Krieger waren umgekommen, so daß diese Niederlage eher eine psychologische Wirkung auf die Indianer hatte.

Trotz des brutalen Vorgehens von Harney und Sumner verhinderten sie auf lange Sicht gesehen weiteres Blutvergießen auf beiden Seiten. Ihre schnelle und harte Bestrafung trieb den Indianern eine gewisse Verachtung aus, die sie seit Grattans Massaker für die Armee der Weißen empfunden hatten. Die Auseinandersetzungen zwischen Indianern und Siedlern wurden in dieser Zeit so bedrohlich, daß ein Krieg eigentlich kaum mehr zu verhindern war. Doch sieben Jahre lang sollte es einen Waffenstillstand geben, wenn er für die Prärie-Indianer auch einen unsicheren Frieden bedeutete. Diese Ruhe hielt zunächst an, sogar als eine neue Welle von Einwanderern durch ihr Gebiet strömte, die auf dem Smoky Hill-Trail nach Colorado unterwegs waren, um am Pike Peak nach Gold zu suchen.

Die Kriege in Oregon und im pazifischen Nordwesten

Schon lange bevor der Goldrausch am Pike Peak 1858 ausbrach, hatte es im Washington-Territorium Kämpfe zwischen Weißen und Indianern gegeben. Der Gouverneur dieses Gebietes, der gleichzeitig auch Beamter für Indianerangelegenheiten war, Isaac I. Stevens, galt mit seinen 35 Jahren als ehrgeiziger und aufstrebender Politiker. Im Mai und Juni 1855 hielt er im Walla Walla-Tal eine Verhandlungsrunde mit mehreren Häuptlingen ab. Er versuchte sie zu überzeugen, schließlich auch zu zwingen, ihre Landgebiete für die Umsiedlung in Reservate aufzugeben. Er sicherte ihnen sogar zu, daß sie sich diese neuen Siedlungsgebiete in der Nähe von weißen Dörfern oder Lachsfangstationen selbst aussuchen könnten.

Die Nez Percé, die sich seit ihrem Kontakt zu Meriwether Lewis im Jahre 1805 den Weißen gegenüber immer freundlich verhalten hatten, erschienen sofort zu den Gesprächen. Auch ihre Gegner, die Cayuses, reisten an, und selbst die Yakimas, Walla Wallas und Umatillas schickten Unterhändler.

Stevens zeigte sich überrascht von der generellen Abneigung der Indianer ihm gegenüber: Obwohl er den Häuptlingen jährliche Zahlungen und Verpflegung, neue Häuser, Pferde, Vieh und sogar Schulen anbot, weigerten sich die Indianer beharrlich. Sie wollten ihre traditionellen Jagd- und Fischgründe auf gar keinen Fall mit den kleineren Reservaten tauschen, die Stevens für sie bereithielt.

Schließlich drohte der Gouverneur mit offener Gewalt. Häuptling Joseph von den Nez Percé unterzeichnete daraufhin einen Vertrag, und zu Stevens' großer Befriedigung folgten ihm alle anderen Häuptlinge. Es gelang Stevens nicht zuletzt deshalb sie zu überzeugen, weil er ihnen zusagte, daß sie frühestens in zwei bis drei Jahren umsiedeln müßten. Vorher sei mit einer Ratifizierung des Vertrages im US-Senat nicht zu rechnen.

Die Indianer hatten den Gouverneur völlig falsch eingeschätzt. Stevens war ein trügerischer Verhandlungsführer, im Grunde genommen nichts anderes als ein kaltblütiger Lügner: Er wartete nicht die zwei versprochenen Jahre ab, sondern knapp zwei Wochen, bevor er die indianischen Gebiete zur weißen Besiedlung freigab.

Der Yakima-Krieg

Bei den Gesprächen mit Stevens hatte Häuptling Kamiakin für die Yakimas unterzeichnet. Jetzt protestierten viele der Indianer,

Oben: Schon bevor die Indianer auf Gewehre zurückgreifen konnten, benutzten sie eine Reihe verschiedener Waffen. Dazu gehörten Bogen und Pfeile, deren Spitzen aus Feuerstein hergestellt wurden, bis die Weißen den Stahl einführten. Auch Schilde aus Büffelleder, geschmückt mit Federn, und Lanzen, die insbesondere von den Comanchen bevorzugt wurden, waren Teil dieser Ausrüstung. Die Indianer wußten auch das Feuer einzusetzen – Brandpfeile und Fackeln eigneten sich hervorragend zur Zerstörung weißer Siedlungen.

da sie der Meinung waren, Kamiakin hätte kein Recht dazu gehabt, der Umsiedlung in Reservate zuzustimmen, das eigene Land aufzugeben und den Weißen zu erlauben, Straßen durch ihr Gebiet zu bauen.

Schließlich brach im September 1855 ein Krieg mit dem Yakima-Stamm aus, nachdem einer von Kamiakins Neffen, Qualchin, einen Landspekulanten umgebracht hatte. Auch der von den Yakimas eigentlich geschätzte Indianerbeamte A. J. Bolon wurden von einigen Kriegern getötet, als er den Mord an

Oben: An **Jefferson Davis** erinnert man sich gemeinhin als Präsident der Konföderierten Staaten während des amerikanischen Bügerkrieges. Doch schon vorher hatte er eine lange Karriere im Staatsdienst der USA hinter sich. Jefferson Davis wurde 1808 in Kentucky geboren, studierte an der Transylvania-Universität in Lexington und besuchte später die Militärakademie in West Point, die er 1828 verließ. Er diente sieben Jahre lang in verschiedenen Forts im Westen und kämpfte 1832 im Krieg gegen Black Hawk, die Sauks und Foxes.
Er verließ die Armee drei Jahre später, heiratete im selben Jahr die Tochter von Zachary Taylor (die allerdings nur noch wenige Monate lebte) und widmete sich ganz seiner Baumwollplantage in Mississippi. Davis war drei Jahre lang, zwischen 1843 und 1846, Abgeordneter im US-Repräsentantenhaus, das er schließlich verließ, um im mexikanischen Krieg ein Freiwilligen-Regiment aus seinem Heimatstaat zu befehligen. Jefferson Davis hatte den Rang eines Oberst und tat sich besonders bei der Belagerung von Monterrey und der Schlacht bei Buena Vista hervor. Nach Kriegsende kehrte er zunächst auf seine Pantage zurück, war aber nach wie vor am Westen interessiert: So setzte er sich für die Zulassung Kaliforniens in die Union ein.
Als Kriegsminister unter Präsident Franklin Pierce war er einer der Hauptantreiber hinter den wichtigen Voruntersuchungen für den Bau der *Pacific Railroad* (1853/54) und setzte sich schließlich auch für deren Bau ein. Davis befürwortete natürlich einen südlichen Streckenverlauf der Bahntrasse entlang des 32. Breitengrades und sprach sich auch für den sogenannten Gadsden-Kauf aus, der tausende von Quadratkilometern Land für zehn Millionen US-Dollar ankaufte und einige mexikanische Landansprüche gegenüber den USA befriedigte.

---

dem Landspekulanten untersuchte. Die Indianer hatten befürchtet, er würde die Armee zu Hilfe rufen, um sie für den Mord zu bestrafen.

Kamiakin galt als ein Häuptling, der den Frieden wollte, obwohl er die Weißen lieber westlich der Cascades, also direkt an der Küste, gesehen hätte. Doch als es darauf ankam, war er zum Kampf bereit. Einer Erkundungstruppe aus Fort The Dalles fügte er Anfang Oktober mit seinen 500 Kriegern ohne Schwierigkeiten eine vernichtende Niederlage bei. Der Befehlshaber dieser Truppe, Major Ranville O. Haller, hatte fünf Tote und 17 Verwundete zu beklagen, bevor er sich mühsam in das Fort zurückziehen konnte und alle Vorräte und die Kanonen vergraben hatte, um sie nicht den Yakimas zu überlassen.

Daß sich der Krieg mit den Yakimas auch auf die Walla Wallas, und sogar die Umatillas und Cayuses ausdehnte, hatten die Weißen schließlich selbst zu verantworten: Oberst James Kelly und seine Freiwilligen hatten während der Friedensverhandlungen den alten Häuptling der Walla Walla, Peo-peo-moxmox, einfach gefangengenommen, ihn getötet und seinen Skalp öffentlich ausgestellt.

Von nun an schossen Weiße auf jeden Indianer, den sie sahen, gerade so, als würden sie Tiere jagen. Und die indianischen Krieger töteten in ihrer blinden Wut die nächstbesten Siedler, obwohl die wenigsten von ihnen etwas mit dem Krieg zu tun hatten. Oft genug sahen sich verstörte Armeesoldaten, die eigentlich die Siedler verteidigen sollten, auf der anderen Seite, wenn sie friedliche Indianer vor blutrünstigen Freiwilligenverbänden schützen mußten. Die verbitterten Siedler stellten oft ihre eigenen Milizverbände auf, um mit den Indianern abzurechnen. Ihrer Meinung nach konnte man sich auf die unentschlossene Armee nicht verlassen, ja, sie hielten den Oberbefehlshaber für einen Verräter am eigenen Land.

Der Mann, der diese Kritik einstecken mußte, hieß General John E. Wool, der das Militärdepartment am Pazifik befehligte. Er diente schon seit 42 Jahren in der Armee und hatte die brutale Umsiedlung der Cherokees in den 1830er Jahren abgelehnt, obgleich er sie widerwillig beaufsichtigen mußte. Doch der General war nicht bereit, die Indianerpolitik der Gouverneure Stevens in Washington und George Curry im Oregon-Territorium zu unterstützen.

Gouverneur Stevens griff den General scharf an, weil dieser seine Soldaten angeblich in den Forts festhielt, während die Indianer friedliche Bürger umbrachten. Er verlangte die Abberufung des Generals wegen Unfähigkeit und einer fast kriminellen Pflichtvergessenheit, wie er sagte. Wool entgegnete, daß beide Gouverneure eher »Kriegsgouverneure« als Politiker seien, gierige Männer, die sinnloses Blutvergießen provozierten, um nicht nur von den Siegen über die Indianer zu profitierten, sondern auch, um das US-Finanzministerium für die Bezahlung von Milizen, Nachschub und möglicherweise Schadenszahlungen heranzuziehen – egal, ob es diese Kriegsschäden gab oder nicht. Außerdem war der General angewidert von dem brutalen und unwürdigen Vorgehen der Freiwilligenverbände gegen die friedlichen Indianerstämme in beiden Territorien.

Nur widerwillig schickte Wool Oberst George H. Wright von Fort Dalles mit 500 Soldaten aus, um weiteres Blutvergießen zwischen Weißen und Indianern zu verhindern. Es war ein unblutiger Feldzug; alle Krieger hatten sich im Juni 1856 zerstreut. Doch einen Monat später traf Oberst B. F. Shaw mit einem Freiwilligenverband auf 300 feindliche Indianer im Grande Ronde-Tal; er tötete 40 von ihnen und brannte ihr Dorf nieder.

Der Frieden im Flußtal des Columbia war eher das Verdienst von Wright, nicht von Shaw. Denn Wright überzeugte Stevens davon, seine Freiwilligen abzuziehen, so daß die Indianer die Verträge letztlich doch annahmen, ihre Stammesgebiete aufgaben und die Feindseligkeiten schließlich ein Ende fanden. Der Yakima-Krieg schien im November 1856 beendet zu sein; zwei Forts (Simcoe und Walla Walla) wurden eingerichtet, um den Frieden im Nordwesten zu sichern. Und am Ende gewann Stevens – Wool wurde im Mai 1857 von seinem Posten abberufen.

Der Krieg am Rogue-Fluß

Während des Yakima-Krieges kam es auch landeinwärts, entlang des Siskiyou-Trails am Rogue-Fluß im südlichen Oregon, zu Kämpfen zwischen Weißen und Indianern. In jener Gegend lebten die Rogue-Indianer, die durch ihre Überfälle auf durchreisende Siedler bekannt geworden waren. Hauptmann Andrew Jackson Smith erhielt 1855 den Befehl, mit einer Dragonereinheit aus Fort Lane den Stamm zu unterwerfen. Als sich im Oktober Gerüchte über einen bevorstehenden Krieg zwischen Siedlern und Indianern verdichteten, eskotierte Smith einige friedliche Indianer aus ihrem Lager ins Fort. Doch bevor er die restlichen Stammesangehörigen, hauptsächlich Frauen und Kinder, in Sicherheit bringen konnte, überfiel ein Freiwilligenverband der Siedler das Dorf und tötete 23 Menschen. Am nächsten Tag übten die jungen Krieger Rache und brachten 27 unschuldige Farmer am Rogue-Fluß um.

Die Zeitungen der Region und die Öffentlichkeit verlangten nun die Jagd nach Indianerskalps, sie forderten eine vollständige Vernichtung der Stämme. Wie General Wool prophezeit hatte, entwickelte sich der Teufelskreis aus Überfällen und Racheakten zu einem regelrechten Vernichtungskrieg. Als Wool im Frühjahr 1856 einige reguläre Einheiten nach Oregon entsandte, waren die Rogues bereit, sich Hauptmann Smith zu ergeben, da sie ihm vertrauten. Doch schließlich änderten sie ihre Meinung und entschlossen sich, auch gegen ihn vorzugehen: Etwa 200 Rogues-Krieger überfielen seine 50 berittenen Soldaten und 30 Infanteristen Ende Mai 1856 bei **Big Meadow** am Rogue-Fluß. Der Hauptmann hatte Glück. Zwei Indianersquaws, die sich nicht an dem Blutbad beteiligen wollten, hatten ihm vom Verrat der Häuptlinge Old John, Limpy und George berichtet. Smith hatte so genug Zeit, sich und seine Männer in festen Stellungen auf einem Hügel zu verschanzen, so daß er die Indianer vernichtend schlug.

Einen Monat nach dem Kampf bei Big Meadows gaben die Rogues auf und ließen sich wie Schafe in das an der Küste gelegene Siletz-Reservat treiben. Dort wurden sie von Fort Hoskins aus überwacht und vegetierten in den nächsten Monaten dahin. Old John wurde in das Militärgefängnis in Fort Alcatraz in der Mitte der Bucht von San Francisco geworfen.

Oben: **Winfield Scott** lebte für seine Zeit recht lange, nämlich von 1786 bis 1866, wurde also kurz nach Ende des amerikanischen Unabhängigkeitskrieges geboren und starb ein Jahr nach Ende des Bürgerkrieges. Winfield Scott stammte aus Virginia, studierte am William and Mary College und begann seine militärische Laufbahn als Milizoffizier. Doch 1808 wurde er Hauptmann einer leichten Artillerieeinheit der regulären Armee und kämpfte 1812 im Krieg gegen Großbritannien. Dabei geriet er in britische Gefangenschaft, wurde später ausgetauscht. Seine Siege in den Schlachten gegen die Chippewa und bei Lundy's Lane 1814 machten ihn bekannt; schließlich wurde er zum Brigadegeneral befördert. Der US-Kongreß und sein Heimatstaat ehrten ihn später mit verschiedenen Orden und beförderten ihn erneut. Nach einem Militärstudium in Europa schrieb Winfield Scott mehrere militärtaktische Bücher und diente später (1832) im Krieg gegen Black Hawk. Außerdem befehligte er Truppeneinheiten im zweiten Seminolen-Krieg und überwachte 1838 die Umsiedlung der Cherokees. Drei Jahre später ernannte man ihn zum kommandieren General der US-Armee. Zu dieser Zeit geriet er erstmals in innenpolitische Auseinandersetzungen. Während des mexikanischen Krieges marschierte er in Mexiko City ein, nachdem er sich einige Soldaten seines Rivalen Zachary Taylor »geborgt« hatte, wurde aber 1848 Opfer neuer politischer Querelen und schließlich abberufen. In den 1850er Jahren stieg Scott zum Nationalhelden auf, obwohl seine Kandidatur für die US-Präsidentschaft 1852 scheiterte. In einem Grenzkonflikt mit Großbritannien im Puget Sound (Washington-Territorium) vermittelte er zwischen beiden Seiten. Doch zu Beginn des amerikanischen Bürgerkrieges war er bereits zu alt, um wieder aktiv zu werden. Er beaufsichtige zwar noch den Bau der Verteidigungsanlagen rund um Washington, wurde aber 1861 pensioniert.

Der Cœur d'Alene-Krieg

Im Gegensatz zu den Rogues waren die Yakimas noch nicht bereit, in ihr Reservat überzusiedeln. Einige ihrer kriegerischen Stammesangehörigen überfielen Farmer und Goldsucher, während ihr Häuptling Kamiakin heimlich ein Bündnis mit den Palouses, Cœur d'Alenes und Spokanes gegen die »Weißaugen« aufzubauen versuchte. Die Armee verzweifelte währenddessen an den Morden der Goldsucher, so daß im Mai 1858 Oberstleutnant Edward J. Steptoe von Fort Walla Walla aus in die Prärie marschierte, um die Yakimas und Cœur d'Alenes zu befrieden. Denn die Alternative lautete Krieg, zu dem es auch kommen sollte. Man hat diese Auseinandersetzungen später als den zweiten Yakima-Krieg oder den Cœur d'Alene-Krieg bezeichnet.

Steptoe hatte das Fort mit drei Dragonerkompanien, einer Infanterieeinheit und einigen Nez Percé-Scouts sowie einer Artilleriebatterie mit zwei Kanonen verlassen. Insgesamt waren dies nur 164 Männer, von denen jeder lediglich 40 Schuß Munition dabei hatte.

Die Cœur d'Alenes hatten sich bis dahin friedlich gegenüber den Weißen gezeigt, doch die von Siedlern eingeschleppten Krankheiten, die drückenden Verträge von Stevens und der anschwellende Siedlerstrom trieben sie 1858 schließlich geradewegs in die waffenstarrenden Arme der Spokanes und Yakimas. Mitte Mai 1858 zog Steptoe direkt nach Colville, wo die Indianer mehrere Goldsucher getötet hatten. Doch bis dahin kam er nie: Völlig überraschend fand er sich in den grasüberwachsenen Hügeln der Palouse mehreren Kriegergruppen gegenüber – etwa 1.200 berittene Yakimas, Spokanes, Palouses und Cœur d'Alenes!

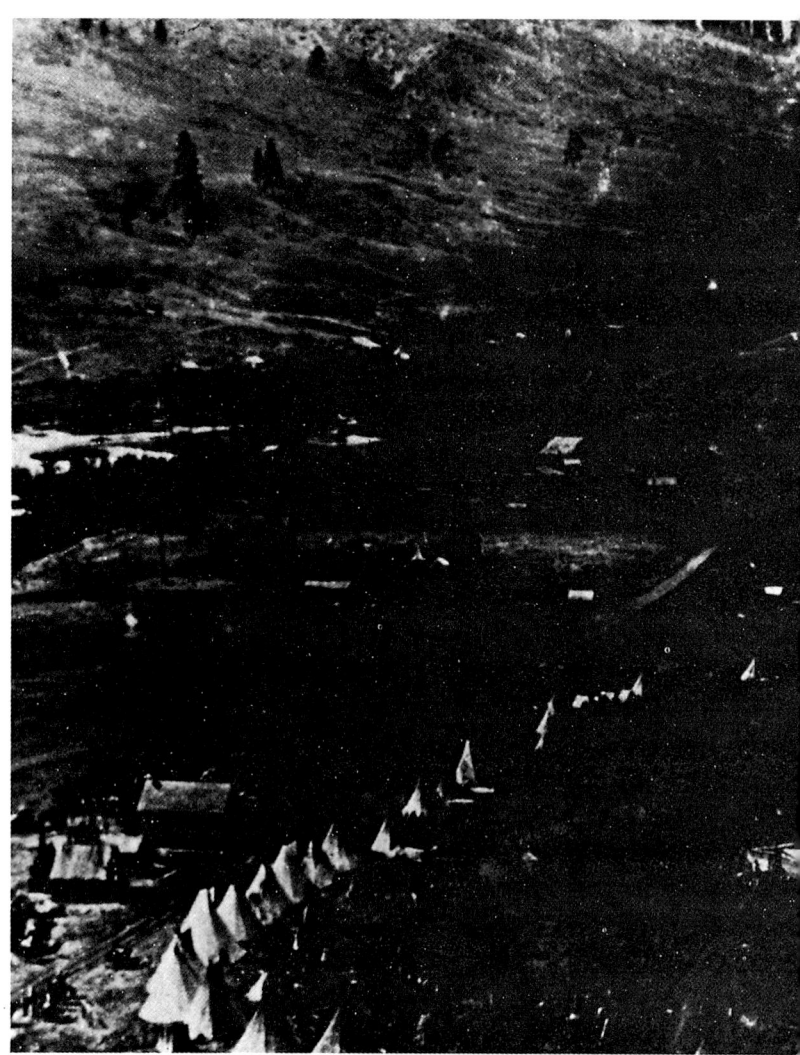

Als einige Häuptlinge in sein Lager kamen und ihm befahlen, wieder umzukehren, folgte Steptoe klugerweise dieser Aufforderung. Aber seine Umsicht machte sich nicht bezahlt. Denn während des Rückzugs wurde seine Nachhut ständig angegriffen, bis Steptoe auf einem kleinen Hügel, der später unter dem Namen **Steptoe Butte** bekannt wurde, eine Verteidigungsstellung ausheben konnte. Steptoe und seine Soldaten, umzingelt und ohne jede Bewegungsmöglichkeit, verteidigten sich den ganzen Tag über, doch als die Nacht hereinbrach, hatte er sechs Männer verloren, darunter zwei Offiziere. Ein Dutzend weitere Soldaten waren verwundet. Schließlich gab es pro Mann nur noch drei Schuß Munition. Doch in der Nacht gelang ihnen die Flucht nach Fort Walla Walla.

Die US-Armee war durch diese Niederlage natürlich unter Druck geraten und schickte nun Oberst George Wright auf eine neue Strafexpedition. Die verbündeten Indianer erwarteten ihn bei Four Lakes, wo er am 1. September 1858 in einem Gefecht etwa 500 Krieger aus den Wäldern vertreiben konnte und sie auf kurze Distanz durch das Gewehrfeuer niedermachen ließ. Seine Soldaten waren mit dem modernen 1855er Modell der *Rifle* ausgestattet, die mit neuartigen Kugeln geladen wurde, so daß sich die Reichweite der Waffen von etwa 500 auf bis zu 900

Meter erhöhte. Die Durchschlagskraft dieser Gewehre war so groß, daß auch die härtesten Schutzschilde aus Büffelleder nicht standhielten.

Nach dem Infanterieangriff ließ Wright die Dragoner über die Indianer herfallen, die in dieser **Schlacht bei Four Lakes** keinen einzigen Mann verloren, aber dafür 60 Krieger töteten und viele mehr verwundeten. Die überlebenden Indianer flohen.

Nur vier Tage später wiederholte Wright bei **Spokane Plain** diese blutige Lektion: Die Indianer hatten dort die Prärie in Brand gesteckt, dennoch konnten die Dragoner etwa 500 Krieger vertreiben.

Nachdem verschiedene auseinandergerissene Stammesgruppen Friedensangebote gemacht hatten, kontrollierte Wright das gesamte Gebiet. Dennoch ließ er beispielsweise 900 Ponies der Palouse abschlachten, suchte nach den Rädelsführern, ließ 15 von ihnen hängen und die restlichen in Ketten legen.

Kamiakin war bei Spokane Plain schwer verwundet worden, als ein Baumstamm nach einem Artillerietreffer auf ihn gefallen war. Der Häuptling floh über die Grenze nach Kanada und kehrte 1861 in das südöstliche Washington-Territorium zurück, wo er friedlich in der Nähe von Spokane lebte und 1877 starb.

Kamiakins Schwiegersohn, Owhi, bot den Weißen schließlich Frieden an und wurde gezwungen, seinen eigenen Sohn, Qualchin, dessen Morde den Krieg entfacht hatten, an die Armee auszuliefern. Wright ließ den Indianer hängen. Owhi wurde bei einem Fluchtversuch erschossen.

Ganz links: General John E. Wool wünschte in den 1850er Jahren keine Auseinandersetzungen mit den Indianern im Nordwesten, aber der Krieg kam dennoch. Oberst **Benjamin F. Shaw** marschierte 1856 mit seiner Milizeinheit nach Walla Walla, um gegen einen Bund verschiedener Stämme vorzugehen. Dieser Feldzug verlief bis Juli relativ unblutig, als Shaw die Indianer im Grande Ronde-Tal vernichtend schlug.

Oben links: Ein Foto des **Yakima-Tals**, etwa 1856.

Oben: **Oberstleutnant Silas Casey**, Befehlshaber in Fort Steilacoom zur Zeit der Indianerkriege im Washington-Territorium.

Die Kriege in der südlichen Prärie

In dem Jahrzehnt vor Ausbruch des amerikanischen Bürgerkrieges setzten Kiowas und Comanchen die Überfälle auf Mexikaner zwar fort, ließen die Siedler am Arkansas-Fluß und auf dem Santa Fe-Trail jedoch ungeschoren. Sie wollten auf keinen Fall auf die Geschenke der Weißen, auf Waffen und Munition »für die Jagd«, verzichten. Doch ab und zu überfielen sie auch Farmen im westlichen Texas und stahlen dort Vieh.

Der neue Gouverneur von Texas, Hardin R. Runnels, gab zwar 1858 zu, daß es für den Staat am billigsten wäre, die Farmer für die gestohlenen Rinder einfach zu entschädigen. Dennoch ließ er die Truppe der legendären Texas Rangers, die in den vergangenen zehn Jahren an Bedeutung verloren hatte, erneut aufbauen. Die Grenzzwischenfälle mit den Indianern waren für ihn also ein willkommener Vorwand, um die Texas Rangers einsetzen zu können.

Oben: Dieses Bild zeigt, daß Charles M. Russell mit Blei ebenso gut umgehen konnte wie mit Ölfarbe. Die Szene zeigt eine Indianerfamilie mit einem **Hundeschlitten**, auf dem sich ihre Habe befindet.

Runnels wählte den wohl besten Mann für diese Aufgabe aus, aber John Coffee Hays, der die Texas Rangers einst geführt hatte, war inzwischen dem Ruf des Goldes nach Kalifornien gefolgt. Hauptmann John S. (Rip) Ford erhielt den Befehl, gemeinsam mit General David E. Twiggs und dessen Soldaten sowie zwei Indianerbeamten zusammenzuarbeiten.

Typisch für texanische Verhältnisse waren die klaren Befehle von Runnels: Der Hauptmann hatte auf gar keinen Fall Anordnungen des Generals zu befolgen, sondern auf eigene Verantwortung alle feindlichen oder feindlich wirkenden Indianer aufzuspüren und zu vertreiben.

Am 29. April 1858 verließ der Offizier mit seinen Männern Texas und überquerte den Red River. Schon kurze Zeit darauf töteten seine Scouts von den Keechi, Tonkawa, Shawnee und Anadarko einen Büffel, in dessen Haut noch einige frische Comanchen-Pfeile steckten. Am 11. Mai stießen sie in der Nähe des Canadian-Flusses und den Oklahoma Antelope-Hügeln auf ein kleines Comanchen-Lager. Um sieben Uhr morgens des nächsten Tages schickte Ford die Scouts voraus und ließ sie angreifen: Die Indianer zündeten fünf Hütten an, schwangen sich auf die Pferde der Comanchen und verfolgten gemeinsam mit den Rangern zwei fliehende Krieger über fünf Kilometer hinweg. Dabei entdeckten sie auf der anderen Seite des Flusses, auf der Cherokee-Seite, ein viel größeres Dorf. Dort wartete Häuptling »Iron Jacket« (»Eiserne Jacke«) seelenruhig auf Ford und dessen Männer. Schließlich führte er seine Krieger im Vertrauen auf den mythischen Schutz seiner Waffen gegen die Ranger. Doch ein Geschoßhagel traf zuerst sein Pferd, dann stürzten sich Shawnee- und Adadarko-Scouts auf ihn und brachten ihn um. Als auch ein zweiter Comanchen-Häuptling gefallen war, gaben sie endlich auf und suchten das Weite. Ford hätte sie noch verfolgen lassen, doch seine Pferde waren viel zu erschöpft.

Einige Kilometer entfernt hatte sich inzwischen eine weitere Gruppe von Comanchen-Kriegern gesammelt, gegen die Ford seine verbündeten Indianer losschickte. Doch der Kampf zwischen Indianern und Indianern dauerte den zuschauenden 100 Rangern viel zu lange, so daß sie selbst eingriffen und die Comanchen vertrieben. Ford hatte in diesem siebenstündigen Gefecht gegen 300 Krieger gekämpft, 76 von ihnen getötet, 300 Pferde eingefangen und 18 Indianer, meist Frauen und Kindern, aufgegriffen. Seine eigene Truppe hatte nur zwei Tote zu beklagen und zwei Verwundete zu versorgen.

Im Sommer sollte die Armee nach dem Vorbild der Ranger-Taktik ähnliche Angriffe gegen die Indianer durchführen. Allzulange hatte sich die Armee in den 13 Forts entlang der 650 Kilometer langen Verteidigungslinie im Westen Texas' ruhig verhalten, jetzt würde sie in die Offensive gehen. Kriegsminister Jefferson Davis hatte dafür einen seiner Protegés ausgewählt, Hauptmann Earl Van Dorn. Er galt als ein widersprüchlicher Charakter, war einerseits mutig, höflich und freundlich, andererseits jedoch ein Trinker und Rumtreiber. Van Dorn zog mit vier Kompanien der 2. Kavallerie, 135 Indianern und einer kleinen Infanterieeinheit aus. Sein Feldzug sollte später den Namen **Wichita-Expedition** erhalten. Der Führer der Scouts war übrigens der 20jährige Lawrence S. Ross, dessen Vater schon für Rip Ford gearbeitet hatte. Van Dorn ließ am Otter Creek nahe den Wichita-Bergen ein Basislager errichten und verfolgte dann in einem Gewaltmarsch über fast 150 Kilometer eine Gruppe von Comanchen-Kriegern.

Es sollte 37 Stunden dauern, bis er das kleine Rush Creek-Tal fand, wohin er den Comanchen gefolgt war. Dort hielten sich der Häuptling »Buffalo Hump« (»Büffelhöcker«) und 500 Krieger auf. Bei Sonnenaufgang am 1. Oktober 1858 griffen die 350 Kavalleristen an. Ihr Überraschungsangriff war perfekt, die Krieger konnten noch nicht einmal ihre Pferde erreichen, viele von ihnen wurden schon in den Hütten getötet. Diese **Schlacht bei Rush Springs** war dennoch sehr heftig, weil die Comanchen nicht nur sich selbst verteidigten, sondern auch ihre Familien.

Oben: Nach einer ersten Erforschung von Minnesota zusammen mit dem französischen Wissenschaftler Nicollet wurde **John Charles Frémont** 1842 damit beauftragt, die Rocky Mountains und die Quelle des Platte-Flusses zu erforschen. Vom South Pass aus bewegte er sich nordwestwärts in das Wind River-Gebirge und bestieg den **Fremont Peak** in Wyoming. Mit 4.184 Metern ist dies eine der höchsten Erhebungen dieser Bergkette. Als sein Bericht vom US-Kongreß herausgegeben wurden, nahm die Öffentlichkeit erstmals Notiz von Frémont.

Rechts: **Frémont** war eine zwiespältige Persönlichkeit; ein hervorragender, wissenschaftlich denkender Forscher, aber ein Versager als Soldat und Politiker. Er erreichte die Rocky Mountains 1842, ein Jahr später das Große Becken sowie Oregon und marschierte während des Winters quer durch die Sierra Nevada nach Kalifornien. Seine Berichte über die Erkundungen erregten große Aufmerksamkeit. 1845 ging er wieder nach Kalifornien, zog sich aber nach Oregon zurück. Dort wurde er von Indianern überrascht, und schlug zurück – griff dabei aber den falschen Stamm an. Später schloß er sich den Bear Flag-Rebellen gegen Mexiko an und bildete gemeinsam mit einigen anderen Trappern eine berittene Einheit, die nur lose mit der Armee verbunden war. Er akzeptierte dennoch die Kapitulation Kaliforniens, verweigerte später jedoch gemeinsam mit Marineeinheiten Befehle von General Kearny. Der General ließ Frémont deshalb an der Ostküste vor ein Kriegsgericht stellen, das ihn schuldig sprach. Der US-Präsident begnadigte ihn allerdings, doch sein Kommando erhielt er nicht zurück. Seine private Winterexpedition in das San Juan-Gebirge erwies sich als Desaster. Später arbeitete Frémont in den kalifornischen Goldminen, ließ sich als Kandidat für die Präsidentschaftswahlen aufstellen, war ein mittelmäßiger General im Bürgerkrieg und schließlich Gouverneur des Arizona-Territoriums.

Oben: Der Künstler James E. Taylor und der Graveur Charles Spiegle nannten diesen Kupferstich »*Sam Cherry's Last Shot*«. Treffender wäre der Titel *Sam Cherry's vorletzer Schuß*, denn die letzte Kugel in seinem Revolver hob er für sich selbst auf, um der indianischen Folter zu entgehen. Oberst Richard I. Dodge baute 1855 mit sechs Kompanien Fort Davis im westlichen Texas auf. Zwischen dem 10. und 30. Oktober verließ er das Fort mit einer kleinem Truppe, bestehend aus nur vier Soldaten und seinem Scout Cherry, um brauchbares Bauholz zu suchen. Gegen Ende des Monats wurde Dodge durch einen anderen Soldaten bei diesen Patrouillen ersetzt. In dieser Nacht kehrte der Trupp nicht zurück. Später fand man die Soldaten, durchsiebt von Kugeln und grausam entstellt. Offensichtlich hatten ihnen etwa 30 Indianer am Canyoneingang des Limpia-Flusses jede Rückzugsmöglichkeit zum Fort abgeschnitten. Nur Cherry hatte entkommen können. Seine Leiche fand man unter seinem toten Pferd, doch weder skalpiert noch verstümmelt – Dodge wußte sogleich weshalb: Indianer fürchteten Selbstmörder und rührten solche Leichen nicht an. Als Cherrys Pferd sich ein Bein gebrochen hatte, und auf ihn gefallen war, hatte Sam Cherry noch fünf Schüsse gegen seine Verfolger abgefeuert und schließlich den Lauf der Waffe gegen seine Schläfe gerichtet.

In einer Reihe verzweifelter Gefechte Mann gegen Mann fand auch Lawrence Ross den Tod. Die Armee brachte 56 Krieger (und versehentlich zwei Frauen) um, die übrigen Comanchen flüchteten. Etwa 300 Pferde wurden erbeutet und sämtliche 120 Hütten des Dorfes in Brand gesteckt.

Fast hätte Van Dorn diesen Erfolg wegen seiner Wunden nicht überlebt, doch es gelang einem Feldarzt, einen Pfeil aus seinem Bauch zu entfernen. Van Dorn war tatsächlich so hartgesotten wie mutig und saß fünf Wochen später wieder in seinem Sattel. Am 13. Mai 1859 errang er einen noch größeren Sieg als bei Rush Springs, als er eine Gruppe Comanchen-Krieger bei **Crooked Creek** am Cimarron-Fluß völlig aufrieb. Die Krieger kämpften bis zum Ende, aber keiner von ihnen entkam. 49 Indianer wurden getötet, fünf verwundet und 32 Frauen gefangengenommen. Van Dorn hatte wiederum nur geringe Verluste erlitten.

ler dazu, unter dem Befehl von Hauptmann William Ormsby eine Miliz aufzustellen. Ormsby war ein denkbar schlechter Soldat, der seine unerfahrene Armee aus Minenarbeitern prompt in eine Falle am Truckee-Fluß führte. Dort hatte sich Numaga, ein im Grunde friedlicher Häuptling, mit seinen Paiute-Kriegern versteckt. Als die Weißen anrückten, schlug die Falle zu – am Ende konnten die Freiwilligen sich nur noch in wilder Hast zurückziehen, eher ein Spießrutenlauf als eine Flucht.

Schließlich entsandte Kalifornien eigene Milizkräfte, um dem noch gering bevölkerten Nachbargebiet zu Hilfe zu kommen. Diese **Carson Valley-Expedition** wurde von einer Handvoll regulärer Soldaten sowie einem provisorischen Regiment aus Washoe-Indianern unter der Führung von Jack Coffee Hays begleitet. Der erste Zusammenstoß mit den Paiute-Kriegern bei Big Meadows in der Nähe des Carson-Flusses blieb unentschieden. Doch nur wenige Kilometer von der Stelle entfernt, an der Ormsby so kläglich gescheitert war, kämpfte Hays an den Pinnacle-Bergen erfolgreich gegen die Paiutes. Er tötete 25 Krieger, erbeutete 20 Ponies und vertrieb die Indianer in die Wüste. Nachdem er an der Mündung des Carson-Flusses Fort Churchill errichtet hatte, um jene Gegend zu kontrollieren, sollten die Paiutes nie wieder Widerstand leisten.

Die Bascom-Affäre

In den fünfziger Jahren des 19. Jahrhunderts blieb es im Arizona-Territorium erstaunlich ruhig. Zwar setzten die Apachen ihre Angriffe gegen ihre alten Feinde, die Mexikaner, ständig fort, aber gegen die besser bewaffneten Amerikaner gingen sie selten vor. So gab es beispielsweise drei Jahre lang auf der Postkutschenstrecke zwischen Mesilla und Tucson, die geradewegs durch Chiricahua-Gebiet führte, keinerlei Überfälle. Einige der Chiricahua-Apachen tauschten an den Poststationen sogar Feuerholz gegen Nahrungsmittel.

Die Lage in Arizona änderte sich 1860 völlig überraschend. Schuld daran hatte im Grunde ein einziger ungeschickter Offizier. Im Oktober dieses Jahres hatten einige Apachen am Sonoita Creek die Farm des Siedlers John Ward überfallen, sein Vieh gestohlen und eines seiner Kinder, seinen Adoptivsohn, entführt. Der Farmer beschuldigte Häuptling Cochise des Überfalls und beschwerte sich in Fort Buchanan, 65 Kilometer südlich von Tucson. Ein mutiger, aber leichtsinniger Leutnant, George N. Bascom, wurde damit beauftragt, den gefangenen Jungen zu befreien. Er nahm 54 Männer auf Mulis mit und baute seine Zelte bei einer Poststation in der Nähe eines Apachen-Pfads auf. Es war bekannt, daß Cochise hier oft lagerte. Schließlich traf er auch auf den Häuptling und lud ihn zu einem Gespräch ein.

Cochise ging davon aus, daß es sich um ein gewöhnliches Treffen handeln würde, so daß er mit fünf weiteren Indianern – einem Bruder, zwei Neffen, einer Frau und einem Kind – in das Lager der Soldaten ritt. Doch als der Leutnant von ihm verlangte, einen gefangenen Jungen und gestohlenes Vieh herauszugeben, muß der Häuptling zunächst geglaubt haben, der Weiße erlaube sich einen schlechten Scherz. Cochise bestritt jede Beteiligung an dem Überfall, vermutete aber, daß Coyoteros oder White Mountain-Apachen verantwortlich wären. Er bot sich an, den

Der Paiute-Krieg

Der letzte größere bewaffnete Konflikt im Westen vor Beginn des amerikanischen Bürgerkrieges war der Paiute-Krieg oder Pyramid Lake-Krieg. Er brach 1860 in der Region des heutigen US-Bundesstaates Nevada aus. Als man dort Silber entdeckt hatte, war abzusehen, daß es früher oder später zu Konflikten zwischen Indianern und Weißen kommen mußte. Tatsächlich brachten die Indianer einige Minensucher bei Virginia City um, wahrscheinlich waren Washoe- oder Paiute-Krieger dafür verantwortlich gewesen. Doch der Krieg brach erst wirklich aus, nachdem Weiße zwei Paiute-Indianermädchen in Williams Station brutal vergewaltigten. Die Paiutes retteten die Mädchen, töteten die Vergewaltiger und brannten die Postkutschenstation nieder.

Dieses **Massaker bei Williams Station** veranlaßte die Sied-

Gegenüberliegende Seite: Ein unbekannter Daguerreotypist machte dieses fotografische Portrait um 1852. Es zeigt **Billy Bowlegs**, einen Mikasuki-Häuptling. Sein Bruder war King Payne, und als dieser starb, übernahm der wesentlich aggressivere Billy Bowlegs den Befehl über die Alachuan- und Alligato-Indianerkrieger während des ersten Florida-Krieges (1816–1818). Nachdem man Osceola gefangengenommen hatte, führte Billy Bowlegs die Hauptstreitmacht der 200 Mikasukis und Seminolen während des zweiten Florida-Krieges, dem zweiten Seminolen-Krieg (1835–1842). Er selbst führte einen nächtlichen Angriff auf ein Fort der Armee, bei dem 24 Soldaten getötet wurden. Nach einem Jahr des Guerilla-Krieges bat Bowlegs um Frieden, weigerte sich jedoch, mit seinem Volk die Everglades zu verlassen und in Oklahoma zu siedeln. Schließlich unterwarf er sich, nachdem er im dritten Florida-Krieg (1856–1858) gegen Soldaten wie William S. Harney gekämpft hatte.

Als er 1858 mit seinem Stamm nach New Orleans aufbrach, dürfte dabei auch Korruption im Spiel gewesen sein; angeblich soll Bowlegs dafür 100.000 US-Dollar und 50 Sklaven von einem Indianerbeamten erhalten haben. Er war später einer der zahlreichen Häuptlinge, die im amerikanischen Bürgerkrieg auf seiten der Nordstaaten kämpften.
Billy Bowlegs hielt 1861 monatelang gegen 2.000 konföderierte Soldaten aus, bevor er sich auf sicheres Uniongebiet in Kansas zurückzog.
Als er sich hier dem unbekannten Fotografen stellte, trug er seinen mit Federn ausstaffierten Kopfschmuck, Metall-Anhänger und die US-Friedensmedaillen. Etwa 150 Seminolen blieben in Florida und sind bis heute stolz darauf, mit den USA niemals einen Friedensvertrag abgeschlossen zu haben. Aus ihrer Sicht hatte sich die US-Armee im Kampf gegen sie verausgabt und mußte deshalb Billy Bowlegs und seinen Stamm bestechen.

Jungen zu befreien und auch die Tiere zu finden. Aber Bascom lehnte all dies ab, für ihn stand der Schuldige fest. Barsch teilte er Cochise mit, daß er nun unter Arrest stünde und befahl seinen Männern, den Häuptling festzunehmen. Doch Cochise wartete kaum die Übersetzung ab, bevor er schon sein Messer gezogen hatte, eine Zeltwand durchschnitt und flüchtete. Seine Verwandten blieben zurück und wurden als Geiseln im Lager behalten.

Auch Cochise nahm sich Geiseln, indem er auf dem Butterfield-Trail einige durchreisende Weiße aufgriff, um sie gegen seine Verwandten eintauschen zu können.

Cochise erhielt von einigen White Mountain-Kriegern und den Männern unter seinem mächtigen Schwiegervater Mangas Coloradas Verstärkung und erschien unter der Parlamentärsflagge vor Bascoms Lager. Der Offizier ahnte eine Falle – und damit lag er richtig. Er selbst und seine Soldaten verhandelten nicht mit den Indianern, wohl aber einige Arbeiter der Postkutschenstation, alte Freunde von Cochise. Prompt warf der Häuptling die weiße Flagge in den Staub, und nahm einen der Arbeiter, James F. Wallace, gefangen. Die anderen Männer rannten davon, wurden aber von den Indianern angeschossen, einer starb später. Die Soldaten erwiderten das Feuer.

Anfang Februar schlug Cochise vor, die Geiseln auszutauschen. Bascom war bereit dazu, verlangte aber zunächst die Auslieferung des Farmerjungen und des Viehs. Cochise wiederholte sein Angebot schriftlich in einem Brief, den einer der Arbeiter schreiben mußte, und befestigte das Schreiben an einem Pfahl, den er vor der Postkutschenstation in den Erdboden rammen ließ.

Als sich Bascom nicht rührte, verlor Cochise die Geduld: Er befahl seinen Männern, aus Buschwerk Straßensperren aufzurichten, um die Postkutschen abzufangen und zu plündern. Doch bevor er auch nur die erste Buschbarrikade anzünden konnte, war schon eine Postkutsche in Richtung Westen durchgebrochen – sie hatte ganz einfach den Fahrplan nicht eingehalten.

Cochise nahm sich daraufhin der ersten Kutsche in Richtung Osten an. Seine Männer verwundeten den Kutscher und töteten eines der Mulis, so daß die Reisenden kurzerhand das Pferdegeschirr des toten Tieres entfernten und zur Station flüchteten.

Doch die Ankunft zweier Dragonerkompanien aus Fort Breckinridge ließ Cochise die Flucht nach Mexiko ergreifen. Patrouillen durchstreiften die Berge rund um den wieder geöffneten Apachen-Paß, wurden jedoch nicht mehr in Kämpfe mit Indianern verwickelt. Zurück blieben die Spuren des Aufstandes. Auch die grausigen Überreste der sechs amerikanischen Geiseln, die Cochise gefangengenommen hatte, wurden gefunden.

Bascom hielt die Frauen und das Kind weiterhin in Gewahrsam, ließ jedoch mit Zustimmung seines Vorgesetzten die sechs männlichen Apachen am 11. Februar hängen, und zwar an Eichenbäumen über den Gräbern der toten Weißen. Außerdem weigerte sich Bascom, die Leichen der Indianer zu bestatten; die Toten hingen monatelang schlaff an den Bäumen – eine Warnung an alle Apachen.

Doch diese Warnung hatte keine Wirkung auf Cochise und Mangas Coloradas. Beide terrorisierten die Gegend während der nächsten zwei Monate. Selbst nach vorsichtigen Schätzungen kann man davon ausgehen, daß die Apachen in diesem Kleinkrieg etwa 4.000 Weiße umbrachten und Hunderttausende von US-Dollar an Schaden anrichteten.

Als der amerikanische Bürgerkrieg 1861 ausbrach, hatten die Apachen schnell die entstehenden Lücken der abziehenden Armee-Einheiten ausgefüllt. Doch einige Milizen konnten die nun fehlenden Soldaten ersetzen: Gegen Ende des Bürgerkrieges 1865 waren die Freiwilligenverbände im Westen von etwa 11.000 auf fast 20.000 Männer angewachsen!

Indianerkriege in den Rocky Mountains und im Südwesten

Zwei der fähigsten Offiziere der Milizeinheiten im Westen zur Zeit des Bürgerkrieges waren zweifellos Oberst Patrick Edward Connor und Oberst James H. Carleton. Connor war ein kampflustiger irischer Einwanderer, der schon als 18jähriger im Krieg gegen die Seminolenstämme gekämpft hatte und im mexikanischen Krieg Hauptmann eines Freiwilligenverbandes gewesen war. 1861 wurde er vom kalifornischen Gouverneur zum Oberst der 3. kalifornischen Infanterie bestellt, um die Poststrecke zwischen Salt Lake City und Kalifornien zu überwachen. Es kam

123

Links: Die typischen **Apache-Krieger** hielten mit nur geringer Bewaffnung der US-Armee jahrzehntelang in Arizona stand.

Gegenüberliegende Seite: Gleich nach der Schlacht bei Adobe Walls (1874) kämpfte Scout **Amos Chapman** in der Schlacht bei Buffalo Wallow.

kleiner Napoleon. Doch im Grunde war er ein überaus pflichtbewußter und fähiger Offizier, der 1862 Befehlshaber in Neu-Mexiko und Arizona werden sollte.

Zu Beginn dieses Jahres marschierte er mit seinen Männern von Kalifornien in Richtung des Rio Grande, um dort für die Unionsarmee einige aufgegebene Forts zu besetzen. Mangas Coloradas und Cochise hatten fälschlicherweise geglaubt, daß diese Forts (Buchanan, Breckinridge und Fillmore) aufgegeben worden waren, weil man geglaubt hatte, sie auf Dauer nicht gegen seine Krieger halten zu können. Mangas und Cochise bereiteten deshalb für Carletons Truppen einen Hinterhalt am schmalen Apachen-Paß vor. Am 15. Juli 1862 führte Hauptmann Thomas L. Roberts eine Vorhut der Truppen direkt in die Falle: Roberts wurde von beiden Hängen aus angegriffen, mußte sich aber wenigstens bis zum Fluß durchschlagen, da seine Truppen ohne Wasser fast verdurstet wären. Es gelang ihm, mit seinen beiden Kanonen einige Apachen, die sich im Buschwerk am Flußufer verschanzt hatten, zu vertreiben. Dennoch standen ihm noch immer etwa 500 Indianer gegenüber.

Roberts sandte einen Kuriertrupp zurück zum Verpflegungstransport unter Hauptmann John C. Cremony und der Kavallerieeskorte, um sie zu warnen. Mangas Coloradas und 50 Krieger setzten den fünf Kurieren nach, die nun im wahrsten Sinne des Wortes um ihr Leben reiten mußten. Alle von ihnen wurden getroffen, doch keiner fiel aus dem Sattel. Drei Pferde wurden angeschossen, so daß die Reiter hinunterstürzten. Zwei Männer wurden gerettet. Carletons Hauptstreitmacht erreichte indessen den Apachen-Paß zehn Tage später. Carleton errichtete am Paß das kleine Fort Bowie, um seine Verbindungslinie abzusichern und die Region vor Cochise und Mangas zu schützen.

Tatsächlich sollte Mangas mit seinen Raubzügen weitermachen, doch er lebte nicht lange genug, um die Ergebnisse seiner Verwüstungen genießen zu können. Die Armee griff wieder einmal auf Verrat zurück und nahm dabei Mangas gefangen. Eine derartige Handlungsweise wurde in Armeekreisen wegen der »scheußlichen Grausamkeiten, der unsäglichsten Racheaktionen und weit verbreiteten Angriffe, die ein amerikanischer Indianer je verübt hatte«, wie es hieß, gebilligt. Mangas wurde im Januar 1863 in ein Armeelager bei Pinos Altos gebracht. Später hielt man ihn in dem alten, aufgegebenen Fort McLane am Mimbres-Fluß gefangen, wo er auf Befehl von General Joseph R. West umgebracht wurde.

Auch Patrick Edward Connor sollte zu dieser Zeit gegen Indianer kämpfen, allerdings im pazifischen Nordwesten, wo die Shoshonen bislang eigentlich friedlich geblieben waren. Erst 1862 hatten die Beziehungen zwischen ihnen und den weißen Siedlern einen Tiefpunkt erreicht, als die Indianer verlangten, eine Siedlung am Bear-Fluß, ihrem einstigen Lagerplatz, zu räumen. Oberst Connor wurde damit beauftragt, die Shoshonen zur Ordnung zu rufen. Mit etwa 250 bis 300 kalifornischen

vor allem darauf an, mit seinen 750 Mann die Reisenden zu schützen und die neue Telegraphenlinie zu sichern.

Doch es sollte Carleton sein, der als erster von beiden Männern gegen die Indianer kämpfen würde. Er hatte 1838 im berüchtigten Aroostook-Krieg in Maine gedient, bevor er seine zwanzigjährige Karriere bei der Armee begann, wo er schnell zum Kavalleriemajor aufstieg. 1861 ernannte ihn der Gouverneur von Kalifornien zum Befehlshaber der kalifornischen 1. Infanterie.

Zeitgenossen haben Carleton als selbstsüchtigen, zielstrebigen und aggressiven, ja fast tyrannischen Menschen beschrieben. Er hatte einen dichten Schnurrbart, überdeutliche Augenbrauen und Koteletten. Auf Fotos posierte er gerne wie ein

Infanteristen zog er zum Bear-Fluß, wo ihn allerdings Häuptling »Bear Hunter« (»Bärenjäger«) schon erwartete. Dort hatte er die steile Uferböschung zusätzlich mit Felsbrocken abgesichert, um sich dahinter verschanzen zu können.

Am 27. Januar 1863 gingen die Soldaten ohne langes Zögern gegen die Indianer und ihr Lager vor. Die Shoshonen-Krieger verteidigten sich verbittert und versuchten, ihre Frauen und Kinder zu schützen. Für einen Kampf gegen Indianer waren die Verluste denn auch sehr hoch. Unter den 224 getöteten Kriegern war auch Bear Hunter, doch ein Mormone gab später an, daß auf dem verschneiten Boden etwa 400 Leichen, viele von ihnen Frauen und Kinder, lagen. Diese **Schlacht am Bear-Fluß**, die heute fast vergessen ist, brachte Connor schließlich den Generalsstern ein und 1865 das Militärkommando über die *Plains*.

Die Shoshonen unterzeichneten 1868 und 1873 Verträge und zogen in das Fort Hall-Reservat, wo sie friedlich lebten.

Der Krieg gegen die Santee-Sioux

Die neuen Auseinandersetzungen mit den Sioux-Stämmen begannen völlig unerwartet im Gebiet der Ost-Sioux oder Santees. Sie galten als der friedlichste Sioux-Stamm überhaupt, viele von ihnen waren Christen geworden und schienen fast unterwürfige Bürger zu sein, die sich still ihrem Schicksal in einem Reservat am Minnesota-Fluß gefügt hatten. Mit einem Vertrag hatten sie 1851 zudem der Ausdehnung der amerikanischen Souveränität auf ihr Gebiet und dem Verkauf ihrer Jagdgründe zugestimmt.

Nach dem Krieg gegen die Santee-Sioux sollte es an Erklärungen für den plötzlichen Aufstand dieses doch so friedlichen Volkes nicht mangeln: Einige Weiße machten später Insekten dafür verantwortlich, sie hatten die Kornernte der Indianer fast völlig vernichtet. Andere sahen die Ursache für den Krieg in dem ständig anwachsenden Siedlerstrom, den aggressiven Weißen aus dem angelsächsischen Raum, aber auch den schwedischen und deutschen Einwanderern, die ohne Rücksicht oder große Überlegung zunehmend auch Santee-Land in Besitz nahmen. Hinzu kam die Korruption unter den Indianerbeamten, die Arbeit der Missionare und die Schikanen mancher weißer Händler, denen die Santees ausgesetzt waren. Alle diese Faktoren trieben die Santees in immer tiefere Unzufriedenheit.

Als sich der amerikanische Bürgerkrieg dahinzog, wurde die Lebensmittelversorgung auch im Westen zunehmend schlechter. Die Indianergeschäfte, die eine monopolartige Stellung hatten, trieben die Indianer langsam in die finanzielle Abhängigkeit, viele Indianer mußten bei ihnen Schulden machen. Und als Washington, völlig beschäftigt mit dem Bürgerkrieg, die jährlichen Zahlungen für die Indianer nicht fristgerecht leisten konnte, fürchteten die Sioux bald, daß die Armee oder die Geschäftsleute die Schulden eintreiben würden. Die in Fort Ridgely stationierten Einheiten versicherten den Indianern dagegen, daß sie keine Schuldeneintreiber seien. Doch immer mehr Händler stellten Schilder an ihren Verkauftresen auf. Sie machten den Sioux klar, daß sie keine weiteren Kredite mehr bekommen würden, bis die Zahlungen aus Washington eingetroffen und die alten Schulden beglichen wären.

Schließlich setzten sich die Ältesten des Stammes am 17. August 1862 zusammen, um über die Notlage ihres Volkes zu beraten. Am selben Tag zogen vier junge hungrige Santee-Jäger zurück in ihr Reservat, wütend und traurig darüber, daß sie wieder kein Wild geschossen hatten. Einer der enttäuschten Krieger kam schließlich auf die Idee, seine Entschlossenheit und seinen Mut zu beweisen, indem er einen weißen Mann tötete – bevor sie die Mutprobe beendet hatten, lagen schon fünf unschuldige weiße Siedler tot am Boden.

Der Häuptling der Santee-Sioux, »Little Crow« (»Kleine Krähe«), sah sich gezwungen, den von seinen unbeherrschten Kriegern entfachten Kampf fortzusetzen. Little Crow war seit 1834 Häuptling der Santees und galt als vorsichtiger Mann, der sich schon immer für Frieden ausgesprochen hatte und dem die Weißen wahrscheinlich den Frieden seit 1851 verdankten. Allerdings war er auch willensschwach und schwankend, obgleich er sich entschlossen hatte, wie ein Weißer zu leben: Little Crow wohnte in einem festen Haus, betrieb sogar eine Farm und hatte selbst Washington besucht. Er war im Grunde ein Opportunist ohne Mut oder feste Überzeugungen.

In einem stürmischen Rat, der die ganze Nacht dauerte, warnte Little Crow die anderen Stammesältesten vor einem Krieg mit den mächtigen Weißen. Andererseits kam er zu dem Schluß, daß ein Krieg mit ihnen nach den Morden an den Siedlern sowieso unabwendbar war. Deshalb führte er sein Volk am Ende doch in den Kampf.

Eigentlich hatten die Indianer geplant, Fort Ridgely anzugreifen, bevor es verstärkt werden konnte, doch die Stammesältesten lehnten diesen Plan Little Crows ab. Stattdessen überfie-

Gegenüberliegende Seite: Der friedliebende **Häuptling Numaga** der Paiutes in Nevada wurde 1860 durch weiße Gewalt in einen Krieg getrieben. Am Big Bend des Truckee-Flusses bei Pyramid Lake vernichtete er die Milizeinheit von Major William Ormsby.

Unten: **Bear River**, im Cache-Tal des südlichen Idaho, macht auf dieser Aufnahme einen ungewöhnlich friedlichen Eindruck. Nur wenige Jahre zuvor hatte der kalifornische Oberst Patrick E. Connor die hier lagernden Shoshonen in einer blutigen Schlacht aufgerieben.

Oben: Nachdem Oberst John Coffee Hays die Paiutes zerstreut hatte, wurde **Fort Churchill** am Carson-Fluß errichtet.

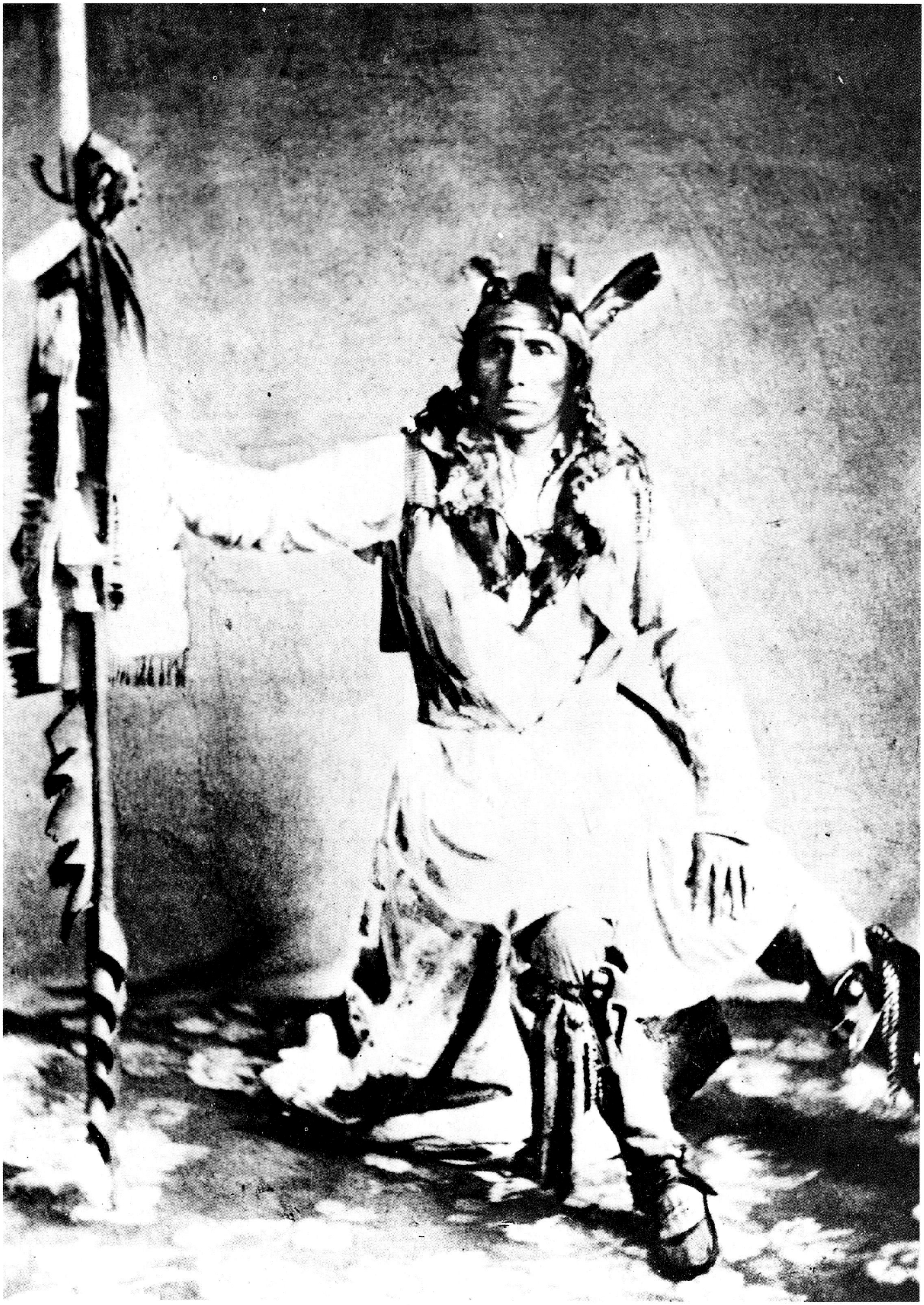

Links: Das **Massaker bei Mountain Meadows** gilt als einer der größten Schandflecke in der Geschichte von Utah. Daß es zu diesem Vorfall kam, lag zum einen an dem schon lang andauernden Mißtrauen und Haß zwischen der Sekte der »Heiligen des Letzten Tages« und gewöhnlichen Siedlern, nachdem Mormonenführer Joseph Smith umgebracht worden war. Zum anderen lag es an dem Utah-Krieg von 1857, der Invasion des Staates durch Oberst Albert S. Johnston. Dies führte in Salt Lake City, dem Zentrum der Mormonen-Sekte, zu einer immer größeren Furcht vor fremden Eindringlingen. Im September 1857 wurde schließlich ein Siedlertreck mit 140 Menschen auf dem Weg nach Kalifornien von einer hysterischen Mormonen-Gruppe bei Mountain Meadows im südlichen Utah angegriffen. Die Siedler ergaben sich unter der weißen Flagge den Mormonen und deren verbündeten Indianern, doch alle Siedler – bis auf 17 Kleinkinder – wurden von ihnen niedergemacht. Jahrelang wurden die Täter dieses Verbrechens nicht verfolgt, bis schließlich ein Sündenbock für alle gefunden wurde: John D. Lee wurde angeklagt, verurteilt und 20 Jahre nach dem Massaker hingerichtet – und zwar genau dort, wo das Blutbad stattgefunden hatte.

len sie einige kleinere Städte und die eigene Indianerbehörde. Als die Indianer auch **Neu-Ulm** angriffen, brannten sie Geschäfte und Häuser zwar nieder, konnten aber die Stadt nicht völlig zerstören.

Gegen Mitternacht des 18. August, dem ersten Tag dieses unerklärten Krieges, steckten die Indianer schließlich ihre eigenen Geschäfte bei Yellow Medicine Station an und brachten etwa 400 Weiße um. Rund 300 Flüchtlinge retteten sich in das Fort – doch diese Menschen sollten nur eine Vorhut der wohl 30.000 Menschen sein, die in ihrer Flucht vor den Sioux die Straßen verstopften.

Schließlich überfielen Little Crow und seine 800 Krieger auch das Fort selbst. Nur etwa 155 Infanteristen befanden sich hinter den Palisaden, so daß die Zivilisten um Hilfe beteten. Doch Fort Ridgely verließ sich nicht auf Gebete, sondern schickte einen Boten nach Fort Snelling im Nordwesten. Er legte die Entfernung von 200 Kilometern in nur 18 Stunden zurück!

Während der Kurier die Nachricht von den Überfällen der Sioux weitertrug, mußte sich Fort Ridgely gegen zwei Angriffe zur Wehr setzen.

Oberst Henry Hastings Sibley wurde schließlich vom Gouverneur von Minnesota damit betraut, den Aufstand niederzuschlagen. Der 51jährige Offizier, ein ehemaliger Pelzhändler aus Detroit, hatte früher in der Delegiertenabordnung im US-Kongreß gearbeitet, die das Minnesota-Territorium vertrat. Außerdem war er maßgeblich an den Landabtretungen der Santees nach dem Vertrag von 1851 beteiligt und wurde 1857 der erste Gouverneur des Staates.

Sibley eilte mit einer Entsetzungstruppe aus Fort Snelling so schnell wie möglich zu Hilfe. Als weitere Truppenverstärkungen Sibleys Lager erreicht hatten, verfügte er über 1.600 Männer und marschierte direkt nach Fort Ridgely.

Das Fort war mit Toten, Verwundeten und Kranken überfüllt. Fort Ridgely hatte es schwer getroffen, doch es gelang den tapferen Verteidigern, jedem Angriff der Santee-Sioux standzuhalten und so einen direkten Vormarsch der Indianer auf St. Paul zu verhindern. Inzwischen waren einige der Santee-Häuptlinge der Meinung, besser in Richtung Westen abzuziehen; andere sprachen sich für die Fortsetzung der Kämpfe aus und wieder andere wollten alle weißen Gefangenen töten. Schließlich entschieden sie sich für den Kampf und verschonten ihre Geiseln.

Sibley stieß währenddessen durch das Minnesota-Flußtal nach Yellow Medicine vor und wurde am 23. September bei **Wood Lake** von Little Crow und etwa 700 Kriegern angegriffen. Wieder zeigte sich, daß die Sioux der Artillerie nichts entgegenzusetzen wußten. Little Crow sagte später dazu, daß er sich geschämt habe, ein Dakota zu sein, weil die »Gewehrwagen« der Weißen wieder einmal seine Krieger vertrieben hätten. Er konnte sich seine Niederlage bei Wood Lake nicht eingestehen, sondern machte auch später noch einen Verräter in seinen eigenen Reihen dafür verantwortlich.

Trotz seiner großen Reden und kämpferischen Parolen hatte Little Crow im Grunde den Willen zum Kampf längst verloren und zog sich schließlich mit den anderen Häuptlingen in das Dakota-Territorium zurück. Schon nach drei Tagen gaben die Sioux die 400 gefangenen Weißen wieder frei, einen Monat später ergaben sich etwa 2.000 Sioux-Indianer.

Die Aufstände in Minnesota hatten etwa 700 Weiße das Leben gekostet. Die Siedler in Minnesota entwickelten einen unbändigen Haß auf alle Indianer und verlangten eine schnelle Vergeltung. Diese Haltung sollte dafür sorgen, daß immer wieder Milizsoldaten in Einzelaktionen gegen Indianer vorgingen. Diese Brutalität fand ihren Höhepunkt schließlich in einer Massenhinrichtung, die sowohl in der Geschichte der Indianerkriege wie auch in der Geschichte der USA einmalig ist.

Sibley wählte 400 der Schuldigsten unter den Indianern aus, ließ sie in Ketten abtransportieren und nahm weitere 60 bis 70 Krieger gefangen. Eine Militärkommission, die Sibley berufen

Gegenüberliegende Seite: **Little Crow der Jüngere**, auch bekannt als »The Hawk That Hunts Walking«, war der Anführer der Sioux während des Minnesota-Aufstandes 1862.

Nächste Seite: Anton Gag malte 1862 diese realistische Szene aus einem Sioux-Angriff auf **Neu-Ulm**.

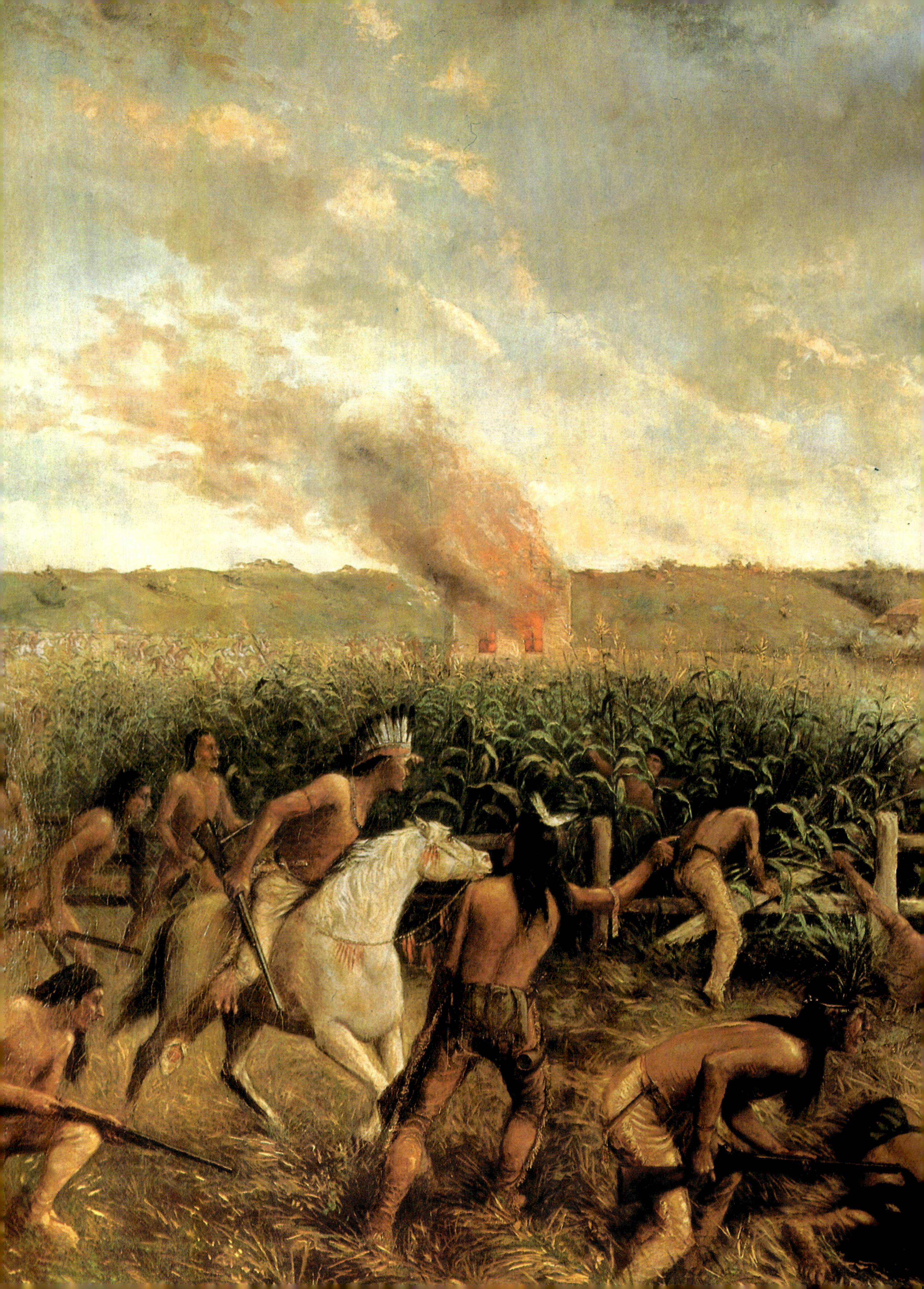

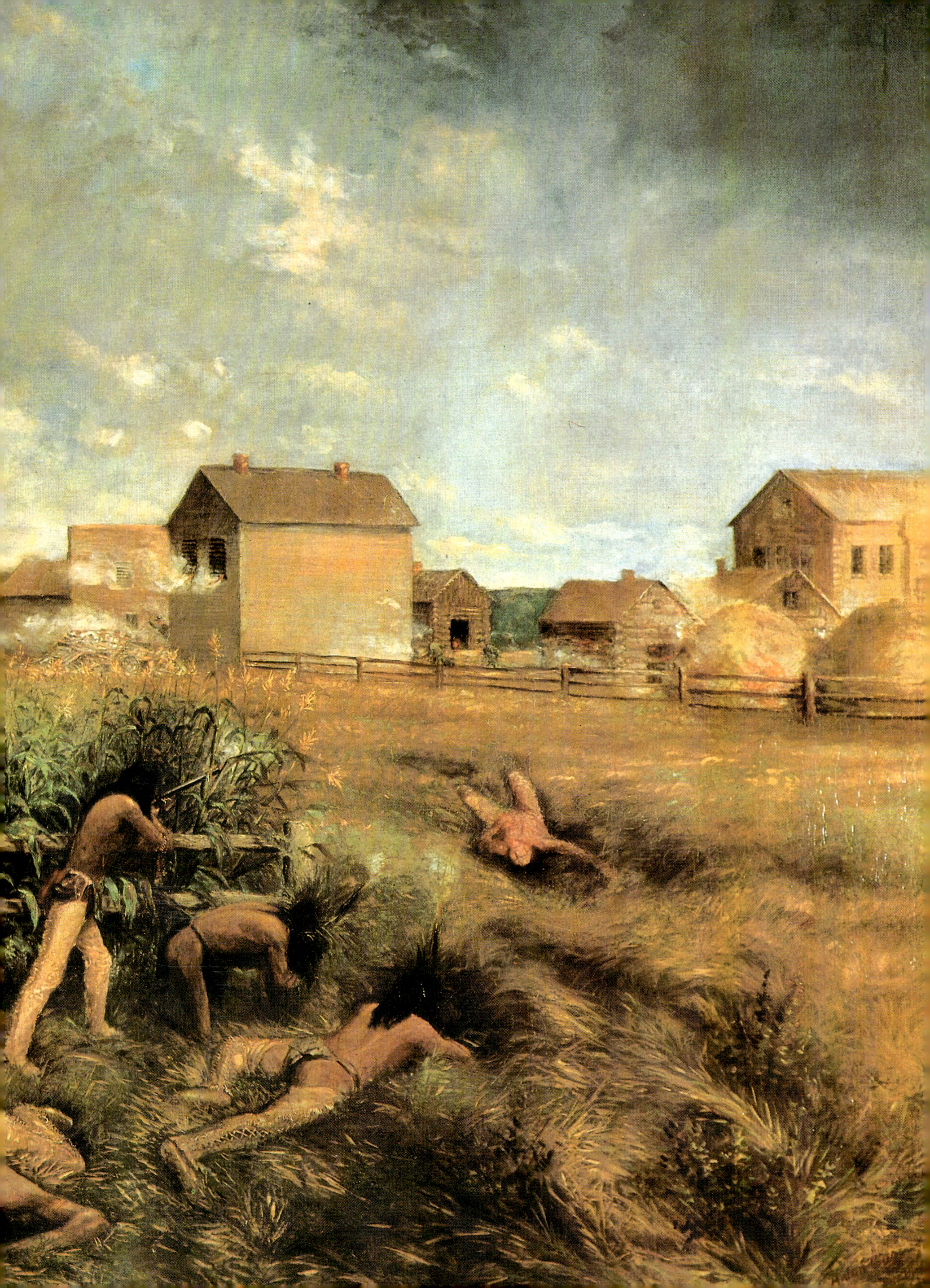

Oben: **Abraham Lincoln**, US-Präsident während des amerikanischen Bürgerkriegs 1861–1865, wurde in der Wildnis Kentuckys geboren. Doch unterschied er sich von anderen *Frontiersmen* wie etwa Daniel Boone und kämpfte nur einmal in einem Indianerkrieg. Gleichwohl war er später als Oberbefehlshaber der Unionsarmee auch verantwortlich für die »Befriedung« der Indianerstämme im Westen. Lincoln wuchs als Sohn eines umherziehenden Farmers in Hogdenville und Knob Creek in Indiana auf, damals eine unwirtliche Region. Auch er selbst hat diese Gegend später immer wieder als »gefährlich und wild« charakterisiert. 1831 siedelte er nach New Salem in Illinois über, wurde aber ein Jahr später von der Kriegsbegeisterung gegen Black Hawk erfaßt. Typisch für die Stimmung dieser Zeit war ein Artikel einer Zeitung aus Illinois, der verlangte, daß man im gesamten Staat keinen Indianer übriglassen solle. Lincoln wurde zum Hauptmann eines Freiwilligenverbandes ernannt; eine Aufgabe, die er später als äußerst zufriedenstellend bezeichnete. Einige Historiker geben an, daß Lincoln nie im wirklichen Kriegseinsatz war. Das aber ist falsch. Der großgewachsene, knochige Mann diente etwa 80 Tage in der Miliz und gab später zu, daß er allerdings nie eine echte Schlacht mit Indianern erlebt hätte. Was er sah, waren die Folgen einer solchen Schlacht, die Opfer von Stillmans Run. Abraham Lincoln sollte den Anblick der Leichen in der Morgendämmerung nie vergessen: »Jeder Mann hatte einen unförmigen, roten Fleck auf seiner Stirn, so groß wie ein Dollarstück. Das waren die Stellen, an denen die Indianer ihre Skalps genommen hatten. Es war eine beängstigende und groteske Szene, denn das Licht der aufgehenden Sonne schien alles in ein gleichförmiges rotes Licht zu tauchen«, schrieb er später darüber.

hatte, verurteilte 303 der Indianer zum Tode durch den Strang. Sibley schickte die Namensliste an Präsident Lincoln, um sie von ihm bestätigen zu lassen.

Der Präsident war davon überzeugt, daß jetzt etwas gutgemacht werden sollte, das zuvor durch eine verfehlte Politik der Weißen verursacht worden war. Deshalb beauftragte er zwei Bundesbeamte damit, die Vorfälle zunächst zu untersuchen und gegebenenfalls die tatsächlich schuldigen Sioux-Krieger festzustellen.

Die Sioux-Indianer wurden zunächst nach Fort Snelling und dann zum Mankato-Fluß gebracht. Die Identifizierung der einzelnen Sioux-Männer bereitete den Beamten große Schwierigkeiten, zumal die wichtigsten Angeklagten sich im Dakota-Territorium schon längst versteckt hatten oder nach Kanada geflohen waren. Abraham Lincoln bestätigte deshalb nur 38 Todesurteile.

Einen Tag nach dem Weihnachtsfest 1862 wurden die verurteilten Sioux-Krieger in Mankato in vier Reihen hintereinander aufgestellt, jeder von ihnen mit einer Schlinge um den Hals und einem Sack über dem Kopf. Die Fallklappen und Galgen waren so miteinander verbunden, daß sich nach dem ersten Hängen alle restlichen Klappen öffneten. Als die Indianer gehängt waren, warf man ihre Leichen in ein Massengrab, doch Leichendiebe gruben einige von ihnen wieder aus und verkauften sie für medizinische Experimente.

Little Crow, der erfolglos versucht hatte, in Fort Garry im kanadischen Winnipeg Unterstützung durch die Briten zu bekommen, kehrte unvorsichtigerweise mit einigen Getreuen im Sommer 1863 in seine alten Jagdgründe zurück. Dort überfiel er in den Kreisen McLeod und Meeker erneut Siedler, und wurde dabei Anfang Juli von einem Weißen getötet. Sein Skalp, den der Siedler wie eine Trophäe handelte, wurde der Historischen Gesellschaft von Minnesota übergeben, seine Leiche bestattete man nicht, sondern ließ sie im Feld verrotten.

Unter den aufständischen Santee-Sioux, die nach Westen flohen, waren auch die vier jungen Krieger, deren Morde den Krieg überhaupt ausgelöst hatten. Sie ließen nun ihren ganzen Haß auf die Weißen unter den Teton-Sioux-Stämmen im Dakota-Territorium und ihren Freunden, den Cheyennes und Arapahoes, aus.

Sibley, der wegen seines Sieges bei Wood Lake zum Brigadegeneral befördert wurde, unternahm mit etwa 3.000 Männern in den Sommermonaten der Jahre 1863 und 1864 zwei Strafexpeditionen im Dakota-Territorium. Er geriet in mehrere kleinere Gefechte. Doch erst General Alfred Sully, Sohn des berühmten Malers Thomas Sully, sollte die Sioux empfindlich treffen. Für ihn war es bereits zu spät, um noch mit Sibley zusammentreffen zu können, so daß er westlich von Devil's Lake am Yellowstone-Fluß entlang zog. Seine Truppe bestand aus Milizsoldaten aus Iowa, Nebraska und Dakota. Bei Whitestone Hill in North Dakota traf Sully am 3. September 1863 schließlich auf eine gewaltige Sioux-Armee aus 4.000 Menschen, darunter 1.000 Krieger. Ihr Häuptling war Inkpaduta, der schon 1857 für das Massaker am Spirit Lake verantwortlich gewesen war. Doch dieses Mal sollte die Schlacht für die Sioux eine völlige Niederlage bringen. Sie verloren 300 Krieger und 250 Frauen und

Oben: In dieser Bleizeichnung von Charles M. Russell sind einige Indianer in Montana dargestellt, die gerade **Fort Union** am Missouri-Fluß erreichen.

Kinder, die Sully gefangennahm. Die Weißen hatten dagegen nur 22 Tote und 50 Verletzte.

Um die Teton-Sioux von weiteren Überfällen abzuhalten, ließ der General am oberen Missouri-Flußlauf Fort Rice errichten und zog mit 2.200 Männern weiter nach **Killdeer Mountain**. Dort kämpfte er erneut gegen eine Gruppe Sioux-Krieger, wobei er wiederum nur fünf Tote und zehn Verwundete hatte; die Indianer mußten 35 Männer beklagen, obgleich Sully davon ausging, daß es bis 150 gewesen seien. Doch wichtiger als dies war die nächtliche Flucht der Indianer, denn sie ließen ihre gesamten Vorräte einfach zurück. Die Teton-Sioux waren nach diesen Strafexpeditionen zwar noch nicht am Ende oder gar besiegt, doch Sully hatte ihnen vorläufig einen Frieden aufgezwungen.

Die Kriege im Südwesten

General James Carleton schickte einen der fähigsten Offiziere in den Südwesten, um die ständigen Überfälle von Mescalero-Apachen und Navahos zu stoppen. Oberst Christopher (Kit) Carson stammte aus den *Plains*, hatte als Scout und Pelzhändler in den Rocky Mountains gelebt und zwischen 1853 und 1861 als Indianerbeamter gearbeitet, bevor er den Dienst quittierte, um gegen die Südstaaten zu kämpfen. Da er als Indianerfreund galt, kann man davon ausgehen, daß er sie im Grunde nur ungern bekämpfte.

General Carleton wünschte keinerlei Verhandlungen mit den Apachen. Frauen und Kinder sollten gefangengenommen, und alle Krieger getötet werden. Doch Carson sollte diese rücksichtslosen Befehle ignorieren.

Zunächst zog er Richtung Süden und besetzte Fort Stanton im Südosten von Neu-Mexiko, von dem aus er seine Strafexpeditionen durchführen wollte. Nachdem einer seiner Offiziere, Leutnant William Graydon, gegen eine Gruppe feindlicher Krieger gekämpft hatte, wobei zwei Häuptlinge und neun Krieger umgekommen waren, baten die Mescalero-Apachen um Frieden. Gleichwohl galten sie als ausgezeichnete Krieger, die in ihrer linken Hand trugen riesige Schilder, die sogar einer Gewehrkugel aus nächster Nähe standhalten konnten. Doch im Grunde wollten die Mescaleros keinen Krieg, so daß Carson bald 400 von ihnen in das Bosque Redondo-Reservat begleiten konnte. Dies war nicht mehr als ein Wäldchen mit Baumwollgehölz am Ufer des Pecos-Flusses, direkt unter den Kanonen von Fort Sumner. Carson hatte dafür gesorgt, daß die Mescaleros fortan ruhig blieben, obwohl einige jüngere Krieger aus der Sicherheit des Reservats aus weiterhin Überfälle verübten.

Carson versuchte später, seinen Dienst als Oberst wiederum zu quittieren, um zu seiner Familie nach Taos zurückzukehren, doch General Carleton wollte davon nichts hören. Stattdessen schickte er Carson zu den Navahos, um dort einen ähnlichen Erfolg zu erzielen.

Die Navahos galten als weniger aufsässig als die Apachen, doch auch diese Stämme hatten Vieh gestohlen und Frauen oder Kinder der Mexikaner und Pueblo-Indianer versklavt; letztere wehrten sich übrigens, indem sie ihrerseits Navaho-Jugendliche versklavten. General Alexander Doniphan hatte während des mexikanisch-amerikanischen Krieges Frieden mit den Navahos geschlossen, aber zwischen 1850 und 1860 waren immer wieder Strafexpeditionen nach *Dinetah*, wie die Stammesgebiete der Navahos genannt wurden, nötig geworden. Den Kriegern gelang es einmal sogar, Fort Defiance zu belagern.

General Carleton glaubte, daß das Bosque Redondo-Reservat auch für die Navahos bestens geeignet wäre, und daß der harte, geduldige und selbstsichere Carson genau der richtige Mann war, um sie dorthin zu schaffen.

Unten: Carl L. Boeckmann malte die *8. Minnesota Mounted Infantry* bei der **Schlacht von Kildeer Mountain** in North Dakota im Jahre 1864. Damals brach General Alfred Sully den Widerstand der Santee- und Teton Sioux nach ihrem Aufstand in Minnesota 1862.

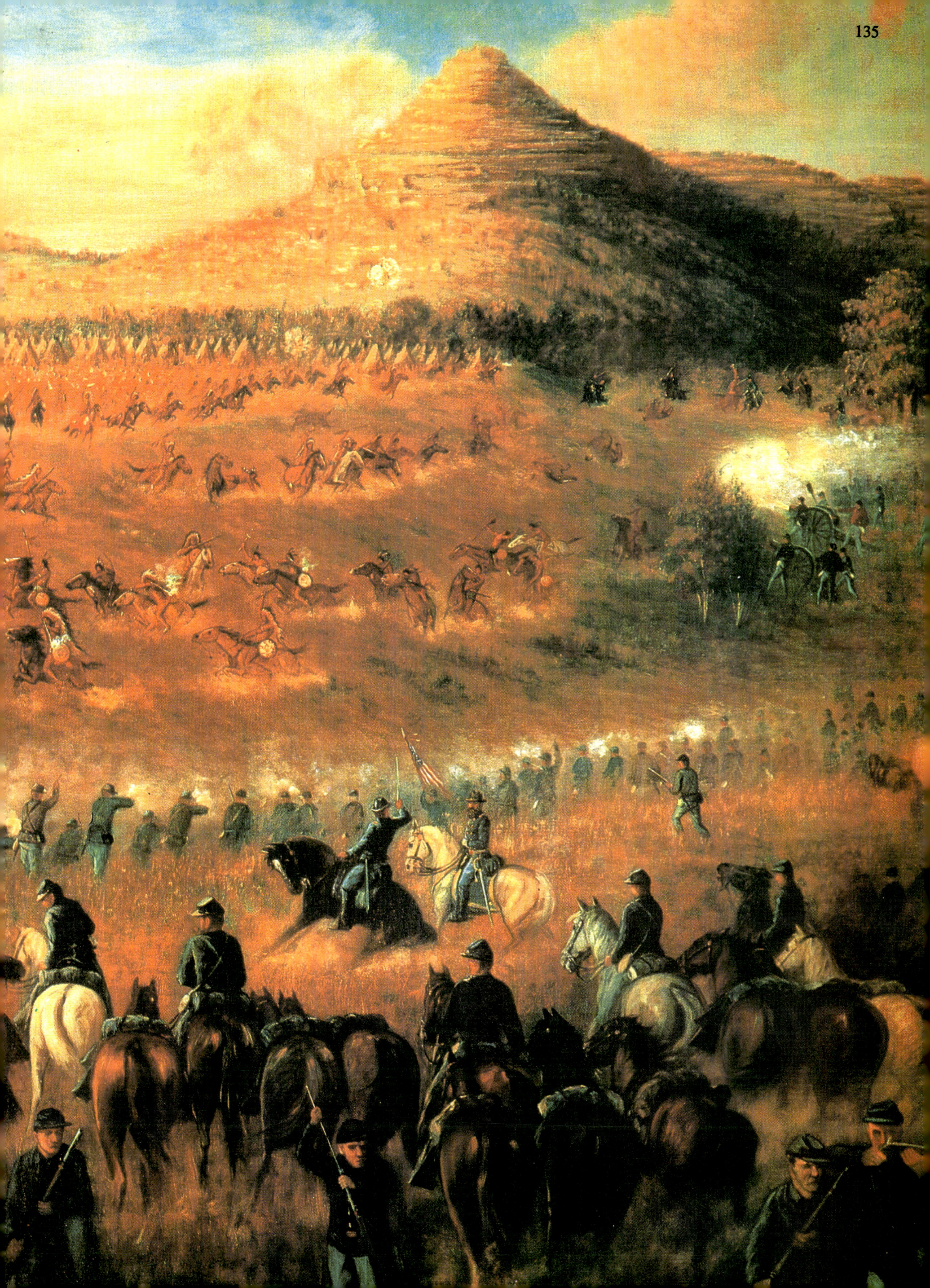

Eine Zeichnung von Charles M. Russell, »*Pony Expressman*«.
Der Reiter verteidigt sich gegen einen verfolgenden Indianer.

Die führenden Navahos der verschiedenen Stämme waren untereinander tief zerstritten: Die Häuptlinge Barboncito und Delgadito waren mehr oder weniger für Frieden. Häuptling Manuelito verhielt sich dagegen eher zurückhaltend, fast feindlich, gegenüber den Weißen. Doch alle Navahos waren von einer bemerkenswert intensiven Liebe für ihre Heimat geprägt. Sie weigerten sich, eine Umsiedlung aus ihrem geheiligten Canyon de Chelly in ein 480 Kilometer weit entferntes Reservat auch nur in Betracht zu ziehen; dorthin, wo die Weißen sie in Langhäusern zu zivilisierten, christianisierten Farmern machen wollten.

Doch im September 1861 war nach einem Zwischenfall jede Hoffnung auf ein friedliches Zusammenleben zwischen Navahos und Weißen gestorben. Oberstleutnant J.F. Chávez, kommandierender Offizier in Fort Fauntleroy (Fort Lyon) ließ ein Pferderennen zwischen Weißen aus Neu-Mexiko und einigen Navahos abhalten. Plötzlich kam es zu Gewalttätigkeiten zwischen den Teilnehmern, die zu einem regelrechten Massaker eskalierten. Chávez ließ sogar mit den Kanonen auf die fliehenden Männer, Frauen und Kinder schießen, so daß etwa zwölf Indianer umkamen und, so sagten die Navahos später, 112 von ihnen gefangengenommen wurden. General Canby war entsetzt über das Verhalten der Offiziere, doch das angekündigte Verfahren vor einem Kriegsgericht fand nie statt.

General Carleton erließ am 23. Juni 1863 schließlich ein Ultimatum, nach dem die Navahos sich bis zum 27. Juli freiwillig stellen sollten, um in das Bosque Redondo-Reservat umgesiedelt zu werden.

Nach diesem Datum, so der General, werde die Armee jeden aufgegriffenen Navaho als feindlichen Indianer betrachten und ihn entsprechend behandeln.

Carson zog mit 736 Männern in die Gebiete der Navahos, um die Übersiedlung in Angriff zu nehmen. Außer der Kavallerie und seinen Infanterieeinheiten verfügte Carson über einige Scouts der Apachen und Ute-Krieger. Außerdem unterstanden ihm eine Reihe guter Offiziere, wie etwa die Hauptleute Asa B. Carey und Albert H. Pfeiffer, die in den Reihen der angeworbenen, schlecht ausgebildeten Soldaten hervorstachen.

Pfeiffer hatte bereits als Indianerbeamter im Reservat der Ute-Stämme gearbeitet und stieß erst später zu der kleinen Armee. Einige Siedler in Neu Mexiko sahen in ihm den »mutigsten und erfolgreichsten Indianerkämpfer des Westens«. Tatsächlich hatte er spätestens seit Juni 1863 einen unbändigen Haß auf die

Oben links: George Catlin traf Steep Wind, einen Sans Arc-Sioux 1832 bei Fort Pierre, auf dem Weg zum Missouri. Catlin war wegen seiner genauen Darstellung indianischer Kleidung und Kriegsbemalung bekannt.

Links: Catlin malte **Black Dog** von den Santee-Sioux etwa 1835, als dieser Stamm noch friedlich war. Später (1862) sollte der Stamm allerdings die Greueltaten im Minnesota-Aufstand verüben.

Oben: Robert Lindneaux verdanken wir diese Darstellung des vielleicht grausamsten Massakers in der amerikanischen Geschichte – **Sand Creek in Colorado**. Am 29. November 1864 übte Oberst John M. Chivington Vergeltung für die Morde an einigen Minenarbeitern und Siedlern, die Süd-Cheyennes und Arapahoes während des Bürgerkrieges verübt hatten. Chivington führte etwa 700 Freiwillige aus Colorado durch den Schnee von Fort Lyon, um in der frühen, bitterkalten Morgendämmerung das Lager der schlafenden Cheyennes, etwa 500 Krieger unter Häuptling Black Kettle, zu überfallen. Chivington ignorierte die weiße Flagge und die US-Nationalflagge, die Black Kettle, der sich unter dem Schutz von Fort Lyon wähnte, als Zeichen des Frieden eilig hissen ließ. Die Weißen töteten und verstümmelten in vielen Fällen etwa 200 indianische Männer, Frauen und Kinder. Der Häuptling entkam. Die Öffentlichkeit in Colorado war zunächst begeistert über den brutalen Überfall, doch ein Ausschuß des US-Kongresses verurteilte den Vorfall. Chivington mußte sein Kommando abgeben und sich für den Rest seines Lebens mit dem Stigma dieses Massakers abfinden.

Indianer entwickelt. Damals hatten einige Apachen-Krieger seine Frau und ihre Dienerin mißhandelt, als er gerade ein Flußbad nahm.

Anschließend jagten ihn die Indianer, nackt wie er war, kilometerweit bis nach Fort McRae. Außerdem wurde er bei dieser Jagd von einem Pfeil schwer verwundet.

Carson ließ seine müden Pferde bei Ojo del Oso (Bear Spring) und Fort Fauntleroy-Lyon Rast machen und begann eine Politik der verbrannten Erde, indem er mit seinen Tieren anschließend durch die Kornfelder der Navahos weiterritt und sie zerstörte. Auch bei Pueblo Colorado Wash in der Nähe von Ganado ließ Carson 75.000 Pfund an Korn und Weizen mitnehmen. Und in der Nähe des aufgegebenen Forts Defiance im Bonito Canyon benutzte er die Felder der Navahos erneut als Wiesen für seine Pferde. Bei den Ruinen des alten Forts Defiance, südlich von Chinle Wash und des geheimnisvollen Canyon de Chelly, errichtete er ein neuen Fort (Canby). Wieder ließ er die umliegenden Felder als Weideflächen für seine Tiere mißbrauchen. Doch Kit Carson war es langsam leid, mit seinen unfähigen Offizieren zu arbeiten: Er erzwang die Entlassung eines ständig betrunkenen Majors, enthob einen Leutnant seines Postens, nachdem dieser ebenfalls betrunken mit einem anderen Soldaten im Bett erwischt worden war. Selbst einer der Armeeärzte erwies sich als Alkoholiker.

Trotzdem hatte die Armee den Indianern so stark zugesetzt, daß Delgadito diesen Zermürbungskrieg schließlich im November 1863 aufgab. Dennoch hatte Carson nur 200 Navahos, die er in das Reservat hätte führen können. Der Wendepunkt kam im Januar 1864, als Carson den **Canyon de Chelly** angriff, das heilige Gebiet der Navahos. Zwar hatten Armee-Scouts den gewaltigen Canyon schon erkundet, doch war er für Weiße größtenteils noch immer unbekanntes Terrain.

Carson besetzte den Eingang zum Canyon, während Hauptmann Pfeiffer vom östlichen Ende her in den Canyon vorrücken sollte. Durch einen Orientierungsfehler landete er allerdings in einem Nebenarm, dem Canyon del Muerto. Navaho-Krieger warfen von den Felskanten Felsblöcke auf seine Männer, doch seine Truppe konnte alle Indianer vertreiben und stieß schließlich auf den Canyon de Chelly selbst. Die Navahos waren nun zwischen Carson und Pfeiffer eingeschlossen und gaben auf.

Links: **Oberst Cristopher (Kit) Carson** war ein Trapper und Pelzhändler, arbeitete als Scout für John C. Frémont und als Indianerbeamter bei den Ute-Stämmen. In den 1860er Jahren wählte ihn General James Carleton aus, um eine Strafexpedition gegen die Mescaleros und Navahos zu führen. Carson gelang es, die Mescaleros in das Bosque Redondo-Reservat zu bringen. 1864 blieb sein Angriff auf die Comanchen bei Adobe Walls allerdings ohne Erfolg.

Gegenüberliegende Seite: Im Canyon de Chelly an der Grenze zwischen Neu-Mexiko und Arizona, war es in den 1870er Jahren, als er von George Wheeler erkundet wurde, wieder friedlich. 1864 hatte Kit Carson aus dieser heiligen Stätte der Nahavos ein Schlachtfeld gemacht – die 800 Krieger wurden in das Bosque Redondo-Reservat gebracht.

Hunger und Kälte hatten sie zermürbt, am Ende hatten sie noch nicht einmal gewagt, Lagerfeuer zu entzünden, um ihre Stellung nicht zu verraten.

Im Sommer 1864 kam es zur größten Kapitulation eines Indianerstammes, den die amerikanische Geschichte je gesehen hat: Etwa 8.000 Menschen wurden von den Forts Defiance und Wingate aus in das Bosque Redondo-Reservat gebracht. Doch Carey, und nicht Carson, überwachte diese südwestliche Version des *Trail of Tears*, den die Navahos schlicht *The Long Walk* (»Langer Marsch«) nannten. Viele von ihnen starben unterwegs, obwohl sich die begleitenden Soldaten nach den Befehlen von Carey richteten, und viele von jetzt eher Mitleid als Haß gegenüber den Indianern empfanden. Einige Soldaten teilten sogar ihre Rationen mit den Indianern. Für die Zeit des Marsches wurden die Navahos entwaffnet, doch im Reservat erhielten sie ihre Gewehre zurück. Rund 4.000 Navahos um Manuelito leisteten im Westen weiterhin Widerstand, bis auch sie 1866 den Kampf aufgaben.

Kit Carson hatte sich als verantwortlicher Beamter für das Reservat angedient, doch er gab diesen Posten schon nach wenigen Monaten als hoffnungslose Aufgabe wieder ab. Die Navahos wurden von den Indianerbehörden nicht schlecht behandelt, aber das Reservat war eine erbärmliche Einöde. Die Navahos waren unzufrieden mit ihren neuen Lebensbedingungen und sehnten sich in ihre alte Heimat zurück. Ihre Häuptlinge baten mehrmals darum, mit ihren Stämmen zurückkehren zu dürfen. General Sherman, der nach einem Besuch im Reservat schockiert war, stimmte der erneuten Umsiedlung zu, wenn die Navahos versprachen, sich dort friedlich zu verhalten. Andernfalls würde er sie, so warnte der General, in das Oklahoma-Indianerreservat schicken. Die Indianerbehörde gab schließlich 1868 nach und erlaubte den Navahos die Rückkehr. Carletons Experiment hatte sich damit als Fehler erwiesen. Die Navahos aber hielten ihr Wort und gingen nie wieder auf den Kriegspfad.

Fast ebenso ausgehungert und am Ende wie die Navahos waren um 1864 auch die Arapahoes und Cheyennes in Colorado. Immer wieder hatten sie aus reiner Verzweiflung Durchreisende und Siedler angegriffen. Dennoch war dies natürlich keine Entschuldigung für ihr Skalpieren und Verstümmeln der Leichen oder das Niederbrennen von Farmen. Nachdem sie die Versorgungslinien nach Denver unterbrochen hatten und selbst die Kutschen nicht mehr fuhren, griffen die örtlichen Behörden in Denver zu einer recht wirkungsvollen Maßnahme, um Stimmung für eine Strafexpedition zu machen: sie stellten die Skalps und verstümmelten Leichen eines Siedlers, seiner Frau und ihrer zwei Kinder öffentlich aus.

In den Augen der Bürger war die Zeit reif für einen Helden, der Colorado von einem Übel, das die Siedler bloße Grausamkeit nannten, befreien würde. Major Jacob Downing war dieser Mann. Er überraschte ein Cheyenne-Lager bei Cedar Bluffs, 150 Kilometer nördlich des *South Platte*. Er ließ 26 Indianer umbringen, verwundete etwa 60 weitere, die aber fliehen konnten. Später prahlte Downing damit, daß er keine Gefangenen gemacht habe und nur die fehlende Munition Schuld daran gewesen sei, die Cheyennes nicht noch weiter verfolgt und getötet zu haben.

Aber Downing sollte nicht der Mann der Stunde sein, die »Ehre des Helden« kam Oberst John M. Chivington zu. Er wurde auch der »kämpfende Pfarrer« genannt, weil er ursprünglich als Geistlicher eine Pfarrstelle verschmäht und stattdessen gegen die Rebellen gekämpft hatte.

Im November 1864 gab Chivington bekannt, daß er die Cheyennes unter Häuptling »Black Kettle« (»Schwarzer Kessel«) angreifen würde. Doch andere Offiziere machten ausdrücklich darauf aufmerksam, daß sich diese Indianer bereits ergeben hätten und sich nun unter dem Schutz von Major Edward Wynkoop aus Fort Lyon befänden. Aber der »Mann Gottes« erwiderte darauf, daß er in jedem Fall Recht habe und daß es richtig war, jedes Mittel anzuwenden, um diese »Frauen und Kinder mordenden Wilden«, wie er sagte, auszurotten.

Black Kettle lagerte mit seinen Cheyennes am **Sand Creek**, einem Nebenfluß des Arkansas. Er war eine zwiespältige Persönlichkeit, ein Krieger, der ganz sicher auch Siedler umgebracht hatte, der aber zu diesem Zeitpunkt nichts als Frieden wollte. Vorsichtig wie er war, hatte er auf seinem Tipi eine weiße Flagge neben der amerikanischen Flagge, den *Stars and Stripes*,

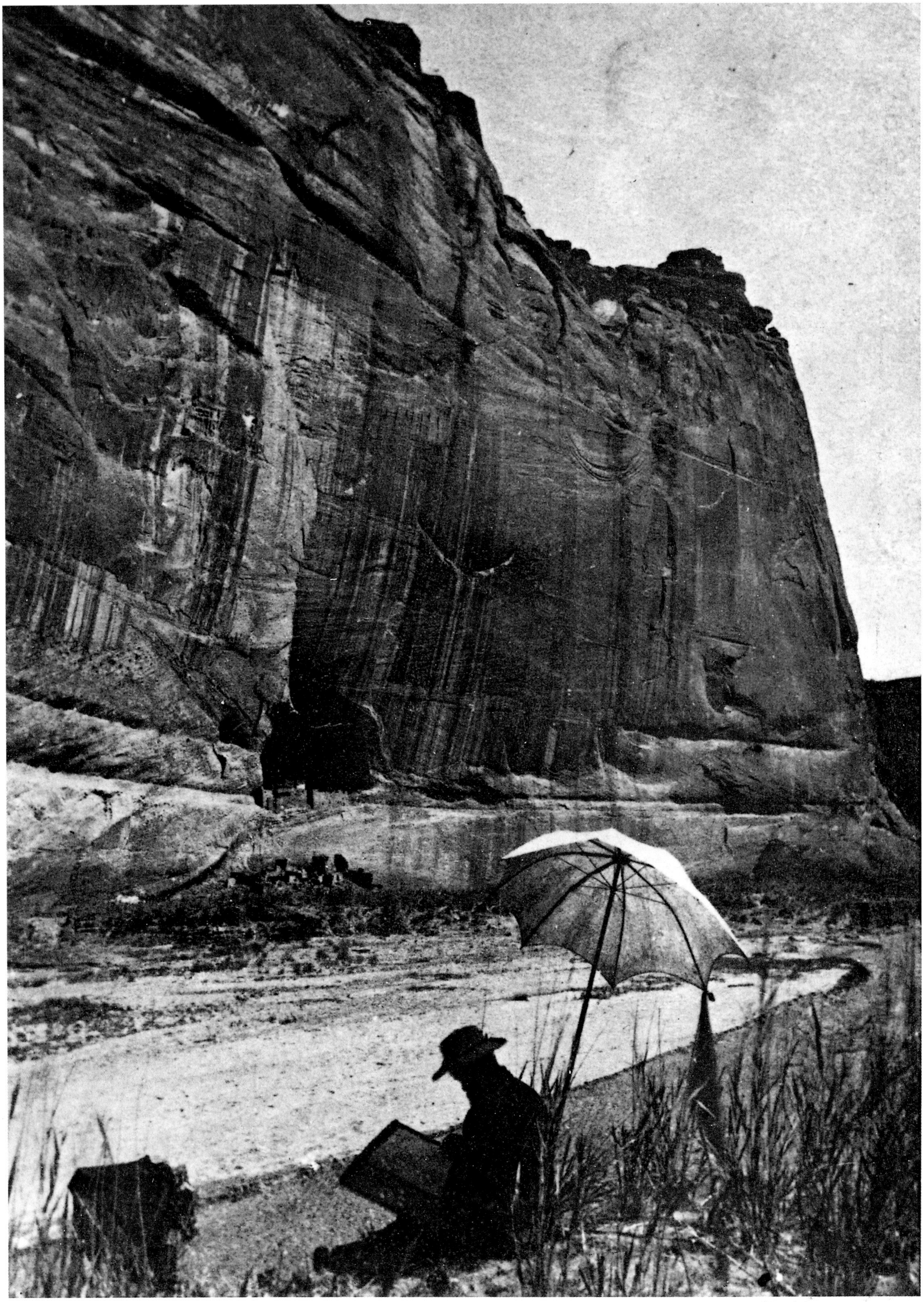

Oben: Die Ruinen des **Weißen Hauses**, einer mehrstöckigen Wohnanlage in den Felsen, ist eine der stummen Zeugen der hochentwickelten Kultur, die die Anasasi-Indianer im Canyon de Chelly vor der Entdeckung Amerikas erreicht hatten.

Rechts: Der **Canyon de Chelly** mit seinen hohen Felswänden war im 19. Jahrhundert eine natürliche Festung. Heute leben hier noch eine Handvoll Navahos.

Unten: Der Lebensstil der **Navahos** im Canyon hat sich seit den Tagen ihrer Großväter kaum verändert.

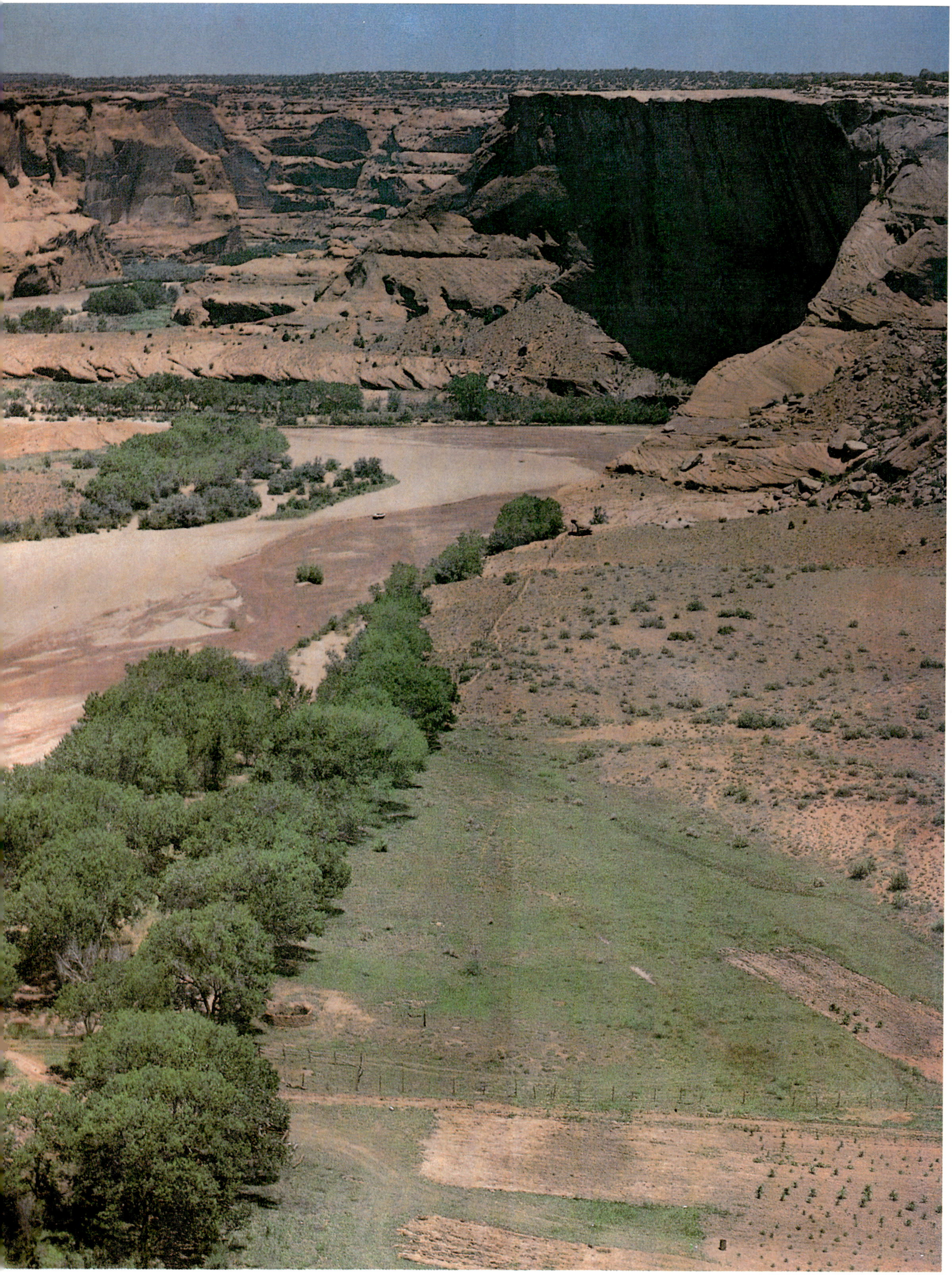

Oben: In dieser Zeichnung, »*After the Skirmish*«, stellte Frederick Remington einige Kavalleristen bei einer Pause dar.

Gegenüberliegende Seite: **Manuelito** war der letzte Indianerhäuptling, der sich im Nahavo-Krieg ergab (1866). Er hielt mit 4.000 Kriegern weiter aus, lange nachdem Kit Carson sein Volk in ein Reservat gebracht hatte. Dieses Foto entstand bei einem Besuch in Washington.

aufziehen lassen, um seine friedlichen Absichten zu beweisen. Wenn Chivington die Flaggen gesehen haben sollte, muß er sie als Falle abgetan haben. Jedenfalls griff er mit seinen 700 Soldaten und vier Kanonen sofort an und trennte die Krieger von ihren Pferden. Black Kettle hatte seinen Männern noch zugerufen, daß man sie nicht töten würde, als er schon mit seiner verwundeten Frau fliehen mußte. Die völlig verwilderten Soldaten skalpierten und verstümmelten die Toten; Chivington verfolgte die Cheyennes noch über acht Kilometer auf einem Pfad, der hinterher von Leichen übersät war. Er gab die Verfolgung erst bei Einbruch der Dunkelheit auf.

Sand Creek war mehr als eine Schlacht, Sand Creek war ein regelrechtes Massaker. Der blutgierige Priester hatte sieben Männer getötet und 47 weitere verwundet, von denen sieben später starben. Aber nur zwei Frauen und fünf Kinder wurden gefangengenommen. Ein Bericht sprach davon, daß von den insgesamt 200 bis 300 toten Indianern nur etwa 26 Krieger gewesen seien.

Chivington marschierte in einem Triumphzug durch Denver und zeigte auf einer Theaterbühne 100 Indianerskalps. Aber die breite Öffentlichkeit war, zu Chivingtons großer Überraschung, bald entsetzt über das Schlachten bei Sand Creek. Ein Augenzeuge hatte davon berichtet, wie ein Soldat ein drei Jahre altes Indianerkind erschossen hatte. Und der Dolmetscher John Smith erzählte davon, wie Soldaten mit Messern Squaws regelrecht aufgeschlitzt hatten. Der US-Kongreß ließ daraufhin eine Untersuchung durchführen, die auf 700 Seiten Zeugenaussagen sammelte und Chivington scharf verurteilte. Der Oberst mußte vor einem Kriegsgericht erscheinen, wurde aber nur aus der Armee ausgestoßen und nicht bestraft.

Kit Carson kam derweil zum zweiten Mal zu einem Einsatz im Westen. Im November 1864 ritt er von Fort Bascom in Neu Mexiko aus gegen eine feindliche Gruppe von Kiowas, Cheyennes und Comanchen. Bei **Adobe Walls** im Canadian River-Tal traf er auf eine verbündete Kriegerschar aus Kiowas und Comanchen, die doppelt so stark wie seine eigene Freiwilligeneinheit war. Erst der Einsatz seiner Kanonen trieb die Indianer zurück. Und als neu angerückte Krieger das Präriegras anzündeten, um im Schutz des Rauches anzugreifen, ließ Carson kurzerhand selbst Feuer legen!

Diese erste Schlacht bei Adobe Walls wurde von Kit Carson immer als Sieg dargestellt, vor allem, weil er es geschafft hatte, alle 150 Kiowa-Behausungen mit ihren Wintervorräten niederzubrennen. Dennoch war diese Schlacht eher unentschieden ausgegangen, trotz des Einsatzes der schweren Kanonen. Carson hatte zwei Tote und zehn Verwundete zu beklagen und gab später an, seine Männer hätten 60 Indianer getötet; eine Schätzung, die sicherlich zu hoch angesetzt ist.

Die Schlacht bei Adobe Walls fand am 25. November 1864 statt. 19 Wochen später, am 9. April 1865, kapitulierte General Robert E. Lee für die Armee der Südstaaten gegenüber General Ulysses S. Grant bei Appotomax. Ein Kapitel der amerikanischen Geschichte hatte damit sein Ende gefunden. Doch in der Geschichte der nordamerikanischen Indianerkriege sollte im Westen eine neue Ära beginnen.

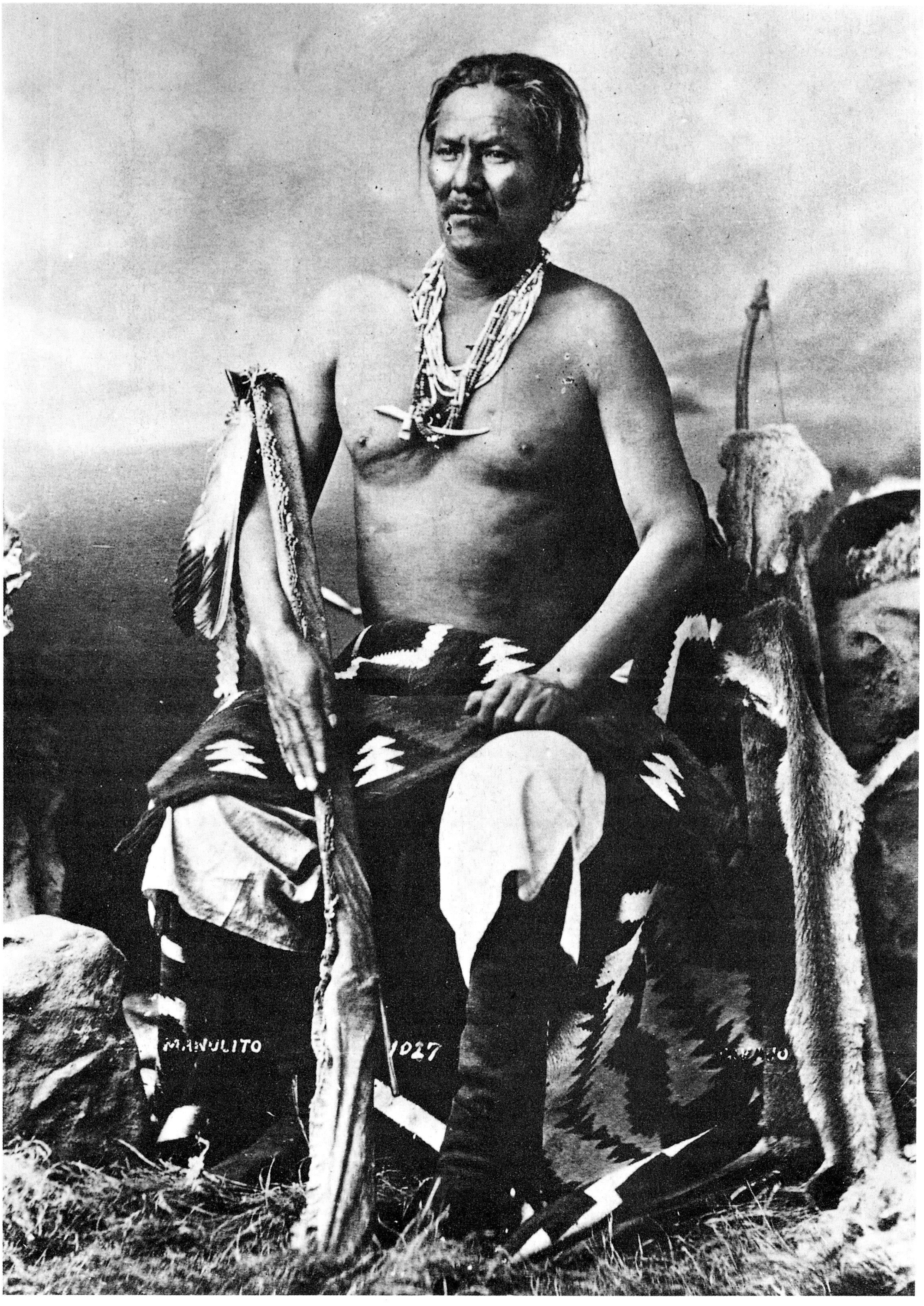
MANULITO
1027

Wichtige Schlachten im Westen (1857–1875)

- Städte
- Forts
- Schlachten
- Militärbereich Pazifik
- Militärbereich Missouri

DER KRIEG IN DER PRÄRIE
1865–1875

Das Ende des amerikanischen Bürgerkriegs, die Kapitulation von General Lee bei Appomatox im April 1865, kündigte auch eine neue Ära der Indianerkriege an: Die westlichen Garnisonen wurden nun durch Truppeneinheiten verstärkt, die man im Osten nicht mehr brauchte. Man errichtete neue Vorposten und ersetzte die langsamen Infanteriekompanien durch die beweglichere Kavallerie. In dieser Zeit kam es zu den ersten Gefechten zweier großer Kriege, die fortan den Westen beherrschen sollten – der Siouxkrieg in der nördlichen Prärie und der Apachenkrieg im Südwesten. In dem Jahrzehnt nach dem Bürgerkrieg erlebte der Westen über 200 Kämpfe.

Die neue Ära wurde im Juli 1865 durch die Ankunft eines Freiwilligenverbandes in der Nähe von Caspar, Wyoming, eingeleitet. Die Stadt wurde nach Leutnant Caspar W. Collins benannt, der bei einem Angriff der Indianer am North Platte-Fluß getötet wurde. Etwa 300 Kilometer westlich von Fort Laramie gab es eine Brücke, die über den Fluß führte. In der unmittelbaren Nähe dieser Brücke befand sich eine kleine Siedlung, die nur aus einem Laden, einer Postkutschenstation und einem eingezäunten Fort, Camp Dodge, bestand.

Weder Collins noch sein befehlshabender Offizier, Major Peter Anderson, konnten wissen, daß sich 3.000 Sioux, Arapahoes und Cheyennes ganz in der Nähe des Forts versteckt hielten. Schon seit Mai planten die Indianer einen Angriff.

Zunächst schickten sie einige Krieger als Lockvögel vor das Fort, doch die Armee, die sich hinter den Palisaden in Sicherheit wähnte, rührte sich nicht, sondern antwortete nur mit gelegentlichem Haubitzenfeuer. Am Morgen des 26. Juli versuchten die Belagerer die Schlinge enger zu ziehen und postierten Männer an der Brücke. Die Indianer wagten sich nun immer näher an das Fort heran. Diesmal sah es so aus, als ob die Armee den Köder geschluckt hätte: Die Tore wurden geöffnet, eine Sondereinheit der Kavallerie ritt über die Brücke. Die Reiter hatten jedoch nicht die Absicht, Indianer zu verfolgen, sondern ritten einem Vorratstreck entgegen, um ihm Geleitschutz zu geben. Eine Haubitzensalve wurde abgefeuert, um die Männer des Verpflegungstrecks auf die drohende Gefahr hinzuweisen.

Collins führte die 20 Männer nur deshalb an, weil keiner der Offiziere bereit war, so unmittelbar vor der Demobilisierung sein Leben zu riskieren. Doch auch der Leutnant hatte Angst. Man sagt, daß er aus Furcht vor dem Tod bei dieser Mission eine nagelneue Uniform trug.

Plötzlich setzten sich zwei lange Reihen von Indianern in Bewegung; eine von ihnen schnitt Collins von der Brücke ab, die andere schob sich zwischen ihm und die fünf Planwagen, die Sergeant Custard mit 25 Männern begleitete.

Zunächst trieb der Leutnant seine Reiter vorwärts, um endlich die Planwagen zu erreichen. Als er aber erkannte, daß auch von hinten Indianer angriffen, befahl er seinen Männern den Rückzug über die Brücke. Dabei kam es zu Kämpfen, in deren Verlauf Collins, bei dem Versuch einem Verwundeten aufzuhelfen, getötet wurde. Außer ihm starben vier weitere Kavalleristen, den übrigen gelang es, teilweise schwer verletzt, in das Fort zurückzukehren.

Custard, der sah, daß die Kavalleristen zurückgeschlagen wurden, ließ die Planwagen schnell zu einer Wagenburg zusammenfahren. Die angreifenden Indianer wurden von Roman Nose (»Römische Nase«) angeführt, einem hochgewachsenem Indianer, der wegen seiner Tapferkeit hohes Ansehen genoß. Der Cheyenne war klug genug, seine Männer nicht dem Feuer der in den Planwagen versteckten Schützen auszusetzen. Statt dessen ließ er die Hälfte der Krieger absteigen, die nun zur Wagenburg krochen. Roman Nose brauchte vier Stunden, um sie einzunehmen. Alle Soldaten starben, die letzten Überlebenden, darunter der verwundete Sergeant, wurden verbrannt. Danach zogen sich die Indianer zurück, auch sie hatten schwere Verluste erlitten.

Während die Indianer einzelne Überfälle durchführten, konzentrierte sich die Armee auf eine einzige Großoffensive, die von General Edward Connor geplant wurde. Dies war die **Powder River Expedition**. Doch das schlammige Gelände, das schlechte Wetter, der Mangel an Futter für die Pferde und meuternde Soldaten ließen die Expedition bald ins Stocken geraten. Schon verlangten viele Freiwillige ihre Entlassungspapiere, die sie auch bekamen. Unruhen in den Black Hills und in Minnesota entzogen Connors Truppen weitere Kräfte.

Schließlich teilte der General seine Soldaten in drei Kolonnen ein, die zu einem festgesetzten Zeitpunkt wieder bei Rosebud Creek zusammentreffen sollten. Oberst Nelson Cole übernahm 1.400 Mann, Oberstleutnant Samuel Walker 600, während Connor selbst weitere 600 Mann anführte, darunter auch die Pawnee-Scouts. Es sollte die größte Militäroperation werden, die bis dahin im Westen stattfand.

Connor trug einige Gefechte aus; in einem dieser Scharmützel gelang es den Pawnee-Scouts eine Cheyennes-Bande zu bezwingen. Dort, wo der Bozeman-Pfad den Powder überquert, ließ Connor ein Fort errichten, das nach ihm benannt wurde. Kurz darauf kam es zu einem blutigen Kampf mit den Arapahoes unter Black Bear (»Schwarzer Bär«), bei dem keiner der Widersacher den Sieg davontragen konnte. Die Oglala-Sioux, angeführt von Red Cloud (»Rote Wolke«), und die Cheyennes unter Dull Knife (»Stumpfes Messer«) bedrängten zur gleichen Zeit die beiden anderen Einheiten. Aber davon konnte Connor noch nichts ahnen.

Längst war der vereinbarte Zeitpunkt für das Zusammentreffen der verschiedenen Kolonnen überschritten, da entdeckten die Pawnees Hunderte von toten Pferden und verbrannten Sätteln. Sie gehörten zu den Kavallerieeinheiten von Cole und Walker. Einige Zeit darauf machten die Pawnees auch die versprengten Soldaten ausfindig. Die beiden Divisionen waren in einem verheerenden Zustand, als Connor sie antraf. Sie kampierten in einer Gegend, wo es weit und breit weder Gras noch Wasser gab. Die Pferde gingen elend zugrunde, die Soldaten wurden auf Ration gesetzt. Nur mühevoll konnten sie sich mit einer Kanone und ihren Repetiergewehren gegen die zermürbenden Attacken der Indianer zur Wehr setzen.

Als Connor zu seiner großen Erleichterung den Befehl erhielt, die Expedition abzubrechen, ordnete er den Rückzug nach Salt Lake City an. Ausschlaggebend für die Beendigung des Feldzugs war weniger sein ungünstiger Verlauf gewesen, sondern die ungeheuren Kosten, die er verschlang: Die Indianerkriege führten die Armee langsam aber sicher in den finanziellen Ruin!

Die große Expedition von 1865 war ein Fehlschlag, obgleich sicher nicht die Katastrophe, als die sie gelegentlich dargestellt wurde. Connor war ein fähiger General, aber gegen die verhängnisvolle Kombination von schlammigem Gelände, ungünstigem Klima und der Zähigkeit seiner Feinde konnte er nichts ausrichten. Seine Militäroperation sollte die Indianer einschüchtern, statt dessen wurden die Indianer durch sie in ihrer Kampfbereitschaft entscheidend bestärkt.

Bevor die Armee die Freiwilligenverbände durch kampferprobte Veteranen des Bürgerkrieges ersetzte, kam es zu Friedensgesprächen. Den Vorsitz bei den Verhandlungen führte, auf Seiten der Armee, kein geringerer als der Bürgerkriegsheld General William T. Sherman, der den militärischen Oberbefehl über die Prärie hatte. Sherman versuchte durch Geschenke die Gunst von Red Cloud, Dull Knife und Spotted Tail (»Gefleckter Schweif«) zu gewinnen. Die Indianer waren trotz ihres militärischen Erfolges in einer schwierigen Situation, denn der harte Winter setzte ihnen schwer zu.

Die Regierung bat darum, Einwanderer durch das Land ziehen zu lassen, das man erst kurz zuvor den Sioux und Cheyennes zugesprochen hatte. Darüber hinaus verlangte Sherman die Erlaubnis zum Bau dreier Forts, längs des Bozeman-Pfades, der den Platte-Fluß mit den Minen von Montana verband. Red Cloud sprach für die Sioux und die Cheyennes, obgleich er

Oben: Die Winterfeldzüge gehörten zur Armeestrategie, obwohl sie für die Soldaten äußerst strapaziös waren. Für die Indianer waren sie noch entbehrungsreicher, denn sie litten sehr unter Hunger und Kälte.

formal gesehen eigentlich kein Häuptling war – jedes Zugeständnis lehnte er unerbittlich ab.

Zu diesem Zeitpunkt traf Oberst Beebee Carrington mit 700 Mann der 18. Infanterie in Fort Laramie ein. Er hatte den Auftrag, den Bau der Forts am Bozeman-Pfad in die Wege zu leiten, und zwar unabhängig von dem Ausgang der Gespräche. Voller Zorn brach Red Cloud daraufhin die Verhandlungen endgültig ab.

Als Carrington in das Verhandlungszelt eintrat, sprang Red Cloud auf – er warf den Regierenden in Washington Täuschung vor und rief aus, daß er lieber im Kampf getötet werden wolle, als den Hungertod erleiden zu müssen. Auch die übrigen Indianer zeigten sich über diesen Verrat sehr erbost. »Man Afraid Of His Horses« (»Mann-vor-dessen-Pferden-man-sich-fürchtet«) warnte Sherman, daß seine Krieger gegen den Bau der Forts und der Errichtung des Pfades Widerstand leisten würden. Fast alle Indianer verließen verbittert das Zelt. Nur drei Brulé unterzeichneten die Verträge der Weißen. Doch auch diese gaben Sherman einige Zeit später bekannt, daß ihr Stamm die Abmachungen nicht anerkennen würden.

Aber es war nicht Carrington, der für dieses Vorgehen

Das Gemälde *Indians Attacking* von Charles M. Russell ist eine der eindrucksvollsten Darstellungen der Prärie-Indianer. Es befindet sich heute im Amon Carter Museum in Fort Worth.

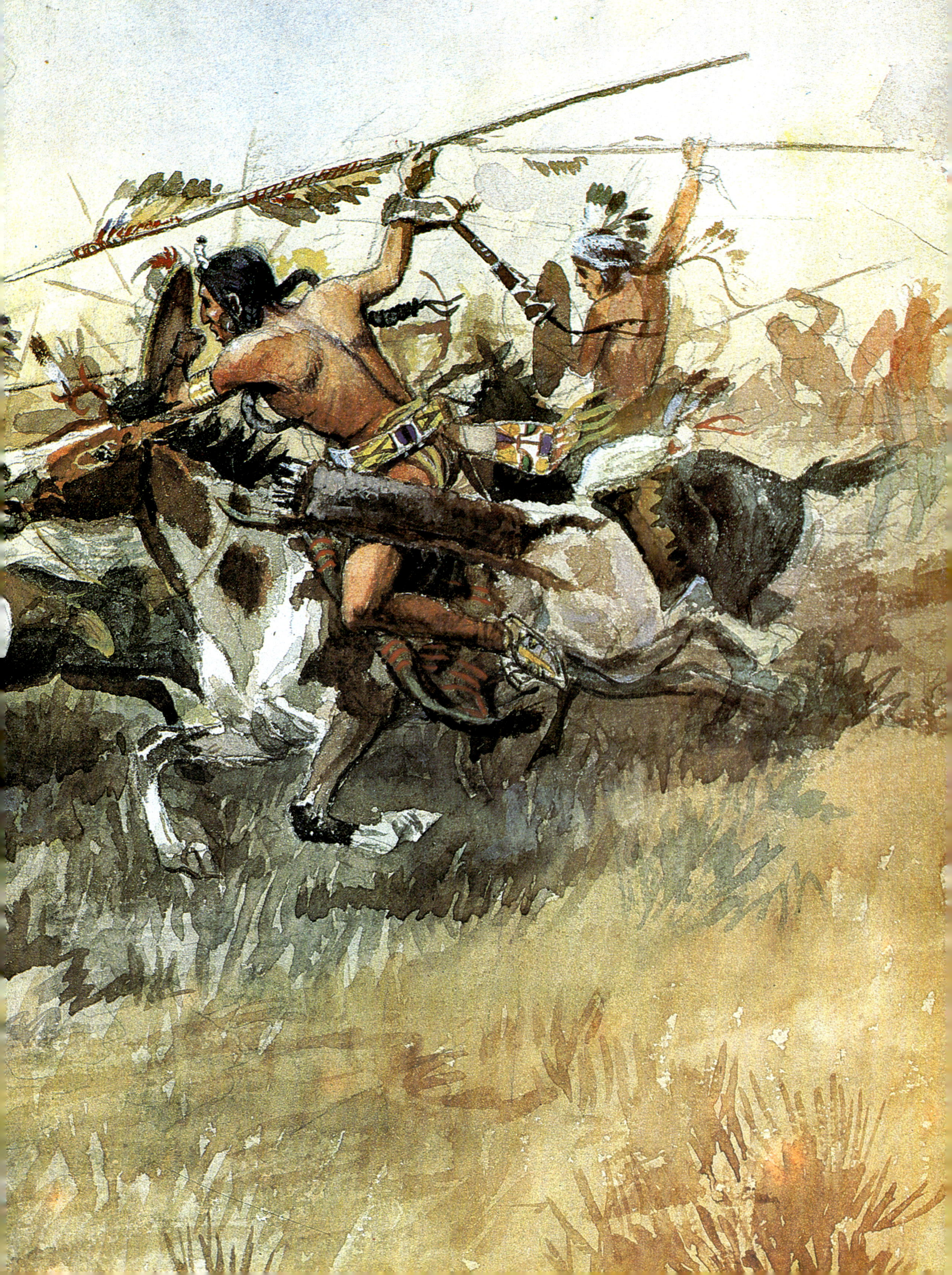

der Armee verantwortlich war. Er führte nur die Befehle der Bürokraten in Washington aus. Sie waren offenbar dazu bereit, eine weitere Katastrophe in Kauf zu nehmen, denn Carrington verfügte nur über wenige Haubitzen und brauchbare Gewehre.

Nach dem Scheitern der Verhandlungen zog er mit 226 Planwagen von Fort Laramie aus in Richtung Westen. In den Wagen befanden sich nicht nur Munition und Verpflegung, sondern auch Türen, Fenster, Schlösser, Ketten, Butterfässer, Musikinstrumente, Saatgut und Werkzeug, ja selbst ein komplettes Sägewerk nahm man mit. Alles sprach dafür, daß die Armee sich für längere Zeit im Umland des Powder-Flusses niederlassen wollte. In den Planwagen der Nachhut saßen die Frauen und Kinder der Soldaten.

Am 28. Juni 1866 erreichte Carrington Fort Reno, hier stationierte er ein Viertel seiner Männer. Anschließend zog er in das Piney Creek-Gebiet, ganz in die Nähe des Powder-Flusses. Dort gab es vorzügliches Land mit viel Gras, Wasser und Wäldern. Carrington war genau der richtige Mann für den Bau eines Forts: Als Absolvent der Universität Yale war er nicht nur ein guter Soldat, sondern auch ein hervorragender Ingenieur. Aber gegen die wiederholten Aktionen der Sioux, die die Errichtung der 200 mal 280 Meter großen Palisadenanlage hinauszögerten, vermochte er nichts auszurichten. Die Männer, die außerhalb dieses Forts Phil Kearny arbeiteten, waren durch die Sioux besonders gefährdet; die über 10 Kilometer lange Strecke zwischen dem Wald und dem Fort wurde für die Holzfäller oft genug zu einem wahrem Spießrutenlauf.

Langsam dämmerte es Carrington, daß er in seinem eigenem Fort gefangen war. Er forderte die Regierung auf, mehr Soldaten sowie zusätzliche Munition zu schicken. Er bekam 95 Infanteristen und 65 Kavallerie-Rekruten; letztere waren so unerfahren, daß sie kaum auf einem Pferd reiten konnten. Offenbar erschien der Regierung diese Maßnahme als ausreichend, den Frieden in der Region zu sichern.

Unterdessen sammelten Red Cloud und Dull Knife ihre Verbündeten: Black Bear von den Arapahoes, Sitting Bull (»Sitzender Bulle«) und Gall von den Hunkpapa Sioux, Crazy Horse

(»Vor-dessen-Pferd-man-sich-fürchtet«), ein junger, kluger Oglala-Sioux-Krieger und der Miniconjou Hump gehörten dazu. Selbst der friedfertige Spotted Tail schloß sich dem Bündnis an, das die Belagerung der drei Lager, Fort Reno, Fort Phil Kearny und Fort C. F. Smith am Big Horn-Fluß, beschlossen hatte.

Jim Bridger, ein Scout, der unter Connor an der Powder-River-Expedition teilnahm, führte Red Cloud und Carrington zu einem Gespräch zusammen. Der Oberst ließ nichts unversucht, Red Cloud milde zu stimmen. Mit Musik wollte er ihn erfreuen, mit Haubitzenfeuer beeindrucken; alles ohne Erfolg.

Am nächsten Morgen ließ Red Cloud 175 Pferde und Maultiere der Armee vertreiben. Als einige Soldaten losritten, um die Tiere wieder einzufangen, wurden sie von den indianischen Kriegern unter Beschuß genommen. Damit begann der blutige Red Cloud-Krieg.

Red Cloud war eisern entschlossen, gegen die Weißen vorzugehen. Selbst die Crows, seine Todfeinde, wollte er für seinen Bund gewinnen. Hierzu kam es zwar nicht, doch von den Sioux,

Gegenüberliegende Seite: 1868 kam es in Fort Laramie zu einem zweiten großem *Pow-How*. Zu der Delegation der Armee gehörten auch die bekannten Generäle **William T. Sherman**, **William S. Harney** (zusammen rechts vom mittleren Pfosten zu erkennen) und **Alfred Terry** (hinter dem Busch).

Oben: Eine eher ungeschickte künstlerische Wiedergabe des nebenstehenden Fotos. Der stehende Indianer ist **Häuptling Spotted Tail**. Die Armeeführung gab den Forderungen der Sioux nach, um den Red Cloud-Krieg zu beenden – sehr zum Unwillen der Soldaten und der weißen Siedler.

die sich in der Umgebung von Fort Laramie aufhielten, erhielt er moderne Waffen. Dies war sehr wichtig, weil die meisten seiner Krieger nur über Pfeil und Bogen verfügten.

Währenddessen feierte man in Phil Kearny die Fertigstellung des Forts. Das Sternenbanner wurde aufgezogen, Carrington hielt eine Rede, dann tanzte man die *Quadrille*. Doch eigentlich gab es keinen Grund für Festtagsstimmung. Die Moral der Soldaten sank. Auch mangelte es ihnen an militärischer Übung, da man sie die ganze Zeit über als Arbeiter eingesetzt hatte. Das

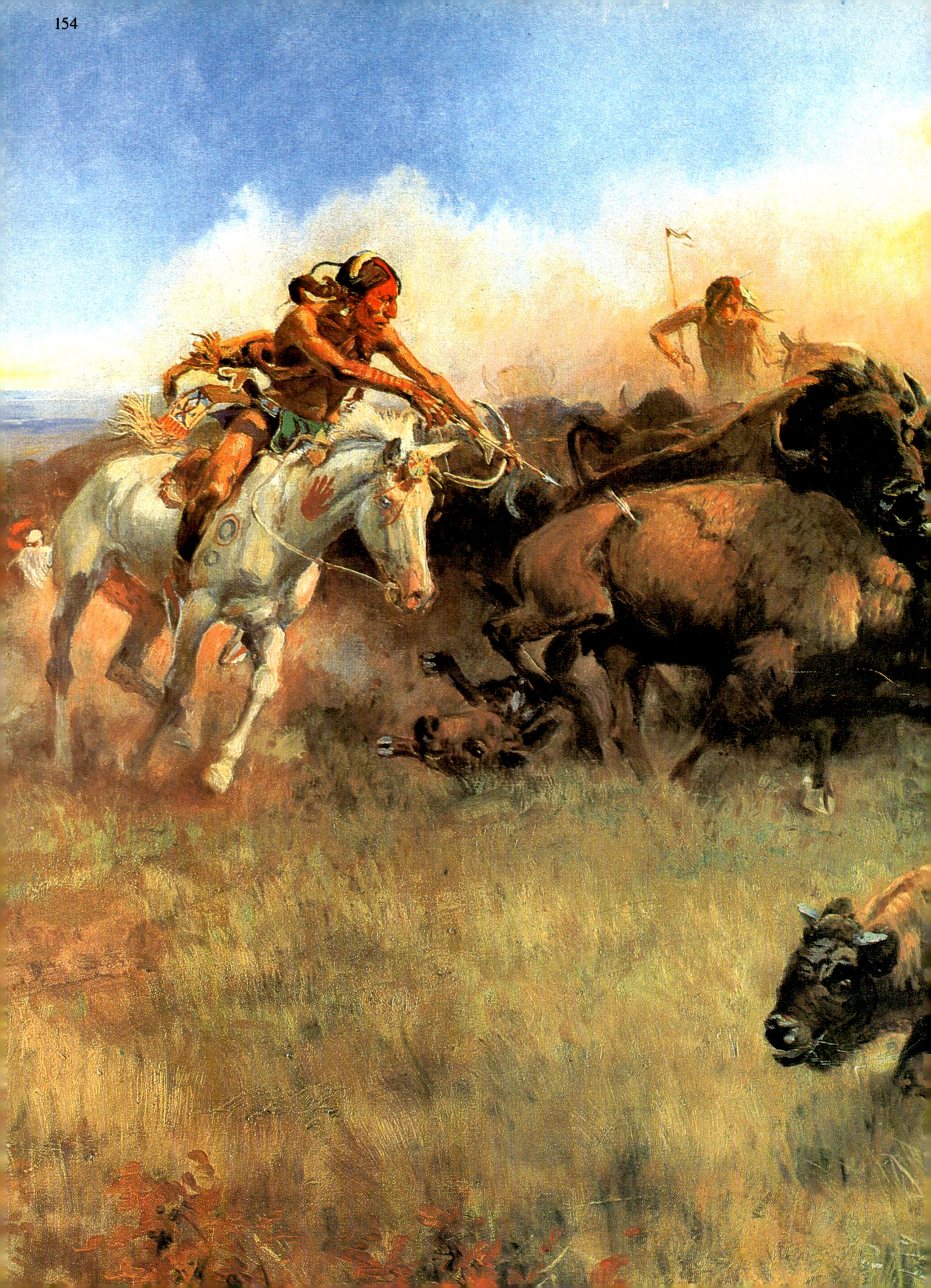

Das Ölgemälde *The Buffalo Hunt* malte der Künstler Charles M. Russell im Jahre 1919. Es hängt heute im Amon Carter Museum. Das Bild zeigt, wie die Prärie-Indianer auf ihren Pferden eine Büffelherde einkreisen, um die Tiere mit gezielten Schüssen aus kurzer Entfernung erlegen zu können.

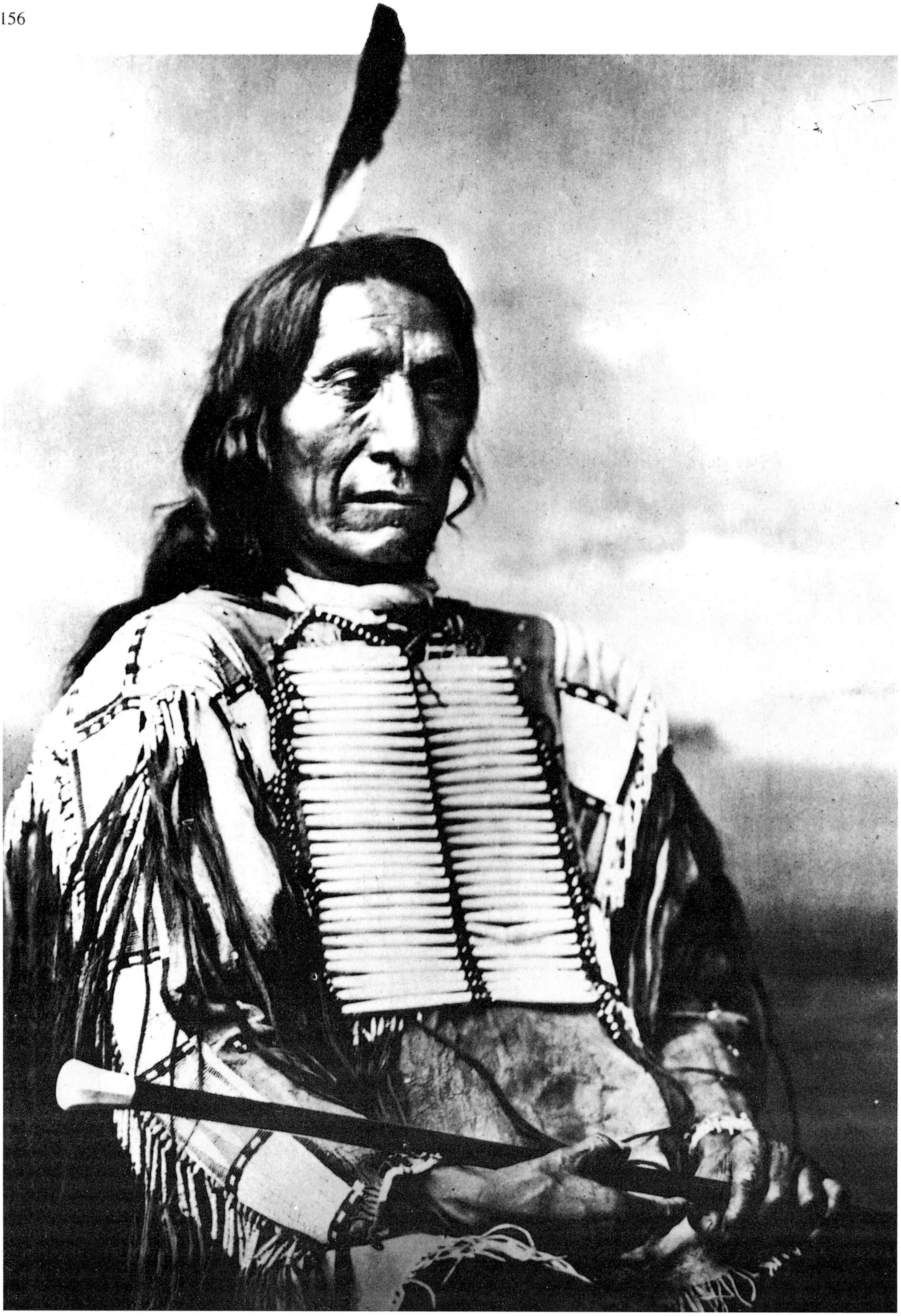

Gegenüberliegende Seite: Das Portrait aus dem Jahre 1880, aufgenommen von Charles M. Bell, zeigt **Red Cloud** (1822–1909). Viele Jahre lang widersetzte sich der Oglalla-Sioux der Errichtung des Bozeman-Pfads.

Rechts: **Häuptling Spotted Tail** war weitaus friedfertiger als Red Cloud. Während der Unruhen wurde der Brulé-Sioux 1881 von Crow Dog getötet.

Fort war zweifellos stabil, aber war es ausreichend bemannt, um hier eine Schlüsselstellung an der *Frontier* zu halten?

Immer wieder warnte Jim Bridger den Oberst, daß Unheil in der Luft lag, doch die jüngeren, großspurigen Offiziere, die unter Sherman gedient hatten, schlugen alle Warnungen in den Wind. Ja, sie machten sich sogar lustig über Bridger und den Oberst, der die Mahnungen des Scouts ernstnahm.

Am 21. Dezember 1866 holten die Indianer zum großem Schlag aus. Red Cloud postierte etwa 1.500 – 2.000 Krieger hinter dem Lodge Trail Ridge, einer Hügelkette, und legte am Peno Creek einen Hinterhalt, nur fünf Kilometer vom Fort entfernt. Inzwischen führten Crazy Horse und Hump zwei Kriegergruppen in die unmittelbare Nähe des Forts, die als Lockvögel dienen sollten. Eine weitere Schar überfiel den Holztransport.

Die Wachposten des Forts schlugen sofort Alarm. Carrington beauftragte Hauptmann James Powell, die Holzarbeiter zu befreien. Da drängte sich Hauptmann William J. Fetterman nach vorne, wegen seines Dienstalters forderte er das Kommando dieser Aktion, von der er sich Ruhm erhoffte. Carrington gab es ihm. Dabei wies er Fetterman nachdrücklich darauf hin, sich nur um die Holzwagen zu kümmern. Auf keinen Fall sollte er über den Lodge Trail Ridge hinaus reiten.

Der Hauptmann hielt Carrington für feige, er nahm noch zwei weitere Offizier mit auf die Mission, Brown und Leutnant Grummond. Wie Fetterman waren sie als Hitzköpfe bekannt. Der Leutnant ließ im Fort seine Frau zurück – vor wenigen Monaten erst hatten sie geheiratet.

Das übersteigerte Selbstvertrauen der Offiziere hätte Carrington dazu veranlassen müssen, seinen Befehl zu überdenken und andere Männer mit dieser Aufgabe zu betrauen. Aber er tat es nicht. Fetterman sah sich selbst als Kämpfer *und* als Stratege. Er ging nicht direkt gegen die Angreifer des Holztransportes vor, sondern umging die Indianer, um sie von hinten überraschen zu können. Auf diese Weise würde er sie zum Kampf zwingen, denn der Rückzug wäre ihnen verwehrt. Da erblickte er einige Männer von Crazy Horse, die als Köder ausgesandt worden waren. Und tatsächlich ließ sich der Hauptmann dazu hinreißen, mit seinen Männern die Verfolgung aufzunehmen und jagte in Richtung Lodge Trail Ridge hinter den Indianern her. Bei einer Böschung stießen sie auf die Hauptmacht von Red Cloud – die Falle war zugeschnappt. Crazy Horse gab ein Signal, und die Sioux, Cheyennes und Arapahoes stürzten sich auf die 81 Reiter.

Es herrschte beißende Kälte auf der Böschung, die fortan *Massacre Hill* (»Massaker-Hügel«) genannt werden sollte. Männer und Pferde rutschten auf den vereisten Flächen aus, der Schnee färbte sich blutrot. Die Indianer ließen Fettermans Abteilung keine Chance: zuerst erwischte es Grummond, der voraneweg ritt, innerhalb von nur einer Stunde starben alle übrigen Soldaten. Einige von ihnen, darunter auch Fetterman und Brown, begingen Selbstmord, um nicht nach dem Kampf von den Indianern gefoltert zu werden. Wie in einem Rausch machten die Indianer alles nieder, was ihnen in die Quere kam, selbst die Leichen verstümmelten sie. Die Armee nannte diesen Vorfall, in dem der unbesonnene Hauptmann alle Männer verlor, das **Fetterman Massaker**. In der Erinnerung der Indianer hingegen lebte das Ereignis als *The Battle of the Hundred Slains* (»Schlacht der hundert Erschlagenen«) fort.

Dies war die schwerste Niederlage, die die Armee bis dahin im Westen erlitten hatte. Nur einmal zuvor in ihrer Geschichte hatte sie einen Kampf ausgetragen, den keiner ihrer Soldaten überlebte. Dabei hat man häufig vergessen, daß der leichtsinnige Fetterman sich verbissen gewehrt hatte, bevor er sich selbst erschoß. Die Vermutungen über die Anzahl der Opfer unter den

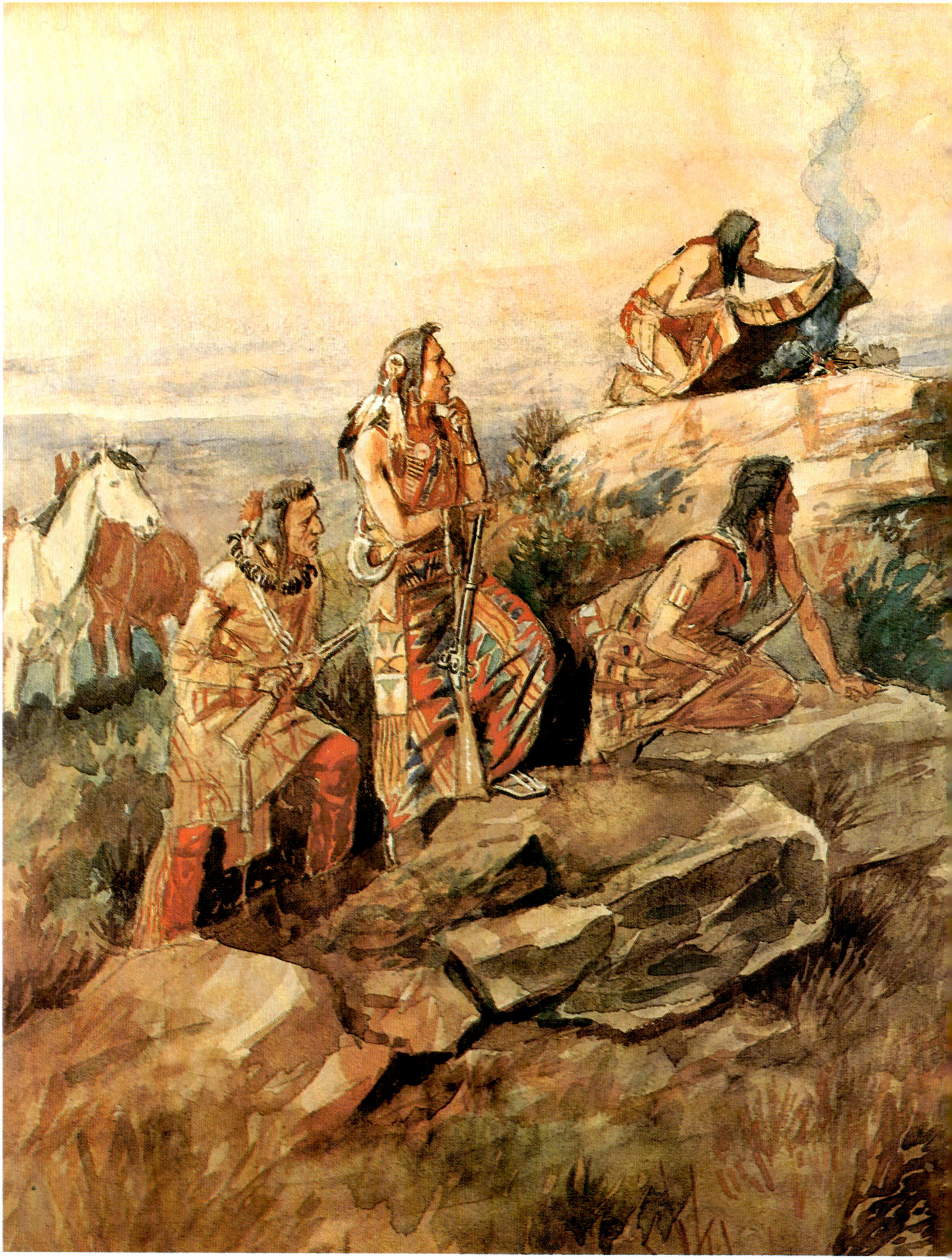

Indianern gehen auseinander: Nach ihren eigenen Angaben war von bis zu 200 Verwundeten und Toten die Rede, nach Schätzungen der Armee betrug die Zahl der Toten dagegen 60. Wahrscheinlich ist die Zahl niedriger anzusetzen.

Das Gewehrfeuer hinter der Hügelkette veranlaßte Carrington, nahezu alle waffenfähigen Männer zu einer Hilfseinheit zusammenzustellen. Zum Schutz der Frauen und Kinder ließ er nur die Musiker, Köche und Gefangenen zurück, letztere hatte er aus der Wachstube geholt. Es war ein enormes Risiko, denn wenn Red Cloud auch Carringtons Männer niedergerungen hätte, wäre ihm das Fort schutzlos ausgeliefert gewesen. Aber seltsamerweise zogen sich die Indianer zurück, bevor Carrington zum Gegenschlag ausholen konnte.

Als sich der Oberst zum Rückmarsch aufmachte, befürchtete er, daß die Indianer inzwischen das Fort angegriffen hätten. Er spielte bereits mit dem Gedanken, die Pulvervorräte in die Luft zu jagen, damit die Frauen und Kinder nicht in die Hände der Krieger gerieten. Doch das Wetter rettete Fort Phil Kearny, ein Schneesturm ließ die Temperaturen weiter fallen, es herrschte klirrende Kälte.

Obgleich die Wachposten dicke Wollkleidung trugen und in Decken vermummt waren, wechselte Carrington sie alle halbe Stunde aus, um sie vor Erfrierungen zu bewahren. Die Indianer aber litten noch stärker unter der Kälte, in ihren dünnhäutigen Tipis kauerten sie aneinander und wärmten sich. Die euphorische Siegesstimmung unter den Kriegern Red Clouds war rasch verflogen.

Carrington, nach wie vor im schneeumwehten Fort eingeschlossen, versuchte schließlich das Unmögliche. Er fragte nach einem Freiwilligen, der bereit wäre, nach Fort Laramie zu reiten, um Hilfe anzufordern. Da trat John Phillips, ein erfahrener Scout, vor. Der Oberst vertraute ihm sein eigenes Pferd an und begleitete den mutigen Scout bis zu dem Tor, wo man Abschied nahm; dann gab dieser dem Pferd die Sporen und stob in die nächtliche Schneelandschaft davon. Phillips' verwegener Ritt über 300 Kilometer war eine Heldentat ohnegleichen. Eingehüllt in seinem Büffelfell, trotzte er der beißenden Kälte, immer wieder mußte er absteigen, um sein Pferd durch hüfthohe Schneewehen zu führen. Phillips ritt nur während der Nacht, tagsüber verbarg er sich vor möglichen Verfolgern.

Ohne Zwischenfälle erreichte er das kleine Fort Reno, doch von hier hatte er keine Hilfe zu erwarten, nicht einmal ein Telegraph war vorhanden, mit dem man zu Fort Laramie Verbindung hätte aufnehmen können. Also ritt er weiter. Nachdem er unterwegs einige Verfolger abgeschüttelt hatte, gelangte er endlich an sein Ziel.

Die Szene seiner Ankunft war wie aus einem Drehbuch: Völlig entkräftet, schleppte sich der Scout in das Fort, wo gerade Weihnachten gefeiert wurde. Phillips war zunächst kaum in der Lage, ein Wort herauszubringen, zu groß waren die Strapazen seines Rittes gewesen. Dann endlich berichtete er den Offizieren vom Fetterman Massaker. Sofort stellte man ein Bataillon der

Links: Das Aquarell **»Smoke Signal«** *zeigt eine Gruppe Scouts, die von Felsvorsprüngen aus Rauchzeichen geben. Ihre Ponies sind auf dem rückwärtigen Abhang versteckt. Dieses Bild von Charles Russell hängt heute im Amon Carter Museum in Forth Worth, Texas.*

Unten: **Sitting Bull (Tatanka Iyotanka)** war ein Medizinmann der Hunkpapa, die zu den Teton Dakotas (Sioux) gehören. Er galt als ein großer Politiker und Krieger zugleich. Unter seiner Führung vereinigten sich die Sioux 1876 im Kampf gegen die US-Armee.

18. Infanterie zur Verfügung, das nach Phil Kearny entsandt wurde. Als es dort eintraf, hatten sich die Indianer bereits zurückgezogen.

Natürlich suchte die Armee wie immer nach einem Sündenbock. Da Fetterman nicht mehr greifbar war, zog man Carrington zur Rechenschaft und entzog ihm das Kommando. Dabei kann man Carrington gar keinen Vorwurf machen, hatte er doch nachdrücklich um mehr Soldaten und Munition gebeten. Jetzt erst rückte wirkliche Verstärkung an, jetzt erst ersetzte man die veralteten Vorderlader durch Mehrladegewehre.

Die Strategie von Red Cloud sah vor, die drei Forts zu belagern und sie von den Verbindungen nach außen abzuschneiden. Es war sein Pech, daß er diesen Versuch zu einem Zeitpunkt unternahm, als die Waffen der Armee entscheidend verbessert wurden. Am 1. August 1867 überfielen, keine drei Kilometer von Fort C. F. Smith entfernt, 500 Cheyennes 30 Heuarbeiter und Wachsoldaten. Die Soldaten verschanzten sich hinter einem hölzernen Gehege und schossen die erste Reihe der Indianer nieder, nur ein einziger Krieger erreichte die Barrikaden, sofort wurde auch er niedergestreckt. Daraufhin entzündeten die Cheyennes ein Feuer, das der Wind zu dem Gehege trieb, doch wie durch ein Wunder drehte sich der Wind, unmittelbar bevor das Feuer die Soldaten erreichte.

Nur einen Tag nach diesem »**Hayfield Fight**« (Kampf am Heufeld) attackierten die besten Krieger der Lakota-Nation unter der Führung von Red Cloud, Crazy Horse und American Horse, unweit von Fort Phil Kearny, einige Holzfäller, die unter dem Schutz einer Kompanie der 27. Infanterie stand. Befehlshaber dieser Kompanie war Hauptmann Powell. Zuerst versetzte Red Cloud die Pferde und Maultiere der Weißen in Panik, daraufhin versuchten seine Krieger die Eskorte von den Holzarbeitern abzuschneiden. Doch sie ließen ihre Werkzeuge fallen, griffen zu ihren Waffen und konnten sich wieder zum Fort durchschlagen. Powell war weniger leichtsinnig als Fetterman, denn

Oben: Der Hunkpapa-Häuptling **Gall** siegte 1876 über Major Reno und war an dem Sieg über Custer beteiligt.

Unten: Das **Fort Phil Kearny** lag an einer Gabelung des Powder-Flusses. In den Planungen der Armee spielte es eine zentrale Rolle.

Oben: **Philip Sheridan** hatte als Leutnant bereits unter General William T. Sherman im Westen gedient und galt als dessen treuer Gefolgsmann. Auch Sheridan glaubte an den totalen Krieg und verachtete die Indianer, gegen die er kämpfte. Nach seiner Dienstzeit in Texas, Kalifornien und dem Nordwesten errang er während des amerikanischen Bürgerkrieges großen Ruhm als wagemutiger Kavallerieoffizier. 1867 wurde er in den Militärbereich Missouri geschickt und führte dort die Winterfeldzüge der Armee gegen die Indianer ein. Eines der ersten Ergebnisse dieser neuen Vorgehensweise war der Sieg Custers gegen Black Kettle in der Schlacht bei Washita im November 1868. Doch Sheridans weitere Planung sah plötzliche Kavallerievorstöße tief in die Gebiete der Kiowas, Comanchen und Cheyennes vor, zu einem Zeitpunkt, da sie solche Angriffe nicht mehr erwarteten. Seine drastischen neuen Methoden schienen ihm zunächst recht zu geben und sicherten kurzzeitig den Frieden. Er selbst beteiligte sich im Sommer an den Kämpfen; der Höhepunkt seiner Strafexpeditionen wurde zweifelsohne mit der Schlacht von Summit Springs am 11. Juli 1869 erreicht: Major E. A. Carr und fünf Kavalleriekompanien stießen von Fort McPherson in Nebraska aus gegen Häuptling »Tall Bull« und dessen Cheyennes vor; dabei kamen 50 Indianer um, 117 von ihnen wurden gefangengenommen. Später erlaubte Sheridan Oberst Ranald Mackenzie auch den Einsatz von Pawnee-Scouts gegen feindliche Indianer und ließ ihn die Kiowas und Comanchen aus ihren Verstecken im Palo Duro-Canyon vertreiben. Selbst die sonst respektierte Grenze zu Mexiko durfte der Offizier auf Sheridans Befehl hin überschreiten. 1869 wurde Sheridan zum Generalleutnant befördert und Befehlshaber des Miltitärbereiches Missouri. Er war es auch, der den Satz »Nur ein toter Indianer ist ein guter Indianer« prägte. 1870 ging er als Militärbeobachter nach Europa und erlebte dort den deutsch-französischen Krieg. Nach Shermans Pensionierung löste er ihn als Befehlshaber der US-Armee ab. Sheridan schützte im übrigen George A. Custer und half ihm nach dessen Kriegsgerichtsprozeß, wieder Fuß zu fassen.

auf dem offenen Feld hatte er aus einigen Planwagen, Holzhaufen und Sandsäcken eilig eine Verteidigungsanlage errichtet.

In dem sechsstündigem »Hayfield Fight« hatten die Indianer trotz zwanzigfacher Überlegenheit eine schwere Niederlage einstecken müssen. Der **Wagon Box Fight** (Wagen-Kampf) sollte für die Indianer noch schlimmer ausgehen: Powell gab jedem seiner besten Scharfschützen drei Mehrladegewehre, an ihre Seite stellte er weitere Soldaten, deren Aufgabe allein darin bestand, diese modernen Gewehre nachzuladen. Die übrigen Männer waren mit Hinterladern bewaffnet. Unter ohrenbetäubendem Kriegsgeheul griffen 500 Indianer an. Bis auf weniger als 50 Meter ließ Powell sie herankommen, dann erst gab er den Befehl zu schießen. Dem plötzlichen, unerbittlichen Kugelhagel hatten die Indianer nichts entgegenzusetzen. Nie zuvor hatten die Sioux derartige Verluste hinnehmen müssen, und nie ging alles so schnell. Einige der Kugeln, aus nächster Distanz abgefeuert, hatten eine solche Wucht, daß sie zwei Indianer hintereinander durchbohrten. Ununterbrochen schossen die Soldaten. Vergeblich hofften die Indianer auf eine Feuerpause, um den entscheidenden Schlag gegen die Weißen führen zu können. Schließlich mußten die Sioux und ihre Verbündeten überstürzt fliehen. Das Gelände rund um die improvisierte Verteidigungsanlage war übersät mit den Leichen ihrer Krieger und Pferde. Powell hatte lediglich sechs seiner 32 Männer verloren, während die Indianer 60 Tote und 120 Verwundete zu beklagen hatten.

Beide, der »Hayfield« und der »Wagon Box Fight« sind in die Annalen der amerikanischen Militärgeschichte eingegangen. Nie zuvor ist eine Streitmacht trotz einer vielfachen zahlenmäßigen Überlegenheit so vernichtend geschlagen worden.

Während die Indianer den Bozeman-Pfad unpassierbar machten, setzte sich in Richtung Süden eine große Armeetruppe in Bewegung. Es war die größte Truppenmassierung seit der mißglückten Powder River-Expedition. Angeführt wurden sie von General W. S. Hancock, der sich während des amerikanischen Bürgerkrieges viel Ruhm erworben hatte. Als seine rechte Hand galt der junge, aufstrebende Oberst George A. Custer. In diesem Feldzug von 1867, dem **Hancock's War** (»Hancocks Krieg«), sollte sich Custer zum ersten Mal mit den Indianern messen. Bisher verhielten sich die Truppen in ihren abgelegenen Forts sehr defensiv. Mit einer solchen Haltung konnte man die feindlichen Indianer nur schwer einschüchtern. Deshalb wollte die Armee nun den Druck verstärken. Doch der einzige nennenswerte militärische Erfolg dieses Unternehmens war die Zerstörung des Lagers von Roman Nose bei der Pawnee-Flußgabelung. Überraschenderweise hielt die Regierung diese Aktion jedoch für unrechtmäßig und entzog Hancock die Befehlsgewalt.

Im Herbst 1867 handelten William T. Sherman und andere Generäle mit den Indianern den *Medicine Lodge-Friedensvertrag* aus, der den Indianern zwei große Reservate zusprach – eines für die Cheyennes und Araphoes, ein anderes für die Comanchen, Kiowas und Kiowa-Apachen. Im April 1868 folgten weitere Gespräche mit Red Cloud, in denen die Generäle – zur Bestürzung der Armee – dem Häuptling eine Reihe von Zugeständnissen machten. Der Bozeman-Pfad wurde aufgegeben und mit ihm die drei Forts.

Es verwundert kaum, daß sich die Armee nun von ihren Generälen verraten fühlte: Die blutigen Opfer, die man für die Forts erbracht hatte, erwiesen sich als nutzlos. Verbittert zogen die Soldaten aus dem Powder-Flußgebiet aus. Und als sie sich umsahen, erblickten sie Rauchsäulen am Himmel – die Indianer hatten ihre Forts in Brand gesteckt. Red Clouds Gegenleistung bestand einzig und allein in dem Versprechen, seine jungen Krieger vom Kriegspfad fernzuhalten.

Die Aufgabe des Bozeman-Pfades ermutigte nicht nur Red Cloud, sondern auch Tall Bull (»Großer Bulle«) zu weiterem Widerstand. Dieser angriffslustige Cheyenne war Herr über 500 Krieger, die sogenannten *Dog Soldiers* (»Hundesoldaten«). Ebensowenig wie Roman Nose, der bereits die Unterzeichnung des *Medicine Lodge*-Friedensvertrag verweigert hatte, war Tall Bull dazu bereit, sich in ein Reservat einweisen zu lassen. Er wollte herumziehen und jagen wie es ihm gefiel.

Als General Philipp Sheridan, der Kriegsminister, 1868 eine Inspektionsreise durch den Westen antrat, hatte es den Anschein, als wäre der Frieden tatsächlich stabil. Man brauchte die Indianer nur dazu überreden, in ein Reservat zu ziehen, Gewalt war offenbar nicht weiter erforderlich. Aber Sheridan wußte nur zu gut, daß die Politik des Entgegenkommens kaum ausreichen würde. In seinen Augen waren es allein die 93 Forts, die den Frieden sicherten.

Die einfachen Soldaten lehnten die Politik der *Peace Commission* (»Friedenskommission«) ab. Durch sie wurden die Indianer ihrer Meinung nach über den Winter gebracht, um dann im folgenden Sommer wieder über Soldaten und Zivilisten herfallen zu können. Sheridan gelang es immerhin, seinem früheren Kriegsgefährten und jetzigen US-Präsidenten Grant das Zugeständnis abzuringen, Indianerstämme bei Verhandlungen nicht als formal unabhängige »Nationen« anzuerkennen.

Die Unentschlossenheit der Regierung verdroß Siedler und Soldaten gleichermaßen. So versprach die US-Bundesbehörde für Indianerangelegenheiten den Cheyennes Waffen, die dann zurückgehalten wurden, als Tall Bull den friedfertigen Stamm der Kaw überfiel. Doch als er mit weiteren Angriffen drohte, ließ sich die Regierung dazu hinreißen, den Cheyennes die versprochenen Waffen doch zu übergeben.

Eine vereinzelte Cheyenne-Bande, die von diesen Abmachungen nichts wußte, überfiel in dem Gebiet zwischen den Flüssen Solomon und Saline einige Weiße. Sie brannten ihre Farmen nieder, vertrieben das Vieh, töteten die Männer und vergewaltigten die Frauen. Siedler und friedlich gesonnene Indianerstämme lebten in Angst vor den »Hundesoldaten« und anderen raublustigen Kriegerverbänden. Sheridan, Hancocks Nachfolger, hielt einen neuen Winterfeldzug für notwendig, um diese Feindseligkeiten zu beenden. Doch konnte man länger warten? Aus dem westlichem Kansas trafen immer wieder Nachrichten über Indianerangriffe ein. Major Georg A. Forsyth legte einen anderen Plan vor, der bereits für den Herbst angesetzt war: Forsyth schlug vor, daß sich die Armee in ihrer Vorgehensweise den Indianern stärker anpassen mußte. Es sollte ein Verband aus erfahrenen Scouts aufgestellt werden, der dazu in der Lage wäre, den umherstreifenden Banden nachzustellen – keine ruhige Minute würde man ihnen lassen. Die Generäle erkannten

Oben: Wohl kaum ein anderer Offizier hat die Jahrzehnte nach dem amerikanischen Bürgerkrieg so nachhaltig geprägt wie **General William Sherman.** Er hatte die Militärakademie in West Point 1840 absolviert, gab dann sein Kommando während des mexikanischen Krieges jedoch wieder ab, weil er nicht zum Einsatz kam. Schließlich wurde er 1853 in Kalifornien Bankier, drei Jahre später Kommandeur der kalifornischen Miliz. Doch auch diesen Posten gab er wieder auf, als ihm der Gouverneur keine Unterstützung zuteil werden ließ. Während des Bürgerkrieges bescherte ihm dann sein Marsch quer durch Georgia nach Atlanta bis zur Küste und sein Ausspruch »Krieg ist die Hölle« fast Unsterblickeit. Nach dem Krieg war er bis 1869 Befehlshaber im Militärbereich Missouri und verstand es geschickt, mit der zahlenmäßig kleinen Armee die Postkutschenlinien und den Telegraphenverkehr zu sichern. Noch stärker als sein Protegé Sheridan galt Sherman als Anhänger des totalen Vernichtungskrieges gegen die Indianer. Außerdem war er ein erbitterter Feind der Indianerbehörde und konnte sich natürlich mit der zeitweiligen Friedenspolitik seines alten Freundes aus Armeezeiten, dem damaligen Präsidenten Ulysses S. Grant, kaum anfreunden. Sherman war der Auffassung, daß alle Indianer für jedes Verbrechen hart bestraft und in Reservate abgeschoben werden sollten. Überhaupt verlangte er, die Indianerpolitik dem Kriegsministerium zu überlassen. Im Mai 1871 verlor er während einer Inspektionsreise in Texas fast seinen Skalp, als er von einigen Kiowas angegriffen wurde. Dieser Vorfall bestärkte ihn in seinem Glauben, daß durchgreifende Maßnahmen nicht nur wünschenswert, sondern absolut notwendig seien. Auch den Kampf Mackenzies und Nelsons im Red River-Krieg (1874–75) unterstützte er; sie brachen dabei den Widerstand der Comanchen und Kiowas endgültig. Unter den Kriegsministern Rawlins und Belknap verlor Sherman viel von seinem Einfluß, obwohl er Armeeoberbefehlshaber blieb. Mit einem Gefühl der eigenen Machtlosigkeit und den von seinen Vorgesetzten auferlegten Zwängen, gab er sein Kommando 1883 ab; 20 Jahre lang hatte er die Armeestrategie im Westen bestimmt.

den Wert dieser brillanten Idee. Man würde die Feinde in kleinere, schwächere Gruppen spalten, die sich früher oder später zum Kampf stellen müßten. Taten sie dies nicht, würden sie bald anfangen zu hungern, da sie wegen der ständigen Verfolgung keine Gelegenheit mehr zum Jagen oder Rauben hätten.

Sheridans Zustimmung führte zur Auswahl von 50 erfahrenen und schlagkräftigen Grenzern aus einer großen Anzahl von Freiwilligen. Forsyth war an richtigen Scouts interessiert, an Männern, die sich in der Prärie bestens auskannten. Deshalb rekrutierte er seine Männer nicht aus dem Kreis der Armee, sondern verpflichtete zähe Zivilisten, die dazu bereit waren, für einen Dollar am Tag gegen die Indianer zu kämpfen. Die Scouts brachten ihre eigenen Pferde mit, Waffen erhielten sie von der Armee. Etwa ein Drittel der Männer bestand aus Bürgerkriegsveteranen, unter ihnen waren Leutnant Frederick H. Beecher und W. H. H. McCall, der in der Armee Brigadegeneral eines Freiwilligenverbandes gewesen war. Beecher, der wegen einer Verletzung aus dem Bürgerkrieg hinkte, war nach Forsyth zweiter Befehlshaber.

Im September 1868 schickte Sheridan seine Scouts nach Colorado auf Patrouille. Dort sollten sie, trotz zahlenmäßig deutlicher Unterlegenheit, marodierenden Indianern nachsetzen. Forsyths Männer waren hervorragend bewaffnet, sie trugen Colts und siebenschüssige *Spencer*-Gewehre bei sich. Nur wenige der Männer hatten eine Uniform, die meisten von ihnen trugen Kleidung aus Wildleder. Am 16. September schlugen sie am Westufer des Arickaree, der einem Seitenarm des Republican-Flusses entspringt, ihr Lager auf. Das Flußbett war nach

Links: Einige Kavallerieoffiziere haben es Custer nie vergeben, daß er **Major Joel Elliot** mit 16 Mann 1868 im Washita-Tal im Stich gelassen hatte. Die Einheit wurde von den Indianern bis auf den letzten Mann getötet. Der letzte, der im Kampf fiel, war der tapfere Unteroffizier Kennedy.

einer Hitzeperiode im Kansas-Colorado-Gebiet völlig ausgetrocknet. Schon am folgenden Morgen, Forsyth war gerade auf Inspektion, erblickten Wachposten die Indianer.

Etwa 600–700 Sioux, Cheyennes und einige Arapahoes hatten sich unter der Führung von Tall Bull und Pawnee Killer, einem Sioux, zum Kampf gegen die Weißen zusammengefunden. Denn entgegen den Vereinbarungen hatten weiße Siedler den Arkansas-Fluß überquert und waren in die Jagdgründe der Indianer eingedrungen. Forsyth befahl seinen Leuten, eine Insel in der Mitte des Flußbettes zu einer Verteidigungsanlage auszubauen. Die Insel war sehr klein, doch hohes Gras und dichtes Weidenholz machten aus ihr eine vorzügliche Verteidigungsanlage. Den Männern von Tall Bull und Pawnee Killer gelang es zunächst, zwei mit Medizin und Munition vollgepackte Maultiere zu vertreiben, anschließend deckten sie die kleine Befestigung mit Feuer ein.

Plötzlich ließen die Indianer ihre Pferde in das Flußbett hinabsteigen, und wie eine Kavallerieeinheit rückten sie im Schutz des morgendlichen Nebels gegen die Scouts vor. Sie wollten zunächst die Pferde der Weißen töten, um ihnen jede Fluchtmöglichkeit zu nehmen. Doch was nun folgte, erinnerte eher an den »Wagon Box Fight«. Forsyth wartete bis zum letzten Moment mit dem Feuerbefehl. Die Indianer hatten die Verteidigungsanlage schon fast erreicht, da schlug ihnen mit unwahrscheinlicher Wucht eine erste Salve entgegen. Zunächst waren die Indianer völlig fassungslos, dann gingen sie etwas auf Distanz und beschoßen die Insel von allen Seiten. Für einen Moment schien sich das Blatt wieder zugunsten der Angreifer zu wenden. Wolf Belly (»Wolfsbauch«) kam zweimal direkt an die Verschanzung heran und es gelang ihm, fast alle Pferde zu töten. Während die erste Angriffswelle abebbte, fiel der Blick des Majors, der selber Verletzungen an der Wade, der Hüfte und dem Kopf erlitten hatte, auf den sterbenden Beecher. Doch zum Trauern fehlte die Zeit, denn die Krieger von Tall Bull formierten sich bereits von neuem zum Angriff.

Wieder konnten die Scouts mit Erfolg standhalten, trotz ihrer erdrückenden Überlegenheit gelang es den Indianern nicht, die gut bewaffneten Weißen niederzuringen. Man stellte das Feuer vorerst ein und wartete auf die Ankunft des Häuptlings, der die Entscheidung in diesem Gefecht herbeiführen sollte – Roman Nose.

Doch der große Cheyenne-Krieger war lange Zeit unschlüssig, ob er sich den übrigen Indianern überhaupt anschließen sollte. Er hatte bei einem Besuch im Lager der Sioux ein Tabu verletzt, indem er durch die Benutzung einer Gabel Brot mit Eisen berührt hatte. Deshalb war er darum bemüht, sich vor den Göttern zu reinigen. Seine Unsicherheit über das Wohlwollen der Götter hielt an. Erst die Überredungskünste einiger Cheyennes veranlaßten ihn schließlich dazu, seine Nase rot und das Kinn schwarz zu färben und seinen magischen, aus 40 Federn bestehenden Kopfschmuck überzuziehen.

Roman Nose ging mit 500 berittenen Kriegern gegen die Verteidiger vor. Er hoffte, daß er durch die bloße zahlenmäßige Überlegenheit den Gegner überwältigen könnte. Immer wieder ließ er seine Männer angreifen, doch die Scouts von Forsyth rissen mit ihren modernen Gewehren große Lücken in die Reihen der Angreifer.

Roman Nose kam direkt an die Insel heran, als eine Kugel sein Rückgrat zerschmetterte. Schwer verwundet fiel er vom Pferd und versteckte sich bis zum Anbruch der Dunkelheit hinter einem Busch. Noch in derselben Nacht starb er. Seine Krieger trugen ihn auf einen Hügel, wo sie ihn beerdigten. Noch heute weist eine Tafel auf die letzte Ruhestätte von Roman Nose hin.

Der Mayor nutzte die Feuerpause, um einen Überblick über die Lage seiner Leute zu erhalten. Sieben der 51 Männer waren

Oben: **James Butler (Wild Bill) Hickok**, 1837–1876, war eigentlich Soldat und Scout, galt aber zunächst als Rumtreiber, Revolverheld und erst später als Mann des Gesetzes. Hickok wurde in Illinois geboren, kämpfte während der 1850er Jahre in Kansas, als es dort zu Auseinandersetzungen zwischen Befürwortern und Gegnern der Sklaverei kam. Im Bürgerkrieg diente er in der Unionsarmee, doch seine Dienstzeit ist bis heute ein Geheimnis geblieben. Hickok wurde als hart durchgreifender »Hüter des Gesetzes« schnell bekannt: Mit seinen an Custer erinnernden Locken und der Lederkleidung war er sicherlich eine auffallende Erscheinung. In Fort Riley, Kansas, war er stellvertretender Marschall, arbeitete als Scout für General Sheridan und hatte sogar eine Laufbahn als Armeescout vor Augen. Während seiner Armeezeit wurde er im März 1868 an einem Arm verwundet, als seine Einheit in ein Gefecht mit Cheyenne-Kriegern verwickelt wurde. Die Verwundung war so ernst, daß er in seine Heimatstadt in Illinois zurückkehrte, um sich dort zu erholen. Als er wieder in die *Plains* ritt, diente er als Führer für weiße Jagdgesellschaften von der Ostküste, schließlich war er Sheriff in Ellis County sowie Marshal in Hays City und Abilene (Kansas). Später spielte er eine Rolle in Buffalo Bills Wildwestshow – und zwar sich selbst! Hickok zog dann bis zu den Black Hills in South Dakota und wurde in Deadwood bei einem Pokerspiel von Jack McCall umgebracht. Die Karten, die er damals in Händen hielt – »As« und »Acht« – werden in den USA seitdem »*Dead Man's Hand*« genannt, »Blatt eines toten Mannes«.

gefallen, darunter auch der Arzt, niemand konnte nun die 17 Verwundeten behandeln.

Am folgendem Tag verzichteten die Indianer auf weitere Angriffe. Der Tod ihres großen Häuptlings hatte Unsicherheit unter ihnen hervorgerufen, so daß sie sich darauf beschränkten, Forsyth und dessen Scouts auszuhungern. Der Major sah sich deshalb gezwungen, zwei Botschafter loszuschicken, um Hilfe anzufordern. Der frühere Trapper Trudeau und der erst 19jährige Jack Stilwell, zwei Freiwillige, entschlüpften in das Dunkel der Nacht; ihr Ziel, Fort Wallace, war gut 200 Kilometer entfernt.

Am dritten Tag gaben die Indianer nur einige Salven auf die Eingeschlossenen ab. Sie hofften darauf, daß die sengende Hitze die Weißen zermürben würde. Der tapfere Forsyth, vor Fieber glühend, begann damit, sich eigenhändig zu operieren. Er verfügte weder über Schmerzmittel, noch über chirurgische Instrumente, daher nahm er sein Rasiermesser zu Hilfe.

Fünf Tage dauerte die Belagerung bereits an. Längst waren die Rationen aufgebraucht und die Scouts völlig ausgehungert, so daß sie sich stinkende, blutige Stücke aus dem Fleisch ihrer toten Tiere herausschnitten. Durch Grabungen in dem Flußbett stießen sie auf schlammiges Wasser. Forsyth entschloß sich, zwei weitere Boten loszuschicken, obwohl dies die Verteidigung erneut schwächte. Er glaubte mittlerweile, daß Trudeau und Stilwell irgendwo tot in der Prärie lägen. Der Mayor spürte, wie ihn seine Kräfte verließen. Er gab den Befehl aus, daß alle Männer, die noch bei Kräften waren, einen Ausfall wagen sollten. Doch die »Meuterer« verweigerten den Befehl, sie wollten ihren Major nicht im Stich lassen.

Mittlerweile hatten Stilwell und Trudeau Fort Wallace erreicht, die Strapazen waren so groß gewesen, daß der ältere Trapper kurz nach der Ankunft vor Erschöpfung starb. Von dem Fort aus wurde eine Einheit der 10. Kavallerie unter Hauptmann Louis H. Carpenter benachrichtigt, er trieb seine *Buffalo Soldiers* (»Büffelsoldaten«) zur Eile an. Diese Einheit bestand vor allem aus Schwarzen, die sich als ausgesprochen fähige Kavalleristen erwiesen. Den Namen ihrer Truppe hatten sie den Indianern zu verdanken, die sie wegen ihrer dunklen, gelockten Haare schlicht *Buffalos* nannten.

Innerhalb von zwei Tagen erreichten sie das Arickaree-Flußbett. Doch die Indianer ließen sich nicht auf einen Kampf mit den *Buffalos* ein, statt dessen zogen sie sich in das südliche Arkansas Flußgebiet zurück.

Als der Hauptmann vor der Insel von seinem Pferd herabstieg und vor seinen alten Kampfgefährten Forsyth trat, war dieser in Charles Dickens' Roman »Oliver Twist« vertieft. Später gestand der Major seinem Freund, daß diese Geste der Ritterlichkeit in Wirklichkeit der nackten Verzweiflung entsprang: Durch seine scheinbare Gelassenheit wollte er den völlig verzweifelten Männern wieder Mut machen.

Forsyth schwindelte es vor Fieber. Der Major, der in den Kämpfen schon drei Schußwunden davongetragen hatte, litt seit der Operation mit einem unsterilisierten Messer an einer Blutvergiftung. Zwei volle Jahre brauchte Forsyth, um nach dem Kampf auf **Beecher's Island** (Beechers Insel), den die Indianer »*Fight Where Roman Nose Was Killed*« (»Der Kampf, bei dem

Roman Nose getötet wurde«) nannten, wieder in den Vollbesitz seiner Kräfte zu gelangen.

Vier Jahre nach dem verräterischen Überfall der Armee bei Sand Creek, war »Black Kettle« 1868 Häuptling eines aus 51 Zelten bestehenden blühenden Cheyenne-Dorfes. Es lag am Washita-Fluß, 60 Kilometer östlich der Oklahoma-Antelope-Berge. Verunsichert darüber, ob der *Medicine Lodge-Friedensvertrag* ihm tatsächlich Schutz bieten würde, bat er General William B. Hazen aus Fort Cobb um die Erlaubnis, in die unmittelbare Nähe des Forts zu ziehen. Der General versprach ihm, daß ihn die Weißen nicht angreifen würden.

Hatte Hazen gelogen? Wie Sheridan sah er in Black Kettles' Dorf ein grundsätzliches Übel. Beide Generäle wußten, daß der Häuptling einerseits Frieden zusicherte, andererseits aber einige seiner Krieger nach Kansas ausschwärmen ließ, die dort zahlreiche Überfälle verübten und mit Skalps, weißen Gefangenen und erbeuteten Armeeabzeichen zu Black Kettle zurückkehrten. Custer hielt sich indessen an seinen Vorgesetzten Sheridan. Sein Auftrag bestand darin, die Indianerlager zu zerstören, die Krieger zu töten und Frauen und Kinder gefangenzunehmen.

Der Aufstieg von George Armstrong Custer

Sheridan entwarf eine neue Strategie – den Winterkrieg. In dieser Zeit waren die Indianer besonders geschwächt, sie froren, hungerten und ihre Pferde waren entkräftet; der unglückliche Black Kettle sollte das erste Opfer dieser neuen Kriegsführung werden. Custer, der sich während des Bürgerkriegs ersten Ruhm erworben hatte, war der militärische Ziehsohn von Sheridan und bot sich deshalb für die Ausführung des Planes an.

Custer war jung, schneidig und mutig. Sein Ehrgeiz galt nicht nur militärischen, sondern auch politischen Dingen – eine manchmal sehr gefährliche Kombination. Doch es war gerade diese Verwegenheit, die der General so sehr an Custer schätzte, in seinen Augen war sie für einen Offizier der Kavallerie unerläßlich; doch selbst Sheridan fühlte sich, angesichts der Unberechenbarkeit Custers, etwas unbehaglich.

George Custer war nach einer Unterbrechung seiner Karriere fest entschlossen, ein Comeback anzutreten. Während der *Hanckock Campaign* von 1867 behandelte er seine eigenen Männer mit einer solchen Rücksichtslosigkeit, daß man ihn deswegen vor ein Militärgericht stellte. Man suspendierte ihn für ein Jahr vom Dienst, gleichzeitig wurde er unter Arrest gestellt.

Er hatte damals seine Männer mit äußerster Härte auf den Märschen angetrieben. Immer wieder desertierten einzelne Soldaten. An einem Nachmittag machten sich 15 Kavalleristen aus dem Staub, Custer gab den Befehl die Männer zurückzubringen – und zwar tot. Fünf Deserteure wurden gefaßt, doch die Soldaten weigerten sich, ihre Kameraden umzubringen. Immer wieder kam es zu derartigen Zwischenfällen. Einmal ließ er seine Reiter fast verdursten, ein anderesmal ließ er sie im Stich, nur um seine Frau zu besuchen.

Dank seines loyalen Freundes Sheridan, der ihn für seinen Winterfeldzug brauchte, wurde das Urteil vorzeitig aufgehoben. Custer erhielt das Feldkommando über die erstklassige 7. Kavallerie. Sie verfügte über sehr gute Pferde und eine Spezialeinheit von Scharfschützen. Tüchtige Trompeter und eine Regi-

Oben: **California Joe** hatte zwar lange als Scout unter Oberst Custer gedient, doch seine Persönlichkeit ist bis heute voller Geheimnisse geblieben. Wahrscheinlich stammte er gar nicht aus Kalifornien, und auch »Joe« dürfte nicht sein richtiger Name gewesen sein. Dennoch hat man ihn immer wieder mit Joe Milner (oder Milmer) oder Joseph Hawkins in Verbindung gebracht. Sein wirklicher Name lautete allerdings Moses Milner. Während des Washita-Feldzuges von General Sheridan wurde er oberster Scout unter Custer. Als Custer sein Lager verlassen hatte, um Black Kettle anzugreifen, führte Joe eine Einheit Scouts und eine Gruppe freundlich gesonnener Osage-Indianer an. Und als Custer seinen Sieg an Sheridan übermitteln wollte, wurde Joe als Kurier ausgewählt. Gemeinsam mit einem anderen Scout konnte er die feindlichen Linien nachts durchbrechen und legte die Entfernung in einer Rekordzeit zurück. Später ritt er dann seinen Scouts auf ihren Mulis in Custers Siegesparade voran, hinter ihm die gefangenen Cheyenne-Krieger. Auch im Sommer 1874, während der Strafexpedition durch die Black Hills in South Dakota, war Joe Führer der Scouts. Dieses Unternehmen in den heiligen Bergen der Sioux löste den Goldrausch des Jahres 1876 aus. Custer schrieb damals in einem Brief: »Ich habe auf meinem Tisch 40 oder 50 kleine Goldstücke, jedes etwa so groß wie ein Stecknadelkopf. Die meisten von ihnen habe ich in nur einer Waschpfanne gefunden!« Joe wurde am 29. Oktober 1876 von Tom Newcomb in Fort Robinson, Nebraska, hinterrücks erschoßen. Dem Mörder wurde kein Prozeß gemacht: Zu dieser Zeit gab es dort weder einen Marschall noch ein Gericht.

mentsgruppe hoben die Moral der Truppe an. Die meisten seiner Männer verehrten ihn, einige haßten ihn. Doch keinen ließ dieser selbstherrliche Offizier kalt.

Die Temperaturen lagen weit unter Null, als Custer mit seiner Truppe aufbrach. Unbekümmert spielte die blankgewienerte Regimentskapelle zu einem fröhlichen Tusch auf. Doch für eine Eliteeinheit erwischte die 7. Kavallerie beim Winterfeldzug einen schlechten Start: Custers Indianerscouts verloren bei einem Schneesturm die Orientierung, erst mit der Hilfe eines Kompasses fand man sich einige Zeit später wieder zurecht.

Nach einem mühseligen dreitägigen Ritt über schneebedecktes und vereistes Gebiet verlangsamte Custer das Marschtempo und schickte Major Joel H. Elliott mit einer Schwadron voraus, um die Lage zu erkunden. Tatsächlich stieß man auf Spuren – eine große Zahl Indianer hielt sich in unmittelbarer Nähe auf. Custer schloß zu Elliott auf. Vor ihnen erstreckte sich das Lager von Black Kettle.

Der Häuptling war gerade von Fort Wallace zurückgekommen. Anschließend hatte er seine Männer zu einer Versammlung gerufen, auf der er ihnen versicherte, daß man nichts zu befürchten hätte. Doch am Tag darauf, dem 27. November 1868, wurde er von den Schreien einer Frau geweckt: »Soldaten! Soldaten!« Unwillkürlich muß ihm die Erinnerung an Sand Creek gekommen sein, als er zu seinem Gewehr griff und einen Warnschuß abgab.

Black Kettle zog mit seiner Frau auf dem Pferd unter der weißen Friedensflagge der 7. Kavallerie entgegen. Aber beide Indianer sollten zu den ersten gehören, die in dem Kugelhagel

Links: Am 27. November 1868 überfiel Custer ahnungslose Cheyennes in einem Dorf am **Washita-Fluß** (Oklahoma). Die Vernichtung der Krieger in diesem Lager von Black Kettle war einer der größten Erfolge während des Sheridan-Winterfeldzuges. Doch nach der Eroberung des Dorfes sammelte sich eine große Zahl von Kriegern, die Custer zum Rückzug zwangen.

Custer sammelte seine Regiment, um das Dorf zu verlassen. Elliott und sein Spähtrupp wurden vermißt, doch Custer entschied sich dafür, nicht nach ihnen zu suchen; der Oberst wollte jedes weitere Risiko vermeiden. Einige Soldaten und manche Offiziere sollten Custer nie vergeben, daß er Elliot und seine Männer im Stich gelassen hatte. Nachdem man alle Zelte verbrannt und die Gefangenen freigelassen hatte, setzte sich das Regiment in Bewegung. Die Lage hatte sich inzwischen immer mehr zugespitzt.

Custers Charakter war nur schwer zu ergründen. Er war ein Narr und ein Genie zugleich. Im Tal befanden sich inzwischen Tausende von Indianern, die ihm feindselig gesonnen waren, doch stets gelang es ihm, ihren Fallen auszuweichen. Anstatt so schnell wie möglich zu verschwinden, wie man es erwartet hätte, ließ er seine Kolonne voller Wagemut mitten durch das Washita-Tal marschieren. Dabei ließ er die Flaggen im Wind flattern, während die Marschkapelle musizierte. Hin und wieder bereitete er sogar Scheinattacken vor. Das Auftreten Custers, den die Indianer »Yellow Hair« (»Gelbes Haar«) nannten, verblüffte sie derart, daß sie zunächst nicht wagten, ihn anzugreifen. Die Ereignisse im Washita-Tal haben Custer populär gemacht, obwohl wegen seines Vorgehens gegen die Cheyennes Vergleiche mit dem Massaker von Sand Creek gezogen worden sind. Wie ein Pokerspieler hatte der Oberstleutnant geblufft und gewonnen.

Nach seinen eigenen Aussagen wurden 103 Cheyennes getötet. Es kamen allerdings Gerüchte auf, wonach nur ein Dutzend der Toten wirkliche Krieger gewesen seien. Die Verluste der 7. Kavallerie betrugen 21 Mann; sie gehörten ausnahmslos zu Elliots Spähtrupp, den Custer ohne Skrupel zurückgelassen hatte. Einige Zeit später stieß eine Patrouille auf die verstümmelten Überreste von Elliots Männern, die von einer Schar Arapahoes abgefangen und niedergemetzelt worden waren.

Sheridan ließ anläßlich der Rückkehr der 7. Kavallerie in das Armeelager die ganze Garnison Spalier stehen. Custers Männer schwenkten ihre erbeuteten Skalps, darunter war auch der von Black Kettle. Sheridan überschüttete den Oberstleutnant mit Gratulationen für sein unerschrockenes Vorgehen gegen »die wilden Banden von grausamen Plünderern«, wie er sagte. Das Dorf bezeichnete er als »Winterlager der Feinde«.

Der General lehnte Tadel an dem Vorgehen seines Untergebenen stur ab. Seine Kritiker stellte er als »gute und fromme Kirchenmenschen« dar, deren unangemessenes Mitleid die blutrünstigen Rothäute nur begünstige. Sherman gab Sheridan und Custer Rückendeckung. Er schenkte dem Rücktritt von Edward W. Wynkoop, der für die Verhandlungen mit den Indianern zuständig war und von Verrat gesprochen hatte, keine Beachtung. Funde in den Zelten des Cheyenne-Lagers von Black Kettle, die von den Übergriffen einiger seiner Krieger zeugten, entkräfteten scheinbar die Argumente der »Indianerfreunde«.

Sheridan versprach den Indianern Nahrung, wenn sie die

von Custers Männern fielen. Black Kettles 14jähriger Sohn starb in einem Zweikampf mit Hauptmann Frederick W. Benteen. Obgleich sich die Indianer zu wehren versuchten, dauerte es nur zehn Minuten, bis die Kavalleristen das Dorf unter ihrer Kontrolle hatten.

Die Indianer aus den umliegenden Dörfern sammelten sich nach diesem Überfall im Washita-Tal. Das Anwachsen ihrer Zahl wurde für Custer, der sich nach wie vor im Lager von Black Kettle befand, immer bedrohlicher. Obwohl die Schlacht am Washita-Fluß nichts anderes war als ein brutales Massaker, galt der militärische Erfolg als umstritten. Custer hatte zwar nur wenige Verletzte zu beklagen, aber der Munitionsvorrat war sehr knapp geworden. Einem Angriff der Krieger aus dem Washita-Tal hätten die Soldaten nur wenig Widerstand entgegensetzen können.

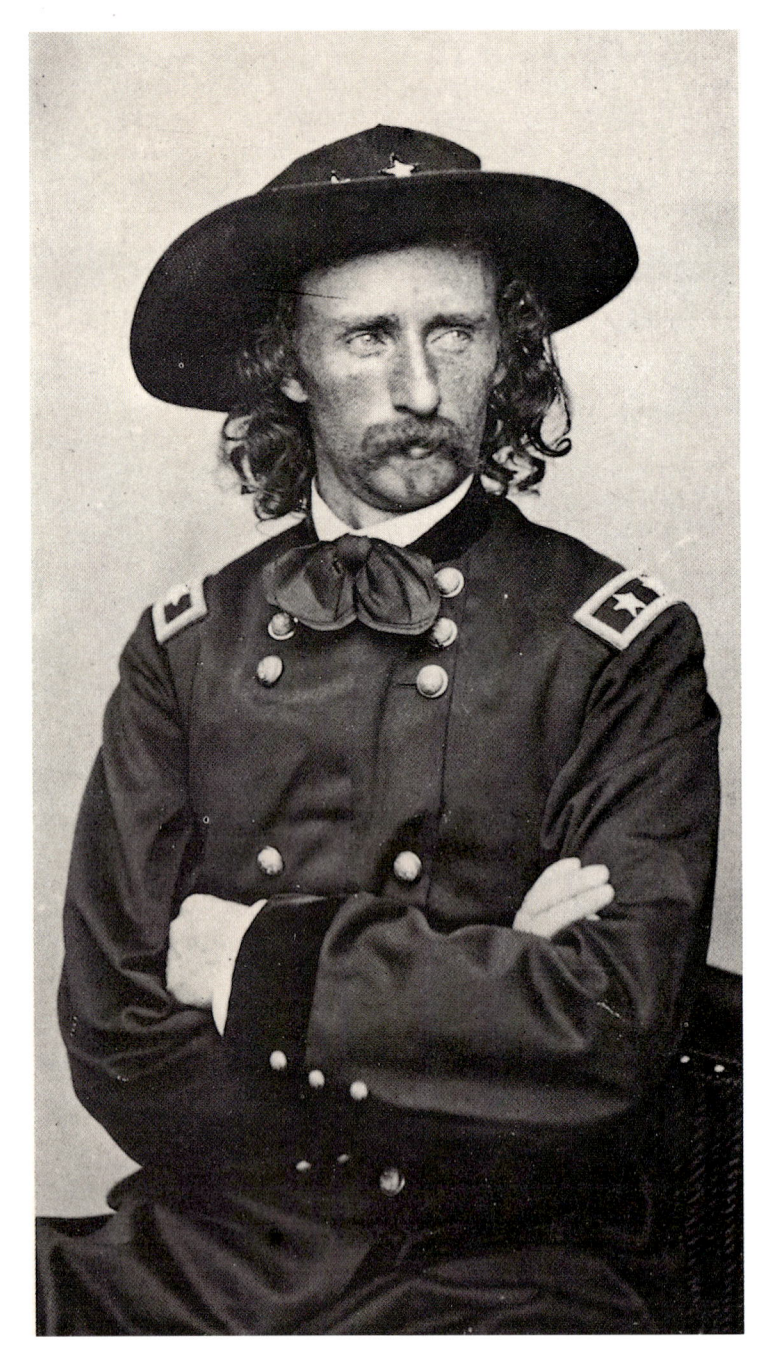

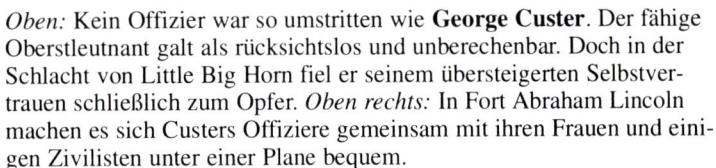

Oben: Kein Offizier war so umstritten wie **George Custer**. Der fähige Oberstleutnant galt als rücksichtslos und unberechenbar. Doch in der Schlacht von Little Big Horn fiel er seinem übersteigerten Selbstvertrauen schließlich zum Opfer. *Oben rechts:* In Fort Abraham Lincoln machen es sich Custers Offiziere gemeinsam mit ihren Frauen und einigen Zivilisten unter einer Plane bequem.

Waffen niederlegen würden. Ein Großteil der Cheyennes aus dem Washita-Tal erklärte sich hierzu auch bereit. Sheridan warnte sie davor, je wieder die Waffen gegen die Weißen zu erheben.

Als die ersten Comanchen kapitulierten, fragte er einen der Krieger nach seinem Namen. Dieser antwortete mit »Tosawi, guter Indianer«, worauf Sheridan mit dem Kopf schüttelte und antwortete, »den einzigen guten Indianer, den ich jemals gesehen habe, war ein toter Indianer.« Aus diesem Satz ging der bekannte Ausspruch »Nur ein toter Indianer ist ein guter Indianer« hervor. Sheridan und sein Denken über die Indianer war mehr als kennzeichnend für die Einstellung der Armee den Indianern gegenüber.

Auf weitere winterliche Kriegsaktionen mußte George Custer verzichten. Es mangelte ihm an ausreichenden Vorräten, darüber hinaus machte ihm das schlechte Wetter einen Strich durch die Rechnung. Dennoch hielt die Regierung Sheridans Winterfeldzug, im Gegensatz zu dem von Hancock, für einen Erfolg.

Die Indianer, die unter dem Winter mehr litten als die Armee, unterwarfen sich nun scharenweise in Fort Sill (das Custer zur Beobachtung der Comanchen errichtet hatte), wo sie schwören mußten, den Frieden einzuhalten.

Am 15. März 1869 fand Oberstleutnant Custer zwei Cheyenne-Dörfer an der Sweetwater-Bucht, die nicht aufgeben wollten. Custer nahm deshalb vier Häuptlinge gefangen und zwang die Cheyennes somit zur Aufgabe.

Doch Tall Bull wollte sich noch immer nicht geschlagen geben. Am 11. Juli 1869 wurde sein Lager bei Summit Springs von den Pawnee-Scouts unter Frank North entdeckt. Zu den Männern Norths gehörte damals auch ein gewisser William Cody, der später als Buffalo Bill berühmt werden sollte.

Die Pawnees benachrichtigten Major Eugene A. Carr, der das Dorf von zwei Seiten angriff. Er schlug die Bewohner des Lagers in die Flucht. Tall Bull konnte noch eine Weile mit 20 seiner Krieger den Kampf in einer nahegelegenen Schlucht fortsetzen, dann wurde auch er getötet. Dieser Kampf bedeutete das Ende für die legendären *Dog Soldiers* im Arkansas-Tal.

Die Entschlossenheit der Armee führte tatsächlich den Frieden herbei. Doch der amerikanische Präsident Ulysses S. Grant hörte nicht auf die Ratschläge seiner ehemaligen Kampfgenossen Sherman und Sheridan. Erstaunlicherweise ließ er sich dagegen 1869 auf eine Friedensinitiative der Quäker ein. Die Quäker waren eine religiöse Gemeinschaft, die bis heute ausgesprochen pazifistisch eingestellt ist. Sie wollten die Indianer christianisieren, ihnen Nahrung und Kleidung geben und landwirtschaftliche Kenntnisse vermitteln, damit sich die Stämme in ihren Reservaten durch die Landwirtschaft unabhängig machen konnten.

Der Krieg am Red River

Die meisten Weißen im Westen, vor allem die Texaner, lehnten das Friedensprogramm des Präsidenten ab. Sie behaupteten, daß die Quäker die Indianer verhätscheln würden, während diese gleichzeitig auf Raubzüge gingen.

Doch die Comanchen beteuerten später immer wieder, daß die Armee den Krieg am Red River in der südlichen Prärie provoziert hätte. Einer ihrer Häuptlinge sagte einmal: »Ihr wart es, die den ersten Soldaten geschickt haben, wir haben erst den zweiten geschickt.«

Auch den Kiowas widerstrebte es, ihr freies Leben in der weiten Prärie für ein eingeengtes Dasein in einem Reservat aufzugeben. Sie wollten Büffel jagen, nicht Schafe hüten. Sie beriefen sich wie die Comanchen, mit denen sie verbündet waren, auf eine Bestimmung aus dem *Medicine Lodge-Friedensvertrag*, der ihnen das Recht zusicherte, zwischen Arkansas und dem Red River Bisons zu jagen.

Nach Custers Sieg im Washita-Gebiet befahl Sheridan allen Kiowas, Comanchen, Cheyennes und Arapahoes, nach Fort Cobb zu gehen. Hier sollten sie sich der Armee ergeben. Alle, außer den Kiowas, gehorchten. Sheridan befahl Custer, ihren Widerstand zu brechen.

Der Oberstleutnant fand ihr Winterlager in Rainy Creek. Satanta (»Weißer Bär«) wollte Custer die Hand reichen, doch Custer lehnte diese Geste der Freundschaft ab. Er wußte, daß der Häuptling 1866 in Texas eine weiße Familie umgebracht hatte und dies nicht sein einziges Vergehen gewesen war. Barsch wies er die Häuptlinge der Indianer darauf hin, daß sie unter Arrest stünden. Auf dem Weg zum Fort gelang ihnen jedoch bis auf Satanta und Lone Wolf (»Einsamer Wolf«) die Flucht. Darüber war Sheridan so erbost, daß er beide hängen lassen wollte, wenn sich ihre Männer nicht ergeben würden. Dies veranlaßte die Indianer nachzugeben, ihre Häuptlinge wurden freigelassen.

Das Reservat der 2.000 Kiowas und 2.500 Comanchen wurde von Fort Sill beaufsichtigt. Satanta hatte geschworen, Korn anzubauen und keine weißen Männer mehr zu ermorden. In Wirklichkeit verschmähte er, wie viele andere Indianervölker auch, die Landwirtschaft. Doch er glaubte, daß er die Existenz seines Stammes durch den Handel mit Büffelfellen sichern könnte. Dennoch zogen einige seiner Krieger immer wieder aus, um weiße Siedler und Büffeljäger umzubringen. Satanta hatte bereits den hohen Holzverschleiß der Weißen beklagt; die kommerzialisierte Büffeljagd, die alle südlichen Herden zugrunderichtete, machte ihn völlig fassungslos.

Obgleich Kicking Bird (»Tretender Vogel«) friedfertiger eingestellt war als Satanta, ließ er sich dazu hinreißen, gemeinsam mit Lone Wolf, White Horse und Satank 100 Krieger nach Texas

Oben: Der Fotograf Illingworth machte 1874 diese Aufnahme von Custer in einer Jagdpause, während einer Expedition in den *Black Hills*.

Links: Custer fand im Juli 1867 die Leiche von **Leutnant Kidder** am Beaver Creek.

zu führen. Nach dem Überfall auf eine Postkutsche kam es zu einem Gefecht mit den Soldaten des nahegelegenen Forts Richardson. Danach zogen sich die Indianer wieder zurück.

Satanta bat die Offiziere von Fort Sill darum, den Ausbau der Schienen für die Eisenbahn zu stoppen. Denn neben der kommerziellen Jagd trug auch der Ausbau des Eisenbahnwesens entscheidend zur Vernichtung der Büffelherden bei.

Doch bald hielt der alte und weise Satank Gespräche für überflüssig. Er riet dazu, die Siedlungen der Weißen zu zerstören. Auch Big Tree (»Großer Baum«) hielt Gewalt für gerechtfertigt. Er war der Meinung, daß man mit Fort Sill den Anfang machen sollte. Wieder schwärmten zahlreiche Krieger nach Texas aus. Satanta erhielt von dem Medizinmann Mamanti (»Die Eule«) die Prophezeiung, daß es den Indianern gelingen würde, die Texaner zu vernichten. Unter der Führung des Schamanen begaben sich Big Tree und Satank mit einer Schar Indianer auf den Kriegspfad.

Als die Kiowas am 17. Mai 1871 an einem Weg, westlich von Fort Richardson, auf der Lauer lagen, erspähten sie einen Krankenwagen, der von einem Maultier gezogen wurde. Nur eine Handvoll Männer begleiteten den Planwagen, doch der Schamane Mamanti hielt die Krieger vor einem Angriff zurück. Seiner Vision zufolge war größere Beute zu erwarten. Und wirklich, nur wenig später folgte ein Armeezug mit zehn Wagen, schwer beladen mit Gütern. Satanta blies das Signal zum Angriff, sofort bildeten die Soldaten eine Wagenburg, doch die Indianern überwältigten die Gegner.

Acht der Verteidiger wurden getötet, den übrigen vier gelang die Flucht. Voller Erwartung machten sich die Indianer über die Wagenladung her, doch statt der erhofften Gewehre befand sich in ihnen nichts anderes als Korn. So begnügten sie sich mit den 41 erbeuteten Maultieren und traten die Rückkehr in ihr Reservat an. Der Schamane konnte nicht wissen, daß in dem vorangefahrenen, einzelnen Wagen niemand anders gesessen hatte als General Sherman, der sich auf einer Inspektionsreise befand!

Ranald Mackenzie, Quanah Parker und die Comanchen

Satanta war voller Stolz über den gelungenen Überfall. In einem Gespräch mit dem Quäker Lawrie Tatum, der für das Büro für Indianerangelegenheiten tätig war, behauptete er sogar, daß er allein – nicht Mamanti – den Angriff geleitet hätte. Tatum hatte Satantas Männer einige Zeit zuvor mit Waffen ausgestattet, da-

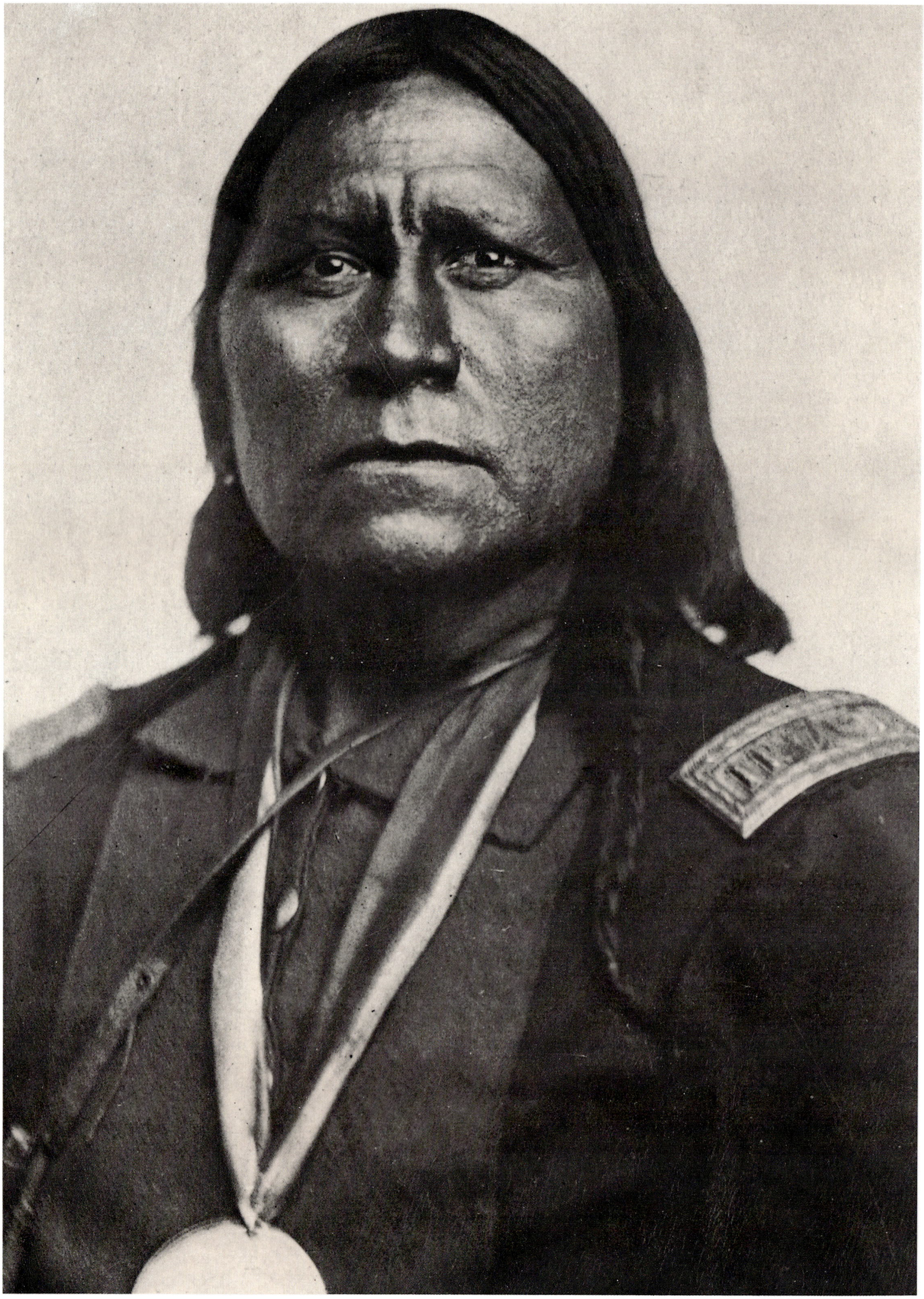

Gegenüberliegende Seite: Der hochmütige **Satanta**, hier in einer Offiziersjacke und einer Friedensmedaille, war ein kriegslustiger Kiowa-Häuptling. Als er 1878 im Gefängnis Selbstmord beging, brach er damit eines der größten Tabus für Indianer.

Rechts: **Oberst Ranald Mackenzie** galt – wie Custer – als Draufgänger. Während des Krieges am Red River (1874–75) konnte er die Comanchen niederschlagen. Auf geheimen Befehl der Armeeführung ging er in Mexiko gegen die Kickapoo-Indianer vor.

mit diese Büffel jagen konnten; der Häuptling besaß nun sogar die Dreistigkeit, den Quäker erneut um Waffen zu bitten. Lawrie Tatum war so desillusioniert, daß er sich in einen Plan Shermans, der den Häuptlingen eine Falle stellen wollte, einspannen ließ. Der General wagte es nicht, den Indianern auf dem offenen Feld entgegenzutreten. Deshalb griff er zu einer List. Er lud einige Häuptlinge zu Verhandlungsgesprächen in Fort Sill ein. Satanta, Big Tree und Lone Wolf kamen allein, Satank dagegen nahm zum Schutz einige Begleiter mit.

Satanta kam als erster im Fort an. Er sah weder Frauen noch Kinder, doch da auch keine Soldaten sichtbar waren, verspürte er keinen Argwohn. Er wußte nicht, daß Sherman in den umliegenden Häusern bewaffnete Männer versteckt hatte. In den Ställen hielt sich die 10. Kavallerie für ihren Einsatz bereit. Der General wartete gemeinsam mit Oberst Benjamin H. Grierson auf der Veranda des Offiziersgebäudes auf die Besucher.

Als Satanta eintraf, sagte ihm der General, daß er ihn wegen des Überfalls auf den Getreidezug unter Arrest stellen und nach Texas vor ein Gericht bringen wollte. Satanta, der sich verraten sah, zog seine Pistole, die er hinter seinem Umhang versteckt hatte. Er antwortete Sherman, daß er sich lieber erschießen lassen würde, bevor er sich in Texas einsperren ließe. Grierson gab sofort ein Signal, die Soldaten eilten herbei und bedrohten die Indianer mit ihren Karabinern.

Die Lage war äußerst gespannt, einer der Indianer zielte mit seinem Bogen auf den General, dann aber schoß er absichtlich vorbei. Auch Lone Wolf hielt seine Pistole auf Sherman gerichtet, der trotz der heiklen Situation Ruhe bewahrt. Grierson stürzte sich auf Lone Wolf und konnte ihm den Revolver entreißen. Die Überlegenheit der Soldaten war eindeutig, schließlich konnten sie Satanta, Satank und Lone Wolf, die auf weiteren Widerstand verzichteten, in Handschellen abführen.

Am 7. Juni 1871 brachen die Soldaten mit den drei Gefangenen nach Texas auf. Satanta und Lone Wolf befanden sich in einem Wagen, Satank in dem anderen. Der alte Häuptling begann bald mit klagender Stimme einen Todesgesang. Das Lied hätte die Wachen warnen müssen. Der Wagen näherte sich einem verlassenen Baum an einem Strom. Da rief Satank seinen Kameraden zu, daß er diesen Punkt nicht überschreiten werde. Er konnte seine Fesseln lösen, griff nach einem versteckten Taschenmesser und stach auf einen der Wächter ein, der von der Kutsche stürzte, Satank griff nach dessen Karabiner. Doch bevor der Häuptling das Gewehr gegen die übrigen fünf Bewacher richten konnte, wurde er von einem Soldaten erschossen. Eine würdige Ruhestätte blieb dem Krieger verwehrt. Wie einen alten Sack warf man seine Leiche in den Straßengraben.

Am 5. Juli 1871 begann in Jacksboro, Texas, der Prozeß gegen Satanta und Lone Wolf. Auf der Geschworenenbank saßen Rinderzüchter. Erwartungsgemäß hielten sie die beiden Häuptlinge für schuldig, woraufhin der Richter das Urteil aussprach – es lautete auf Tod durch den Strang. Doch Gouverneur Edmund J. Davis wandelte das Todesurteil in eine lebenslängliche Gefängnisstrafe um. Wahrscheinlich hat das Büro für Indianerangelegenheiten in diesem Prozeß erheblichen Druck auf ihn ausgeübt. Sherman war außerordentlich verbittert. Seine Wut steigerte sich noch, als Lone Wolf den Gouverneur zwei Jahre später dazu überredete, ihn und Satanta freizulassen. Er versprach Davis dafür die Kooperation der Kiowas bei einem staatlichen Umsiedlungsprogramm.

Unterdessen hatten sich einige junge Kiowas im texanischen Palo Duro-Gebiet den Kwahadi-Kriegern unter Quanah Parker angeschlossen, die zu den Comanchen gehörten. Im Oktober 1871 überfielen sie mitten in der Nacht die Postkutschenstation Rock Station und entwendeten zehn Pferde. Diese Überrumpelungsaktion stellte für den kommandierenden Offizier des nahegelegenen Fort Richardson, den 31jährigen Oberst Ranald Mackenzie, eine persönliche Schlappe dar. Schließlich war er einmal von dem späteren Präsidenten Ulysses S. Grant vor dem Bürgerkrieg als der vielversprechendste Offizier der Armee bezeichnet worden. Mackenzie führte das 4. Kavallerie-Regiment an, eine Eliteeinheit mit außergewöhnlicher Disziplin, in diesem Regiment gab es so gut wie keine Deserteure. Dies lag nicht etwa daran, daß die Soldaten ihrem Vorgesetzten in besonderer Weise zugetan waren, vielmehr hatten sie einen ungeheuren Respekt vor ihm. Wie Custer griff Mackenzie hart durch. Flüchtige Soldaten mußten zurückgebracht werden – tot oder lebendig.

Die Indianer nannten den Oberst in Anspielung auf eine Verletzung aus dem Bürgerkrieg »Three Fingers« (»Drei Finger«). Eine seiner Missionen führte den schneidigen Offizier mit einem Trupp aus Texas bis nach Fort Bascom in Neu-Mexiko. Dabei gelang es ihm, hispanische Waffenhändler, die *Comancheros*, aufzustöbern und niederzuwerfen. Diese waren bis dahin die

Links: **Nelson Miles** war einer der erfolgreichsten Offiziere während der Indianerkriege. Seine Eitelkeit machte ihn jedoch unbeliebt. Präsident Theodore Roosevelt bezeichnete ihn einmal als Pfau – wenn auch als einen mutigen.

Gegenüberliegende Seite: **Quanah Parker** war Häuptling der Kwahadi. Lange Zeit lehnte er Verträge mit den Weißen und die Übersiedlung in ein Reservat ab.

wichtigsten Waffenlieferanten der Kiowas und Comanchen gewesen.

Am 29. September 1872 übte Mackenzie zum erstenmal für den Überfall auf Rock Station Vergeltung. Mit seinem Regiment griff er nahe der McClellan-Bucht, die an einem Nebenfluß des Red River lag, ein Lager der Comanchen an. Die Soldaten brachten 30 bis 60 Männer um und nahmen 124 Frauen und Kinder gefangen, verbrannten ihre Tipis und erbeuteten etwa 1.000 Pferde.

Doch die Indianer starteten einen Gegenangriff. Sie überfielen das Nachtlager des Regiments und konnten einen Großteil ihrer Pferde zurückerbeuten. Es gelang ihnen jedoch nicht, die Frauen und Kinder aus der Gefangenschaft zu befreien. Der Oberst brachte sie als Geiseln nach Fort Sill; er wollte sie als Druckmittel benutzen, um die Rückkehr der Comanchen in ihr Reservat zu erzwingen. Dennoch weigerten sich viele Comanchen, dem Willen Mackenzies nachzugeben – statt dessen füllten sie die Reihen des hoffnungsvollen Halbblutindianers Quanah Parker.

Im Frühjahr 1874 luden die Comanchen die Kiowas zu einem Sonnentanz ein. Unter den Besuchern waren auch Satanta und Lone Wolf. Letzterer hatte einen Sohn und einen Neffen verloren, die beide in einem Gefecht mit Weißen umgekommen waren. Trauer und Zorn zugleich erfüllten den Kiowa-Häuptling. Er verbrannte sein Zelt, einige seiner Pferd und stutzte sich zum Zeichen der Trauer seine Haare: Lone Wolf schrie nach Rache.

Während der Zeremonie klagten die Indianer über das rücksichtslose Vorgehen der Büffeljäger. Diese hatten, mit dem stillschweigenden Einvernehmen der Armee, allein zwischen 1872 und 1874 eine halbe Million Bisons erlegt, die Indianer dagegen nur etwa 150.000. Einige Texaner stellten Sheridan einmal die Frage, wie es möglich gewesen wäre, das sinnlose Gemetzel zu verhindern. Darauf antwortete dieser, daß er gar nicht daran interessiert sei, die Büffeljagd einzuschränken, weil er darin die wichtigste Waffe im Kampf gegen die Indianer sah. Denn die Ausrottung der Büffel beraubte die Indianer ihrer natürlichen Lebensgrundlage.

Im Mittelpunkt des Sonnenfestes stand der Auftritt des Propheten Isatai. Der junge Kwahadi forderte Quanah Parker auf, gegen die Büffeljäger in den Kampf zu ziehen. Er versprach, ganze Wagenladungen ihrer Munition in die Luft zu sprengen und versicherte, daß er die Kugeln der weißen Männer mit seiner »Medizin«, seinen magischen Fähigkeiten, in der Luft stoppen könne.

Cheyennes und Arapahoes kamen aus ihren Reservaten, um Quanah Parkers Streitmacht zu verstärken. Gemeinsam mit 700 ausgewählten Kriegern begab sich der Halbblutindianer auf den Kriegspfad. Kurz vor Sonnenaufgang stießen sie am 27. Juni 1874 im nördlichen Texas, nahe am Canadian-Fluß, auf die Büffeljägersiedlung Adobe Walls. Zwei Männer, die mit einer Kutsche zu fliehen versuchten, wurden von den Indianern getötet und skalpiert. Dann gingen die Krieger Quanah Parkers zum Angriff über.

Mit ihren Pferden kamen sie sehr dicht an die Siedlung heran. So nah, daß sie Löcher in eines der Dächer schlagen konnten, um auf die Verteidiger zu schießen. Doch die Büffeljäger, die sich in den Häusern und hinter Gemäuer verschanzt hatten, wehrten sich verbissen. Mit ihren treffsicheren, großkalibrigen Jagdgewehren konnten sie den Angreifern, trotz deren zahlenmäßiger Überlegenheit, schwere Verluste zufügen. Diese Schlacht bei »**Adobe Walls**« gilt als *die* Verteidigungsschlacht schlechthin. Die hartgesottenen Büffeljäger verloren nur drei ihrer Männer, während etwa 15 Indianer getötet und viele weitere verletzt wurden.

Isatai hatte sich als Scharlatan entpuppt, seine Stammesbrüder waren über ihn erzürnt. Einer schlug mit der Peitsche nach ihm, doch Quanah Parker schützte den unglücklichen Kwahadi vor weiteren Schlägen. Lone Wolf und Satanta nahmen ihre Kiowas zurück, um einen Sonnentanz abzuhalten. Sie luden die Comanchen ein, mit ihnen zu kommen. Maßlos enttäuscht zogen die Krieger durch das nördliche Texas weiter. Sie brandschatzten, mordeten und vergewaltigten, selbst das Büro für Indianerangelegenheiten war über diese Ereignisse entsetzt. Sherman war nun in der Lage, Sheridan für das weitere Vorgehen gegen die Indianer alle Freiheiten zu gewähren. Etwa die Hälfte der Comanchen und Kiowas aus den Reservaten bei Fort Sill begleitete Quanah Parker in die unerschlossenen Schluchten des Palo Duro-Canyons. Dort sammelten die Indianer Vorräte an, um den kommenden Winter überstehen zu können.

Sheridan änderte nun seine Taktik. Er zog seine kleinen Kampfverbände zusammen und ordnete sie zu fünf großen Schlachtreihen an. Sie setzten sich Richtung Palo Duro-Gebiet

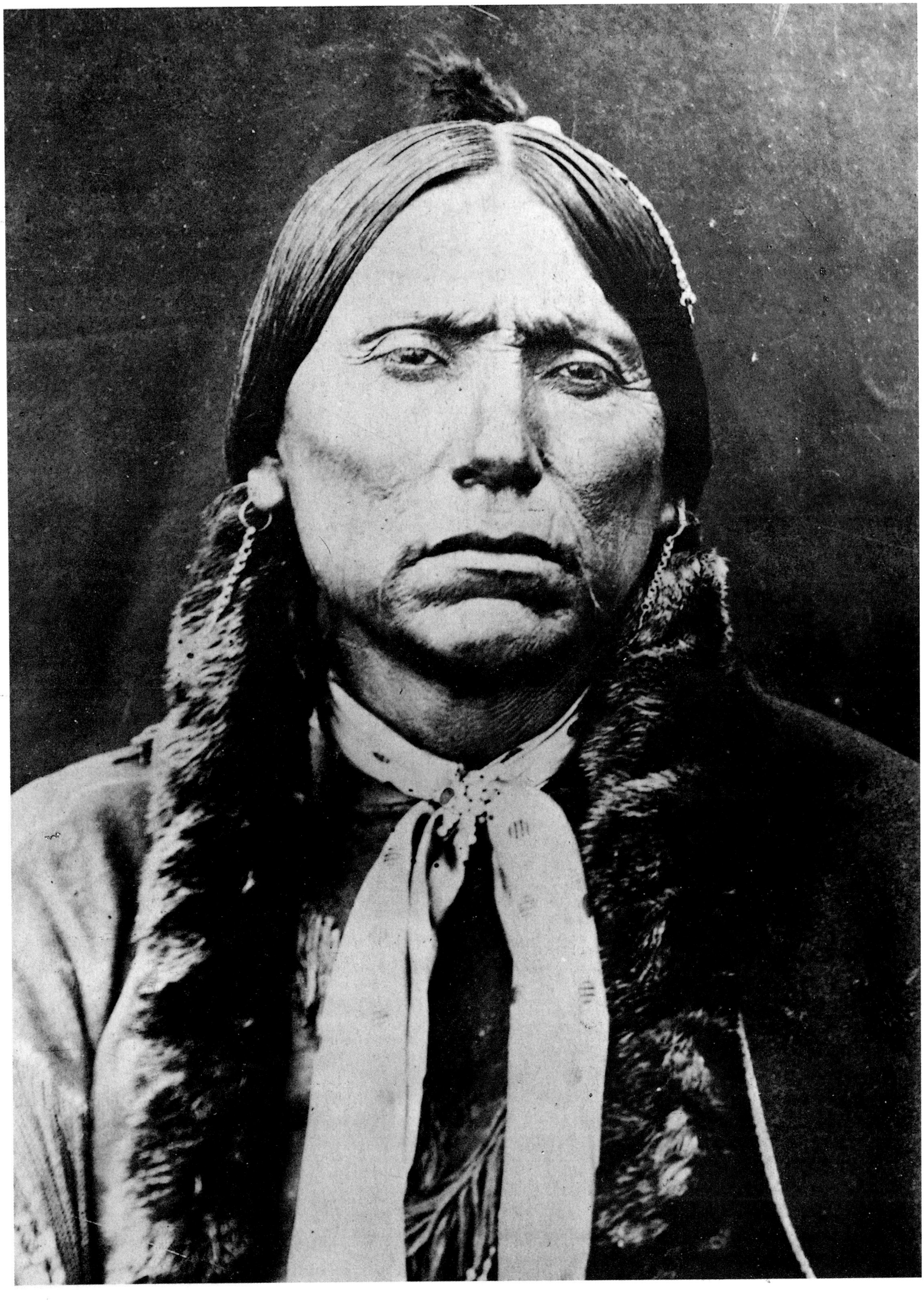

in Bewegung. Unter den Befehlshabern waren Oberst Nelson »Bear Coat« (Bärenfell) Miles und Oberst John W. »Black Jack« Davidson, ein bekannter Egozentriker. Natürlich fehlte auch Mackenzie nicht.

Schon nach dem ersten Gefecht, dem **»Buffalo Wallow Fight«** (»Büffelloch Kampf«), erklärten sich Satanta und Big Tree überraschend zur Aufgabe bereit.

Mackenzie, der die Indianer immer enger einschnürte, wurde am 26. September 1874 während eines Nachtlagers selbst angegriffen. Doch er schlug die anstürmenden Krieger zurück und konnte auch verhindern, daß seine Pferde weggetrieben wurden. Unbeeindruckt setzte er am folgenden Morgen die Suche nach Quanah Parkers Hauptstreitmacht fort. Noch am selben Tag machten Mackenzies Tonkawan-Scouts das Versteck im Palo Duro-Canyon ausfindig.

Im Morgengrauen des 28. September brachte der Oberst seine Kolonne zu einem Hohlweg, der in die Schlucht hineinführte. Ohne den genauen Weg zu kennen, stellte er sich an die Spitze seiner Truppe und ließ seine Männer ausschwärmen. Zunächst stießen sie auf Lone Wolfs Kiowas, die voller Bestürzung auf die Eindringlinge reagierten. Die Armee durchkämmte die ganze Schlucht, doch die Vielzahl der Schlupfwinkel ermöglichte es

Links: **Satank** beging auf eine andere Weise Selbstmord als Satanta, der sieben Jahre im Gefängnis verbracht hatte. Auf dem Weg zum Gefängnis nach Texas sang er sein Todeslied, stach einen Wachposten nieder und wurde erschossen, bevor er die Flucht ergreifen konnte.

den Indianern, einen offenen Kampf zu vermeiden. Nur drei von ihnen wurden erschossen und wenige mehr gerieten in Gefangenschaft.

Da ging Mackenzie zu einer Taktik der verbrannten Erde über: Er ließ alle Zelte zerstören und vernichtete die Wintervorräte. Anschließend trieb er die über 1.000 Pferde der Indianer die Schlucht hinauf, nahm sich die besten heraus und stürzte die übrigen in den Abgrund. Alles war den Comanchen und Kiowas genommen worden, verzweifelt kehrten sie bis Oktober in ihre Reservate zurück. Ein neuer harter Winter stand ihnen bevor, das 4. Regiment unter Mackenzie verbrachte Weihnachten dagegen in dem warmen und behaglichen Quartier.

Lone Wolf ergab sich endgültig mit 250 Kriegern am 25. Februar 1875 in Fort Sill. Am 2. Juni 1875 gab sich schließlich auch Quanah Parker geschlagen. Stolz hatte er Verträge mit den Weißen bislang abgelehnt, nun aber zeigte auch er sich völlig entmutigt – Der Krieg am Roten Fluß war beendet.

Sheridan wollte sichergehen, daß dieser Krieg nicht wieder aufflammte. Deshalb zwang er Kicking Bird dazu, 74 Männer auszuliefern, die als Geiseln in die Felshöhlen von Castillo de San Marcos bei Fort Marion, in das ferne Florida, gebracht werden sollten. Unter den Geiseln waren auch Lone Wolf und Mamanti. Der Schamane verfluchte Kicking Bird. Letzterer starb kurz darauf unter mysteriösen Umständen. Drei Monate später, bereits in Florida angekommen, war auch der Medizinmann tot. Man nimmt an, daß er sich – aus Reue über den Mord an seinem Häuptling – selbst das Leben genommen hatte.

Satanta, der trotz seiner Bewährungsstrafe den Kampf gegen die Weißen wieder aufgenommen hatte, wurde nach seiner Kapitulation im Herbst 1874 in Ketten gelegt. Vier Jahre später beging auch er aus lauter Verzweiflung Selbstmord; er stürzte sich aus einem hohen Fenster des Gefängniskrankenhauses von Huntsville. Wie Mamanti verstieß er damit gegen eines der wichtigsten Tabus der Indianer.

Etwa zur gleichen Zeit durfte Lone Wolf, der inzwischen an Malaria erkrankt war, aus Florida zurückkehren. Doch innerhalb eines Jahres starb auch er. Damit hatte die Herrschaft der Kiowas und Comanchen über die südliche Prärie ein Ende gefunden.

Im Frühjahr 1873 wurde Mackenzie zum Rio Grande geschickt. Er hatte den Auftrag, den Überfällen in Texas, die von mexikanischem Boden ausgingen, ein Ende zu machen. Zu den Plünderern gehörten einige Lipans, mehrere Mescalero-Apachen und eine große Zahl von Kickapoos.

Mackenzie bat Sheridan um die Erlaubnis, in mexikanisches

Unten: Die Aufnahmen von William Henry Jackson gehören zu den eindrucksvollsten Darstellungen des Indianerlebens. Auf diesem Bild aus dem Jahre 1871 sind **Pawnee**-Zelte an einer Gabelung des Loop Fork (Nebraska) zu sehen.

Oben: In Wildlederkleidung posiert der Unterhändler des San Carlos-Reservates, **John Clum**, zusammen mit den Apachen **Diablo** und **Eskiminzin** vor der Kamera. 1871 wurde Eskiminzins Lager von Mexikanern, Amerikanern und Papago-Söldnern überfallen. Die Überlebenden dieses »Camp Grant Massakers« (Arizona) wurden in Mexiko versklavt.

Gebiet eindringen zu dürfen. Sheridan ordnete ihm unter der Hand den Grenzübertritt an. Als Mackenzie eine genauere Instruktion wünschte, schlug Sheridan mit der Faust auf den Tisch und herrschte den Oberst an, daß dieser das Risiko selbst einschätzen müsse, er, der General würde die Verantwortung schon übernehmen.

Die Amerikaner überquerten den Rio Grande und attackierten ein Kickapoo-Dorf in der Nähe von Remolino, 60 Kilometer westlich der Piedras Negras. Sie töteten 19 Indianer und nahmen 40 Gefangene, fast ausschließlich Frauen und Kinder, da ein Großteil der Krieger zur Zeit des Angriffs fort war. Der Oberst selbst tötete einen Indianer und verwundete zwei weitere. Mackenzie wollte eine Konfrontation mit den mexikanischen Truppen vermeiden, daher zog er sich nach dem Überfall eilig wieder zurück.

Mexiko erhob nach diesem Vorfall Protest, doch die amerikanische Regierung zeigte sich insgeheim mit dem Ausgang von Mackenzies Mission zufrieden. Die Kickapoos hatten diese militärische Lektion offensichtlich begriffen: In den folgenden drei Jahren blieb das westliche Texas von ihren Angriffen verschont.

Als es dann erneut wieder zu Zwischenfällen kam, beauftragte General E. O. C. Ord Oberleutnant William R. Shafter und Mackenzie damit, die Strafexpedition zu wiederholen. 1880 jedoch führten mexikanische Proteste und das Nachlassen der Indianerattacken das Ende dieser illegalen Maßnahmen der Armee herbei.

Die Apachen-Kriege

Im Frühjahr 1871 brachten einige Zivilisten in Arizona den bereits schwelenden Apachenkrieg zum Ausbruch. Nach Indianerübergriffen setzte die Zeitung von Tucson, der *Citizien*, eine Hetzkampagne gegen die unschuldigen West-Apachen unter Häuptling Eskiminzin in Gang. Dabei galten gerade sie als ausgesprochen friedfertig und seßhaft. Zu Leutnant Royal E. Whitman, dem aufgeschlossenen Kommandanten des nahegelegenen Camp Grant, konnte Eskiminzin ein gutes Verhältnis aufbauen. Whitman besaß als untergeordneter Offizier allerdings nicht die Möglichkeit, mit den Indianern Verträge zu schließen. Doch er ließ sie ungestört an der Aravaipa-Bucht und am San Pedro-Fluß siedeln. Der Leutnant verschwendete keinen Gedanken daran, die West-Apachen zur Umsiedlung in das White Mountains-Reservat der Coyotero-Apachen zu zwingen. Die Aravaipas hatten schon vor längerer Zeit ihre Waffen abgeliefert, nicht nur ihre Gewehre, sondern auch Pfeil und Bogen. Sie widmeten sich dem Anbau von Korn. Whitman stellte einige von ihnen ein, um Heu zu schneiden. Farmer beschäftigten sie als Viehhirten. Im März 1871 stießen etwa 100 Pinal-Apachen zu den Aravaipas, die sich deren friedlichem Leben anschließen wollten.

Währenddessen hatte sich der alte Indianerkämpfer William Sanders Oury mit prominenten Bürgern aus Tucson zusammengesetzt, um das *Tucson Committee of Public Safety* (»Kommitee für die öffentliche Sicherheit«) zu gründen. Diese Bürgerwehr bestand aus sechs Angloamerikanern und 46 Mexikanern. Sie rekrutierten 100 Papago-Söldner, die sie am 28. April wie wilde Hunde auf die Aravaipas losließen.

Eine Armeeinheit aus Tucson warnte Whitman, daß die Aravaipas in Gefahr seien. Sofort schickte er Boten zu Eskiminzin. Doch es war bereits zu spät – als sie ankamen, konnten sie keinen lebenden Indianer mehr vorfinden. Kurz vor Sonnenaufgang war die Mordbande über das Dorf hergefallen. Sie steckten die Behausungen in Brand und schossen die Fliehenden kaltblütig nieder. Ourys Schar brauchte nur eine halbe Stunde, um das Dorf zu »säubern«. Die Bürgerwehr übergab die 27 Gefangenen, ausnahmslos Kinder, den Papagos. Diese verkauften die Kinder in Mexiko als Sklaven.

Als Whitman die brennende Siedlung erreichte, war das Dorf übersät mit nackten und verstümmelten Leichen. Viele waren mit den Pfeilen der Papagos gespickt, anderen hatte man die Schädel eingeschlagen. Die Zahl der Opfer lag zwischen 86 und 150 Toten, unter den Leichen waren fast ausschließlich Frauen und Kinder. Die Frauen wurden vergewaltigt, bevor man sie umbrachte, viele der Kinder hatte man mit Messern bis zur Unkenntlichkeit massakriert. Der Leutnant ließ die Toten beerdigen; er hoffte, daß die Aravaipas nicht ihn für die Greuel verantwortlich machen würden.

Das **Massaker von Camp Grant** wurde von US-Präsident Grant als »reiner Mord« bezeichnet, und er drohte an, Arizona unter Kriegsrecht zu stellen. Selbst Männer, die einiges an Grausamkeit gewöhnt waren, reagierten mit Entsetzen auf diese Greueltaten. Doch die Bürger von Tucson zeigten keine Spur der Reue, ganz im Gegenteil: Anstatt Oury und Elias, seiner rechten Hand, den Prozeß zu machen, forderten sie die Entlas-

Unten: Auf einer Federzeichnung von Charles Russell sind berittene Indianer zu sehen, die von einer Anhöhe aus ein »**Eisernes Pferd**« beobachten. Der Ausbau der Eisenbahnlinien hat entscheidend zur Vernichtung der indianischen Lebensräume beigetragen.

sung Whitmans, da dieser den Indianern Asyl gewährt hatte. Und sie setzten sich durch. Dreimal zitierten sie Whitman vor ein Gericht; ein Schuldspruch wurde zwar nicht erlassen, doch da der langjährige Leutnant viele Jahre vergeblich auf eine Beförderung gehofft hatte, quittierte er schließlich von sich aus den Dienst.

Elias stellte das Massaker an den Frauen und Kindern als eine notwendige Strafaktion gegen blutrünstige Rothäute dar. Er sprach von einem »erinnerungswürdigen und glorreichen Morgen«. Im Osten der USA rief der Vorfall große Empörung in der Öffentlichkeit hervor, so daß die Angehörigen der Bürgerwehr im Dezember 1871 vor Gericht gestellt wurden. Der Prozeß dauerte fünf Tage. Dabei gelang es, einigen Angehörigen von Camp Grant nachzuweisen, daß eine Spur, die von den raublustigen Apachen zu dem Dorf Eskiminzins geführt hatte, falsch gewesen war. Dennoch benötigten die Geschworenen für ihre Entscheidung keine zwanzig Minuten: Sie lautete auf Freispruch!

Präsident Grant entließ Stoneman und ersetzte ihn durch Oberstleutnant George Crook. An seine Seite stellte er Vincent Colyer und General O. O. Howard, der im Bürgerkrieg den rechten Arm verloren hatte. Beide waren als Friedensstifter bekannt. Sie wählten fünf Apachen-Reservate aus, um den nichtseßhaften Apachen eine Heimstätte zu geben. Vier davon lagen in Arizona, eines in Neu-Mexiko.

Crook fiel durch sein schäbiges Äußeres auf. Er trug entweder Zivilkleidung oder die Uniform eines einfachen Soldaten. Zunächst begrüßten die Weißen in Arizona die Ankunft des neuen Befehlshabers in ihrem Gebiet. Doch der verwegene, mit einem dichten Bart ausgestattete Crook war bei aller Selbstherrlichkeit sehr korrekt. Als er in Arizona eintraf, wies er in einer Rede darauf hin, daß die Apachen viel schlechter dargestellt worden seien, als sie es verdienten. Die Zuhörer nahmen diese Äußerung mit großem Unmut auf. Gleichwohl fügte Crook hinzu, daß es für die Apachen nur zwei Möglichkeiten gäbe: Entweder ließen sie sich nieder und bebauten das Land. Oder aber sie setzten ihre Überfälle fort, müßten dann aber mit Vergeltung rechnen. Der General befürchtete, daß die schwankende Politik der Regierung von den Apachen als ein Zeichen der Schwäche gedeutet werden könnte und sie zu neuen Übergriffen ermutigt wurden.

Doch Crook war genau der richtige Mann, um die Apachen zu zügeln. Unter den Kommandeuren der Armee gab es keinen, der seinen indianischen Gegnern so ähnlich war wie er. Er dachte und handelte ganz wie ein Indianer. Als junger Soldat hatte er in Kalifornien, Oregon, Washington und Idaho gelernt wie ein Krieger zu kämpfen. Er konnte sich allein in der Wildnis durchschlagen und wußte um die Laster von Armee und Grenzern – politische Falschheit, Alkohol und Rachsucht.

Bald trafen die Indianer in den Reservaten ein, etwa 6.000 Apachen ließen sich bis zum Herbst 1873 dort nieder. Doch Crook war gezwungen, seine Kavallerie in die Chiricahua

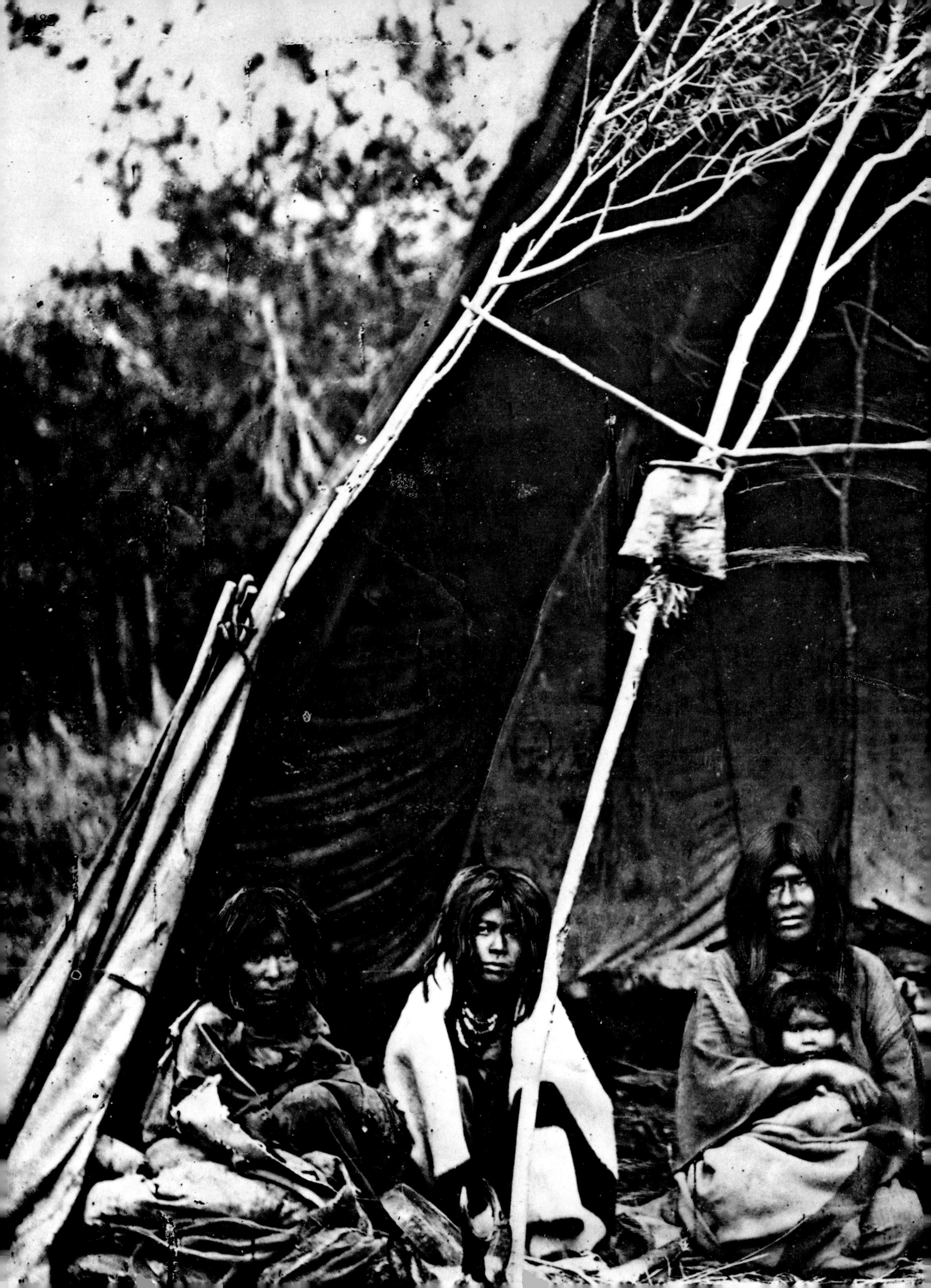

Die **Sheepeaters** lebten lange Zeit friedlich in der Zurückgezogenheit der Berge. Doch auch sie wurden 1878 in einen Kampf mit der Armee verwickelt.

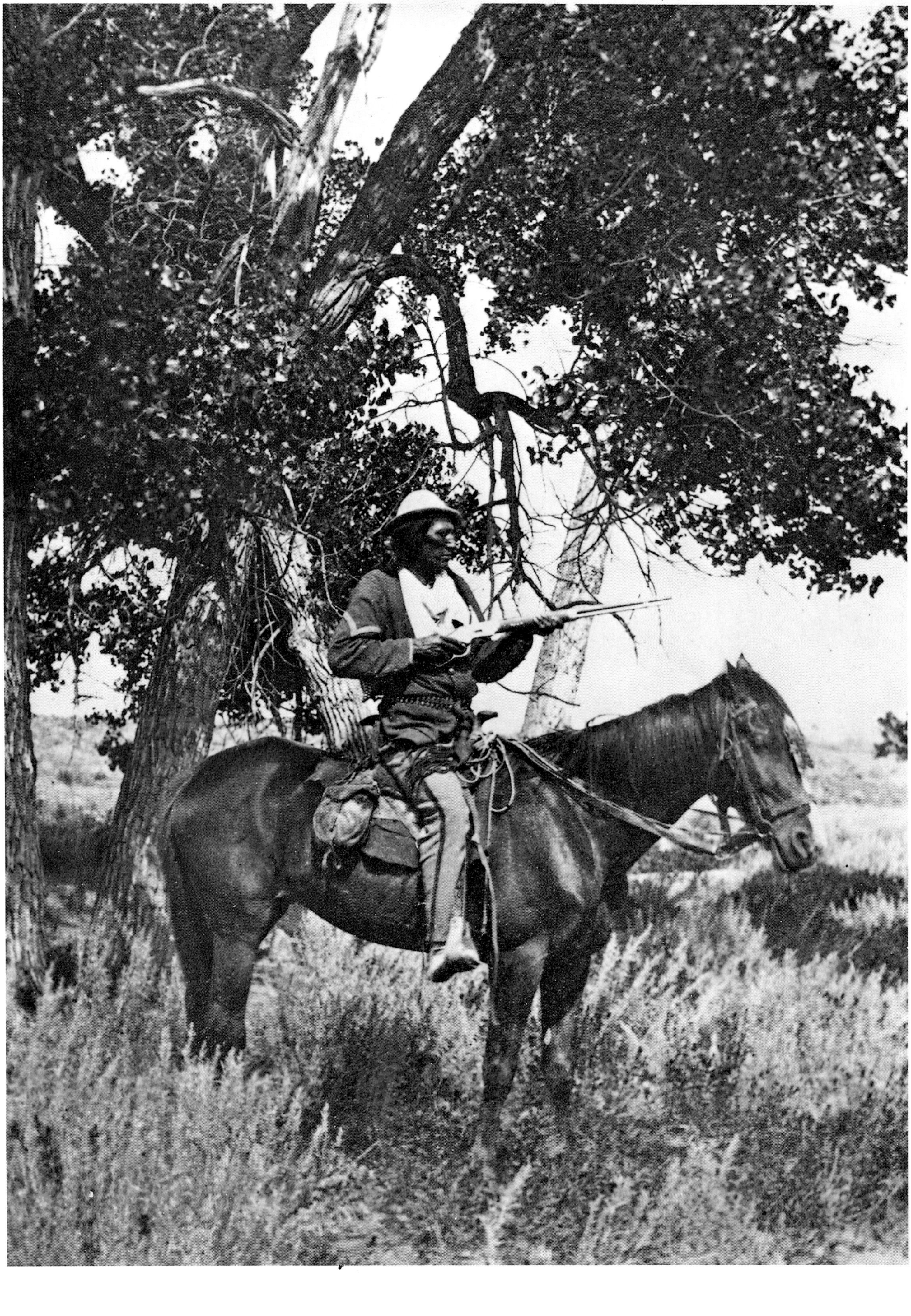

Gegenüberliegende Seite: Timothy O'Sullivan fotografierte in den 1870er Jahren einen Scout der **Coyotero-Apachen**, der stolz sein Mehrladegewehr präsentiert.

Rechts: Trotz der Niederlage gegen die Sioux gilt **General George Crook** als der erfolgreichste Offizier während der Indianerkriege. Der bärtige, stets schäbig gekleidete Crook verstand es wie kein anderer, sich in seiner Kampfweise den Indianern anzupassen.

Mountains zu entsenden. Dort wollte er Häuptling Cochise aufspüren, der sich beharrlich weigerte, in ein Reservat zu ziehen. Durch die Vermittlung Tom Jeffords, der für das Büro für Indianerangelegenheiten tätig war, kam ein Verhandlungsgespräch zwischen dem Häuptling und General Crook zustande. Man einigte sich friedlich, Cochise bekam das Reservat, das er wollte und sicherte den Frieden zu.

Bereits im Winter 1872 heuerte General Crook einige Apachen als Scouts an, die feindliche Stammesbrüder aufstöbern sollten. Crooks Expeditionseinheiten waren sehr mobil; er ersetzte Kutschen durch Maultiere oder Pferde und Reiter durch Infanteristen. Für einen Offizier erschien dies ungewöhnlich, denn die Kavallerie genoß unter ihnen stets höhere Wertschätzung als die Infanterie. Doch in den Augen des erfahrenen Generals war dies genau die richtige Taktik, um in dem gebirgigen Gelände den Apachen beizukommen.

Am 15. November 1872 marschierte Crook in das Tonto-Becken ein. Hier kam es zu einer Reihe kleinerer Gefechte, bei denen 200 Apachen starben. Doch entgegen der Erwartung des Generals konnte er die feindliche Hauptstreitmacht nicht ausfindig machen. Unermüdlich verfolgte Crook die Apachen. Der Druck, den der General auf sie ausübte, wurde immer stärker. Nur noch selten machten sie Rast, kaum fanden sie Schlaf. Sie konnten nicht kochen und gingen nur mit Pfeil und Bogen zur Jagd, denn durch Rauch und Lärm hätten sie Grey Wolf (»Grauer Wolf«), wie sie den General nannten, unweigerlich auf ihre Spur gebracht.

Kurz nach Weihnachten stießen die Apachen-Scouts im Canyon der Mazatzal Mountains auf einen Stützpunkt der Yavapais. Hauptmann William H. Brown, der mit seinen Männern von den Pferden abgestiegen war, postierte sich auf einem Berg oberhalb des Canyons. Leutnant Ross begab sich mit einigen Scouts und einem Dutzend Scharfschützen in die Schlucht. Der Angriff sollte in der Morgendämmerung beginnen.

Die ersten Sonnenstrahlen erhellten den Tag. Brown erkannte, daß die Feinde nicht in dem Tal lagerten, sondern sich in gut geschützten Felsenhöhlen verschanzt hatten. Doch es blieb keine Zeit, um den Angriffsplan zu ändern. Die Scharfschützen gaben einige Salven ab, und man rückte immer näher gegen die Verteidigungsstellung der Yavapais vor. Nach der Schlacht sollte sie »Skull Cave« (»Schädelhöhle«) genannt werden.

Brown forderte die Indianer dazu auf, sich zu ergeben. Doch die Yavapais schenkten ihm keine Beachtung. Selbst auf das Angebot des Hauptmanns, Frauen und Kinder in Sicherheit zu bringen, gingen die Indianer nicht ein. Daraufhin ließ er seine Männer auf die Unterkante des Felsgesteins schießen, das ein Vordach über dem Höhleneingang bildete. Zahlreiche Indianer wurden von den abprallenden Kugeln getroffen. Aus der Höhle waren Schmerzensschreie zu hören. Erneut rief Brown die Belagerten zur Kapitulation auf, wieder erhielt er keine Antwort. Statt dessen war nur ein seltsames Lied zu hören. Von den Scouts erfuhr Brown, daß die Indianer einen Todesgesang anstimmten. Noch einmal bereitete sich der Hauptmann auf den Kampf vor.

Plötzlich schwärmten die Indianer aus ihrer Höhle, sofort eröffneten die Soldaten das Feuer. Einige Krieger zogen sich gleich wieder in die Höhle zurück, doch die meisten versteckten sich hinter einzelnen Felsvorsprüngen. Da griff Hauptmann James Burns in das Kampfgeschehen ein. Bisher hatte er seine Männer am Rand des Canyons zurückgehalten, nun schossen sie aufs Geratewohl auf die Yavapais, ja sie stürzten sogar Felsbrocken auf die Indianer hinab.

Rauch- und Staubwolken stiegen aus dem Canyon empor, da endlich gab Brown den Befehl, das Feuer einzustellen. Seine Männer durchkämmten die Felsen – nur noch selten war ein Schuß zu hören. Die Stille war geradezu unheimlich. Die Soldaten fanden 75 tote Yavapais, viele der verletzten Indianer waren mit blauen Flecken übersät.

Immer wieder entsandte General Crook seine Offiziere auf derartige Expedition. Selbst als eine Fieberwelle einen Großteil seiner Pferde und Maultiere dahinraffte, hielt er an diesen Missionen fest. Die Infanteristen hatten dann um so mehr zu schleppen.

Einige Monate später brachte das 23. Infanterie-Regiment unter Hauptmann George M. Randall die Apachen bei Turret Peak, südlich von Camp Verde, in eine ähnliche Lage wie Brown kurz zuvor die Yavapais. Auch diesmal hatten sich die Indianer in das Gebirge zurückgezogen.

Randall ließ seine Männer über Nacht die Felswände erklimmen. Bei Anbruch des Morgens griff das Regiment die völlig überraschten Indianer an. Die meisten ergaben sich sogleich. Die Schlacht bei Turret Peak hatte den Widerstand der Apachen und der Yavapai endgültig gebrochen.

Endlich herrschte Frieden in Arizona – General Crook war der »Held der Stunde«. Er nutzte die Waffenruhe, um die Straßen und die Forts auszubauen, darüber hinaus ordnete er die Verlegung

Um 1870 machte Will Soule bei Fort Sill (Oklahoma) diese Aufnahme eines Zeltes im Lager des Cheyenne-Häuptlings **Little Big Mouth**. Das Tipi bestand aus einem Büffelfell, dessen Fellseite nach innen gewendet war. Die Nähte wurden mit Lederriemen gezogen. Dicke Lappen verdeckten den Eingang, der mit Holzpflöcken befestigt war. Am oberen Ende des kegelförmigen Tipis befand sich eine Öffnung, die als Lüftung diente.

von über 1.000 Kilometer Telegraphenkabel in Arizona an. Crook wurde 1875 schließlich zum Brigadegeneral befördert und in die Platte-Region versetzt, wo die Sioux für Unruhe sorgten.

Red Cloud, der 1868 einen günstigen Vertrag für seinen Stamm aushandeln konnte, hatte sich überraschenderweise mit dem friedlichen Leben in seinem Reservat abgefunden. 1873 wurde er zum Führer aller Reservats-Sioux oberhalb des Weißen Flusses von Nebraska ernannt. Aber es bereitete ihm einige Probleme, seine jungen, aufrührerischen Streiter im Zaum zu halten.

Noch größere Gefahr ging von Crazy Horse, dem Sieger über Fetterman, und Sitting Bull aus, die mit ihren Kriegern durch die Gegend streiften. Sitting Bull war inzwischen ein wichtiger Politiker der Indianer geworden, um nicht zu sagen ein Staatsmann. Sein Einfluß reichte weit über die Hunkpapas und Oglalas hinaus. Auch die Teton-Sioux, Arapahoes und Cheyennes waren ihm ergeben. Sitting Bull bezeichnete die Reservats-Indianer als Dummköpfe, die sich für fetten Speck, Schiffszwieback und gezuckerten Kaffee versklavt hätten. Die beiden Häuptlinge brachten die Sioux immer mehr gegen die Weißen auf. Es war nur noch eine Frage der Zeit, wann und wo der nächste Krieg ausbrechen würde.

Oben: **Apachen** posieren in der Wüste vor dem Fotografen.

Unten: O'Sullivan fotografierte 1871 im Westens Arizonas diese **Mojave-Krieger**.

Oben: Diese »Zeltstadt« an der südlichen Küste des **Tule-See** entstand 1873 während des Modoc-Krieges. Der Fotograf hat dieses panoramaartige Bild von einem Wachturm aus aufgenommen. Zu dem Armeelager gehörten auch eine Krankenstation (links), ein Wirtshaus und ein Warenladen. Die Offiziersquartiere sind rechts zu erkennen, das Zelt von Jeff Riddle und seiner Modoc-Frau liegen in der Bildmitte.

Der Modoc-Krieg

Während Crooks Apachenkrieg brach die Gewalt dort aus, wo man es am wenigsten erwartet hatte – in Kalifornien. Seit den 1850er Jahren erlebte der Staat einen ungeheuren Boom. Nur selten kam es in diesem Teil des Westens zu Auseinandersetzungen mit den Indianern. Nicht zuletzt deshalb sollte der Modoc-Krieg so viel Beachtung finden.

Der Modoc-Krieg wurde auf einem Lavabett ausgetragen. Dieses unfruchtbare Ödland lag an der südlichen Küste des Tule-Sees im Nordosten Kaliforniens. Die Modocs hatten die alten Vulkanöffnungen in ein bewohnbares Grabensystem verwandelt. Dem Stamm der Modocs, die von »Captain Jack« angeführt wurden, gehörten etwa 300 Indianer an, darunter waren zwischen 60 und 75 kampffähige Männer.

Diese Modocs bildeten den Rest eines Stammes, der früher einmal sehr kriegerisch gewesen war. Während des Goldrausches hatten sie immer wieder Kutschen überfallen, bis sie schließlich brutal niedergemacht wurden. Sie sprachen ein gebrochenes Englisch und trugen ausgediente Kleidung der Weißen. Jack sagte einmal, daß er immer wie ein Weißer gelebt habe und auch immer so leben wolle; ein gemeinsames Leben von Indianern und Weißen hielt er durchaus für denkbar. Die Männer der Modocs arbeiteten auf den Farmen der Siedler, mit ihren Frauen gingen sie sogar in den Geschäften der Stadt Yreka einkaufen. Gelegentlich stahlen hungrige Modocs auch Vieh. Noch immer konnten sie sich nicht ganz von der Vorstellung lösen, daß alle Tiere eine Gabe des »Großen Geistes« seien. Doch sonst blieben bedeutendere Zwischenfälle aus.

Jack hatte jedoch nicht mit der Landgier der Weißen gerechnet. Er war dazu bereit, im Reservat am Verlorenen Fluß zu leben, aber Farmer und Viehzüchter drangen immer weiter in sein Territorium vor. Auf ihren Druck hin ließ sich die Regierung dazu bewegen, die Modocs in das Reservat der Klamath zu schicken. Obwohl die beiden Stämme entfernt verwandt waren, standen sie sich feindselig gegenüber. Es war nicht das erste Mal, daß man verschiedene Stämme ohne Rücksicht auf das Verhältnis untereinander wahllos in einem Reservat zusammenpferchte.

Nach wiederholten Schikanen durch die zahlenmäßig überlegenen Klamath kehrte Captain Jack im Jahre 1865 in das Gebiet am Verlassenen Fluß zurück. Vier Jahre darauf ließen sich die Modocs erneut dazu überreden, im Klamath-Reservat zu siedeln; wieder kam es zu Übergriffen gegen sie. Nachdem

Oben: Eadweard Muybridge galt im vorigen Jahrhundert neben Carleton Watkins als der bedeutenste Fotograf in Kaliforniens. 1873 eilte Muybridge zum **Modoc-Lavabett**, im Nordosten Kaliforniens. Diese Aufnahme stammt aus einem Armeelager an der südlichen Küste des Tule-Sees und zeigt Warm Spring-Indianer, die als Scouts im Dienst der Armee standen. Aufgestützt auf ihren Gewehren, ruhen sie sich in der Mittagssonne aus.

die Klamath eine neu errichtete Umzäunung gestohlen hatten, gingen die Modocs fort – diesmal für immer.

Nach wie vor war Jack um gute Beziehungen zu den Weißen bemüht. Doch die Siedler forderten die Regierung auf, ihn dahin zu bringen »wo er hingehört«. Hauptmann James Jackson von Fort Klamath sollte die Modocs schließlich erneut in das Reservat bringen. Mit 43 Kavalleristen machte er sich auf den Weg. Er ließ das Indianerlager umstellen, woraufhin sich Jack sofort bereiterklärte, den Anordnungen der Soldaten Folge zu leisten. Doch als Jackson den Häuptling aufforderte, ihm sein Gewehr zu übergeben, zuckte der Indianer zusammen. Eindringlich erinnerte er die Soldaten daran, daß er nie gegen Weiße gekämpft habe und auch jetzt keinen Konflikt wolle. Dann warf er widerwillig sein Gewehr nieder, seine Krieger taten es ihm nach. Scarfaced Charley (»Narbencharley«), der seinen Namen einer Narbe verdankte, die sein ganzes Gesicht entstellte, legte als letzter sein Gewehr auf den Stapel. Seine Pistole indes ließ er im Halfter. Jackson befahl einem Soldaten, den Indianer ganz zu entwaffnen. Ohne jedes Einfühlungsvermögen brüllte der Weiße Scarfaced Charley an. Dieser lachte zunächst, um die Situation ein wenig zu entspannen. Doch mit Bestimmtheit wies er darauf hin, daß er sich nicht wie ein Hund behandeln ließe. Da griff der Soldat nach dem Revolver, ohne Zögern zog auch Charley seinen Colt und feuerte einen Schuß ab – die Kugel durchschlug nur den Mantel des Weißen. Fast gleichzeitig drückte der Soldat ab, doch auch er schoß daneben.

Die Indianer griffen wieder nach ihren Gewehren. Jack rief seine Modocs auf zu verschwinden, doch die Soldaten eröffneten sogleich das Feuer. Die Indianer setzten sich zur Wehr und töteten sieben Kavalleristen, während sie selbst nur einen ihrer Krieger verloren. Nach diesem Gefecht konnten die Modocs im tiefen Schilf des Tule-Sees Schutz finden. Dann führte Jack sie weiter zum Lavabett.

Etwa zur gleichen Zeit versuchten einige Siedler eine Schar Modocs, die von »Hooker Jim« (»Langfinger Jim«) angeführt wurde, unter Arrest zu stellen. Die Weißen eröffneten das Feuer, dabei töteten sie eine alte Frau und ein Baby. Doch der Angriff schlug fehl. Verärgert mußten die Siedler den Rückzug antreten. Aus Rache überfiel Hooker Jim daraufhin einige abgelegene Farmhäuser, 14 Weiße kamen dabei um. Mit diesen Aktionen sollte Jim das Schicksal der Modocs besiegeln. Doch davon konnte er nichts ahnen, als er sich mit seinen Leuten Captain Jack anschloß.

Unter den Modocs herrschte Uneinigkeit darüber, wie man sich den Weißen gegenüber verhalten sollte. Hooker Jim war zum Kampf bereit. Jack dagegen hoffte, daß die Weißen an der öden Lavalandschaft uninteressiert seien und die Indianer in Frieden ließen. Er machte seinem Stammesbruder wegen dessen Raubüberfälle auf die Farmen schwere Vorwürfe.

Am 16. Januar 1873 griff Oberstleutnant Frank Wheaton den Stützpunkt der Modocs an. Reguläre Einheiten aus Kalifornien rückten von der östlichen, Freiwillige aus Oregon von der westlichen Seite vor. So wollten sie den Indianern jeden Fluchtweg abschneiden. Zunächst erklangen Hornsignale, dann konnte man das Feuer der Kanonen hören. Doch der Nebel war so dicht, daß die Soldaten das Haubitzenfeuer einstellten, um nicht ihre eigenen Leute zu gefährden. Für eine Weile schwiegen die Waffen.

Noch immer war Jack zur Aufgabe bereit. Doch Hooker Jim setzte eine demokratische Abstimmung über den Kampf durch: 37 Krieger stimmten dafür, 14 dagegen.

Nur mühsam kamen die Truppen voran. Die Nebelschwaden lagen so tief über dem Boden, daß die Soldaten kaum ihren Nebenmann erkennen konnten, geschweige denn einen Indianer. Auch das Gelände machte ihnen schwer zu schaffen; Wheatons Männer zogen sich an dem scharfkantigen Lavagestein Schnittwunden, Prellungen und Verstauchungen zu.

Die Modocs nutzten die Unzugänglichkeit des Territoriums zu ihrem Vorteil. Sie versteckten sich in den Winkeln und Ritzen des Gesteins, hervorragend getarnt durch Grasbüschel, die sie an ihren Kopfbändern befestigt hatten. Ständig waren sie in Bewegung. Sobald sie einen Schuß abgegeben hatten, wechselten sie den Standort. Mit dieser Taktik narrten die Modocs die Armee, die es langsam mit der Angst zutun bekam. Wegen der tiefen Felsspalten konnte Wheaton seine zwei Einheiten nicht zusammenbringen. Die Soldaten waren festgenagelt, so daß der Oberstleutnant bis zum Anbruch der Nacht warten mußte, bevor er seine Männer aus dem Lava-Gebiet abziehen konnte. Etwa

Unten: Muybridge nannte dieses Foto *»A Modoc on the Warpath«*, doch in Wirklichkeit ist auf dem Bild ein Warm Spring-Indianer zu erkennen, der sein Gewehr auf einen fiktiven Gegner richtet. Der falsche Titel sollte den Absatz des Bildes fördern.

Gegenüberliegende Seite: Die Narbe täuscht über den wahren Charakter hinweg – **Scarfaced Charley** war der würdevollste aller Modocs.

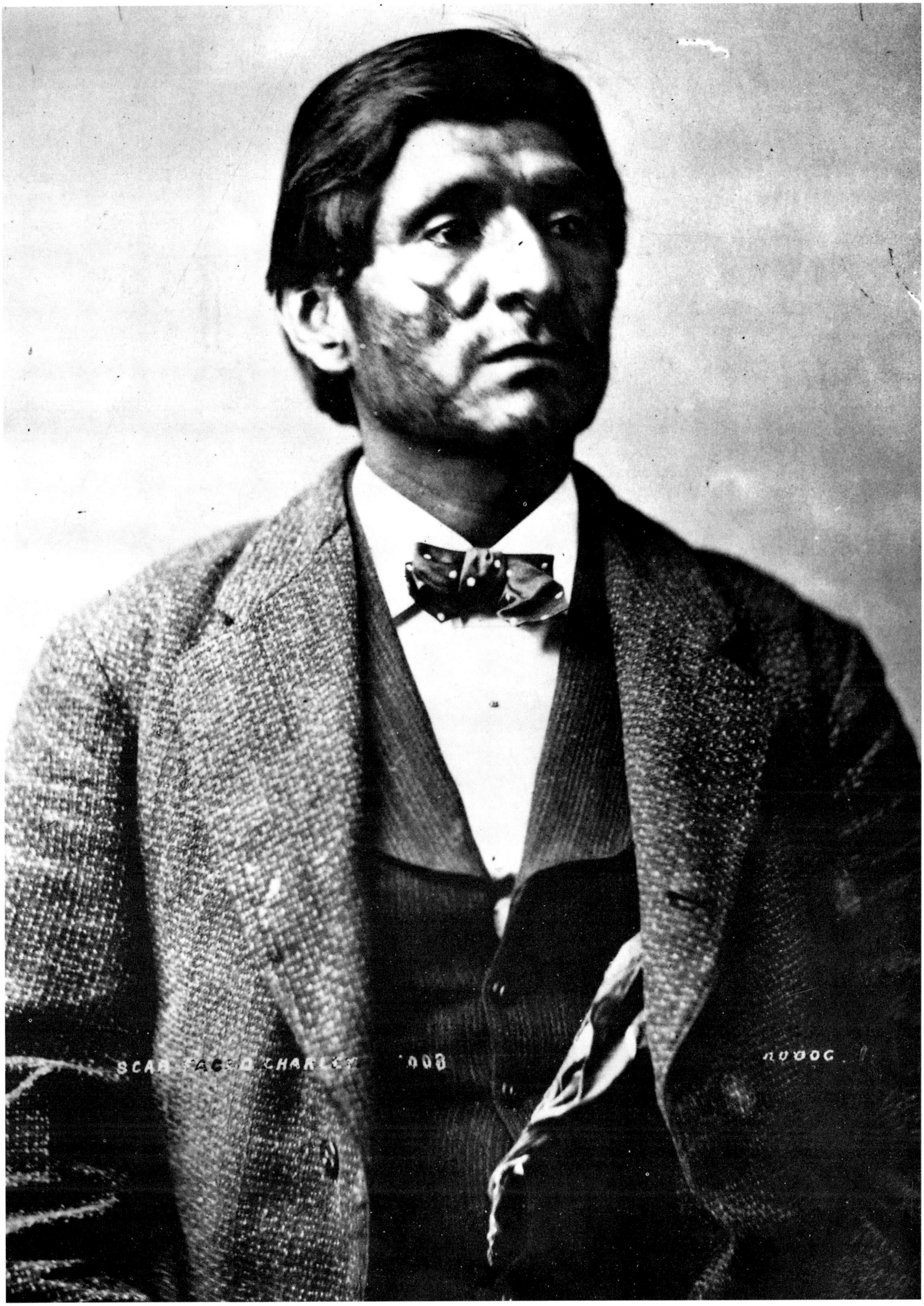
SCAR FACED CHARLE
008

Oben: Dieses Foto von Muybridge zeigt den Anführer des Armee-Scouts **Donald McKay** (Mitte), in lässiger Haltung vor einem Felsen. Der Halbblutindianer erkundete mit seinen Warm Springs-Indianern das felsenartige Modoc-Gelände aus Vulkangestein und nahm an der Seite von Oberst Gillem im April 1873 an einem Angriff auf die Festung der Modocs teil. McKay konnte aus seinem kurzem Ruhm Kapital schlagen, indem er 1874 mit einer »Wild West-Show« in Europa auf Tournee ging.

15 Tote mußte er zurücklassen, darüber hinaus wurden 30 bis 40 seiner Männer verwundet. Die Modocs waren erfahrene Rotwildjäger, nur selten verfehlten ihre Schützen das Ziel.

Die Indianer plünderten die Leichen der Soldaten. Ihren Sieg feierten sie mit einem großen Fest. Keinen einzigen Mann hatten sie verloren, ja, es gab noch nicht einmal Verletzte auf ihrer Seite.

Wheaton forderte nach dieser Niederlage eine Verstärkung von 300 Infanteristen. Dabei hielt er mindestens 1.000 Mann für notwendig, um die Modocs in die Knie zu zwingen. Doch bevor er einen erneuten Angriffsversuch unternehmen konnte, löste sich seine Truppe auf.

Nach diesem Fehlschlag wurde Oberstleutnant Wheaton entlassen, General E. R. S. Canby übernahm das Kommando. Er hoffte, die unglückliche Affäre mit friedlichen Mitteln beenden zu können. Er spannte einige Freunde von Jack in seine Bemühungen mit ein: Toby Riddle, Jacks Cousine, Frank Riddle, ihren Mann, den Farmer John Fairchild und Meacham, der als Kommissar im Büro für Indianerangelegenheiten in Oregon tätig war. Unter ihrem Zuspruch verzichtete Jack endgültig auf die Rückkehr zum Verlassenen Fluß. Er gab sich nunmehr mit einer Heimstätte in dem öden Lava-Gebiet zufrieden.

Während die Weißen die Friedensinitiative in die Wege leiteten, spalteten sich die Modoc-Indianer: Hooker Jim suchte mit seinen Leuten ein Armee-Lager auf, um sich zu ergeben. Als sie aber hörten, daß der Gouverneur von Oregon sie wegen Mordes an den Farmern hängen lassen wollte, überlegten sie sich die Sache noch einmal. Doch die Regierung von Oregon bestand auf eine

Oben: Bereit zur Inspektion posieren Kavalleristen für den Fotografen. Bald darauf werden sie in das Modoc-Gebiet vorrücken, eine mondartige Landschaft, die von den Modocs »Land-der-erloschenen-Feuer« genannt wurde. Zahlreiche Soldaten starben, viele wurden verwundet oder ergriffen panikartig die Flucht. Lange Zeit war die US-Armee trotz ihrer zahlenmäßigen Übermacht den Modocs hoffnungslos unterlegen, denn die Indianer verteidigten ihr vertrautes Gebiet mit großem Geschick.

Auslieferung. Captain Jack warf den »zivilisierten Männern« Doppelmoral vor. Er sagte ihnen, daß er zwar Reue fühle für die Mordtaten und daß er nur wenige Männer habe, auf die er auf keinen Fall verzichten könne. Außerdem fragte er, ob denn die Regierung jene Männer ausliefern würde, die Greuel unter den Indianern angerichtet hätten. Und schließlich sagte er, daß er nie nach diesen Männern gefragt habe.

Canby leitete die Friedenskommission und ließ im Niemandsland zwischen dem Gebiet der Indianer und dem Territorium der Weißen ein Friedenszelt errichten. Er wurde von Meacham, Eleazar Thomas, einem Pfarrer, dem Riddle-Ehepaar und dem Indianerunterhändler L. Dyar begleitet. Am 11. April 1873, einem Karfreitag, trafen sie sich mit Captain Jack.

Toby Riddle warnte Canby, daß Hooker Jim ihnen eine Falle stellen wolle, um sie alle umzubringen. Doch Canby nahm die Mahnung von Jacks Cousine nicht ernst. Inzwischen hatte er seine Truppen erheblich verstärkt, 1.000 Soldaten hatten vor dem Lava-Gebiet Stellung bezogen. Niemals würden es die Indianer wagen, Verrat zu üben.

Doch der General ahnte nichts von der Machtprobe, die zur gleichen Zeit im Lager der Modocs ausgetragen wurde. Auf einer Sitzung der Indianer, vier Tage vor den Friedensgesprächen, kritisierten die Kriegstreiber unter den Modocs Jack und dessen Ausgleichspolitik. Sie beschimpften ihn als »feiges Weib« und drohten ihn zu verstoßen. Dem Häuptling wurde ein Schal übergeworfen und ein weiblicher Kopfschmuck übergestülpt, dann wurde er zu Boden gestoßen.

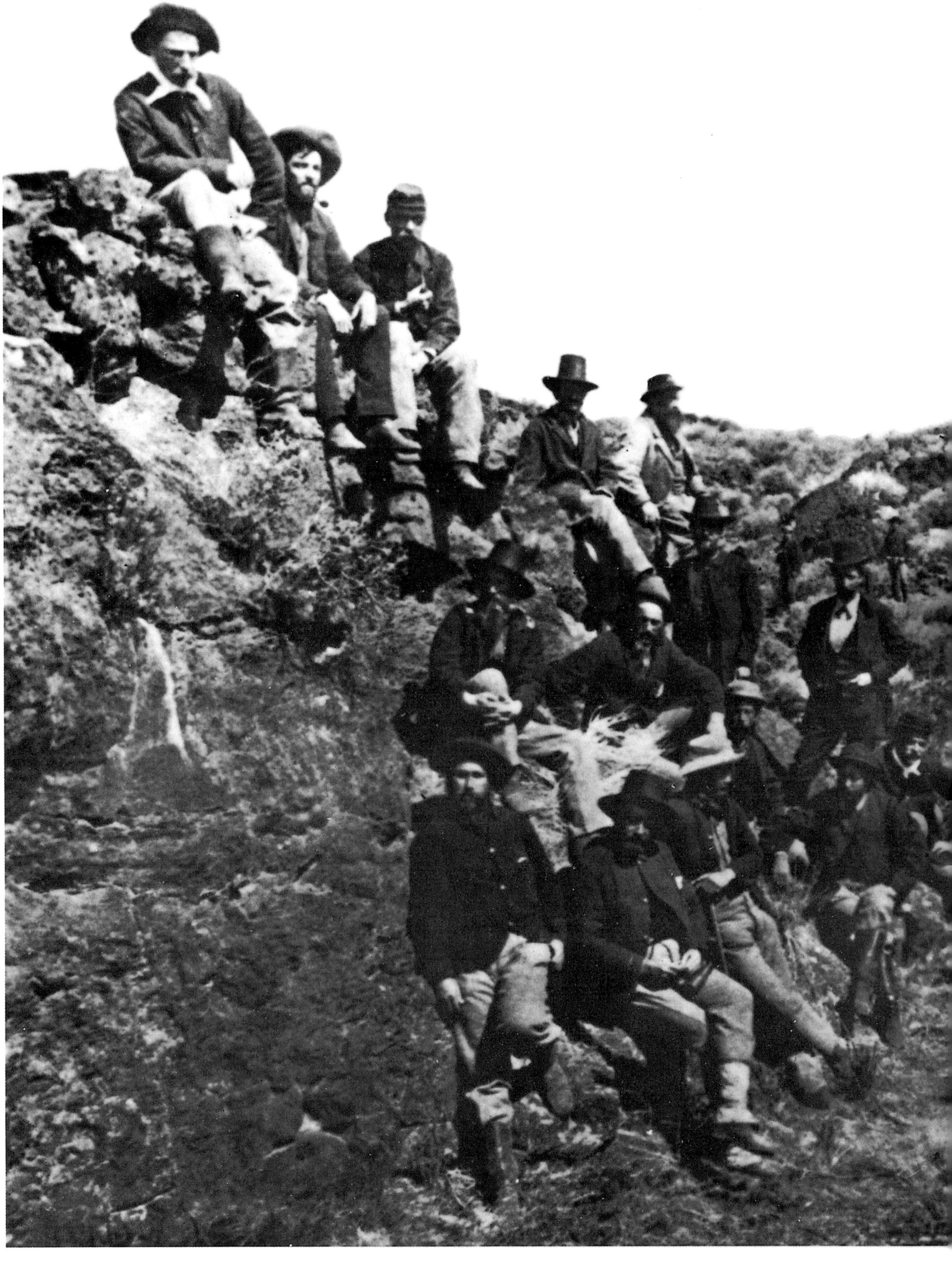

Unten: »Captain Jack«, hatte seine Festung verlassen, deshalb konnte die Armee sie ohne Waffengewalt einnehmen. Offiziere, einfache Soldaten und einige Zivilisten posierten anschließend vor der von der Natur geformten Verteidigungsanlage.

Rechts: **Captain Jack, Häuptling der Modocs**, war eine nervöse und gleichzeitig melancholische Persönlichkeit. Er trug die Kleidung der Weißen und beherrschte ihre Sprache. Jack war sehr friedfertig, doch die Weißen und einige seiner Krieger trieben ihn in den Kampf, den er immer verabscheut hatte. Hooker Jim, der ihn zum Mord an General Canby gezwungen hatte, war es schließlich, der ihn verriet und der Armee auslieferte. Am 3. Oktober 1873 wurde er mit dreien seiner Krieger in Fort Klamath (Oregon) erhängt.
Die Fotografie wurde während seiner Gefangenschaft im Fort aufgenommen.

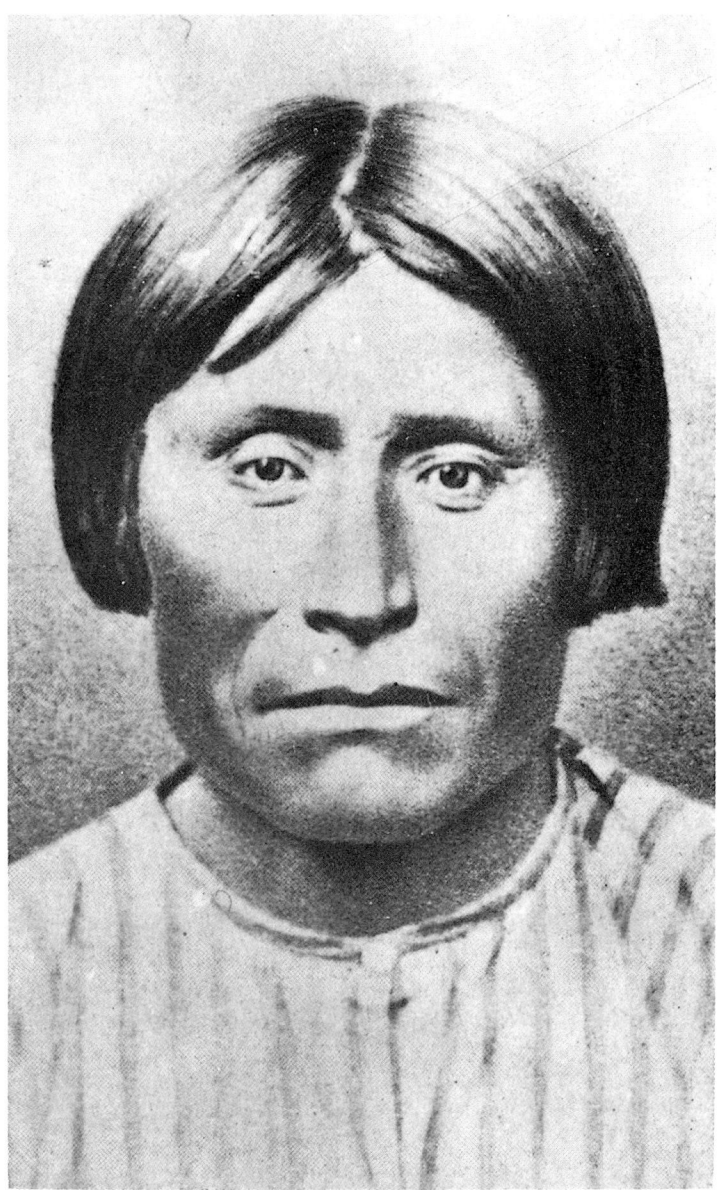

Unter der Androhung des Todes forderte Hooker Jim den Häuptling auf, General Canby umzubringen. Zunächst sperrte sich Jack gegen diesen hinterhältigen Plan, doch dann fügte er sich – er selbst würde Canby töten. Als die Delegation der Indianer in das Friedenszelt eintrat, trugen nur Bogus Charley und Boston Charley ihre Gewehre offen. Weitere gut bewaffnete Männer postierte Jack hinter einem Felsen ganz in der Nähe des Zeltes. Er selbst trug wie seine Begleiter eine versteckte Pistole bei sich. Auch Meacham und Dyar waren bewaffnet. In ihren Taschen hatten sie kleine Derringer.

Canby öffnete eine kleine Kiste und bot Jack und seinen Begleitern Zigarren an. Dann begann der General zu reden. Er beteuerte, daß seine Absichten friedlich seien und versicherte, sich an seine Abmachungen zu halten. Da griff Hooker Jim nach Meachams Mantel und begann in dem Zelt auf und ab zu gehen. Meacham glaubte, daß es sich um einen Spaß handelte, worauf er dem Indianer auch noch seinen Hut reichen wollte. Doch Hooker Jim verschmähte ihn und sagte unheilverkündend, er könne ihn noch eine Weile behalten, früher oder später werde er sowieso ihm gehören.

Der General setzte seine Rede fort. Plötzlich sprang Jack auf, gab den versteckten Kriegern ein Signal und zog seinen Revolver. Er hielt ihn Canby aus einem Meter Entfernung vor das

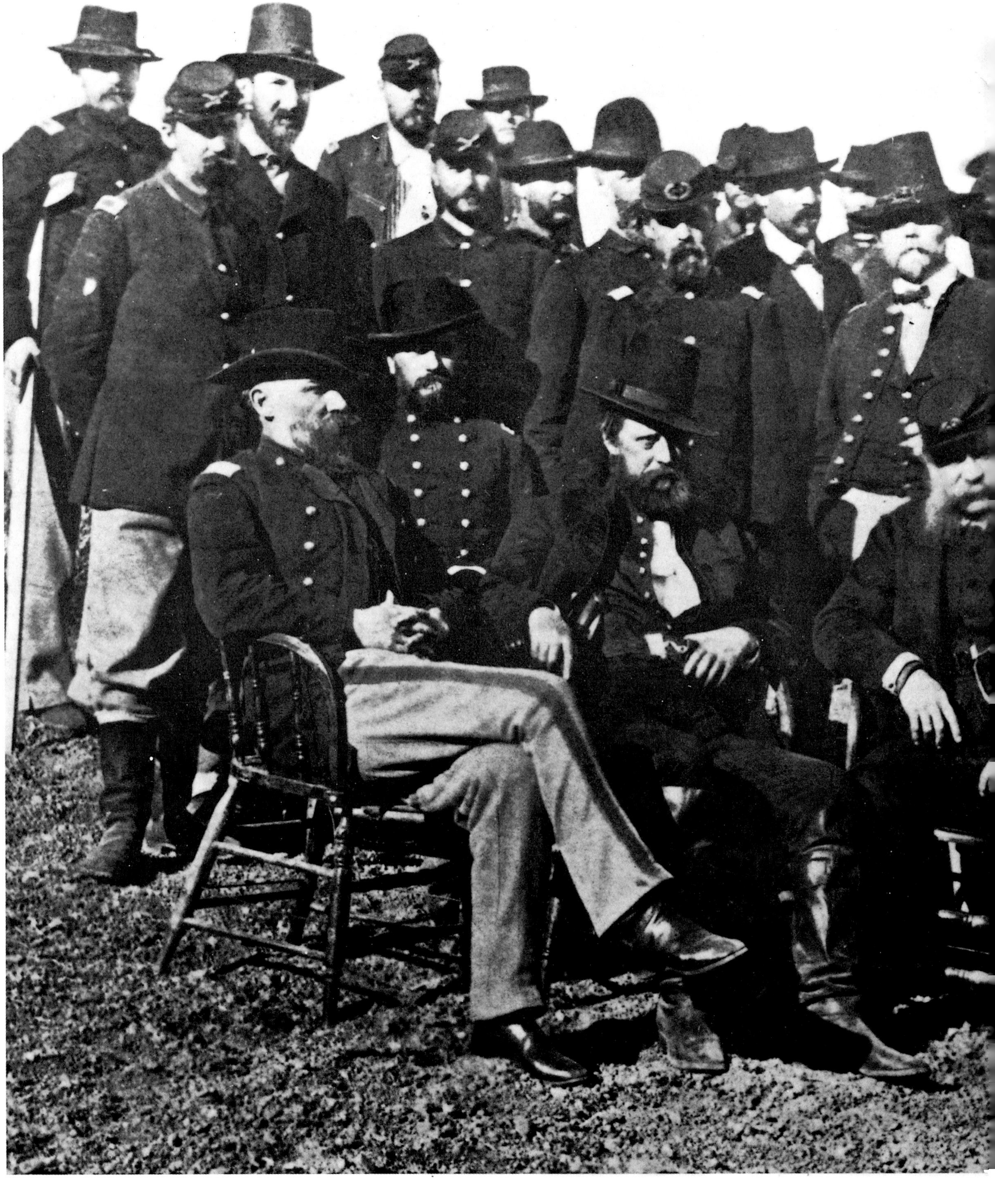

Gesicht und drückte ab. Der erste Schuß ging daneben, der zweite traf den General ins Auge. Jack setzte mit dem Messer nach, doch der Veteran fiel noch nicht. Mit letzter Kraft versuchte er das Zelt zu verlassen, dann gab ihm einer der Indianer den Rest. Als nächstes traf es den Pfarrer und auch Meacham wurde schwer verwundet. Frank Riddle und Dyar gelang die Flucht. Sie verständigten die Armee, doch als eine Kompanie das Zelt erreichte, eröffneten die Modocs das Feuer und zwangen sie zum Rückzug.

Der verräterische Mord an Canby bedeutete das Ende weiterer Verhandlungen mit den Modoc-Indianern. Aber nicht nur das: Der Vorfall fügte der Friedensstrategie von Präsident Grant einen schweren Schlag zu. Drei Jahre später, am Little Big Horn, sollte sie dann endgültig scheitern.

Es gab kein Zurück mehr. E. R. S. Canby war der einzige General, der jemals in den Indianerkriegen umgebracht wurde. Als Jack sich die Uniform des Generals überzog, um seine Rolle als Kriegsherr zu betonen, bedeutete dies den Kampf auf Leben und Tod. Die ganze Nation war über den Verrat von Captain Jack entsetzt. Sherman ließ General Schofield eine Nachricht zukommen, er solle alle Mittel anwenden, um die Modocs niederzuschlagen. Am 15. April 1873 führte Oberst Alvan Gillem 1.000 Mann zu den Lavabetten. Doch bevor er seine Männer angreifen ließ, schnitt er die Modocs vom Tule-See ab, ihrem einzigen Wasser-Reservoir. Inzwischen verschanzten sich die Modocs in ihren Verteidigungsstellungen.

Am 26. April spürte Scarfaced Charley 65 Soldaten und Warm Spring-Scouts auf, die gerade in einer Mulde eine Mahlzeit zu sich nahmen. Als kurze Zeit später eine Hilfskolonne zu der Senke durchkam, fand sie 20 Tote und weitere 16 Verletzte. Scarfaced Charley hätte sie alle niedermachen können, doch er ließ etwa die Hälfte von ihnen entkommen. Scarfaced Charley war ein tapferer Krieger, kein Schlächter. Wie üblich, büßten die Modocs bei dieser Aktion keinen ihrer Krieger ein.

Alsbald übernahm General Jeff C. Davis das Kommando. Am 14. Mai konnte er den wichtigsten Stützpunkt der Modocs einnehmen, den Captain Jack kurz zuvor geräumt hatte. Noch war die Lage nicht entschieden, da fiel der angriffslustigste aller Modocs seinem eigenen Volk in den Rücken – Hooker Jim. Mit einigen Gefolgsleuten desertierte er zu der Armee und bot ihr an, Captain Jack zur Strecke zu bringen. Die Armee ging auf diesen Handel ein. Davis nannte Hooker Jim zwar einen Halsabschneider, doch dies hielt ihn nicht davon ab, ihn mit offenen Armen willkommen zu heißen. Für den Verrat versprach er den Überläufern Straferlaß für all ihre Verbrechen.

Schnell konnten die Abtrünnigen die Armee auf Jacks Spur führen. Nach und nach stöberte man versprengte Modocs auf.

Links: Auf dem Gruppenportrait von Eadweard Muybridge sind einige der bekanntesten Offiziere aus dem Modoc-Feldzug zu sehen. **Major Edwin C. Mason, Oberst James A. Hardie, Oberst Jefferson C. Davis** und **Oberst Alvan Gillem** (vordere Reihe von links nach rechts). Doch keiner dieser Männer hatte sich im Kampf ausgezeichnet; die Indianer griffen die Armee nur kurzzeitig an und zogen sich dann zu ihrer nächsten Verteidigungslinie zurück.

Die Ereignisse glichen fortan mehr einer Jagd als einem fairen Kampf. Trotzdem dauerte es noch bis Anfang Juni, bevor sich der Häuptling aus verzweifelter Erschöpfung ergab. Jacks Generaluniform war völlig verdreckt und zerschlissen, nur noch zwei Getreue waren an seiner Seite. Voller Wut warf er Hooker Jim vor, daß dieser ihn zu dem Mord an Canby gezwungen und nun auch noch verraten habe.

Das Kriegsministerium verlangte Vergeltung für den Mord an Canby. Sherman ging noch weiter: Er verlangte, daß Davis alle Modocs hätte umbringen sollen. Die Verantwortlichen wurden vor Gericht zitiert. Doch während Häuptling Jack auf der Anklagebank Platz nahm, sagten Hooker Jim und seine Anhänger als Zeugen gegen ihn aus. Jack und fünf seiner Männer wurden zum Tode verurteilt. Auf Initiative von Präsident Grant wurden zwei der Urteile kassiert und in lebenslängliche Gefängnisstrafen auf der Insel Alcatraz umgewandelt. Der Häuptling indes hatte keine Milde zu erwarten, am 3. Oktober 1873 wurde er in Fort Klamath erhängt.

Die übriggebliebenen 155 Modocs wurden im Quapaw-Reservat angesiedelt. Sechs Jahre darauf starb Hooker Jim, Scarfaced Charley wurde neuer Stammesführer. 1909 lebten nur noch 51 Modoc-Indianer. Die Regierung erlaubte ihnen die Rückkehr in ihr angestammtes Siedlungsgebiet an der Grenze zwischen Oregon und Kalifornien.

Mit 51 Kriegern hatte Häuptling Jack 1.000 Mann getrotzt. Die Modocs hatten etwa 50 Soldaten getötet und hatten selbst – außer einigen Frauen und Kindern – nur fünf ihrer Männer verloren. Der siebenmonatige Konflikt hatte den amerikanischen Steuerzahler mindestens eine halbe Million Dollar gekostet. Der Verlauf der Kämpfe war so beachtlich, daß Sherman dazu aufforderte, den Namen der Modocs in Vergessenheit geraten zu lassen. Doch dies ist nicht geschehen – bis heute sind Captain Jack und seine tapferen Krieger in der Geschichte Kaliforniens unvergessen.

Links: **Toby** (oder **Winema**) **Riddle**, Jacks Cousine, war die eigentliche Heldin des Modoc-Kriegs. Mit all ihrer Kraft setzte sie sich für den Frieden ein – doch ohne Erfolg. *Oben:* Das **Friedenszelt**, in dem General E. R. S. Canby ermordet wurde. *Oben:* Das Armeelager im Lavabett. *Gegenüberliegende Seite:* **Donald McKay**, der Armee-Scout, präsentiert sich der Kamera mit seinem Gewehr.

199

Shoshoni. 1.

Diese Aufnahme von einem Lager der Shoshonen machte William Henry Jackson im Jahre 1870. Der Stamm von **Häuptling Washaki** war den Weißen freundlich gesonnen und beteiligte sich auf der Seite der Armee am Krieg gegen die Sioux.

Wichtige Schlachten im Westen (1876–1890)

- BRITISH COLUMBIA
- NORDWEST-TERRITORIEN
- ONTARIO
- WASHINGTON-TERRITORIUM
  - Portland
  - Ft Walla Walla
- OREGON-TERRITORIUM
  - Willow Springs (1878) ✕
  - Whitebird Creek (1877) ✕
- MONTANA-TERRITORIUM
  - Bear Paw Mtn (1877) ✕
  - Ft Benton
  - Ft Missoula
  - Helena
  - Butte
  - Big Hole (1877) ✕
  - Ft Keogh
  - Ft Custer
  - Ft Union
- DAKOTA-TERRITORIUM
  - Ft Abraham Lincoln
  - Sioux-Kriege (1854–90)
  - Ft Pierre
  - Deadwood
- MINNESOTA
  - Minneapolis
  - St Paul
  - New Ulm
- WISCONSIN
- IDAHO-TERRITORIUM
  - Ft Bridger
  - Canyon Creek (1877) ✕
  - Little Bighorn (1876) ✕
  - Rosebud (1876) ✕
  - Ft Phil Kearney
  - Dull Knife (1876) ✕
  - Ft Fetterman
  - Wounded Knee (1890) ✕
- Lava Beds (1873) ✕
- Modoc-Kriege (1872–73)
- Sacramento
- Reno
- San Francisco (Militärhauptquartier Pazifik)
- NEVADA-TERRITORIUM
- WYOMING-TERRITORIUM
  - Ft Laramie
  - Salt Lake City
  - Cheyenne
- NEBRASKA-TERRITORIUM
  - Omaha
  - Ft Kearny
- IOWA
- Chikago (Militärhauptquartier Missouri)
- ILLINOIS
- UTAH-TERRITORIUM
  - Thornburg-Massaker (1879) ✕
  - Meeker-Massaker (1879)
  - Leadville
- COLORADO-TERRITORIUM
  - Denver
  - Cripple Creek
  - Ft Leavenworth
  - Ft Riley
- KANSAS
  - Independence
- MISSOURI
  - St. Louis
- KALIFORNIEN
- ARIZONA-TERRITORIUM
  - Ft Defiance
  - Apachen-Kriege (1881–1890)
  - Ft Apache
  - Ft Yuma
  - Tucson
  - Geronimos Kapitulation (1886) ✕
- NEU MEXIKO-TERRITORIUM
  - Taos
  - Ft Union
  - Santa Fe
  - El Paso
- Ft Supply
- INDIANER-TERRITORIUM
  - OKLA
  - Okmulgee
  - Ft Sill
- ARKANSAS
- TEXAS
  - STAKED PLAINS
  - Ft Worth
  - Dallas
  - San Antonio
- LOUISIANA
- MEXIKO

DIE ZEIT NACH CUSTER
1876–1891

Die Gefechte und Kriege in der Prärie und den Rocky Mountains in den zehn Jahren nach dem amerikanischen Bürgerkrieg leiteten die letzte Phase im Konflikt zwischen Indianern und Weißen ein. Der Wendepunkt war das Jahr 1876: Nie zuvor hatten die Indianer in der Prärie einen so spektakulären Sieg wie in der Schlacht am Little Big Horn errungen. Doch es sollte gleichzeitig auch ihr letzter großer militärischer Triumph sein. Der Erfolg von Nelson Miles über Häuptling Joseph und die Nez Percés im Sommer 1877 ebnete schließlich den Weg zur völligen Unterwerfung der Indianer im Westen. In den 1880er Jahren ging nur noch von Geronimo und seinen Apachen in Arizona Widerstand aus. Und nach seiner Kapitulation gegenüber General George Crook im Jahre 1886 herrschte im Südwesten Frieden. Die Ära der Indianerkriege hatte begonnen, als der weiße Mann zum erstenmal seinen Fuß auf den nordamerikanischen Kontinent gesetzt hatte – mit der Schlacht bei Wounded Knee im Jahre 1890 fanden die Indianerkriege einen endgültigen Abschluß.

Der Siouxfeldzug

Nach dem Ende des Modoc-Krieges wandte die Armee ihre Aufmerksamkeit wieder den Sioux zu. Dieser Stamm stellte, wie die Apachen, eine ständige Bedrohung für die Besiedlung des Westens dar. Der 40jährige Sitting Bull war Politiker und Kriegsherr zugleich. Und in dem 25jährigen Crazy Horse hatte er einen hervorragenden militärischen Strategen an seiner Seite. Letzterer war mit einer Cheyenne-Frau verheiratet. Dies blieb nicht ohne Bedeutung für das Verhältnis zwischen den Sioux und den Cheyennes – je näher der Krieg rückte, desto enger wurden die Bande zwischen beiden Stämmen.

Im Jahre 1873 behinderte Sitting Bull Vermessungsarbeiten für den Bau einer Eisenbahnstrecke längs des Yellowstone-Flusses. Zweimal verwickelten die Sioux Custer damals schon in eine kriegerische Auseinandersetzung.

Im folgenden Jahr kundschaftete Custer die *Black Hills* aus,

Oben: Goldsucher in den **Black Hills** (Süd-Dakota) riefen 1876 den Zorn der Sioux hervor.

ein heiliges Gebiet der Sioux. Im Friedensvertrag von 1868 hatte man den Indianern die *Black Hills* »auf ewige Zeiten« zugesprochen, zumal sie Teil des Großen Sioux-Reservates waren. Doch einige von Custers Männern hatten Gold in den Bergen gefunden und begannen 1875 mit Schürfarbeiten. Bald zog die Armee die Pioniereinheit zwar wieder ab, doch andere Goldsucher folgten. Sie wurden so zahlreich, daß die Forderung nach einer legalen weißen Besiedlung immer lauter wurde. Die Armee sah dem Zustrom der Goldsucher machtlos zu; gleichsam über Nacht entstanden die Städte Custer City und Deadwood.

In selben Jahr machte der verwegene Tom Custer, der Bruder von George Custer, den aufständischen Hunkpapa »Rain In The Face« (»Regen-Gesicht«) zu seinen Gefangenen. Doch der Krieger konnte wieder entfliehen und schwor, daß er eines Tages das Herz von Tom Custer essen würde.

Die Regierung bot den Indianern schließlich sechs Millionen Dollar für ihre heiligen Berge. Einige Indianerführer waren an dem Verkauf des Landes durchaus interessiert; sie waren der Auffassung, daß ihr Gebiet früher oder später ohnehin verloren sei. Dennoch forderten sie das fünffache der dürftigen Summe. Andere Häuptlinge wollten die heiligen Berge für keinen Preis der Welt hergeben. Unweigerlich führte der Goldrausch der Weißen die Indianer wieder zurück auf den Kriegspfad.

Im Jahre 1876 fand in Philadelphia anläßlich der Hundertjahrfeier der amerikanischen Revolution eine Weltausstellung statt. Während im Osten der USA gefeiert wurde, sammelten sich im Westen immer mehr Indianer: Ihr Ziel war die Unabhängigkeit vom »Großen Weißen Vater« im Osten, wie sie den Präsidenten nannten, und seinen »Langen Messern« an der *Frontier* – 50.000 Indianer hatten sich zusammengefunden, darunter 15.000 Krieger, um sich gegen die Weißen zu erheben.

Der Feldzug in der nördlichen Prärie (1876)

Das Kriegsministerium entsandte seinen besten Mann, um den drohenden Aufstand der Sioux und Nord-Cheyennes niederzuschlagen – General Crook. Er verfügte über zehn Kavallerie-

Links: Der Künstler nannte dieses Bild »*Desperate Charge of General Crook's Cavalery at Battle of Rosebud*«. In der Schlacht wurde aus dem Angreifer Crook sehr bald ein Verteidiger. Viele Stunden wurde die Armee von den Sioux schwer bedrängt, seltsamerweise entschlossen sich die Indianer zum Abzug. Crook versuchte deshalb, die Schlacht als einen Erfolg auszugeben. Doch während die Sioux-Krieger noch genügend Kraft hatten, sich an dem Kampf gegen Custer zu beteiligen, brauchte Crook zwei Monate, um seine Truppen wieder einsatzbereit zu machen.

Felsvorsprüngen des Powder-Flusses ein Lager aufgeschlagen hätten. Reynolds ließ seine Truppen anhalten, um die Indianer zu überraschen. Doch ein junger Indianerhirte warnte die Krieger. Als die Soldaten in das Lager einrückten, wurden sie ihrerseits überrumpelt, denn plötzlich griffen die Indianer aus der Deckung der Felsvorsprünge an. Der Oberst ließ seine Männer absteigen, um sich in dem Lager zu verschanzen, aus den Angreifern wurden plötzlich Verteidiger. Zwar waren die Soldaten in den Besitz der Nahrungsvorräte und Pferde des Dorfes gekommen, doch die Indianer schossen weiterhin ununterbrochen auf die Eindringlinge.

Da verlor Reynolds die Nerven – er ordnete einen Rückzug an, um die Verbindung zu der Kolonne von Crook wiederherzustellen. Der Abzug ging so überstürzt vonstatten, daß Reynolds den Indianern nicht nur deren Pferde überließ, sondern auch einen verwundeten Soldaten. Dieser wurde von den Sioux später zu Tode gefoltert. Crook war außer sich vor Wut nach diesem Desaster, er brach den Vormarsch ab und kehrte nach Fort Fetterman zurück. Dort wollte er ein Verfahren gegen den Oberst in die Wege leiten.

Der Sioux-Feldzug von 1876 unter Crook hatte also kläglich begonnen. Die Indianer dagegen hatte der Erfolg über Reynolds ermutigt; Crow-Scouts berichteten, daß Crazy Horse nach dem Gefecht am Powder-Fluß Zulauf von zahlreichen Kriegern erhielt. Die Armee ahnte noch nicht, daß sie am Little Big Horn auf eine Streitmacht stoßen würde, wie sie die Geschichte der Indianerkriege noch nicht gesehen hatte.

Crook hatte seine Kolonne in Fort Fetterman mit einer neuen Ausrüstung versehen und zog Ende Mai, mit über 1.000 Kavalleristen und Infanteristen, den Indianern erneut entgegen. Der General wollte das Heer der Indianer in kleinere Gruppen spalten, um diese dann einzeln zu bekämpfen: Von Montana aus marschierte eine Kolonne unter Oberst John Gibbon ostwärts. Sie sollte sich mit den Truppen Terrys und Custers verbinden, die von Fort Abraham Lincoln aus nach Westen zogen. Die Armee erwartete, daß die Zusammenführung der beiden Heeresverbände die Indianer dazu veranlassen würde, sich nach Süden zurückzuziehen. Crook sollte dann in nördlicher Richtung vorstoßen, um den Indianern den Fluchtweg abzuschneiden.

Als General Crook mit seinen Männern den Tongue-Fluß erreichte, warnte ihn ein Kurier Sitting Bulls davor, eine symbolische Linie zu überschreiten, die in den Erdboden eingezeichnet worden war. Sollte er es dennoch wagen, sei ein Krieg unvermeidlich. Doch der alte Haudegen ließ sich durch diese Mahnung nicht beirren; Crook kannte die Apachen weitaus besser als die Sioux. So gelang es den Kriegern unter der Führung von Crazy Horse, die Truppen des Generals zu überraschen, als diese gerade eine Pause machten. Der Kampf war hart und

und zwei Infanteriekompanien. Zu seinen Feldkommandanten wurden George Custer und Alfred H. Terry ernannt; beide Männer waren völlig gegensätzliche Persönlichkeiten. George Custer war unerschrocken und wagemutig, Terry galt als ausgesprochen vorsichtig.

Doch kaum waren diese Einheiten auf dem Bozeman-Pfad losgezogen, sah sich die *Big Horn-Expedition* einem schweren Unwetter ausgesetzt. Eiskalte Nordwinde schlugen den Soldaten entgegen, und trotz ihrer langen Unterwäsche, den dicken Mänteln, den Fellmützen und Büffelfellen froren sie erbärmlich.

An der Spitze von Crooks Kolonne marschierte Oberst Joseph J. Reynolds. Von seinen Scouts erhielt er die Nachricht, daß die Sioux und Cheyennes in einem Pappelhain hinter den

General Sheridans Feldzug (1876)

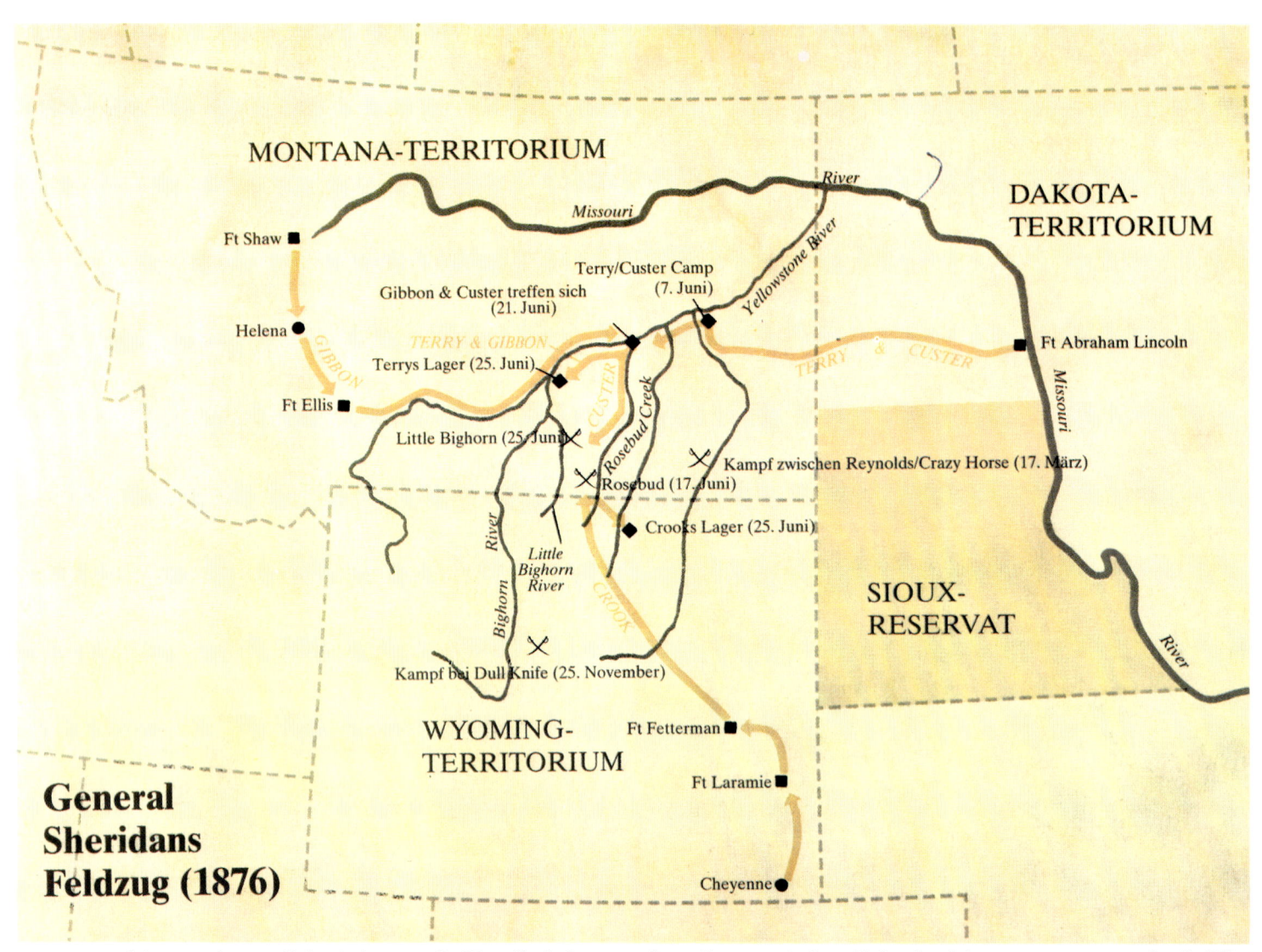

erbittert, auf dem unebenen Gelände konnte die Kavallerie kaum wirkungsvoll eingesetzt werden. Nur dem beherzten Einsatz der Shoshonen- und Crow-Scouts war es zu verdanken, daß die Armee einer schweren Niederlage entging. Seltsamerweise zogen sich die Sioux bald wieder zurück und überließen Crook das Schlachtfeld. Er sah sich deshalb selbst als Sieger in der »Schlacht am Rosebud-Fluß«.

Die Schlacht am Little Big Horn

Das 7. Kavallerie-Regiment unter Oberstleutnant Custer war das Herzstück von Terrys Streitmacht. Viele Offiziere des Regiments waren altgediente Soldaten: Frederick Benteen, Myles Keogh und Tom Custer. Dem zweiten Mann nach Custer, Major Marcus A. Reno, fehlte dagegen jegliche Erfahrung im Kampf gegen die Indianer.

Während Gibbon an der Einmündung des Yellowstone in den Rosebud-Fluß ein Lager aufschlug, erkundete Reno die Täler des Powder- und Tongue-Flusses. Das Basislager Terrys befand sich an der Mündung des Powder. Am 21. Juni traf General Terry mit Gibbon und Custer zu einer ersten Lagebesprechung zusammen. Der General ordnete an, daß Custer erst dann mit seiner Kavallerie losschlagen sollte, wenn die langsamere Infanterie unter Gibbon im Norden ihre Stellung eingenommen hatte. Auf diese Weise sollten die Indianer im Flußtal des Little Big Horn zwischen Custer und Gibbon aufgerieben werden.

Custer führte 600–700 berittene Soldaten an. Da seine Arikara-Scouts mit dem Gelände nicht vertraut waren, überließ ihm Gibbon sechs Crows. General Terry bot ihm darüber hinaus eine Verstärkung der Truppen durch vier Einheiten der Zweiten Kavallerie und einen Artilleriezug an. Custer lehnte ab – er befürchtete, daß die schweren Feldgeschütze sein Tempo verlangsamen würden. Doch vielleicht ging es ihm allein darum, den erwarteten Ruhm nicht mit anderen Einheiten teilen zu müssen.

Später warf man Custer Ungehorsam vor. Er hatte von Terry die Anweisung erhalten, bis zum südlichen Ende des Rosebud-Flußes vorzustoßen. Dann erst sollte er in westlicher Richtung gegen die Indianer vorgehen. Diese Verzögerung würde den Soldaten unter Gibbon genügend Zeit verschaffen, um am Little Big Horn Position zu beziehen. Bisher war Custer einer Spur der Indianer längs des Rosebud-Flußes gefolgt, doch als sie sich vom Fluß trennten, folgte ihr der Oberstleutnant in das Umland des Rosebud. Custer beging hier bereits seinen ersten Fehler, weil er in seiner Überheblichkeit die Zahl der Feinde unterschätzte. Das unbesonnene Abweichen von der vorgegebenen Route sollte seine Lage zusätzlich erschweren. Der Wahrheit halber muß man jedoch hinzufügen, daß nur wenige Späher geahnt hatten, mit wie vielen Indianern man es zu tun haben würde.

Mindestens 3.000 Krieger hatten sich zusammengefunden, von denen viele über *Winchester*-Repetiergewehre verfügten. Sitting Bull, Crazy Horse, Gall und Rain-In-The-Face führten eine Streitmacht, die in der Geschichte der Indianerkriege einzigartig war!

Oben: Diese Aufnahme von **Sitting Bull (Tatonka-I-Yatanka),** dem Anführer der Hunkpapa-Sioux, machte David Barry im Jahr 1885.

Oben: Der sommersprossige **Oberstleutnant George Armstrong Custer** posierte hier vor dem bekanntem Kriegsfotografen Mathew Brady.

Obwohl Custer wußte, daß ihn die Indianer genau beobachteten, zog er ihnen unbeirrt weiter entgegen. Es ist unwahrscheinlich, daß der Oberstleutnant jemals einen Rückzug in Betracht gezogen hat. Doch zu diesem Zeitpunkt wäre er ohnehin verloren gewesen. Unverständlicherweise trennte er in dieser heiklen Situation seine Truppen – damit war sein Schicksal endgültig besiegelt. Eine Kompanie teilte er dem Packzug zu, drei Kompanien unter Benteen entsandte er zur Erkundung des südlichen Terrains und drei weitere, angeführt von Reno, setzte er auf eine Sioux-Gruppe an. Ihm selbst blieben fünf Kompanien. George Custer hatte Major Reno Hilfe zugesichert, falls er in Schwierigkeiten geraten sollte. Dennoch marschierte er mit seinen Männern weiter nach Norden, um gegen ein Indianerdorf vorzugehen.

Die Kompanien unter Reno griffen ein Dorf von Häuptling Gall an, doch ohne die versprochene Hilfe konnten sie gegen die Krieger im Dorf kaum etwas ausrichten. Weder Custer noch Benteen waren zu sehen. Major Reno, der nur über 112 Mann verfügte, tat das einzig Richtige: Er zog seine Männer vom Rand des Dorfes zurück, ließ sie von ihren Pferden absitzen und suchte in einem kleinen Wald Schutz. Doch plötzlich glich die Gegend einem Wespennest – überall schwärmten die Sioux umher. Bald schon durchkämmten sie auch das Wäldchen, so daß sich Reno gezwungen sah, seine Männer wieder aufsitzen zu lassen und über den Little Big Horn die Flucht zu ergreifen.

Als man nach der Katastrophe am Little Big Horn nach einem Sündenbock suchte, stellte man Reno vor ein Strafgericht. Man warf ihm vor, den Rückzug nicht vorschriftsmäßig abgesichert zu haben. Schwerwiegender noch war die Tatsache, daß einige seiner Soldaten im Pappelwäldchen zurückgeblieben waren. Ein Leutnant wollte ihnen noch zu Hilfe eilen, doch der Major hielt dies für ein zu großes Risiko.

Inzwischen war Custer bis zu dem Dorf vorgestoßen, doch es stellte sich als schwer bewaffnetes Lager heraus. Sofort schickte er einen Boten zu Benteen, mit der Aufforderung, ihm so schnell wie möglich Hilfe zu leisten. Als der Oberstleutnant dann zum Angriff übergehen wollte, sah er sich einer großen Übermacht gegenüber. Zunächst drängte Häuptling Gall ihn zurück, vom Norden aus kamen Krieger unter Crazy Horse hinzu, während eine weitere Schar gegen Marcus Reno anrückte, um seinen angeschlagenen Kompanien den Rest zu geben.

Von einer Anhöhe aus konnte Hauptmann Benteen einige Soldaten erkennen, die hinter Felsvorsprüngen Stellung bezogen hatten. In dem Glauben, daß es sich um Custers Männer handelte, eilte er mit seinen Kompanien hinunter. Diese Aktion bewahrte die Einheit von Reno vor der sicheren Überwältigung durch die Indianer. Kurz darauf vernahmen Major Reno und Hauptmann Benteen vom Norden her Gewehrfeuer, sie wußten nun, daß Custer in ein Gefecht verwickelt war.

Der Major war unschlüssig: Sollte er, wie es einige Offiziere verlangten, Custer aus der Klemme helfen oder seine eigene Verteidigungsposition ausbauen? Immerhin war es Custer gewesen, der *ihm* Hilfe zugesichert hatte, nicht umgekehrt. Andererseits hatte Benteen die Anweisung erhalten, George Custers Kompanien zu unterstützen, und nicht die von Reno.

Schließlich hielt es einer der Offiziere nicht länger aus. Entgegen der Anordnung des Majors machte sich der tollkühne Hauptmann Thomas B. Weir auf den Weg zu Custer, und widerwillig schossen Benteens und Renos Kompanien zu ihm auf. Doch sie kamen nur langsam voran, die Lage war aussichtslos: die Kompanien unter Reno waren bereits schwer angeschlagen, die Schlacht vom Little Big Horn längst entschieden.

Nur eine Stunde brauchte Crazy Horse, um die fünf Kompanien von Custer niederzumachen. Obwohl er selbst ein Sioux war, bestand seine Streitmacht vor allem aus Cheyenne-Kriegern.

Diesmal hatte Custer das Glück verlassen. Nur wenige seiner Männer überlebten die Schlacht. Rain-In-The-Face machte seinen Schwur wahr – er schnitt Tom Custer das Herz aus dem Leibe und aß davon.

Oben links: **Gall**, der Hunkpapa-Krieger, zeigte sich dem Fotografen D. Barry mit Pfeil und Bogen. *Oben:* **Rain in the Face**, fotografiert von F. Jay Haynes, war der Hunkpapa, der geschworen hatte, das Herz von Custer zu essen – bei Little Bighorn sollte er seine Drohung wahrmachen. *Gegenüberliegende Seite:* Das Bild *»**Heroic Death of Custer**«* zeigt den Oberstleutnant in der Mitte seiner gefallenen Kavalleristen. Wie lange der schneidige Offizier den Indianern tatsächlich trotzte, ist nicht bekannt, weil niemand überlebte.

Crazy Horse und Gall wandten sich nun gegen Marcus Reno und Frederick Benteen. Mühelos drängten sie beide zu den Felsvorsprüngen zurück. Erst bei Einbruch der Nacht legten die Indianer ihre Waffen nieder. Unterhalb der Felsen spielte sich vor den Augen der Soldaten eine bedrohliche Szene ab: Die Indianer tanzten im hellen Licht der Lagerfeuer einen Skalptanz. In der Morgendämmerung hielten Benteen und Reno zwei weiteren Indianerangriffen stand, doch am Abend traten die Krieger den Rückzug an – ihre Scouts hatten die nahenden Rettungskolonnen von Terry und Gibbon erspäht. Um ihre Spu-

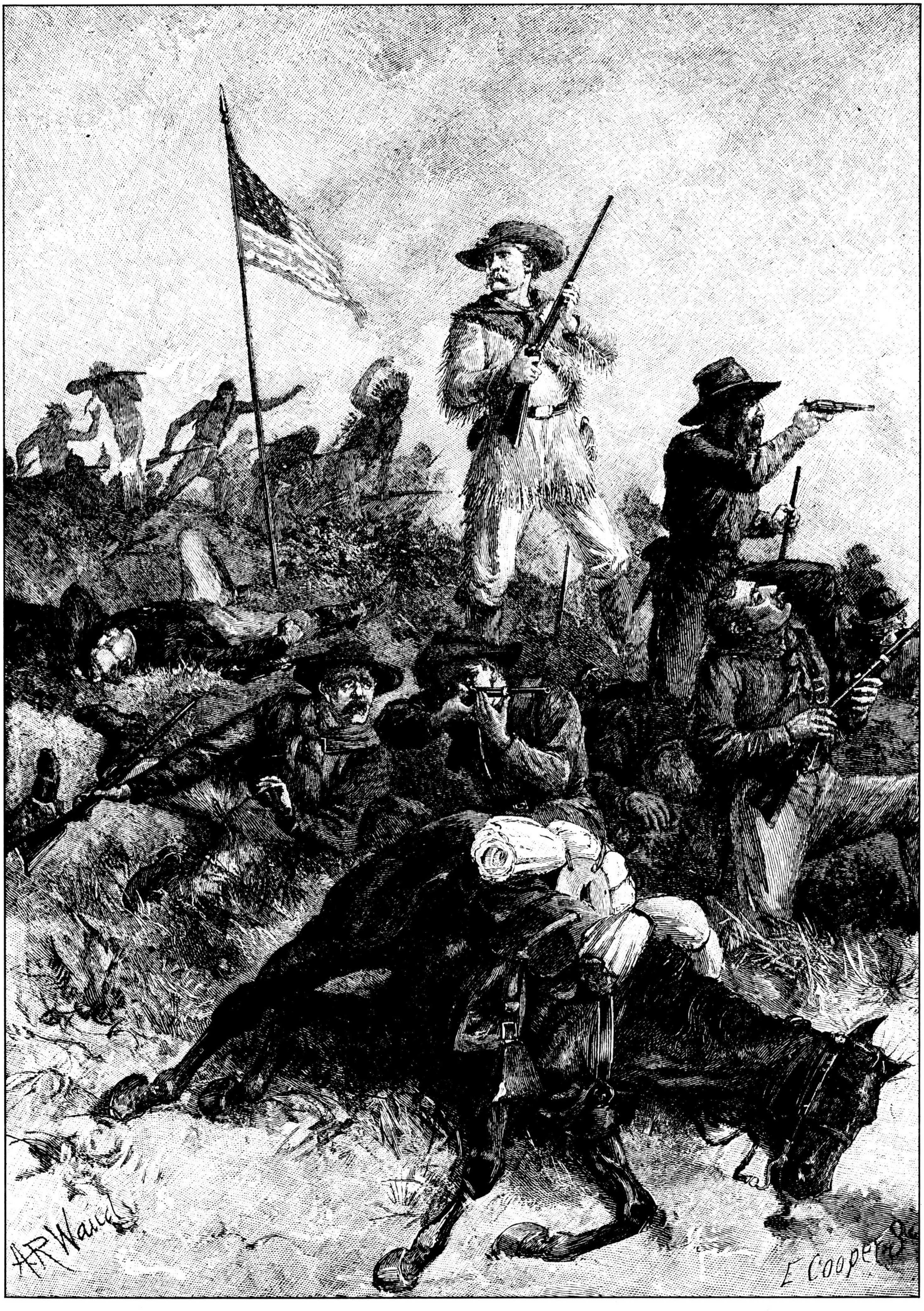
A R Waud
E Cooper

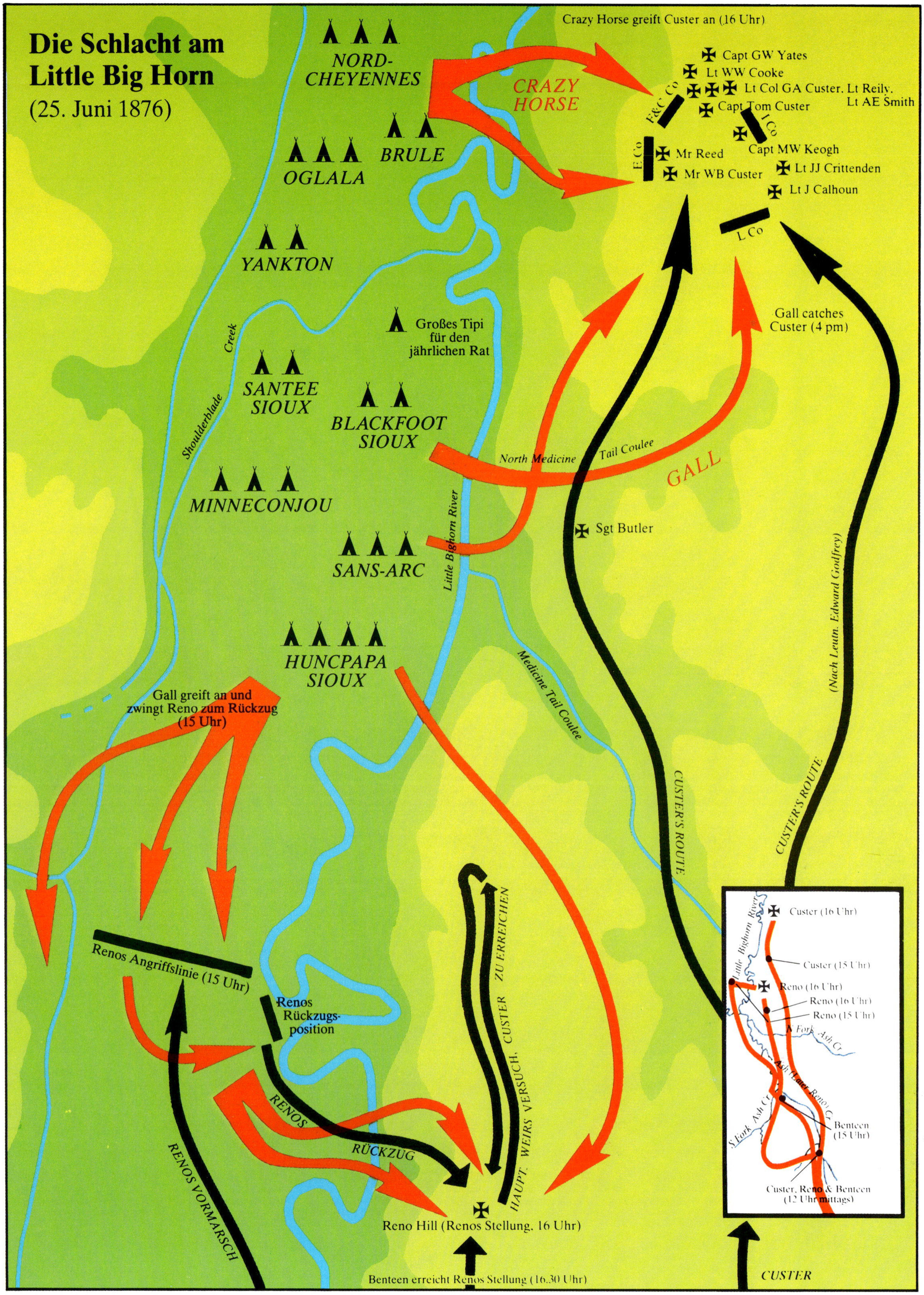

Die Schlacht am Little Big Horn
(25. Juni 1876)

Oben: Das Piktogramm von **Red Horse** zeigt die angreifenden Miniconjou-Indianer bei der Schlacht von Little Big Horn 1876.
Unten: Pferdeschädel – und Knochen, die an die Schlacht von Little Bighorn erinnern. Der Blick geht hier in Richtung Westen und zeigt den Abhang hinunter zum Fluß, an dem die Cheyennes am 25. Juni ein Lager aufgeschlagen hatten (vgl. auch Karte *links*). *Unten rechts:* Das Detail aus dem Piktogramm von **Red Horse** zeigt, wie die Indianer die 7. Kavallerie niedergemacht haben. Einigen Soldaten hatte man die Glieder abgetrennt.

Oben: Dieses Foto aus dem Jahre 1877 zeigt zwei Kavalleristen vor dem Grab des irischen Abenteurers **Hauptmann Myles Keogh**, der in der Schlacht von Little Big Horn gefallen war.

ren zu verwischen, steckten sie das Präriegras in Brand. Es bleibt ein Rätsel, weshalb die Indianer den Kampf nicht fortführten, denn nie zuvor während der Indianerkriege war ihre Übermacht so groß gewesen. Als die Soldaten den Schauplatz von Custers Niederlage erreichten, konnten sie noch 52 Verwundete bergen. Von der 215 Mann starken Custer-Truppe war nur wenig übriggeblieben. Dann kehrte die Armee zum Fort Abraham Lincoln zurück. In den Kompanien von Reno gab es 47 Tote und 53 Verletzte. Die Schätzungen über die Verluste der Indianer gehen weit auseinander: Zwischen 30 und 300 Krieger dürften den Tod gefunden haben.

In Windeseile erreichte die Nachricht von der Katastrophe am Little Big Horn die ganze Nation. Ob in San Francisco, New Orleans oder New York; überall erregte sie die Gemüter. Die Armeeführung suchte nach den Verantwortlichen für das Debakel, doch Custer war tot und galt bereits als Held und Märtyrer. Also knöpfte man sich den wankelmütigen Reno vor. Ein Gericht erkannte, daß er sich für die Sicherheit seiner Leute nicht so eingesetzt hatte, wie einige seiner Unteroffiziere. Doch sonst konnte man dem Major wegen seines Verhaltens keine weiteren Vorwürfe machen. Reno war frei, aber gedemütigt. Er gab sich dem Alkohol hin und wurde deshalb im Jahre 1880 unehrenhaft aus der Armee entlassen.

US-Präsident Grant gab Oberstleutnant Custer die Schuld an dem sinnlosen Verlust so vieler Männer. Auch Sherman stimmte ihm weitgehend zu. Ihm blieb unverständlich, weshalb Custer angesichts einer so großen Übermacht der Indianer sein Regiment in drei Gruppen aufgespalten hatte. Seine Kritik richtete sich aber auch gegen Crook, der seinen Vorstoß in Richtung Norden nach dem Kampf am Rosebud abgebrochen hatte.

Die Jahre nach der Niederlage von George Custer

Viele Legenden rankten sich um die katastrophale Niederlage von Oberstleutnant Custer. Eine von ihnen besagt, daß die Armee nach der Zerschlagung ihres erstklassigen Reiterregiments und dem Verlust zahlreicher Offiziere wie gelähmt gewesen sei. Es ist wahr, daß Terry und Gibbon zunächst auf Hilfstruppen warteten und sich ruhig verhielten. Doch Crook, der sich noch im Feld befand, erhielt unterdessen vom Fünften Kavallerieregiment unter Hauptmann Wesley Merritt Verstärkung. Bevor Merritt sich mit Crooks Streitmacht verband, war er auf eine Gruppe Indianer gestoßen. Die 800 Indianer hatten ihr Reservat verlassen, um sich dem siegreichen Crazy Horse anzuschließen, doch der Hauptmann konnte sie am 17. Juli, drei Wochen nach der Schlacht am Little Big Horn, abfangen.

Bei Warbonnet Creek, Nebraska, lockte der Hauptmann die Indianer in einen Hinterhalt. Er ließ seine Scharfschützen Stellung beziehen und versteckte 200 Männer in Planwagen, die scheinbar ohne Eskorte waren. Die Krieger gingen in die Falle. Das Gefecht lief jedoch auf ein Duell zwischen Merritts Scout Buffalo Bill Cody und Häuptling Yellow Hair (»Gelbes Haar«) hinaus. Buffalo Bill tötete seinen Gegner in diesem legendären Zweikampf. Sofort ergriffen die Krieger die Flucht, Yellow Hair blieb der einzige Tote in diesem Scharmützel. Dieser Kampf, der »*First Scalp For Custer*« (»Erster Skalp für Custer«) genannt wurde, richtet die Moral der Armee wieder auf.

General Crook zeigte sich mit Merritt trotz seines Erfolges bei **Warbonnet Creek** unzufrieden, da dieser sich verspätet hatte. Der General verfügte nunmehr über 2.000 Mann, nach der Vereinigung mit den Truppen von Terry bestand die gesamte Streitmacht aus 4.000 Soldaten. Sitting Bull zeigte sich von der Übermacht des Heeres derart eingeschüchtert, daß er weitere Kämpfe auf dem offenen Feld vermied und seinen Kampfverband in kleinere Banden auflöste.

Crook wiederholte nicht den Fehler, den Custer gemacht hatte – er hielt seine Truppen zusammen. Der unermüdliche General trieb seine Männer weiter, obwohl sie von Kälte und Schlamm geplagt wurden, und ihre Rationen allmählich zur Neige gingen. Terry jedoch war inzwischen sehr verdrossen – er wollte den Indianern nicht weiter nachsetzen und brach seine Expedition ab. Leutnant John G. Bourke, ein Vertrauter des Generals, bezeichnete die Truppen als »eine Brigade von ertrinkenden Ratten.« Hauptmann Eugene Carr beschimpfte Crook und Terry als ahnungslose Narren. Die Shoshonen unter Häuptling Washakie verließen die Truppen des Generals, und auch Buffalo Bill ging seine eigenen Wege.

Doch schon kurz darauf bot sich völlig unverhofft die Gelegenheit, für Little Big Horn Rache zu nehmen. Crook hatte Hauptmann Anson Mills und den Scout Frank Grouard mit vier Offizieren und 150 Mann nach Deadwood geschickt. Von dort aus sollten sie einen Vorratszug zu Crooks Truppen zurückfüh-

Rechts: **Low Dog**, der Veteran von Little Big Horn, trennte sich nie von seinem Tomahawk.

213

Das Bild von Charles Russell aus dem Jahre 1917 zeigt das legendäre Duell zwischen **Buffalo Bill** und **Yellow Hand** bei War-Bonnet Creek 1876. Buffalo Bill, als Büffeljäger berühmt und legendenhaft, konnte den Zweikampf für sich entscheiden

215

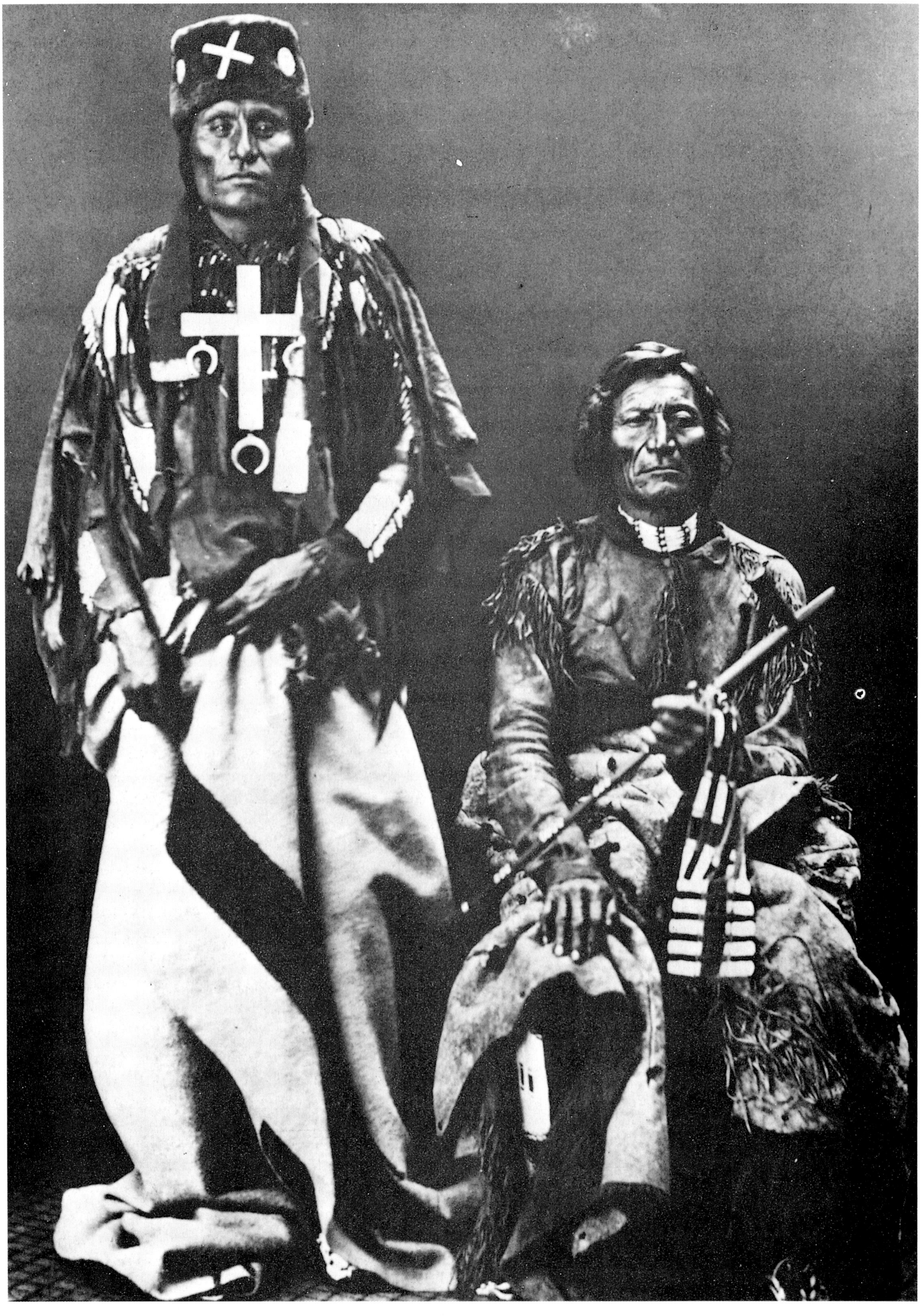

Gegenüberliegende Seite: **Little Wolf** und **Dull Knife** spielten in den Indianerkriegen eine wichtige Rolle. In prachtvoller Aufmachung stellten sie sich dem Fotografen. Dull Knife zeigt sich mit einer kunstvoll gearbeiteten Friedenspfeife, Little Wolf trägt ein Brustkreuz mit Anhängern. 1878 flohen sie mit den Nord-Cheyennes aus ihrem Reservat nach Montana. *Rechts:* Krieger wie **Short Bull** waren besonders stolz auf ihren Brustschmuck.

ren. Nahe bei **Slim Buttes** im Nordosten von South Dakota stießen sie nachts auf eine Indianersiedlung, die aus 37 Tipis bestand. Mills schickte einen Boten zu Crook und wartete im strömenden Regen auf den kommenden Morgen.

Die Dorfbewohner waren auf den Angriff völlig unvorbereitet. Die meisten Indianer flohen in die nahegelegenen Berge, einige andere, darunter Häuptling American Horse, versteckten sich in einer Schlucht. Der Häuptling rief Mills zu, daß er von Crazy Horse Hilfe erwartete. Aber der Weiße zeigte sich von den Warnungen unbeeindruckt, beschlagnahmte die Nahrungsvorräte im Dorf und schnitt American Horse alle Fluchtwege ab. Dann erwartete er die Hilfstruppen von General Crook. Sie ließen nicht lange auf sich warten. Mills postierte Wachposten auf den Anhöhen, um nach Crazy Horse Ausschau zu halten, dann eröffnete er das Feuer gegen die Indianer in der Schlucht. Endlich gab American Horse auf, zumal ihn eine Kugel getroffen hatte – er hielt seine eigenen Gedärme in den Händen. Mills funktionierte eines der Zelte in ein Krankenlager um, doch für den Häuptling kam jede Rettung zu spät, er starb im Zelt.

Während die Soldaten zum erstenmal seit langem wieder eine richtige Mahlzeit zu sich nahmen, brachen plötzlich Sioux-Krieger aus einem Kiefernwald hervor. Doch die Indianer blieben auf Distanz, es kam zu einem Schußwechsel, der bis zum Einbruch der Nacht andauerte. Dann zogen sich die Sioux wieder zurück. Abermals schickte General Crook Mills nach Deadwood. Diesmal kehrte der Hauptmann mit einer Viehherde und Planwagen voller Mehl, Speck, Kaffee und Schiffszwieback zurück.

Slim Buttes war nicht *die* Revanche für Little Big Horn, es war kein klarer Sieg gewesen. Doch nach einer Kette von Rückschlägen richtete dieser Kampf die Moral der Truppen wieder auf. Die Armeeführung war nun daran interessiert, in den Reservaten den Frieden zu sichern. Die Reservatsposten wurden verstärkt, und Ranald Mackenzie entwaffnete die Gefolgsleute von Red Cloud. Auf Betreiben Crooks wurde der Häuptling bald darauf durch den friedfertigeren Spotted Tail ersetzt.

Schließlich kam es im Oktober 1876 zu Verhandlungen zwischen Hauptmann Nelson Miles und Sitting Bull. Doch sie blieben ergebnislos, nach den Gesprächen kam es sogar zu einem Kampf. Miles gelang es, einige Geiseln zu nehmen und Sitting Bull zurückzudrängen, bis zum Dezember setzte er die Jagd auf den Indianerhäuptling fort. Währenddessen marschierte Crook mit einer großen Streitmacht den Bozeman-Pfad entlang. Er verfolgte die Spur von Crazy Horse, doch als ein Scout ihn auf ein Cheyenne-Lager aufmerksam machte, ließ er seine Männer anhalten. Dann beauftragte er Mackenzie, sich um die Cheyenne-Siedlung zu kümmern.

Der Hartgesottene zog mit 1.000 Reitern über die schneebedeckte Prärie von Wyoming und bezog schließlich an einer Gabelung des Powder-Flusses Stellung. Wie gewöhnlich griff Mackenzie im Morgengrauen an: Seine Gegner waren völlig überrascht. Mühelos vertrieb er etwa 400 Krieger und erbeutete ihre Pferde, die er gleich darauf töten ließ. In den Wigwams fanden seine Männer Skalps von Custers Kavalleristen. Wutentbrannt zündeten sie die Zelte an. Doch kurz darauf gingen die Indianer vom Flußende aus zum Gegenangriff über. Es kam zu einem harten Kampf, aber der perfekte Einsatz seiner Indianerscouts und die herangeeilten Hilfstruppen von General Crook bescherten Mackenzie schließlich den Sieg. Nur sechs seiner Männer fielen in dem Gefecht, während die Indianer unter Häuptling Dull Knife etwa 40 Krieger verloren.

Einige überlebende Cheyennes fanden in einem Lager von Crazy Horses Sioux Zuflucht. Es herrschte beißende Kälte, viele Indianer erfroren, die übrigen ergaben sich der Armee.

Die Temperaturen waren so niedrig, daß General Crook sich gezwungen sah, im Dezember 1876 den Winterfeldzug abzubrechen. Doch Nelson Miles wollte noch nicht aufgeben. Beinahe wären die Bewohner des Lagers von Crazy Horse gegen den Willen des Häuptlings bereit gewesen, vor Miles zu kapitulieren. Am 16. Dezember wollte der Hauptmann eine Friedensdelegation der Sioux empfangen. Doch als die Gesandten auf das Armeelager zuritten, wurden sie von einigen Crows beschossen. Voller Wut über seine Scouts nahm ihnen Nelson ihre Pferde ab und übergab die Tiere zum Zeichen der Entschuldigung und Wiedergutmachung den Sioux.

Doch dafür war es bereits zu spät. Die Sioux wollten die Soldaten nun in einen Hinterhalt locken. Obwohl seine Infanteristen völlig entkräftet waren, ließ sich Hauptmann Miles auf eine Auseinandersetzung mit den Indianern ein. Er tarnte zwei seiner Kanonen als Vorratswagen und nahm die Verfolgung der

Der Ausschnitt aus dem Gemälde »*Jumped*« von Charles Russell zeigt den Angriff von Indianern auf einen Planwagentreck in der Prärie.

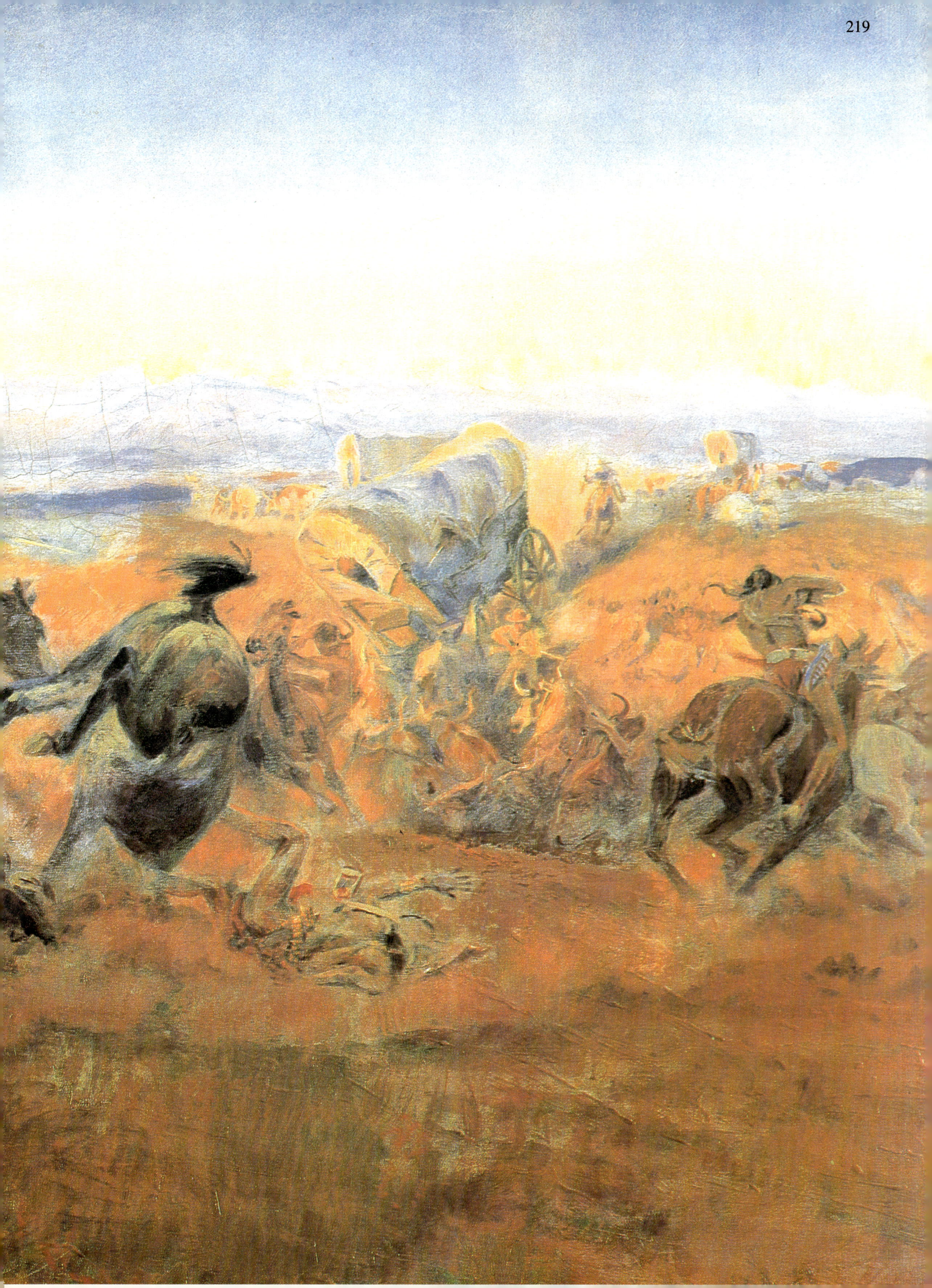

Oben: Das Foto zeigt **General Nelson »Bärenfell« Miles** (vierter von links) während der Vorbereitungen für den Winterfeldzug gegen Crazy Horse in Montana. *Gegenüberliegende Seite:* Der gutaussehende Crow-Krieger posierte mit Ohrringen, Muschelkette und einem Friedenstomahawk für den Fotografen. Die Crows kämpften auf der Seite der Armee gegen ihre traditionellen Feinde, die Sioux.

Krieger auf, die ihn in die Falle locken wollten. Miles hatte Glück. Er konnte einige von ihnen gefangennehmen, darunter auch Verwandte von Crazy Horse. Versuche der Indianer, ihre Stammesangehörigen wieder zu befreien, schlugen fehl.

Am Morgen des 7. Januar 1877 kam es erneut zum Kampf. Crazy Horse führte etwa 500 Sioux- und Cheyenne-Krieger an. Auf Englisch rief er Miles zu, daß er, der Hauptmann, zum letztenmal gefrühstückt habe. Die Indianer hatten hinter steilen Felsvorsprüngen Position bezogen. Da das Gelände schneebedeckt und schlammig war, konnte Miles die Stellung der Indianer nicht umgehen, er mußte frontal angreifen. Die übermütigen Krieger von Crazy Horse beobachteten, wie die frierenden und erschöpften Soldaten mit Mühe die Anhöhe erklommen. Aber bevor die Krieger aus nächster Distanz das Feuer eröffnen konnten, brachte der Hauptmann die Artillerie zum Vorschein. Auf die Kanonen waren die Indianer völlig unvorbereitet, doch sie zogen sich noch nicht zurück. Der Kampf wogte hin und her. Der Befehlshaber des Angriffs, Major James S. Casey, konnte eine der Anhöhen einnehmen. Bald darauf fiel Häuptling Big Crow (»Große Krähe«); die Verteidigungsstellung der Indianer begann zusammenzubrechen. Nun entschlossen sich die Krieger von Crazy Horse zum Rückzug, so daß die Verluste beider Seiten in der Schlacht am Wolfsberg letztlich gering blieben.

Miles zog sich mit seinen Soldaten zur Truppenunterkunft am Tongue-Fluß zurück. Dort prahlte er vor Sherman und allen, die ihm zuhören wollten, mit seiner Tapferkeit. Und unzufrieden mit dem Kommando über den Yellowstone-Distrikt, verlangte er mehr Machtbefugnisse. Sherman und Sheridan ärgerten sich zwar über die Aufgeblasenheit des Hauptmanns, doch seine Leistung wurde honoriert. Der Militärdistrikt von Miles wurde um die Powder-Fluß Region, die bisher Crook unterstellt war, erweitert. Darüber hinaus erhielt der Hauptmann zusätzliche Einheiten.

Zu Beginn des Jahres stellte Sitting Bull den Krieg ein. In der Begleitung zahlreicher Sioux machte er sich auf den Weg nach Kanada, das damals noch eine britische Kolonie war. Die Sioux und Cheyennes, die dem Häuptling nicht folgten, zerstreuten sich, andere kehrten in die Reservate zurück. Spotted Tail erhielt auf einer Versammlung im Frühjahr die Zustimmung fast aller Indianer für seine Friedenspolitik. Selbst Crazy Horse warf zum Zeichen der Kapitulation seine drei *Winchester*-Gewehre zu Boden. Dank Spotted Tail unterwarfen sich nahezu alle Indianer General Crook. Dieser Erfolg für den General verärgerte den eifersüchtigen Miles. Doch er sollte seine Revanche erhalten: Der Hauptmann ließ seine Truppen aufbrechen, um die letzte kriegerische Schar aufzuspüren. Ihr Häuptling, Lame Deer (»Lahmes Reh«), hatte geschworen, sich niemals zu ergeben.

Zu den Scouts von Miles gehörten einige Cheyennes und Sioux, die sich erst vor kurzem ergeben hatten. Darunter waren auch Hump, White Bull (»Weißer Büffel«) und Brave Wolf (»Mutiger Wolf«). Die Späher stießen an der Muddy-Bucht auf 50 Tipis. Am Morgen des 7. Mai 1877 griff Miles die Miniconjous an. Er metzelte die Hälfte ihrer Pferde nieder und überließ die übrigen seinen Infanteristen; 14 Miniconjous und vier Soldaten fanden in diesem Gefecht den Tod.

Hump, selbst ein Miniconjou-Sioux, überredete Lame Deer und dessen wichtigsten Krieger, Iron Star (»Eiserner Stern«), zur Aufgabe. Sie legten ihre Waffen nieder und wollten dem Hauptmann und seinem Adjutanten die Hand reichen, als plötzlich ein Scout auftauchte und auf die beiden Indianer schoß. Der Häuptling fühlte sich verraten, zog seine Waffe und richtete sie aus nächster Nähe auf den Hauptmann. Dieser sprang zur Seite, die Kugel erwischte einen Kavalleristen, der direkt hinter ihm stand. Lame Deer und Iron Star versuchten davonzurennen, doch sie wurden von zwei Schüssen niedergestreckt.

Nelson Miles errichtete zwei starke Posten im Herzland der Sioux-Nation, um eine Wiederholung der Katastrophe von Little Big Horn zu verhindern. General Sherman stattete diesem Fort Custer einen Besuch ab und prophezeite, daß die Dakotas ihr

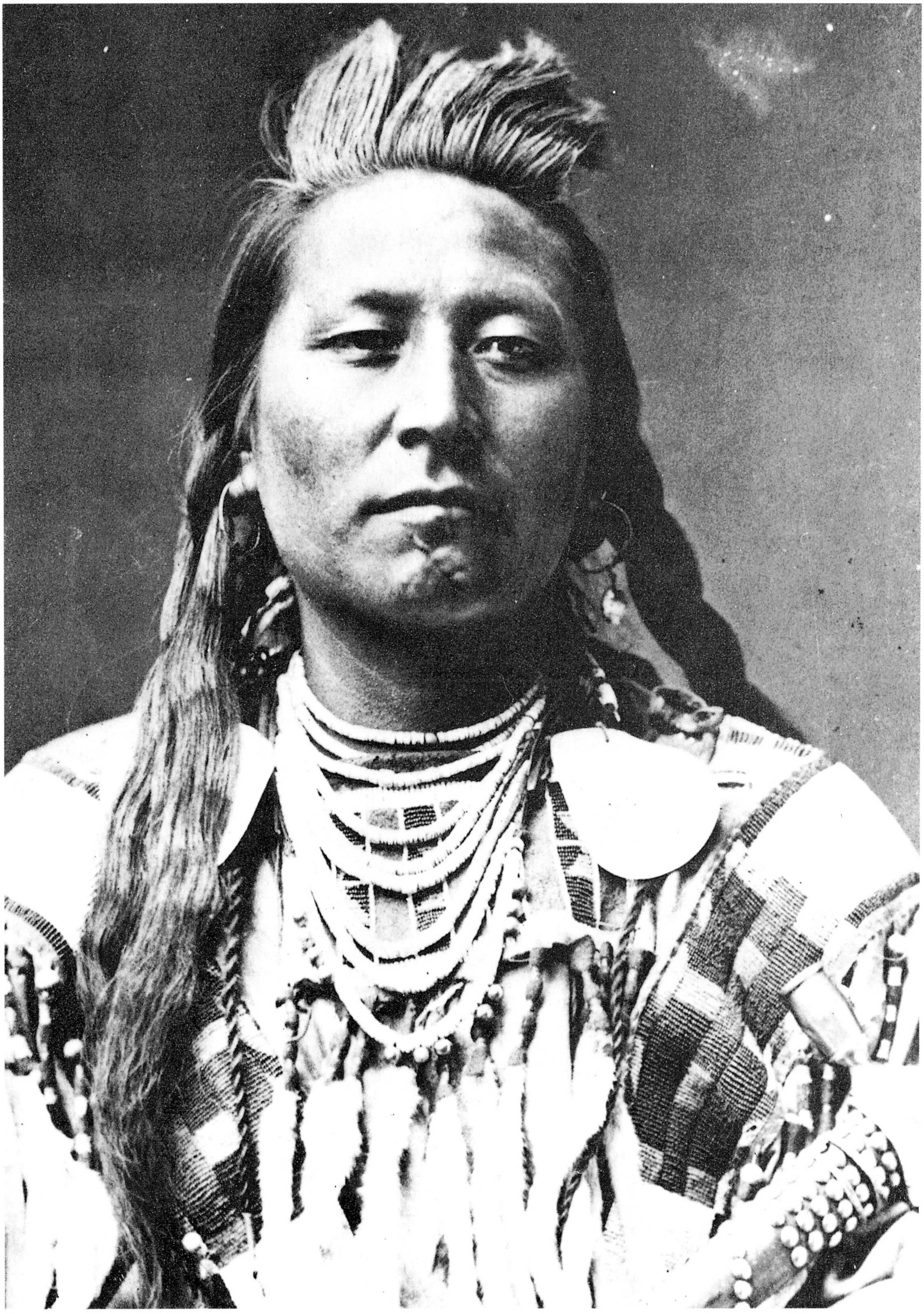

Rechts: Der Ausschnitt aus Frederick Remingtons Schlachtdarstellung *»Through the Smoke Sprang the Daring Soldier«* zeigt Kavalleristen, die während eines Winterfeldzuges in ein Gefecht verwickelt werden.

Land nie wiedergewinnen würden. Er hatte Recht, doch er ging fehl in der Annahme, daß der Sioux-Krieg endgültig vorüber sei. Der kluge Sitting Bull war nach Kanada geflohen, aber es sollte nur eine Frage der Zeit sein, wann Crazy Horse wieder den Kriegspfad beschreiten würde.

Gerüchte über die gewaltsame Ansiedlung seines Volkes im Missouri-Reservat und der Einsatz von Sioux-Scouts gegen die Nez Percés hatten den Häuptling sehr erbost. Auch Crook befürchtete, daß Crazy Horse nicht mehr lange stillhalten würde, deshalb ließ er ihn unter Arrest stellen. Einige Soldaten und Indianer nahmen ihn am 7. September 1877 in Gewahrsam, doch bei dem Versuch, den Häuptling zu entwaffnen, setzte sich dieser zur Wehr. Es kam zu Handgreiflichkeiten, Crazy Horse erhielt eine Stichwunde. An den Folgen dieser Verwundung starb er schließlich.

Auf die Fürsprache von General Crook hin sprach US-Präsident Rutherford Hayes dem Volk von Red Cloud und Sitting Bull ein Reservat westlich des Missouri zu. Einige Gefolgsleute von Crazy Horse flohen zu Sitting Bull in das kanadische Exil, doch der Großteil ließ sich in dem Gebiet von Rosebud und Pine Ridge nieder, das der Indianerbehörde unterstellt war.

Doch einige Nord-Cheyennes, die sich nach ihren alten Stammesgebieten sehnten, verließen am 7. September 1878 ihr Reservat in Oklahoma, das sie mit den Arapahoes teilten. Unter der Führung von Dull Knife und Little Wolf zogen sie, von Armee-Einheiten verfolgt, nordwärts. Unterwegs verübten einige hitzköpfige Krieger immer wieder Überfälle auf weiße Zivilisten. Vergeblich versuchten die Häuptlinge ihre Männer zu bändigen und schließlich trennten sich die Anführer: Dull Knife unterwarf sich mit seinem Stamm in Fort Robinson, Little Wolf dagegen zog weiter nach Norden.

Die Armeeführung befahl den kapitulierenden Cheyennes die Rückkehr in ihr Reservat. Doch diese weigerten sich und boten statt dessen die Ansiedlung am Pine Ridge an. Der Oberbefehlshaber von Fort Robinson reagierte mit äußerster Brutalität; er sorgte dafür, daß die Indianer weder Nahrung, Wasser noch Brennholz erhielten, um ihren Willen zu brechen. Nach einer Woche des Leidens versuchten die Cheyennes erneut zu fliehen: Mit einer Handvoll Waffen, die die Frauen versteckt hatten, überwältigten sie die Wachen und entkamen in die Schneelandschaft. Nur wenig später holte eine Abteilung die geschwächten Flüchtlinge ein und tötete die Hälfte von ihnen, darunter viele Frauen und Kinder. Jetzt erst gab die US-Regierung, vom schlechten Gewissen gepackt, nach. Dull Knife erhielt die Erlaubnis, mit den Überlebenden seines Stammes in die Pine Ridge Heimstätte zu ziehen.

Little Wolf ergab sich am 27. März 1879, Miles rekrutierte seine Krieger als Armee-Scouts. Nach ihrer Dienstzeit in Fort Keogh durften die Nord-Cheyennes in das Gebiet am Tongue- und am Rosebud-Fluß zurückkehren. Im Jahre 1884 erhielten sie schließlich in der Nähe von Muddy Creek ein eigenes Reservat.

Doch Sitting Bull bereitete der Armeeführung weiterhin Sorgen: Mit 4.000 Sioux und Nez Percés hatte er sich im kanadischen

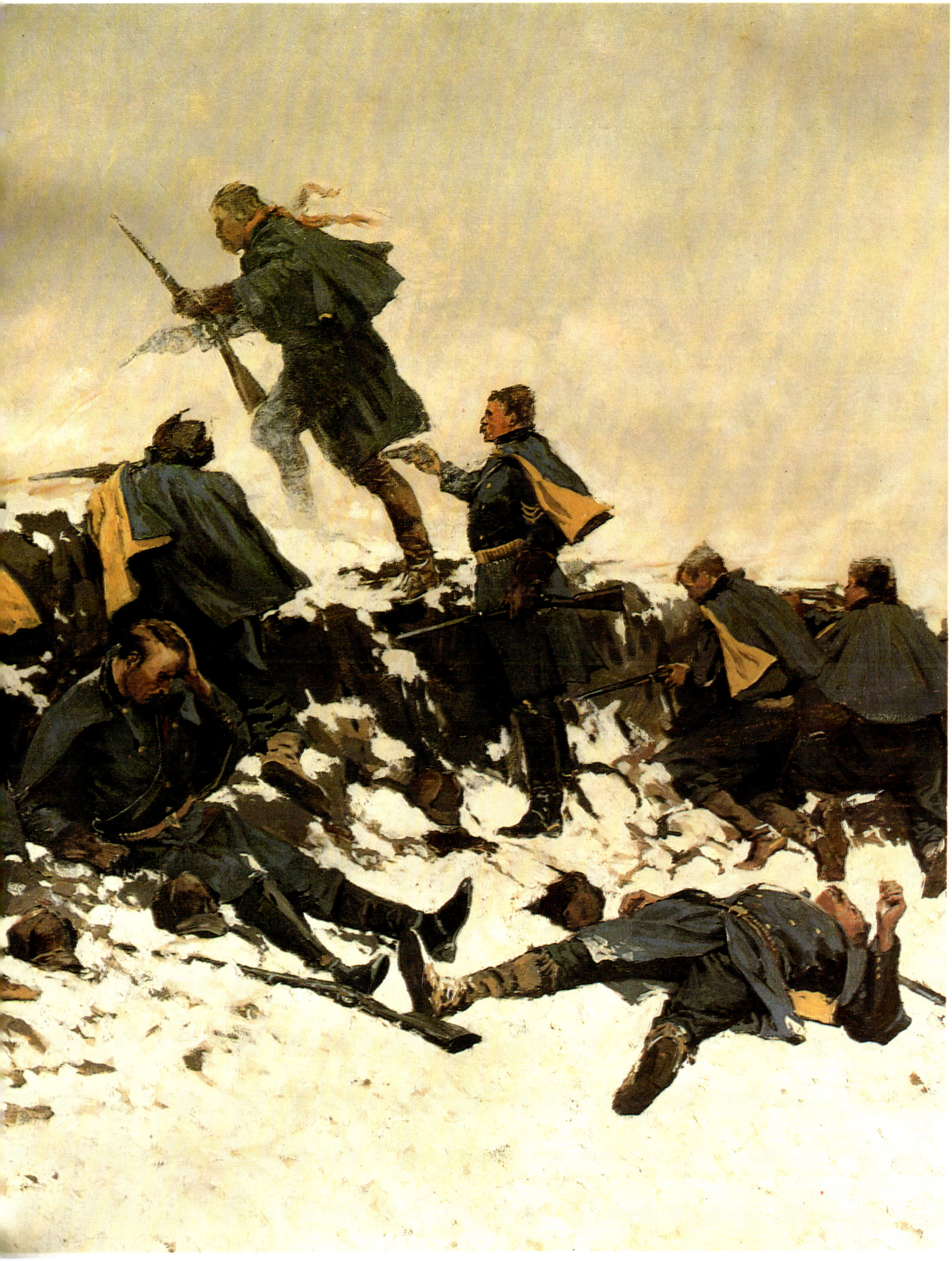

Oben: Auf dem Bild sind der Cheyenne **Little Wolf** mit einer Friedenspfeife und der spitzbärtige **Hauptmann Clark** von der Zweiten Kavallerie zu sehen. Der Cheyenne war ursprünglich ein Gefangener des Offiziers, später wurden beide zu Freunden.

Teil des Grenzgebietes niedergelassen. Berittene Polizeieinheiten von Fort Walsh behielten die Indianer im Auge, Zwischenfälle blieben aus. Doch der Nahrungsbedarf der 4.000 Indianer reduzierte langsam aber sicher die Bisonbestände in Kanada. Deshalb war die kanadische Regierung an einer Ausweisung der Sioux und Nez Percés interessiert. Die US-Armeeführung entsandte General Terry zu den bevorstehenden Verhandlungen über die Rückkehr der Indianer. Doch mit diesem Offizier hatte sie die falsche Wahl getroffen. Sitting Bull bezeichnete Terry als Lügner, dessen Worte er nicht anhören wolle.

Miles verachtete Terry. Eitel und ehrgeizig wie er war, scheute er selbst vor einem Übergriff auf das kanadische Territorium nicht zurück. Sherman und Sheridan versuchten, ihn von der Grenze fernzuhalten, doch als Sitting Bull unvorsichtigerweise die Grenze überschritt, um Büffel zu jagen, sah Miles seine Chance endlich gekommen: Er trieb seine Truppen an, um die Indianer am Milk-Fluß zu fassen. Ein Gefecht zwischen den Scouts von Miles und Sitting Bulls Jagdgruppe blieb ohne Sieger, nachdem Nelson Miles das Schlachtfeld erreicht hatte und die Artillerie in Stellung bringen ließ. Der Häuptling ergriff die Flucht, Hauptmann Miles heftete sich an seine Fersen, doch zur großen Erleichterung von General Sherman ließ er seine Truppen an der kanadischen Grenze anhalten.

Die Zahl der Büffel ging zusehens zurück und unter den Sioux brach Hunger aus. Die meisten von ihnen entschlossen sich deshalb in den Jahren 1879 und 1880 zur Rückkehr in die USA. Der große Häuptling Sitting Bull ergab sich am 19. Juli 1881 als letzter. Die Armeeführung ließ ihn nicht in Freiheit unter seinem Volk leben, sondern stellte ihn in Fort Randall für zwei Jahre unter Arrest. Die Kapitulation von Sitting Bull symbolisierte das Ende der Sioux-Kriege, die ein Jahrzehnt später, in der Schlacht am Wounded Knee, noch einmal aufflammen sollten.

Miles wurde nach seinem Erfolg zum Brigadegeneral befördert und erhielt einige Jahre später den Befehl über das Militärdepartment von Columbia. Der zähe und fähige Regimentskommandeur hatte Crook, auf den man so große Stücke hielt, klar ausgestochen. Der Einsatz von Infanteristen unter Miles gegen die Sioux und Cheyennes führte im amerikanischem Kongreß zu einer Debatte darüber, ob die Kavallerie oder die Infanterie von größerer militärischer Bedeutung sei. Strenggenommen führte Nelson Miles sowohl Kavalleristen als auch Infanteristen ins Feld, häufig hatte er letzteren vorübergehend Pferde zur Verfügung gestellt. Darüber hinaus hatte er, ebenso wie Crook, zahlreiche Indianer-Scouts eingestellt, die für ihn von großem Nutzen waren: Die Indianer hatten ihren Meister nicht in dem exzentrischen Custer, sondern in dem hartgesottenen Miles gefunden.

Der Nez Percé-Feldzug von 1877

Kein Indianerkrieg war so unnötig und überflüssig wie der Nez Percé-Feldzug. Im Jahre 1805 hatten die Nez Percés mit Meriwether Lewis Frieden geschlossen und diesen nie gebrochen; der Stamm war stolz darauf, niemals das Blut eines Weißen vergossen zu haben.

Im Jahre 1863 plante die Regierung in Washington, zwei Gruppen der Nez Percés umzusiedeln. Sie sollten ihre angestammten Gebiete am Salmon-Fluß in Idaho und im Wallowa-Tal in Oregon verlassen und in das Lapwai-Reservat ziehen. Ihr alter Häuptling Joseph wehrte sich gegen dieses Vorhaben, doch ohne Gewalt. Er wies darauf hin, daß das Lapwai-Reservat nach einem Vertrag von 1855 auch die Wallowa-Berge umfaßte. Nach den Abmachungen von 1863 sollten die Berge den Indianern vorenthalten werden, denn man war dort auf Gold gestoßen.

Präsident Grant räumte 1873 in einer Anweisung ein, daß der alte Häuptling, der bereits zwei Jahre zuvor gestorben war, recht gehabt hatte. Doch 1875 wurde die Anordnung widerrufen, zu groß war der Druck der landhungrigen Weißen; das Wallowa-Tal wurde zur öffentlichen Besiedlung freigegeben. Der jüngere Häuptling Joseph vertrat ganz im Sinne seines verstorbenen Vaters die Interssen seines Stammes, doch Ende 1876 gerieten die Verhandlungen in einen Stillstand.

Der einarmige General O. O. Howard, der als indianerfreundlich galt, stand Joseph an sich wohlwollend gegenüber. Doch der tiefgläubige Christ verwechselte die Spiritualität des Häuptlings mit dem »Traum-Kult von Smohalla«, der die Vernichtung aller Weißen verlangte. Inwieweit Howard sich bei seinem weiteren Vorgehen von dieser falschen Annahme beeinflussen ließ, ist schwer zu sagen. Die Armee besetzte jedenfalls das Wallowa-Tal. Häuptling Joseph fügte sich und wollte das Gebiet räumen. Einige seiner Männer schwer betrunken und ließen sich dazu hinreißen, weiße Siedler zu überfallen und 20 von ihnen zu töten. Joseph hoffte, General Howard den Vorfall erklären zu können, um den Weg in das Reservat fortzusetzen. Doch seine Leute überredeten ihn dazu, sich dem Stamm von White Bird (»Weißer Vogel«) anzuschließen, der am Salmon-Fluß lebte.

Howard entsandte Hauptmann David Perry, der den Modoc-Krieg miterlebt hatte, mit drei weiteren Offizieren und 90 Kavalleristen, um neue Angriffe zu verhindern. Perry trieb seine

Männer zu einem aufreibenden Nachtmarsch durch die Berge an, um die Nez Percés abzufangen, bevor sie den Salmon überqueren konnten. Am 17. Juni 1877 stiegen die zermürbten Soldaten die steile Schlucht hinab, an deren Eingang die Zelte von Häuptling Joseph aufgeschlagen waren. Joseph wollte einen Konflikt vermeiden, doch sicherheitshalber brachte er Frauen und Kinder in Schutz. Auch die Pferde ließ er wegbringen. Der Häuptling verfügte über nicht mehr als 60–70 schlagkräftige Krieger, ein Teil seiner Männer war dem Alkohol so sehr verfallen, daß sie nur bedingt einsatzfähig waren.

Einige Freiwillige ritten der Einheit von Perry voraus. Als sich ihnen einige Indianer näherten, die mit dem Hauptmann Verhandlungen führen wollten, eröffneten die Freiwilligen ungeachtet der weißen Fahne sofort das Feuer. Die Nez Percés griffen ebenfalls zu ihren Waffen, schossen auf die Weißen, so daß die Freiwilligen flohen und den Indianern eine ungedeckte Flanke darboten. Schon kurz darauf jagten die Krieger die 1. Kavallerie den Canyon hinauf. Auf dem White Bird-Berg versuchte Perry Fuß zu fassen, doch er wurde weiter zurückgedrängt und mußte zu einer Siedlung am Mount Idaho zurückkehren. Während die Indianer keinen ihrer Krieger verloren hatten, büßte der Hauptmann 33 seiner Männer ein.

Nun nahm General Howard die Verfolgung von Joseph persönlich in die Hand. Gleichzeitig gab er Hauptmann Stephen Whipple den Auftrag, Häuptling »Looking Glass« (»Sehendes Glas«) gefangenzunehmen, obwohl sich dieser bisher neutral verhalten hatte. Whipple war zu Verhandlungen mit Looking

Oben links: Diese hervorragende Aufnahme von **Joseph** (1832–1904), dem Häuptling der Nez Percé, verdanken wir dem Fotografen F. Jay Haynes. Joseph war wahrscheinlich der würdevollste aller Helden des Wilden Westens. *Oben:* Der einarmige Bürgerkriegsveteran General O. O. Howard führte die Armee in dem Krieg gegen die Nez Percés an. Gleichwohl respektierte der überzeugte Christ seine Gegner.

Glass bereit, doch auch er konnte seine Freiwilligen nicht unter Kontrolle halten. Sie beschossen das Dorf und erbeuteten 600 Pferde. Die unvorbereiteten Nez Percés zerstreuten sich zunächst, dann schlossen sie sich Häuptling Joseph am Clearwater-Fluß an.

Am 10. Juli 1877 stieß Howard auf die etwa 800 Nez Percés. Der General ließ seine Männer angreifen, doch die Indianer konnten die Soldaten zurückwerfen. Die Indianer erklommen in großer Schnelligkeit das Felsgestein und trieben die Armee vom Talrand in die offene Prärie. Doch dann machten sie einen Fehler: Sie gaben ihre übliche Taktik auf und ließen sich auf einen Stellungskrieg mit den Weißen ein. Er sollte sieben Stunden dauern. Zwar verfügte Häuptling Joseph über hervorragende Scharfschützen, doch der Artillerie der Armee hatte er nichts entgegenzusetzen, so daß seine Krieger bald das Schlachtfeld räumten und über den Clearwater gen Norden flohen.

Nach der **»Schlacht vom Clearwater-Fluß«** zollte Howard den Indianern für ihren bravourösen Kampf Anerkennung. Seine Truppen waren schwer angeschlagen, deshalb verzichtete er zunächst darauf, die Verfolgung der Indianer aufzunehmen. Während die Nez Percés auf den Rat von Looking Glass durch

Der Feldzug gegen die Nez Percé (1877)

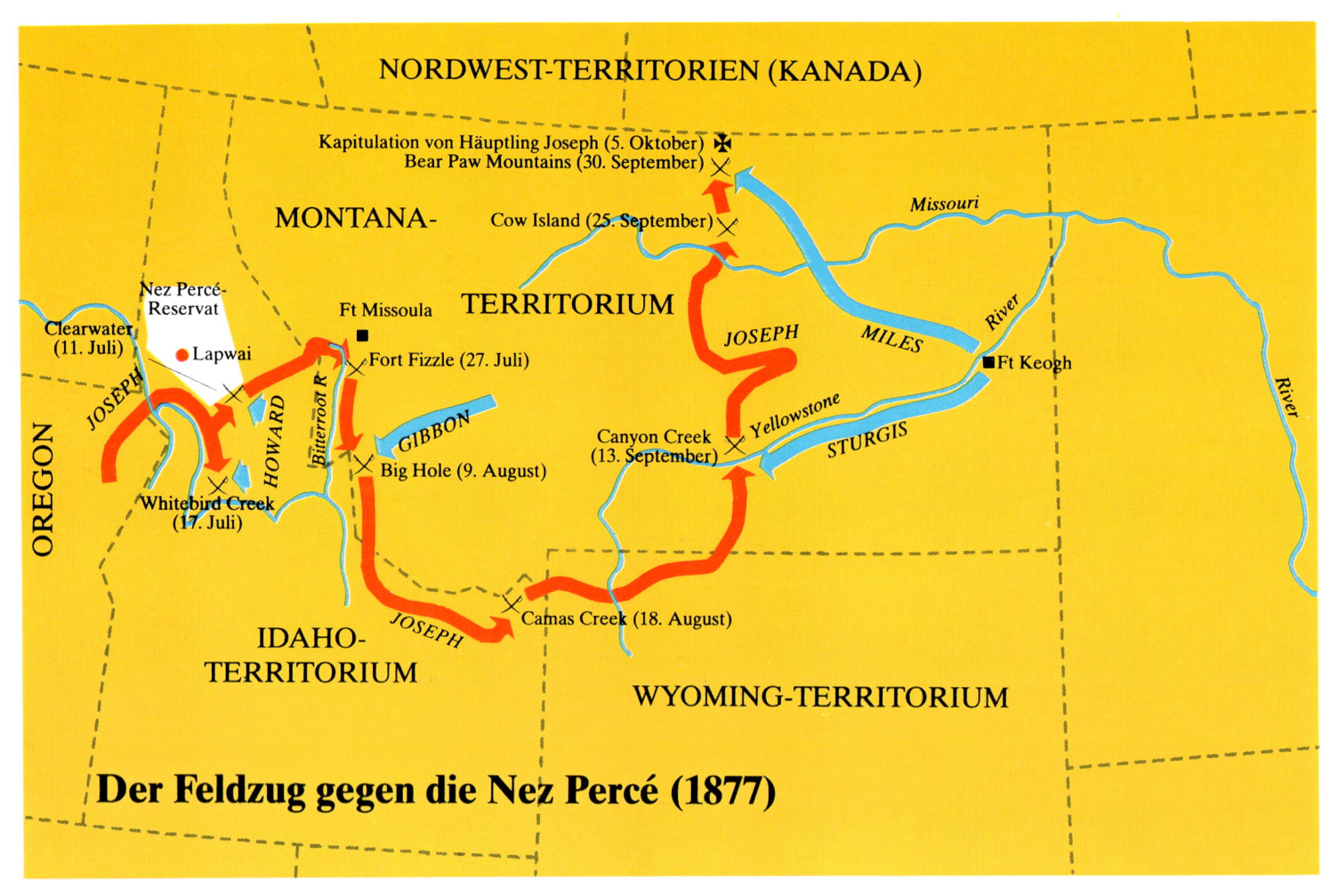

die zerklüfteten Bitterroot Mountains kletterten, formierte General Howard seine Einheiten, um die Verfolgung der Indianer erneut aufzunehmen.

Inzwischen waren die Nez Percés gezwungen, in der Prärie von Montana auf Büffeljagd zu gehen. Außerdem spielten sie mit dem Gedanken, sich den Crows anzuschließen und gegebenenfalls bei Sitting Bull im kanadischen Exil Zuflucht zu suchen.

Am 30. Juli 1877 gab Howard den Befehl zum Aufbruch. Ein riesiger Treck mit 560 Infanteristen und Kavalleristen, 25 Bannack-Scouts, 150 Fuhrleuten und 350 bepackten Maultieren setzte sich in Bewegung. Die Nez Percés befanden sich inzwischen auf dem Lolo-Pfad. Diese Route war dafür bekannt, daß sie nur unter größten Strapazen zu bewältigen war. Howard benachrichtigte über einen Telegraphen weitere Einheiten, damit diese Häuptling Joseph den Weg abschneiden konnten. Joseph hatte inzwischen die kaum passierbare Schlucht fast durchquert, doch dann stießen seine Scouts auf eine Siedlung mit etwa 150 Milizsoldaten – die Truppe versperrte den Ausgang des Passes. Joseph bat die Weißen um die Erlaubnis, den Paß zu durchqueren, er versprach den Männern, daß ihnen kein Leid angetan werden solle. Doch die Weißen gingen nicht auf das Angebot ein. Daraufhin nahm Joseph die Posten unter Beschuß und schickte gleichzeitig einen Teil der Krieger auf versteckte Pfade, damit sie die gegnerische Stellung umgehen konnten. Ohne daß es zu einem Kampf kam, erreichten die Nez Percés die offene Prärie und beschleunigten ihr Tempo.

Doch Häuptling Joseph konnte natürlich nicht ahnen, daß sich General Howard des »sprechenden Drahtes« bediente. Daher gab Joseph der Forderung von Looking Glass nach, im Big Hole Basin von Montana die Zelte aufzuschlagen, denn seit der Schlacht vom Clearwater hatten die Indianer keine Pause mehr eingelegt.

Währenddessen nahm Hauptmann John Gibbon, der Sioux-Krieg-Veteran, die Verfolgung der Indianer auf. Mit etwa 200 Mann erreichte er das Lager am Morgen des 9. August. Die Krieger schliefen noch, weil sich Joseph seines Vorsprungs so sicher war, daß er es nicht einmal für nötig gehalten hatte, Wachen aufzustellen!

Als der Angriff begann, wurden die Indianer völlig überrumpelt; so schnell sie konnten, flohen sie aus dem Lager. Im Dickicht des nahegelegenen Flusses scharten Joseph und Looking Glass ihre Krieger wieder zusammen, das Blatt wendete sich, die Nez Percés gingen nun ihrerseits zum Angriff über und verwickelten die Soldaten in eine Reihe von Einzelkämpfen. Der Hauptmann erkannte den Ernst der Lage und zog sich mit seinen Männern in einen Wald zurück. Von dort schickte er einen Kurier zu Howard, um Hilfe anzufordern. Während sich die belagerten Soldaten über rohes Pferdefleisch hermachten, um ihren Hunger zu stillen, zerstörte Joseph die Haubitzen und nahm sich Munition, die er in den Planwagen der Armee fand. Wiederholt kam es zu kleineren Scharmützeln, doch als der Häuptling durch seine Scouts von dem baldigen Eintreffen Howards erfuhr, brach er den Kampf ab.

»Der Kampf von Big Hole« hatte die Armee 32 Menschenleben gekostet, die Indianer hatten 87 ihrer Stammesangehörigen, darunter einige Frauen und Kinder, verloren. Ihre Verluste wogen um so schwerer, als sie keinen ihrer Krieger entbehren konnten. Doch ihr Weg führte sie weiter in das Lemhi-Tal, verfolgt von einem unermüdlich vorwärtsdrängenden Howard.

Am 19. August konnte Häuptling Joseph einen Überraschungscoup gegen die Armee landen: Mit 45 seiner verbliebenen 200 Krieger marschierte er geradewegs auf das Lager des Generals bei Camas Meadows zu. Aus der Distanz hielten die Wachposten die anrückende Kolonne für eine Einheit unter Leutnant George R. Bacon, dessen Rückkehr vom Targhee-Paß erwartet wurde. Ungehindert erreichten die Indianer das Lager. Bevor Alarm gegeben wurde, gelang es Häuptling Joseph, 150 vollgepackte Maultiere und einige Pferde zu erbeuten. Nach diesem Überfall durchquerte er mit seinen Kriegern den Targhee-Paß und gelangte anschließend in den Yellowstone-Nationalpark, eine Geysirlandschaft von beeindruckender Schönheit. Der General hatte die Verfolgung der Indianer aufgenommen, ließ seine Truppen am Targhee-Paß jedoch anhalten, weil die körperliche Verfassung seiner Männer alles andere als gut war. Viele von ihnen waren krank, erschöpft und völlig entmutigt. Über den Telegraphen bat er General Sherman darum, die Verfolgung vorerst abzubrechen, doch dieser beharrte darauf, die Nez Percés bis in den Tod zu hetzen. Also nahm Howard ihre Spur wieder auf.

Vom Little Big Horn nahte indessen eine Verstärkung. Oberst Samuel D. Sturgis hatte die 7. Kavallerie nach Custer neu formiert und schloß sich nun der Verfolgung von Häuptling Joseph an. Ihm folgten Einheiten des 5. Regiments unter Oberst Wesley Merritt. Doch erneut konnte Joseph die Armee zum Narren halten: Er täuschte einen Marsch zum Shoshone-Fluß vor, wich dann aber von dieser Route in die offene Prärie ab. Die List gelang, Sturgis

Oben: Die **Piegans** schlossen 1855 Frieden mit der US-Regierung. Als es nach Goldfunden zu einer Ausdehnung der weißen Besiedlung in Montana kam, gingen die Piegans wieder auf den Kriegspfad.
Unten: Die **Schlacht von Big Hole** (1877) war eine von vier größeren Kämpfen des Nez Percé-Feldzugs. Hauptmann John Gibbon konnte ein Lager der Indianer innerhalb von zwanzig Minuten einnehmen, daraufhin sammelten sich die Nez Percé und belagerten die Weißen. Erst das Eingreifen einer Rettungseinheit unter General Howard führte das Ende der Belagerung herbei. Auf dem Schlachtfeld blieben 32 tote Soldaten und 87 Indianer zurück, darunter viele Frauen und Kinder.

Oben: In vollem Kriegsschmuck zeigen sich **Nez Percé**. Diese Aufnahme entstand 1906, einige Jahre nach dem Ende der Indianerkriege.

ging mit seinen Kavalleristen am Shoshone-Fluß in Stellung, und die Nez Percés konnten ungehindert weiterziehen.

Doch Sturgis konnte bald wieder zu den Indianern aufschließen. Josephs Scouts glaubten, daß ihr geplanter Weg blockiert sei und rieten zu einem zeitraubenden Umweg. Oberst Sturgis und General Howard hatten ihre Einheiten inzwischen zusammengeschlossen und zwangen die Nez Percés am Canyon Creek, nahe Billings, zum Kampf. Die Verluste blieben auf beiden Seiten gering, erneut gelang es den Indianern zu entkommen. Ihr nächstes Ziel waren nun die Bear Paw Mountains, nur 60 Kilometer von der kanadischen Grenze entfernt.

Unklugerweise ließen sich die Indianer hier längere Zeit nieder, um sich von all den Strapazen zu erholen. Ihre Scouts versagten erneut: Es war ihnen entgangen, daß Oberst Nelson Miles mit einer schlagkräftigen Einheit in Gewaltmärschen nordwestwärts zog, um den Nez Percés den Rückzug abzuschneiden. Am 30. September 1877 entdeckten die Scouts von Oberst Miles bei einer Bucht in der Bear Paw-Schlucht das Lager der Indianer. Miles gab den Befehl zum Angriff – unerklärlicherweise hatten die Indianer erneut keine Wachen aufgestellt. Schon bei der ersten Angriffswelle flohen sie zu den nahen Hügeln und mußten den Soldaten Tipis und Pferde überlassen. Die Kavalleristen setzten ihnen nach, doch die Indianer wehrten sich verbissen und fügten den Weißen schwere Verluste zu. Wie die Modocs schossen die Nez Percés nicht wahllos auf die Soldaten, sondern konzentrierten sich auf die Offiziere. Ihre Scharfschützen streckten insgesamt 22 Soldaten nieder, darunter einen Hauptmann, einen Leutnant und sieben Unteroffiziere. Miles mußte den Kampf abbrechen und bereitete eine Belagerung der Indianer vor.

Die Nez Percés verschanzten sich hinter Gräben, die sie mit Messern und Pfannen ausgehoben hatten. Joseph schickte einen Kurier zu Sitting Bull, dessen Siedlung nur einen Tagesritt entfernt lag, um Hilfe zu erbitten. Doch der alte Häuptling kam nicht, er gab nicht einmal eine Antwort.

Miles ließ nichts unversucht, um der Indianer habhaft zu werden. Er arrangierte eine Friedensverhandlung und konnte Häuptling Joseph dabei gefangennehmen. Doch er mußte ihn wieder gegen einen Leutnant austauschen, den die Nez Percés hinter ihren Linien erwischt hatten. Mittlerweile hatte auch Howard die Bear Paw-Schlucht erreicht, um sich an der Belagerung zu beteiligen. Häuptling Joseph hatte für seinen Stamm getan was er konnte. Doch am sechsten Tag der Belagerung entschloß er sich zur Aufgabe. Er schickte einen Boten zu Howard und Miles und ließ ihnen ausrichten, daß er vom Kämpfen genug habe. Dann traf er sich mit den beiden Offizieren.

Als der Häuptling am 5. Oktober im Lager von Miles eintraf, trug er Wildlederhosen und seltsamerweise einen grauen Wollschal, der sieben Schußlöcher hatte. An seinem Kopf und seinem Handgelenk war Blut zu sehen – es stammte von den Schußwunden, die sich der Häuptling in einem der vielen Gefechte zugezogen hatte. Er übergab Miles sein Gewehr und reichte General Howard lächelnd die Hand. Mit ihm kapitulierten 400 Indianer, darunter etwa 100 Krieger. 300 weitere Stammesmitglieder hatten sich Sitting Bull angeschlossen.

Innerhalb von drei Monaten hatten die Nez Percés in einem

Oben: Mit Pickelhaube und weißen Handschuhen präsentieren sich die Soldaten aus **Fort McDermitt** (Nevada) dem Fotografen.

Gewaltmarsch ohnegleichen eine Strecke von 2.700 Kilometern zurückgelegt. In den zahlreichen Kämpfen waren 120 Indianer gestorben, die Hälfte von ihnen Frauen und Kinder. Die Verluste der Armee waren noch höher, sie hatten 180 Männer verloren. Die ganze Nation war von den Nez Percés beeindruckt. Miles sagte von ihnen, daß sie die mutigsten Krieger und besten Scharfschützen seien, denen er jemals begegnet war. Auch Sherman würdigte ihre Unerschrockenheit und ihre kämpferischen Fähigkeiten. Doch am stärksten war er von ihrer menschlichen Würde angetan, denn nie hatten sie ihre Opfer skalpiert oder wehrlose Zivilisten angegriffen. Und befanden sich Frauen unter ihren Gefangenen, so schenkten sie diesen immer die Freiheit.

Natürlich gab es neben Joseph weitere Häuptlinge, Looking Glass, White Bird, Toohoolhoolzote und den Halbblutindianer Poker Joe. Doch Joseph hatte die Weißen besonders beeindruckt. Bis heute ist seine Rede, die er anläßlich der Kapitulation gehalten hat, unvergessen. Darin heißt es: »Ich bin des Kämpfens müde. Unsere Häuptlinge sind getötet worden. Looking Glass ist gestorben. Es ist kalt und wir haben keine Decken. Die kleinen Kinder erfrieren. Ich möchte nach meinen Kindern schauen und sehen, wie viele ich von ihnen noch finden kann. Vielleicht werden sie unter den Toten sein. Hört mich, mein Herz ist krank und voll Trauer. Von nun an, wo die Sonne jetzt steht, gelobe ich: ich werde niemals wieder kämpfen.«

Nach ihrem langen Leidensweg wurde es den Nez Percés jedoch verwehrt, in das Lapwai-Gebiet zurückzukehren, wie es

Oben: **Unteroffizier John Nihill.** Die deutschen Helme kamen nach dem deutsch-französischen Krieg (1870–71) bei der US-Armee in Mode.

ihnen Miles versprochen hatte. Unter Protest wurden Häuptling Joseph und sein Stamm in Kansas angesiedelt. Dort erkrankten und starben viele der Nez Percés. Erst 1885 durften sie dank der Fürsprache von Howard und Miles in das Colville-Reservat im Bundesstaat Washington umziehen.

Während Howard, Gibbon, Terry und Miles darum stritten, wem der Siegesruhm über die Nez Percés zustünde, kehrte im Westen allmählich der Frieden ein. Hierzu trug vor allem Innenminister Carl Schurz, ein deutscher Einwanderer, bei. Mit Erfolg setzte er sich für Reformen in der Indianerpolitik ein.

Die Bannocks

Doch in den Grenzgebieten von Idaho, Oregon und Nevada kam es durch die Bannocks und die West-Shoshonen wiederholt zu Unruhen, obwohl Crook in den 1860er Jahren in dieser Region scheinbar den Frieden gesichert hatte.

Daß es einige Jahre darauf auch zum Kampf kam, war die Schuld eines Büroangestellten: Er hatte in der Niederschrift eines Vertrages im Jahr 1868 den Bannocks anstelle der ihnen zugedachten Camas Prärie die »Kansas Prärie«, die es gar nicht gab, zur Besiedlung überlassen. Die Folge war, daß sich nun zahlreiche Weiße in der Camas Prärie niederließen. Doch bald darauf zog es auch die Malheur Paintes, die mit den Bannocks verwandt waren, in dieses Gebiet. Als der Bannock-Häuptling Buffalo Horn (»Büffelhorn«) starb, wurde der Painte Egan zu seinem Nachfolger.

Es war die Aufgabe von General O. O. Howard, die Bannocks zu befrieden. Ein neuerliches Debakel wie im Kampf gegen die Nez Percés wollte er tunlichst vermeiden. Hauptmann Reuben F. Bernard konnte die Bannocks in zwei Gefechten besiegen, Hauptmann Evan Miles konnte ein weiteres Scharmützel für sich entscheiden. Danach entschlossen sich die Indianer zur Aufgabe.

Doch die Unruhen griffen auch auf den kleinen Stamm der Sheepeaters (»Schafesser«) über. Dieser Stamm ernährte sich von der Jagd auf Bergschafe und lebte in den zerklüfteten Salmon River Mountains in Idaho. Er verfügte über nicht mehr als 50 Krieger, doch deren Verstecke waren so unzugänglich, daß Hauptmann Bernard sie nicht aufspüren konnte. Dagegen konnten die Sheepeaters Leutnant Henry Catley überraschen und ihn mit seinen Männern in die Flucht schlagen. Mehrere kleinere Einheiten begannen nun das Gebirge zu durchkämmen und zwangen schließlich den kleinen Stamm im Oktober 1878 zur Unterwerfung.

Der Ute-Krieg

Die Utes aus Colorado waren lange Zeit Verbündete der Armee im Kampf gegen die Navahos. Ihr Häuptling Ouray galt als ausgesprochen friedfertig. Dennoch zogen sie im Jahre 1879 auf den Kriegspfad, nachdem ihr Land von Silberschürfern heimgesucht wurde.

Der eigentliche Grund für den Konflikt aber war die optimistische Naivität von Indianerunterhändler Nathan Meeker. Er war fest dazu entschlossen, die Utes zu Farmern zu machen,

Rechts: Das Gemälde von Charles Russell dokumentiert die Ehrfurcht der Prärie-Indianer vor dem ersten **Dampfboot**, das den Missouri hinauffuhr.

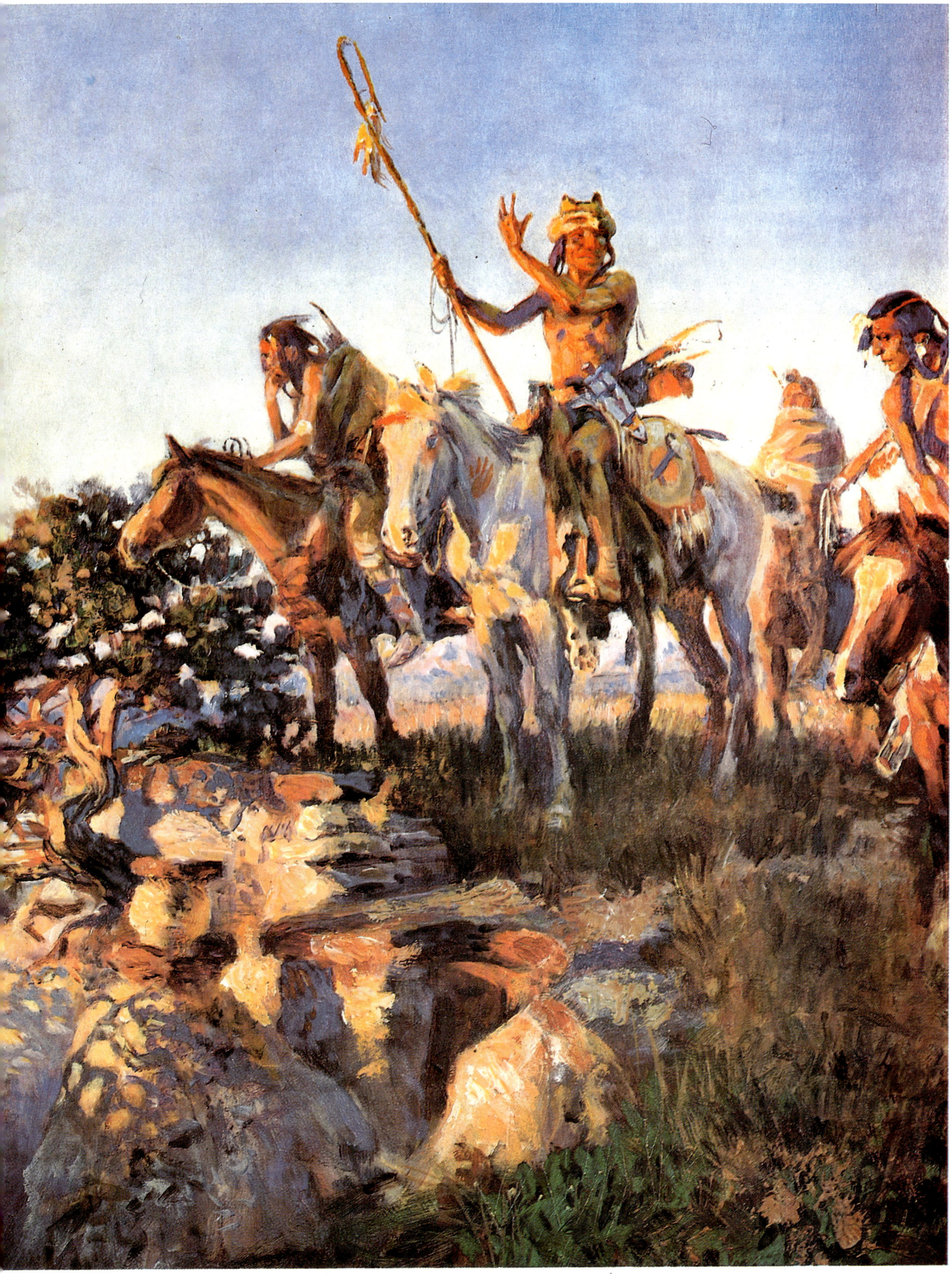

eine Idee, die von ihnen natürlich abgelehnt wurde. Schließlich bat Meeker die US-Armee um Hilfe. Daraufhin entsandte die Armee eine Einheit mit 153 Mann unter Major Thomas T. Thornburgh. Doch durch ein Mißverständnis zwischen dem Major und einem der Indianerführer kam es zu einem plötzlichen Feuergefecht, dabei wurde Thornburgh erschossen.

Nun mußte Hauptmann J. Scott Payne das Kommando übernehmen. Die Indianer hatten zehn seiner Männer und fast alle Pferde getötet. Eine Flucht war unmöglich. Erst als Oberst Wesley Meritt nach einem beeindruckenden Marsch heranrückte, brachen die Utes die Belagerung ab und zerstreuten sich.

Oury und Carl Schurz waren redlich um Frieden bemüht, doch die Armeeführung verlangte Vergeltung für Thornburgh. Dennoch konnte der Ute-Krieg auf diplomatischem Weg beendet werden. Einzelne Ute-Krieger wurden wegen Mordes vor Gericht gestellt, während die übrigen Utes in das Uintah-Reservat nach Utah übersiedelten.

Geronimo und die Apachenkriege

Die Niederlage von Custer und die Kämpfe gegen die Nez Percés hatten dazu geführt, daß das mexikanische Grenzgebiet aus dem öffentlichen Interesse in den USA zunächst verschwunden war. Doch Gesetzlosigkeit und Gewalt ließen Neu-Mexiko und Arizona in der zweiten Hälfte der 1870er Jahre nicht zur Ruhe kommen. Häuptling Cochise, der 1873 Frieden geschlossen hatte, starb ein Jahr darauf und Crook wurde 1875 versetzt. Die Bemühungen der Indianerunterhändler John P. Clum und Tom Jeffords scheiterten immer wieder an der Aufsässigkeit der Apachen und den Machenschaften des *Tucson Ring*. Dies war eine Clique von Armeelieferanten, harten Geschäftsleuten, Politikern, Whiskeyschmugglern und Waffenschiebern.

Der grausame und gerissene Geronimo war der Anführer der Chiricahuas. Diese waren, entgegen den Anweisungen, nicht dazu bereit, sich in dem San Carlos-Reservat niederzulassen. John Clum stellte Geronimo unter Arrest und zwang seine Chiricahuas zur Ansiedlung in dem Reservat. Doch im Jahr 1877 brachen sie gemeinsam mit den Warm Spring-Indianern unter Victorio aus der Heimstätte aus.

Die Apachen gingen vor allem in Mexiko auf Raubzug, doch auch auf dem amerikanischem Territorium kam es immer wieder zu Übergriffen. Die Regierung setzte Kavallerieverbände, Cowboys und die *Texas Rangers* gegen die Plünderer ein.

1879 gelang es Victorio zweimal, mexikanische Einheiten in einen Hinterhalt zu locken. Im Jahr darauf entging er einer Falle, die Oberst Edward Hatch ihm gestellt hatte. Im Mai 1880 wurde er in ein Gefecht mit Indianerscouts verwickelt, die in dem Dienst der Armee standen. Er erlitt eine schwere Schußverletzung, doch wieder konnte er entkommen. Er war einfach nicht zu fassen. Als die Warm Springs, Chiricahuas und die Mescaleros nach Osten zogen und in die Wüste kamen, gerieten sie an den Bürgerkriegsheld Hauptmann Benjamin Grierson. Mit seinen zähen dunkelhäutigen Kavalleristen konnte er die Apachen in zwei Gefechten bezwingen, so daß diese sich wieder nach Mexiko zurückzogen.

Endlich, im Jahr 1880, triumphierte die Diplomatie über nationalistische Eifersüchteleien. Die Regierungen der USA und von Mexiko waren nun zur Zusammenarbeit gegen die raublu-

Unten: Diese Kavalleristen machen während des **Apachen-Feldzuges** von 1885 eine Pause. Das Foto wurde im Wüstengebirge an der Grenze zwischen Arizona und Mexiko aufgenommen.

Frederick Remington war neben Charles Russell der bedeutendste Maler, der sich im 19. Jahrhundert mit dem Wilden Westen beschäftigte. Diese Lagerszene entstand gegen Ende der Indianerkriege.

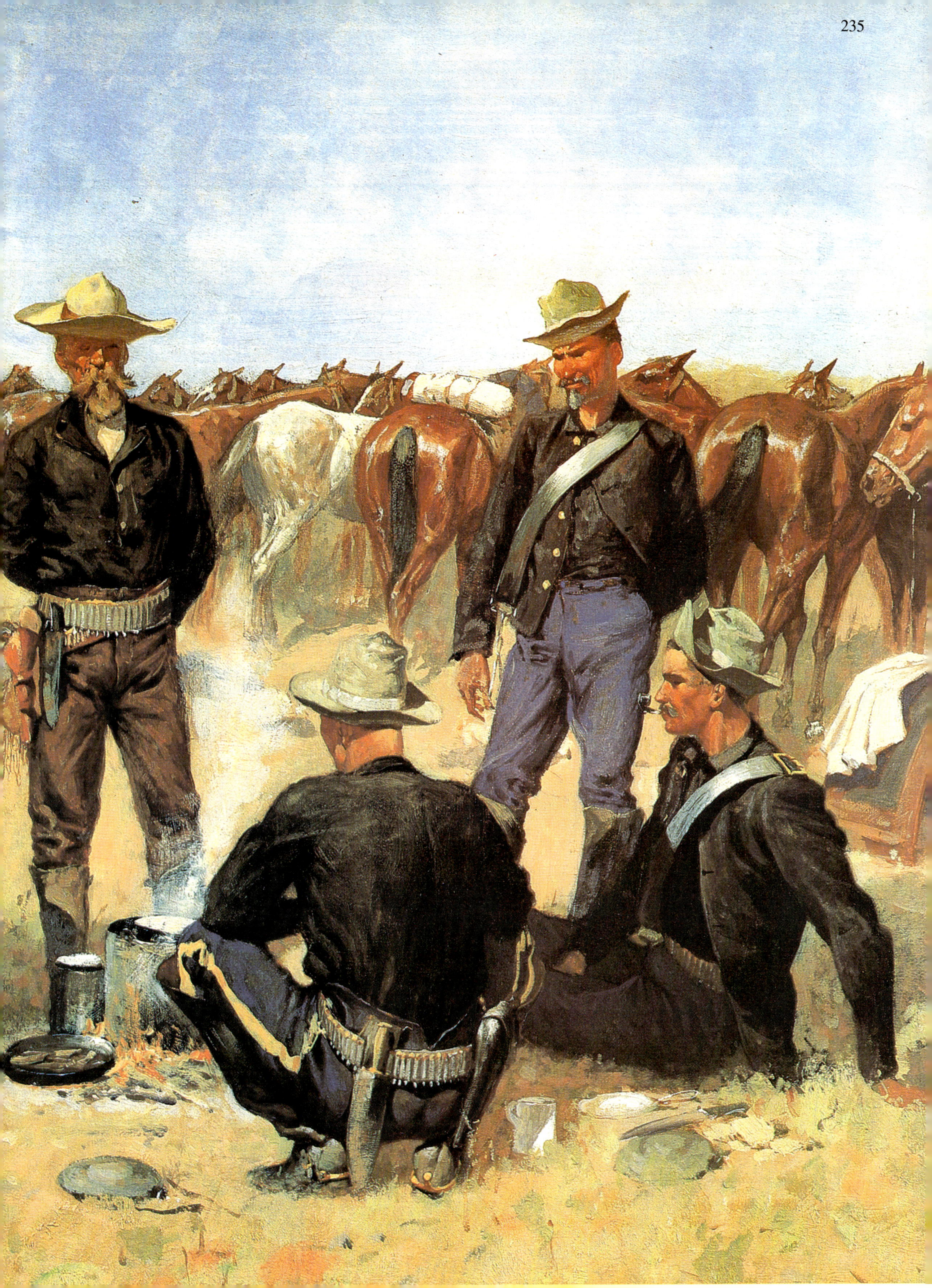

Oben: Diese Aufnahme zeigt eine Einheit, die am Rande der Siedlung **Zuni Pueblo** (Neu-Mexiko) ein Lager aufgeschlagen hat.

stigen Apachen bereit. Amerikanische und mexikanische Truppen umzingelten Victorio in den mexikanischen Tres Castillos Mountains. Doch dann ordnete Hauptmann Joaquin Terrazas die Rückkehr der Amerikaner an. Angeblich mißtraute er ihren Apachen-Scouts, aber wahrscheinlich wollte er den Ruhm nicht mit den Amerikanern teilen. Am 15. Oktober überfiel Terrazas Victorio und brachte ihn und weitere 60 Apachen um. Die meisten der Opfer waren Frauen und Kinder.

Unter den Apachen Arizonas gab es in den 1880er Jahren zahlreiche Häuptlinge, darunter Nana, Chato und Nachez. Doch der Führer des Widerstandes gegen die wachsende Besiedlung der Weißen war Geronimo, der formal gar kein Häuptling war. Die traurigen Bedingungen im San Carlos-Reservat – Langeweile, Alkoholismus und Stammesfehden – trieben zahlreiche junge Indianer in die Arme von Geronimo. Crook hatte diese Krieger einmal als die »Tiger der menschlichen Rasse« bezeichnet.

Nicht nur die White Mountain-Apachen, sondern auch einige Armee-Scouts gerieten unter den Einfluß des Schamanen Nakaidoklini. Er prophezeite den Apachen die Wiederauferstehung toter Krieger und die Vertreibung der Weißen aus Arizona. Auf Anweisung der US-Indianerbehörde stellte Oberst Eugene Carr den Schamanen unter Arrest. Doch seine Anhänger griffen Carr an der Cibicu-Bucht an. Zur gleichen Zeit meuterten Carrs White Mountain-Scouts; sie erschossen Hauptmann Edmund Hentig hinterrücks und töteten sechs weitere Soldaten. Nakaidoklini versuchte in das Unterholz zu fliehen, doch ein Soldat streckte den Schamanen mit drei Kopfschüssen nieder.

Bald darauf eilte Verstärkung herbei. Ein Großteil der Gefolgsleute des Medizinmannes und der meuterischen Scouts wurden gefaßt. Einige von ihnen wurden gehängt, andere brachte man in das Gefängnis von Alcatraz. General Orlando B. Willcox warf seinem Untergebenen Carr Inkompetenz vor und ließ ihn vor ein Gericht stellen. Doch der Oberst wurde freigesprochen, sein Vergehen war allein menschlicher Natur, er hatte seinen Scouts zu viel Vertrauen geschenkt.

Inzwischen hatten die Chiricahuas ihr Reservat verlassen und waren nach Mexiko gezogen. Von dort aus überfielen Geronimo, Nachez, Chato und Juh im April 1882 eine Reihe von Siedlungen im Gila-Tal. Dabei töteten sie zwischen 30 und 50 Weiße. Oberstleutnant George A. Forsyth verwickelte die Apachen kurz darauf in einen harten Kampf, doch es gelang ihnen zu entkommen, Forsyth setzte ihnen über die mexikanische Grenze nach. Dort stieß er auf mexikanische Infanteristen, die die fliehenden Apachen in eine Falle gelockt hatten: Die Mexikaner töteten 78 Indianer, fast ausschließlich Frauen und Kinder.

Am 4. September 1882 ersetzte Sherman den umstrittenen General Willcox durch George Crook. Der alte General hielt drei Maßnahmen für erforderlich: Die Befriedung der Reservatsindianer, die Bekämpfung der feindlichen Krieger, die von der mexikanischen Sierra Madre aus operierten und schließlich die Sicherung der weißen Siedlungen vor Apachenangriffen.

Nur von einer kleinen Eskorte begleitet, besuchte Crook persönlich die Reservate. Seine Offiziere, Hauptmann Emmet Crawford und Leutnant Charles Gatewood, waren bestens mit den Apachen vertraut. Zuverlässige Apachenscouts wurden verpflichtet, um die Grenzen zu kontrollieren.

Doch im Jahre 1883 ging Häuptling Chato mit seinen Kriegern wieder auf den Kriegspfad. Plündernd und brandschatzend zogen seine Apachen von der Region um Fort Huachuca aus nach Neu-

Mexiko und schließlich zurück nach Chihuahua, Chato spielte mit der Armee Katz und Maus. Sherman schäumte vor Wut. Er befahl Crook, ohne Beachtung der Grenzbestimmungen gegen die Apachen vorzugehen, falls es notwendig wäre. Daraufhin drang General Crook mit seinen Männern in die Sierra Madre ein, seine Einheit war zwar klein, aber schlagkräftig. Crooks Geduld und seine Zähigkeit machten sich schließlich bezahlt; am 15. Mai 1883 zerstörte Hauptmann Crawford ein Apachenlager und zwang alle ihre Häuptlinge bis auf Juh zur Aufgabe. Auch Geronimo fügte sich, wenn auch widerwillig. General Crooks Sierra Madre-Feldzug hatte zum Erfolg geführt, weil er seine Kampfweise der Indianertaktik angepaßt hatte, einer Strategie, die sich bewährt hatte. Seine Kritiker verstummten daraufhin. Nach den Kämpfen in der Sierra Madre wandte Crook seine Aufmerksamkeit wieder dem Reservat zu. Er benutzte sogar einige Apachen als Spione, und als der junge Kaytennae seine Autorität herausforderte, schickte er den Apachen nach Alcatraz.

Doch nach einem Trinkgelage brachen fast alle Häuptlinge mit ihren Gefolgsleuten aus dem Reservat aus. Auf ihrem Weg nach Mexiko plünderten und brandschatzten viele von ihnen. General Crook ließ zunächst mit 3.000 Soldaten die Grenze absichern. Dann postierte er Wacheinheiten an fast allen Wasserstellen, die zwischen dem Santa Cruz-Fluß und dem Rio Grande lagen. Schließlich schickte er Crawford und Leutnant Wirt Davis mit einer aus Kavalleristen und Scouts bestehenden Einheit nach Mexiko. Viermal stießen die Soldaten auf Apachen, doch jedes Mal schienen sie sich in Luft aufzulösen, und ihre Verluste blieben sehr gering. Zweimal wagten sie es sogar, die Grenztruppen anzugreifen. Eine Kriegerschar unter Josanie (Ulzana) legte innerhalb von nur einem Monat fast 2.000 Kilometer zurück und tötete bei diesen Raubzügen 40 Menschen! Die

Oben: Die Aufnahme zeigt zwei Apachen, die Springfield-Gewehre in der Hand halten, gemeinsam mit einigen Familienangehörigen.

Unten: Für einen Apachen-Scout blickt **Peaches** allerdings etwas furchtsam in die Kamera. Ben Wittick machte diese Aufnahme in einem Studio.

238

Das Gemälde von Charles Russell aus dem Jahre 1908, »*The Medicine Man*«, stellt den Abbruch eines Zeltlagers unter der Führung eines Schamanen dar. Mit Schleppbahren (Travois) ziehen die Indianer in das offene Grasland der Hochprärie weiter.

Oben: Diese Aufnahme des grimmigen **Geronimo (Goyathlay)**, der hier in Kampfstellung für den Fotografen Ben Wittick posierte, entstand in einem Studio. *Unten:* Bedrohlich wirkend haben sich **Geronimo und seine Chiricahuas** vor dem Fotografen aufgereiht.

Armee bekam Josanie nicht einmal zu Gesicht, geschweige denn, daß sie seiner habhaft werden konnte.

Das Vertrauen von Crook zu seinen Apachen-Scouts war so groß, daß er sie ohne die Begleitung durch reguläre Einheiten in den Kampf gegen ihre Stammesbrüder schickte. Im Januar 1886 kam es zu einem Waffenstillstand zwischen Hauptmann Crawford und Geronimo, beide wollten Friedensverhandlungen aufnehmen. Doch kurz vor Beginn der Gespräche griffen mexikanische Milizen das Lager der Apachen an. Bei dem Versuch, die Mexikaner zurückzuhalten, wurde Crawford von ihnen erschossen. Dennoch vereinbarte Geronimo mit einem Leutnant eine Unterredung zwischen ihm und Crook, die zwei Monate später stattfinden sollte.

Zwischen dem 25. und 27. März 1886 kam es 20 Kilometer südlich der Grenze zu einem Treffen: General Crook forderte die Apachen zur bedingungslosen Kapitulation auf. Er warnte die Indianer, daß er sie bis zum letzten Mann jagen werde, falls sie nicht nachgeben würden, und sollte es 50 Jahre dauern. Doch im Verlauf der Verhandlungen zeigte sich der General schließlich doch kompromißbereit.

Er schickte Sheridan eine Nachricht, in der es hieß, daß Geronimo aufgegeben hätte. Doch Crook freute sich zu früh – Nana und Geronimo hatten nach einem Trinkgelage die Flucht ergriffen.

Sheridan war natürlich aufgebracht darüber, daß Crook Geronimo hatte entkommen lassen, er verlangte die Unterwerfung aller Apachen oder ihre Vernichtung. Sheridan erklärte einen Teil der Abmachungen, die Crook mit einigen Apachenhäuptlingen beschlossen hatte, für null und nichtig. Damit stand nun Crooks Ehre auf dem Spiel. Deshalb bot er am 1. April die Aufgabe seines Kommandos an, Sheridan zögerte nicht lange und ersetzte ihn durch Miles.

Philip Sheridan gab Miles die Anweisung, in erster Linie auf die regulären Einheiten zurückzugreifen, denn er mißtraute den Apachen-Scouts. Miles fügte sich der Anordnung und ergänzte darüber hinaus die Telegraphenlinien mit Heliographen, um die Kommunikation zwischen den mobilen Einheiten zu verbessern. Im Mai schickte er Hauptmann Henry Lawton nach Mexiko, um die Apachen aufzuspüren und niederzumachen. Zur gleichen Zeit jagte ein Teil seiner Truppen eine Indianerschar vom Santa Cruz-Tal bis nach Mexiko.

Lawtons Marsch war mörderisch. Nach einem einwöchigen Ritt durch die Wüste machten die Pferde schlapp, fortan ging es zu Fuß weiter. Der Hauptmann verlor auf dem 3.000 Kilometer langen Weg 20 Kilo Gewicht, viele seiner Männer überlebten die

Oben: **General George Crook** war sicher alles andere als ein mustergültiger Offizier. Er konnte die Apachen in Arizona und Neu-Mexiko niederwerfen, indem er seine Strategie der Kampfweise der Indianer anpaßte. In seinen Feldzügen setzte er viele Apachen-Scouts (links und rechts auf dem Foto) gegen deren feindliche Stammesbrüder ein. Crook zog Maultiere den Pferden vor, da diese sich in dem heißen Klima als widerstandsfähiger erwiesen hatten.
Folgende Seiten: Auf einem Bahndamm warten **Geronimo** (vordere Reihe, dritter von links) und seine **Chiricahuas** auf den Zug, der die Apachen nach Florida in das Exil bringen soll. Die schwerbewaffneten Soldaten sind auf dem Foto nicht zu sehen. Im Jahr 1894 kehrte Geronimo wieder in den Westen (nach Oklahoma) zurück.

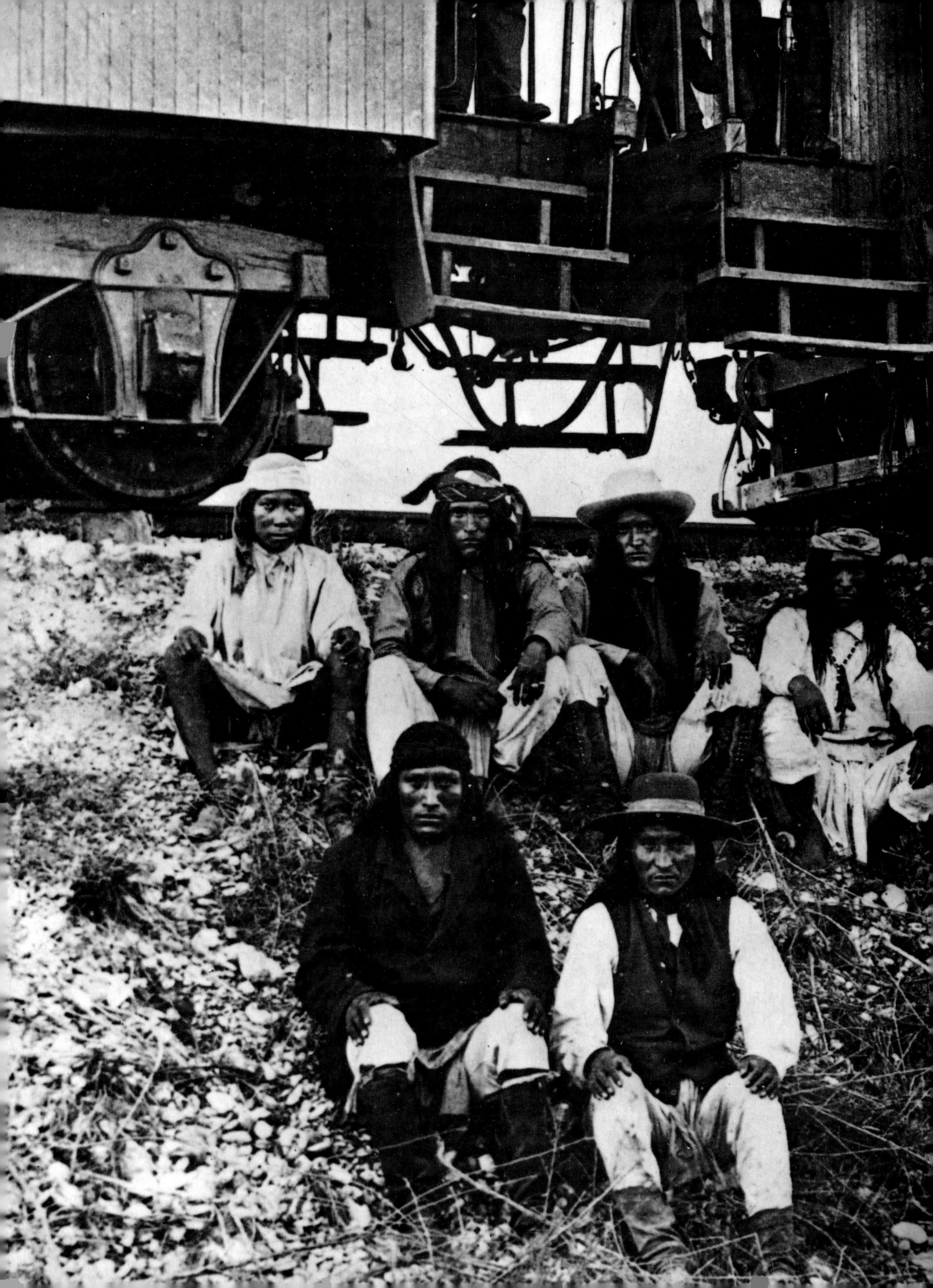

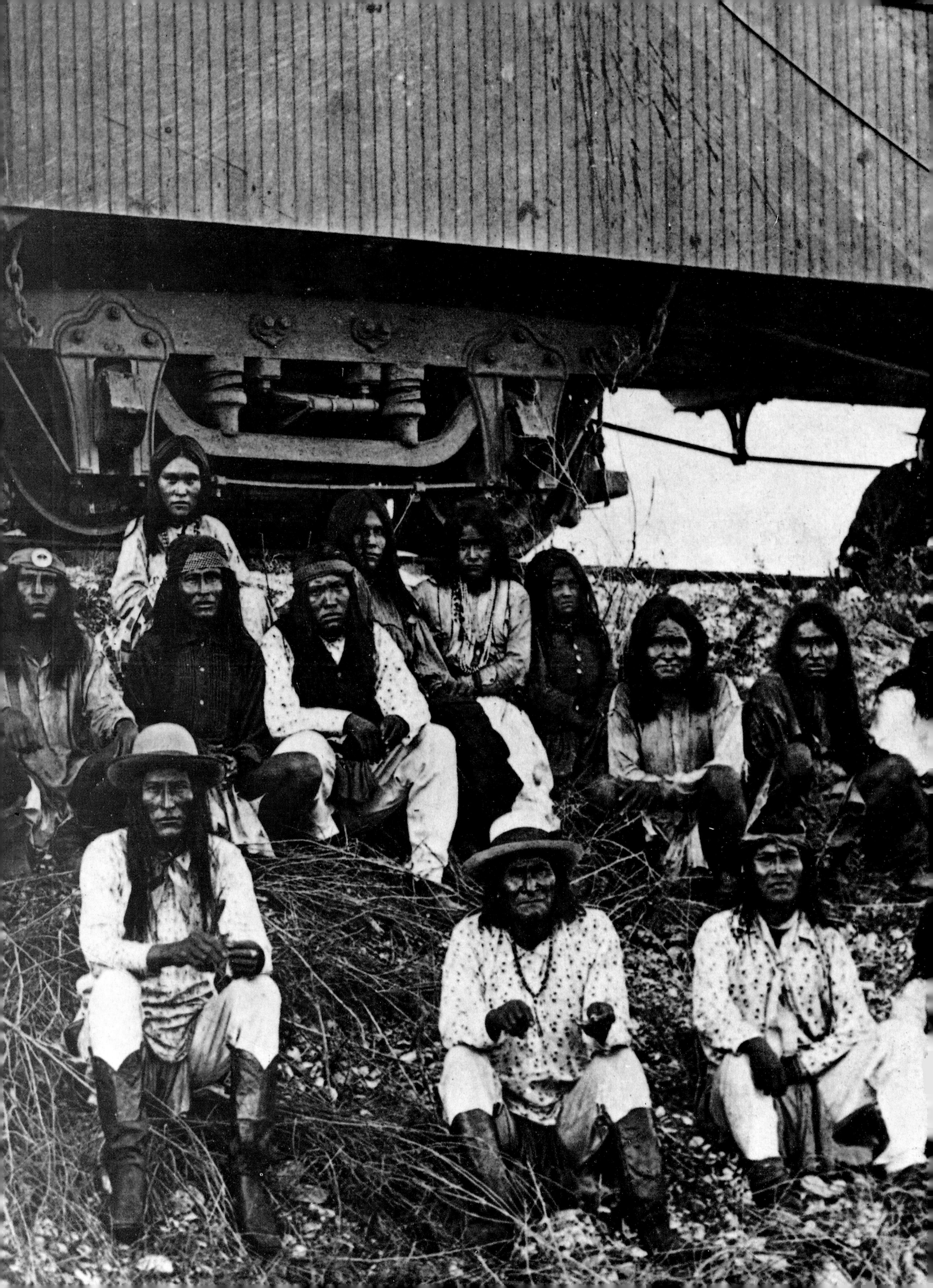

Oben: Gefangene **Apachen** in Fort Bowie, Arizona (1884).

Strapazen nicht. Nur ein einziges Mal stießen die Soldaten auf die Apachen, doch diese kamen ungeschoren davon.

In der Zwischenzeit sorgte Miles dafür, daß die marodierenden Apachen nicht länger durch Krieger aus dem San Carlos-Reservat verstärkt wurden. Er ließ die Chricahuas umstellen und schickte sie in Eisenbahnzüge in das Exil nach Florida. Dann überredete er den mutigen Gatewood dazu, mit Geronimo Kontakt aufzunehmen, um die Verhandlungen fortzusetzen. Gatewood war schwer erkrankt, doch er war der einzige Mann in Arizona, dem Geronimo noch Vertrauen schenkte.

Schließlich erklärte sich Geronimo zur Aufgabe bereit. Am 4. September 1886 kapitulierte er vor Miles am Skeleton Canyon, 100 Kilometer südlich des Apachen-Passes. Der Offizier versprach ihm, daß man seine Krieger nicht verurteilen würde und sie mit ihren Familien zusammenbleiben dürften. Daraufhin wurden die Apachen in Zügen nach Florida transportiert.

Doch kurz darauf mischte sich US-Präsident Cleveland in die Verhandlungen ein. Er verlangte, daß die Apachen wegen ihrer Verbrechen in Fort Bowie vor ein Gericht gestellt werden sollten. Mit Mühe konnten Miles und Crook den Präsidenten von seiner Forderung abbringen. In Florida wurden die Männer, entgegen den Vereinbarungen, von ihren Familien getrennt. Darüber hinaus fiel es den Apachen schwer, sich auf das feuchte Klima Floridas umzustellen. Viele von ihnen erkrankten an Sumpffieber und starben im Exil, unter den Leidtragenden waren auch zahlreiche Apachen-Scouts, die für die US-Armee gekämpft hatten. Diese Ereignisse veranlaßten General Crook dazu, der *Indian Rights Association* (»Gesellschaft für die Rechte der Indianer«) beizutreten, um sich für Gerechtigkeit gegenüber seinen ehemaligen Feinden einzusetzen. 1890 starb der alte General. Vier Jahre darauf erhielten die letzten überlebenden Apachen die Erlaubnis, nach Oklahoma überzusiedeln, obwohl Miles sich dagegen ausgesprochen hatte. Dort starb Geronimo im Jahre 1909. Vier Jahre nach dem Tod des legendären Kriegers ließen sich einige Apachen im Mescalero-Reservat von Neu-Mexiko nieder.

Unterdessen stritten die Weißen darüber, wem der Kriegsruhm zustünde – Miles oder Crook. Der egozentrische Nelson Miles konnte die Apachen-Kriege zu einem Ende führen, weil er ein hervorragender Offizier war. Doch wer sich intensiv mit den blutigen und schwierigen Feldzügen beschäftigt, der erkennt, daß Crook bereits Entscheidendes geleistet hatte; Miles muße diese Arbeit nur fortsetzen. Deshalb gilt General Crook heute noch als der eigentliche Held der Apachen-Kriege.

Der Geistertanz, Wounded Knee und das Ende der *Frontier*

Nach der Kapitulation von Geronimo brach der Widerstand der Indianer im Westen zusammen. Doch General Sherman war realistisch genug, um mit weiteren, sporadischen Konflikten zu rechnen. Dazu kam es schließlich im Jahre 1890.

Es ist eine Ironie des Schicksals, daß dieser Konflikt von einem friedliebenden Mystiker aus dem Stamm der Paiute ausgelöst wurde. Wovoka war ein Seher, der letzte in einer langen Linie indianischer Messiasprediger – Pope, Pontiac, The Prophet, Smohalla, Nakaidoklini und Sword Bearer. Das Gebet, der Gesang und vor allem der Tanz standen im Mittelpunkt des

Kultes. Die Religion besagte, daß der tranceartige Tanz die Indianer in eine neue, glücklichere Welt führen würde, in der die Toten sich mit den Lebenden vereinigen würden. Deshalb nannte man Wovokas Glauben auch den Geistertanz.

Dieser Kult wurde von vielen Stämmen angenommen, doch die Teton-Sioux unter Kicking Bear (»Tretender Bär«) und Short Bull (»Kurzer Büffel«) verliehen der Prophezeiung des Sehers eine andere Bedeutung – sie glaubten, daß die Vernichtung der Weißen Voraussetzung für einen Eintritt in die neue Welt sei. Sie mißachteten die Friedensappelle Wovokas und glaubten, daß ihre magischen Geisterhemden sie vor den Kugeln der Weißen schützen würden. Als das Geistertanz-Fieber in den Reservaten von Pine Ridge und Rosebud immer mehr um sich griff, ahnte General Miles, daß Krieg in der Luft lag. Die Oglala- und die Brulé-Sioux tanzten bis zur völligen Erschöpfung, doch in ihrer Euphorie träumten sie von dem bevorstehenden heiligen Krieg der Indianer. Miles ließ die Gebiete beider Siouxstämme schließlich besetzen und sonderte die Anhänger des kriegerischen Kultes von den friedlichen Sioux ab.

Die 600 Gefolgsleute des Wovoka sammelten sich daraufhin am Rande des Pine Ridge-Reservats. Unter den Anhängern des Glaubens waren auch so bekannte Häuptlinge wie Hump, Big Foot (»Großer Fuß«) und Sitting Bull. Hump bekundete seine Friedensbereitschaft, doch die beiden anderen Männer wollte die Armee vorsichtshalber unter Arrest stellen. Am Morgen des 15. Dezember 1890 umstellte Leutnant Bull Head mit 40 uniformierten Sioux-Polizisten die Hütte des Häuptlings. Widerstandslos ergab er sich seinen Bewachern. Doch dann sah er, daß etwa 160 Wovokagläubige die Szene beobachteten. Er rief um Hilfe, einer der Indianer streckte den Leutnant mit einem Schuß nieder. Doch noch im Fallen konnte er seinerseits eine Kugel auf Sitting Bull abfeuern, ein Offizier tötete den alten Häuptling mit einem gezielten Kopfschuß. Die indianischen Polizisten wehrten sich verbissen gegen ihre Angreifer. Endlich nahte die Rettung: Eine Schwadron der 8. Kavallerie schlug die Indianer in die Flucht.

General Miles verstärkte seine Truppenverbände, um den Geistertanz-Kult einzudämmen. Doch zu seiner Überraschung blieben weitere Zwischenfälle nach dem Tod von Sitting Bull aus. Einige kleinere Indianergruppen brachen zwar aus ihren Reservaten aus, doch Hump überredete den Großteil seiner Hunkpapas, ihre Flucht zu beenden und sich zu unterwerfen.

Die größte Schar der mutmaßlichen Feinde waren die Minneconjous unter Big Foot. Miles gab Oberst Edmund V. Sumner den Auftrag, den alten Häuptling zu stellen, doch der Offizier zögerte. Er hielt die Anweisung für unnötig und sinnlos, weil er

Unten: Das Foto zeigt einen **Arapahoe-Geistertanz**. Bei dem Zeremoniell verfielen die Indianer in einen tranceartigen Tanz. Paiute Wovoka, der Begründer der Geistertanz-Bewegung, prophezeite eine Welt ohne die Weißen, in der die toten Stammesbrüder wieder auferstehen würden.

Indianer-Reservate 1880

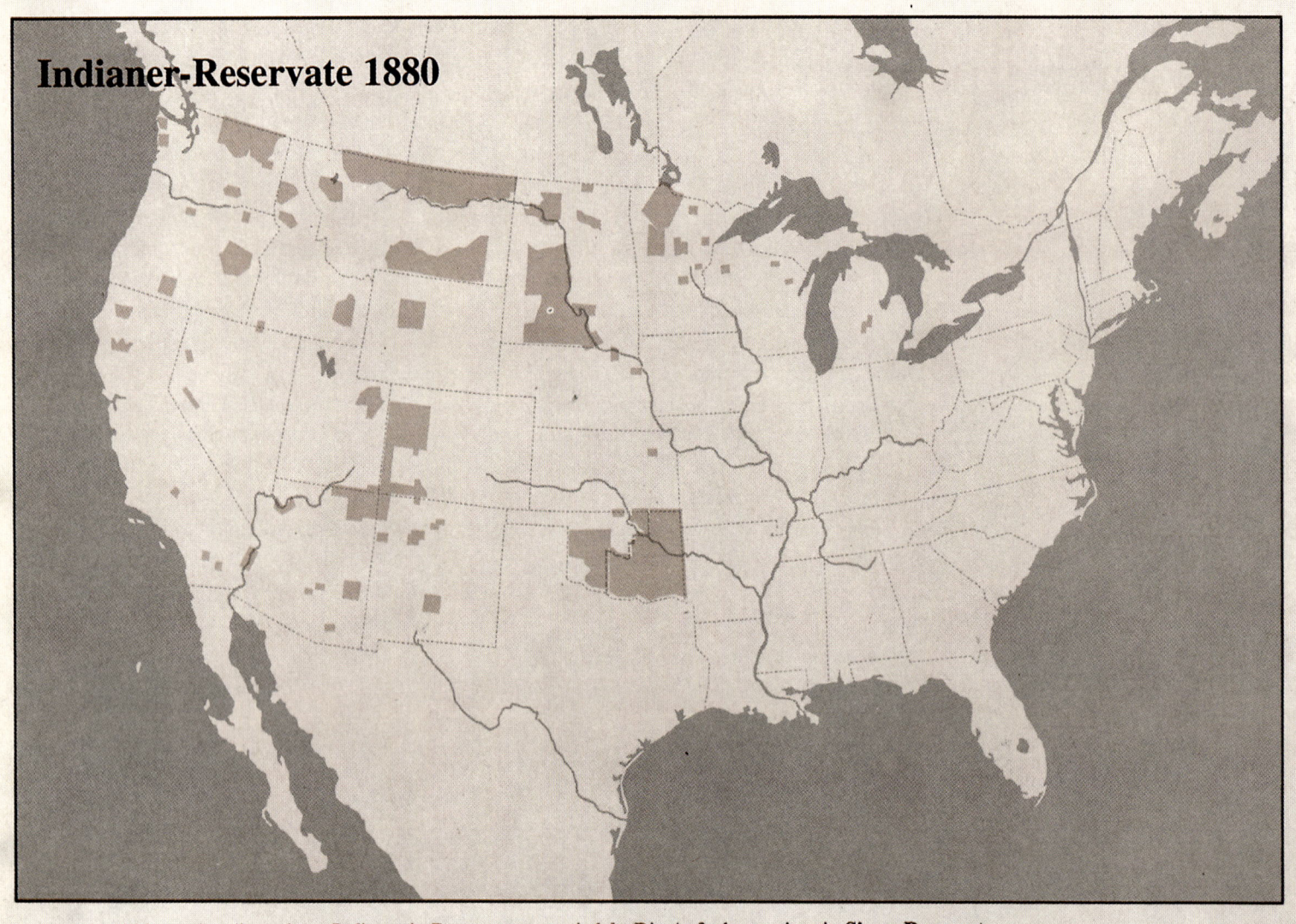

Unten: Bis 1890 wurden die meisten Indianer in Reservate umgesiedelt. Die Aufnahme zeigt ein **Sioux-Reservat**.

Indianer-Reservate 1980

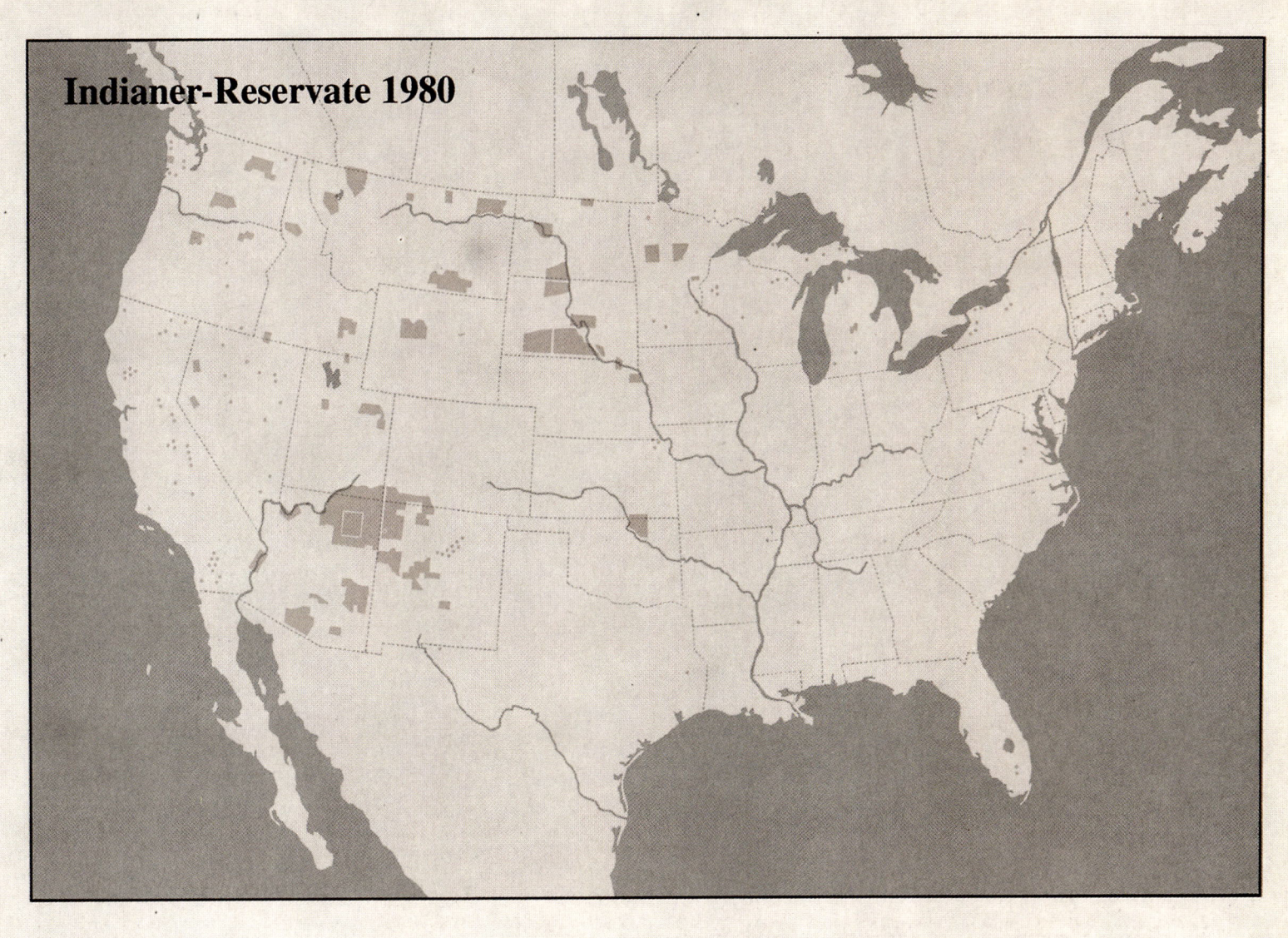

Ein unbekannter Fotograf machte diese Aufnahme von der erstarrten Leiche des alten **Sioux-Häuptlings Big Foot**, eines der Opfer von Wounded Knee (1890).

Selbstbewußt präsentieren sich die Soldaten vor ihrer Feldartillerie. Das Bild entstand 1891 in der **Pine Ridge-Reservation**.

Oben: Stolz posieren Offiziere nach dem **Massaker von Wounded Knee** für den Fotografen. In ihren Gesichtern zeigt sich keine Spur der Reue.

Unten: Nach dem Massaker werden die Leichen der Indianer auf Wagen geladen. *Ganz unten:* Ein Massengrab für die Sioux wird ausgehoben.

befürchtete, daß sie eine kriegerische Auseinandersetzung auslösen würde. Big Foot, durch die Vorbereitungen der Armee beunruhigt, ergriff mit seinen Minneconjous die Flucht. Miles glaubte fälschlicherweise, daß der Häuptling sich den Oglala- und den Brulé-Sioux anschließen wollte und machte Oberst Sumner schwere Vorwürfe. Dann entsandte er Kampfverbände, die Big Foot abfangen sollten, bevor er die übrigen Sioux in Pine Ridge erreichen konnte. Zu diesen Einheiten gehörte auch die 7. Kavallerie, die alte Einheit von George Custer.

Big Foot hatte nichts dagegen einzuwenden, daß er auf seinem Weg nach Pine Ridge von einer Militäreskorte begleitet wurde. Doch Oberst James M. Forsyth (nicht zu verwechseln mit dem Held von *Beecher's Island*, George Forsyth) hatte von Miles den Auftrag erhalten, die Minneconjous zu entwaffnen und nach Omaha zu verschiffen. Als die Sioux von Big Foot am Morgen des 29. Dezember erwachten, sahen sie sich von 500 Soldaten umstellt. Diese hatten darüber hinaus Hotchkiss-Kanonen in Position gebracht. Während die Squaws damit begannen, das Lager abzubrechen, ließ Forsyth 120 Krieger antreten, und gab ihnen den Befehl, ihre Waffen abzuliefern. Sie händigten dem Oberst nur ein paar alte, unbrauchbare Flinten aus. Daraufhin ließ Forsyth die Tipis kontrollieren und fand zahlreiche Gewehre und Munition. Anschließend forderte er seine Männer auf, auch die Krieger und die Squaws nach Waffen zu durchsuchen.

Die Sioux waren über diese demütigende Prozedur entrüstet. Da erinnerte ein junger Schamane, Yellow Bird (»Gelber Vogel«), die Krieger an ihre magischen Hemden: Einige Männer rissen sich ihren Umhang vom Leibe und griffen zu ihren versteckten Gewehren und Karabinern. Einer von ihnen geriet mit einem Soldaten in einen Zweikampf, ein Schuß fiel – wer ihn abfeuerte, hatte niemand erkennen können. Die Soldaten nah-

Oben: **Leutnant Taylor** mit Indianer-Scouts bei Pine Ridge, 1891.

men das überfüllte Lager sofort unter Feuer. Sie waren nervös und verunsichert, möglicherweise spielte auch der Gedanke an Rache für Little Big Horn eine Rolle. Ihre Waffen waren auf die kurze Distanz hin tödlich, doch es war die Artillerie, die den Indianern die größten Verluste zufügte.

In den Augen der Indianer und auch vieler Weißer war die **Schlacht von Wounded Knee** ein reines Massaker. Doch dies ist nur teilweise richtig. Es war in dem Sinne kein Massaker, als daß der Vorfall, im Gegensatz zu Sand Creek 1864, nicht das Ergebnis kaltblütiger Planung war. Auch war der Kampf nicht völlig einseitig – die Armee verlor 25 ihrer Männer.

Unter den 150 toten Indianern waren Big Foot, Yellow Bird und zahlreiche Frauen und Kinder. Völlig wahllos hatten die Soldaten um sich geschossen, einige von ihnen waren durch die Kugeln ihrer eigenen Männer gefallen. Die amerikanische Öffentlichkeit war über die Ereignisse von Wounded Knee entsetzt, Erinnerungen an das Massaker von Sand Creek wurden wach. General Miles machte James Forsyth für die Affäre verantwortlich, so daß er ihm die Befehlsgewalt entzog und ihn anschließend vor Gericht stellte. Die Aussagen schienen zu beweisen, daß die Soldaten zwar gewillt waren, Frauen und Kinder unversehrt zu lassen, doch in der Hitze des Gefechtes erschien ihnen jede Rücksichtnahme unmöglich. Obwohl Miles Forsyth der Inkompetenz und des Ungehorsams bezichtigte, rehabilitierte Kriegsminister John M. Schofield den Oberst, der daraufhin seinen Dienst in der Armee wieder aufnahm. Doch kurz danach versagte Forsyth erneut: Bei der Drexel Mission geriet er in einen Hinterhalt der Sioux und verlor zwei seiner Leute, eine Rettungseinheit der 9. Kavallerie mußte ihn vor der Vernichtung bewahren. Wieder stand der Oberst völlig blamiert vor der Öffentlichkeit da. Die Schuld am Massaker bei Wounded Knee lag nicht bei Forsyth allein: Es war Miles, der ihm den Befehl erteilt hatte, die Minneconjou-Sioux zu entwaffnen und sie nach Omaha zu bringen. Sumner hatte mit Recht dazu geraten, die Indianer ohne Gewalt in das Pine Ridge-Gebiet zu begleiten, wo sie sich in Frieden niederlassen wollten.

Von nun an war General Miles wesentlich vorsichtiger. Mit einer Mischung aus Gewalt und Diplomatie versuchte er, die restlichen »feindlichen« Indianer unter seine Kontrolle zu bringen. Er achtete darauf, daß seine Truppen immer auf Distanz

Das Indianer-Territorium 1896

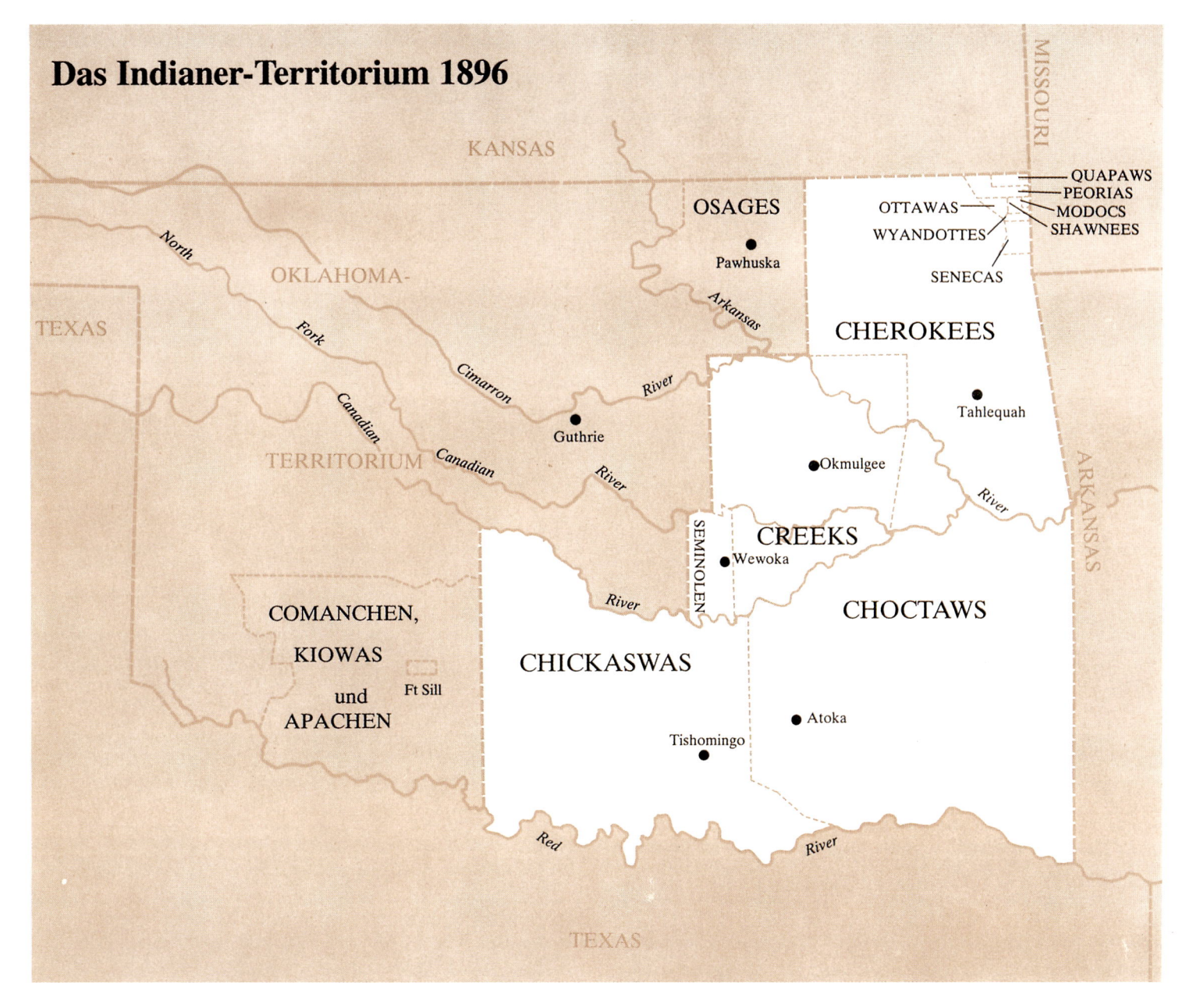

Oben: Die Regierung überließ 1830 fünf Indianerstämmen das sogenannte **Indianer-Territorium**, westlich von Arkansas, das später mit Oklahoma zusammengelegt wurde. Als Oklahoma sich 1907 der amerikanischen Union anschloß, wurde das Indianer-Territorium aufgelöst.

Statistik im selben Jahr, in dem das Massaker von Wounded Knee stattfand, das Ende der *Frontier* bekanntgaben: Nach 1891 konnte sich die Besiedlung der Weißen nicht mehr weiter nach Westen ausdehnen – der Pazifik war erreicht.

Amerika ist immer wieder als das Land beschrieben worden, in dem jeder Mensch ungeachtet seiner Hautfarbe, seiner Religion und politischen Einstellung einen Platz in der Gesellschaft finden könne, aber diese »Schmelztiegel-Theorie« hat die Indianer immer außer acht gelassen. Zu groß waren die kulturellen Unterschiede zwischen ihnen und den Weißen, zu blutig waren die zahlreichen Kämpfe, die in der Prärie, den Bergen und der Wüste ausgetragen wurden.

In 1.000 Gefechten wurden 6.000 Indianer getötet, die Armee verlor 2.000 ihrer Männer. Die Prophezeiung von US-Präsident Theodore Roosevelt von der endgültigen Eroberung des Westens hat sich schließlich bewahrheitet – doch um welchen Preis.

Nicht die Armee hat die Indianer vernichtet, sondern die, die hinter ihr standen. Die Soldaten waren nur die Speerspitze der vordringenden »Zivilisation«. Den Eisenbahnen, dem Stacheldraht, den Telegraphen, den Mehrladegewehren und den Haubitzen hatten die Indianer nichts entgegenzusetzen. Und die Soldaten waren beileibe nicht die alleinigen Träger der Zivilisation: Dazu gehörten auch die Farmer, die Viehzüchter, die Goldgräber und die Büffeljäger. Gerade die kommerzielle Büffeljagd hat entscheidenden Anteil daran gehabt, daß die Indianer innerhalb eines Jahrzehnts ihrer Lebensgrundlage beraubt wurden. Die Armee erledigte nur die schmutzige Arbeit für die Zivilisten. Ein alter Krieger der Sioux hatte die Zivilisten vor Augen – nicht die Soldaten – als er einmal sagte: »Sie haben uns so viele Versprechungen gemacht, daß ich mich nicht mehr an jedes einzelne von ihnen erinnern kann. Doch nur eines haben sie tatsächlich eingehalten, sie haben versprochen, unser Land zu nehmen und sie haben es genommen.«

REGISTER

Abercrombie, James 40
Adams, John Quincy 78
Alarcán, Fernando de 10
Alderman (Indianer) 30
Allen, Ethan, 48
Alligator (Häuptl.) 81
American Horse (Häuptl.) 217
Amherst, Jeffrey 40, 43
Andros, Edmund 29, 31
Apachen-Kriege 180–187, 232–237
Apachen-Paß 125
Argall, Samuel 18
Armistead, Walter K. 81
Artillerie *248*
Atahualpa, Inka-Herrscher 8
Atkinson, Henry 88, 93
Ayllón, Lucas 8

Bailey, Dixon 74
Bärenjagd *173*
Bascom, George 121–122
Beasley, Donald 74
Beaujeu, Hyacinth de 37
Beecher, Frederick 164–165
Belagerung(en) 166; bei Boonesborough *53*; bei Brookfield 28; bei Detroit 43, 45; bei Hadley 28; bei Presque Island 45
Bent, Charles 97
Benteen, Frederick 206, 207–208
Berkeley, William (Sir) 19–21
Bernhard, Reuben 230
Big Foot (Häuptl.) 245, *248*, 249
Big Warrior (Häuptl.) 74–75
Black Bear (Häuptl.) 148
Black Dog *138*
Black Hawk (Häuptl.) 85, 88, *90*, 93
Black Hills *203*
Black Kettle (Häuptl.) 140, 144, 167–168
Blackfish (Häuptl.) 49
Blue Jacket (Indianer) 57
Boleck (Häuptl.) 78
Boone, Daniel 39, 48–50, *50*, *51*
Boone, Jemina 49
Boonesborough (Kentucky) 49, *51*
Boote *230–231*
Bouquet, Henry 40–41, 45–47
Bowlegs, Billy (Häuptl.) 80, 100, *123*
Braddock, Edward 36–37, *38*, 39–40
Bradford, William 21, 25
Bradstreet, John 40
Brant, Joseph 48, *48*
Bridger, Jim 109, 153, 157
Brock, Isaac 64
Broken Hand, siehe Fitzpatrick, Tom
Brookfield (Massaker) 28, *29*
Brown, Frederick 157
Brown, William 185
Bry, Thomas de 15, 17
Buffalo Bill, siehe William Cody
Buffalo's Backfat *94*
Büffel *73*, 93, 109, 172–173, 174; Büffeljagd *103*, *154–155*, *175–176*
Bull Head (Indianer) 245
Bürgerkrieg 109, 121–122, *132*
Burgoyne, John 48
Burns, James 185
Butler, John 48
Butler, Richard 53, 55
Byrd, William 50, 53

Cabot, John 12
Cabot, Sebastian 15

Caldwell, William 50
Calhoun, John C. 78
California Joe *167*
Campbell, Donald 43, 45
Canby, E.R.S. 192–193, 195, 197, *198*
Canonchet (Häuptl.) 29
Canyon de Chelly 139, *142*
Captain Jack (Indianer) 188–193, *195*, 197–198
Cárdenas, Garcia López de 9
Carleton, James 122–124, 137, 140
Carpenter, Louis 166
Carr, Eugene 170, 212, 236
Carrington, Henry 149, 152–153, 157, 159
Carson, Cristopher (Kit) 109, 133, 139–140, *140*, 144
Carver, John 26
Casey, James S. 220
Catley, Henry 230
Catlin, George *73*, 80, *90*, *91*, *94*, *95*, 98, *103*, *138*
Champlain, Samuel de 31
Chanco (Indianer) 30
Chapman, Amos *125*
Charles II. (England) 27
Chato (Häuptl.) *236*
Chávez, J. F. 136
Cherry, Sam *120–121*
Chivington, John 140, 144
Church, Benjamin 28–32
Clark, George Rogers *54*
Clark, Hauptmann 224
Clark, William 76–77, 82–83
Cleveland, Grover 244
Clum, John *180*
Cochise (Häuptl.) 121–122, 124, 185
Coffee, John 75
Cole, Nelson 148
Collins, Caspar 147
Columbus, Diego 8
Connor, Patrick Edward 124, *127*, 148
Conquering Bear (Häuptl.) 112
Conquistadoren 7–8, 11
Contrecour, Sieur de 37
Cornstalk (Häuptl.) 48
Corte Real, Gaspar und Miguel 12
Cortés, Hernando 8
Council-House-Fight 100
Craig, John 50, 53
Crawford, William 56
Crazy Horse (Häuptl.) 153, 157, 187, 203, 205–208, 212, 217, 220, 222
Creek-Krieg 73–74
Croghan, George 39
Crook, George 181, *185*, 185–186, 203–205, 212, 217, 220, 222, 224, 230, 237, 240, *241*, 244
Curry, George 114
Custard, Amos 147
Custer, George 162, *170*, 170, 203, 204–205, 206–208, *207*, *209*, 212
Custer, Tom 204, 206, 208

Dade, Francis 79, *79*
Dagneaux de Quindre, Antoine 49
Dale, Thomas (Sir) 18
Davidson, John (Black Jack) 178
Davis, Edmund 175
Davis, Jefferson C. 112, *114*, 118, *196–197*, 197–198
de Soto, Hernando 8–9, *15*
de Vaca, Cabeza 9
Deerfield (Massaker) 28, *30*, 32
Diablo (Indianer) *180*

Dieskau, Baron 39
Dinwiddie, Robert 35, 36–37
Dodge, Richard 97
Doniphan, Alexander 102, 133
Downing, Jacob 140
Drake, Francis (Sir) 15
Dudley, William 64
Dull Knife (Häuptl.) 148, 153, *216*, 217, 222
Dunbar, Thomas 37, 39
Dustin, Hannah 31

Ecuuyer, Simeon 45
Eisenbahnen 173, *181*, 203
Elisabeth, Königin von England 15
Elliott, Joel *164–165*, 168f
Emuckfaw-Fluß 85
England u. Eroberung Nordamerikas siehe auch Großbritannien 9, 15, 17
Erkundungen 32, 76–77, *82–83*, *119*
Escobar, Rodrigo de 15
Eskiminzin (Indianer) *180*, 180

Fetterman, William 157
Fetterman-Massaker 157
Fitzpatrick, Tom 109–112
Fleming, Hugh 112
Florida-Kriege 73, 78–81, *79*
Forbes, John 40–41, 45
Ford, John S. 100, 118
Forsyth, George 163, 164–166, 236
Forsyth, James 249–251
Forts und Fortbau 148, 152–153; Abraham Lincoln 205, 212; Alcatraz 115; Armstrong 93; Bascom 137; Bedford 45; Bent's *97*; Bowie 244, *244*; Breckinridge 122, 124; Brooke 79; Buchanan 121; Canby *139*; Charles 47; Churchill 121; Cobb 166, 171; Crown Point 39; Cumberland 37, 39; Dalles 114; Dearborn 64; Defiance 64, 133, 139; Detroit 43, 47, 51, 53, 70; Duquesne 36, 37, 40–41; Fetterman 205; Frontenac 35, 40; Gibson 97; Greenville 57; Hoskins 115; Keogh 222; King 79; Klamath 189; La Navidad 7; Lane 115; Laramie 109–110, 112, 147, 149, 152, *152*, 157, 159; Le Bœuf 35, 45; Leavenworth 97; Lyon 140; Malden 61, 64, 70, 81; McDermitt *229*; McLane 124; Meigs 70; Miami 45, 57; Michilmackinac 64; Mims 74, *74*; Monroe 93; Necessity 36, 39; Niagara 35, 39, 54; Ontario 47; Oswego 40; Ouatonon 45; Pensacola 78; Phil Kearny 152–153, 157–159; *161*; Pierre 112; Pitt 41, 45; Presidio 97; Presque Isle 35, 41; Randall 224; Recovery 57; Reno 152, 159; Rice 133; Richardson 173; Ridgely 126, 129; Robinson 222; Sackville 53, 55, *55*; Sandusky 45, 57; Saybrook 25; Sill 170, 172–173, 175–176, 179; Simcoe 115; Snelling 129, 132; Stanton 133; Stanwyx 48; Steilacoom *117*; Ticonde-

roga 39; Toronto 35; Union *133*; Venango 41, 45; Vincennes *54*; Walla Walla 115; Wallace 166–167; Walsh 224; Washington 55; Wayne 55, 60; William Henry 39–40
Franklin, Benjamin 37, 45, 48
Frankreich, und Eroberung von Nordamerika 11, 17, 32, 35–36, 41
Französisch-Indianische Kriege (König-Williams-Krieg) 17, 31–33, 35–37, *42*
Freiwilligen-Verbände 147–148, 164, 190
Fremont Peak (Wyoming) *119*
Frémont, John Charles *119*
Frontier zu Indianergebieten 109

Gage, Thomas 48
Gaines, Edmund 88
Gall (Häuptl.) 152, *161*, 207–208, *208*
Gallup, John 21
Gatewood, Charles 236, 244
Geistertanz-Kult 244–245, *245*, 249
Georg III. von England 49
Geronimo 203, *232*, 236–237, 240, *240*, 244
Gesetzgebung 84; *Indian Removal Act* 78, 84
Gibbon, John 205–206, 226
Gillem, Alvon *196–197*, 197
Gilliam, Cornelius 104
Girty, Simon 50, 53, 55, *55*
Gist, Christopher 35–36, 39
Gladwin, Henry 43, 45, 47
Gold 11, 100, *118*, 224; Goldrausch 105, 109–110, 112, 167, 188; Goldrausch in den *Black Hills* 203–204; Goldsucher 113, 203, *203*
Grant, Ulysses 171, 175, 181, 197, 212, 224
Grattan, John 112
Grierson, Benjamin 175, 233
Großbritannien, von GB ausgelöste Indianerangriffe 60, 64, 71

Hamilton, Henry 51, 53
Hancock, W.S. 163
Hardie, James *196–197*
Harmar, Josiah 55–57, 64
Harney, William 112–113, *152*
Harrison, William Henry 53, 61, *61*, 60, 64, 70–71, *71*, 85, 88, *88*
Harrod's Station (Ky) *53*
Haverhill (Massaker) 30
Hayes, Rutherford 222
Hays, John C. 100, 118, 121
Herkimer, Nicholas 48
Hickok, James Butler *166*
Hill, Edward 20
Historia General de las Indias 11
Holländische Kolonisten 21, 25
»Hooker Jim« 189–190, 195, 197–198
Horse Chief *91*
Houston, Samuel 96, 100
Howard, O.O. 224–225, 225–228, *225*, 228, 230
Hull, William 61, 64
Hump (Häuptl.) 153, 157, 220, 245
Hutchinson, Edward 28

Indianer 46, 47, 82–83, 91,

94, 95, *102–103*, 108, *110*, *124*, *138*; Alkohol 224, 225; Christentum 15, 19, 27, 104; Einstellung gegenüber Weißen 17–18, 27–28, 43; Epidemien 21, 45, 104–105; Folterungen von weißen Gefangenen 39–40, 53, 122; Geiselnahme durch 122; Handel mit 12, 15, 112; Hütten *186*; im Krieg von 1812 57; im Unabhängigkeitskrieg 48–55; Kämpfe mit *197*, 217; Kriegstaktik 50–51, 148, *150–151*, 165, 176, 211, 218–219, 225, *227*, 228; Land und Grenzen 20, 25, 27, 41, 47, 60, 73–74, 105, 109–110, 136, 149, 188–189, 203–204, 224; Landkauf von (siehe auch Reservate) 24; mit den Weißen verbündet (siehe auch Indianerscouts) 35, 39–40, 117–118; Mystizismus (siehe auch Geistertanz) 43, 57, 224; Propaganda gegen 32, 71; Romantisierung durch Weiße 11, *32*; Shamanen *238–239*; Signale *158–159*; Skalptanz 208; Stammesbündnisse 32, 153; Stammeskriege 17, 74, 109–110, 114; Umsiedlung von (siehe auch Reservate) 104, 140; Unabhängigkeit vom Präsidenten 204; Waffen *113*; Zeremonien *106*; Territorium *251*
Indianerbeamte 84, 110, 117, 132, 137, 230, 232
Indianerscouts 28, 37, 70, 153, 157, 159, *165*, 167, 170, 178, *184*, 185, *192*, 197, 205–206, 217, 220, 236, *237*, 240, 244, 250
Iron Jacket (Häuptl.) 118
Isatai (Indianerprophet) 176

Jackson, Andrew 72, 75, *75*, 78, 84–85, *84*, 85, 100, 104
Jackson, James 189
Jackson, William Henry *179*, *200–201*
Jamestown (Va) 17–19
Jeffords, Tom 185
Jesup, Thomas 81
John Ross (Häuptl.) 84
Johnson, Guy 48, *65*
Johnson, Richard M. 61, *71*
Johnson, William (Sir) 35, 43, 47, 65
Josanie (Indianer) 237
Joseph (Häuptl.) 203, 224–229, *225*

Kamiakin (Häuptl.) 113–114, 116–117
Kämpfe; Buffalo Wallow 178; Hayfield 161; Wagon Box 162
Kanadier berittene Polizei und US-Armee 222; Kämpfe gegen die USA 50
Kearney, Stephen 100
Kenton, Simon 53, *55*
Keokuk (Häuptl.) 88, *90*, 92, 93
Keough, Myles 206, *212*
Kicking Bird (Häuptl.) 172, 179, *250*
Kidder, L.S. *173*
King Williams Krieg 32
Kolonisten; Kampf gegen Indianer 13, 20, *21*, 30;

Krieg von 1812 57–71; britische Indianerpolitik und 41, 49, 55
Kolumbus, Christoph 7, 12
König Philips Krieg 17, 26–31

Lamar, Mirabeau 100
Lame Deer (Häuptl.) 220
La Salle, Sieur de 31, *33*
Laudonnière, Jean und René de 12, 15
Lewis, Meriwether 76–77, 82–83, 95, 224
Lewis, William 64
Lincoln, Abraham 132, *132*
Little Big Mouth (Häuptl.) *186*
Little Bluff (Häuptl.) *103*
Little Carpenter (Häuptl.) 41
Little Crow der Jüngere (Häuptl.) 126, 129–131, 132
Little Turtle (Häuptl.) 55, *57*, 57
Little Warrior (Häuptl.) 73
Little Wolf 216, *217*, 222, 224
Logans Station (Ky) *53*
Lone Wolf (Indianer) 172, 175–176, 178–179
Looking Glass (Häuptl.) 225, *229*
Low Dog (Indianer) *213*
Lyman, Phineas 39

Mackenzie, Ranald 173, *175*, 176, 178–180, 217
Macomb, Alexander 81
Mamanti (Medizinmann) 173, 179
Mangas Coloradas 122–124
Manifest Destiny siehe auch Westbesiedlung 78, 100, 110
Manuelito (Häuptl.) 140, *145*
Mariposa-Indianerkrieg 105
Mason, Edwin *196–197*
Mason, John 25–27
Massachusetts Bay-Kolonie 21
Massaker 32, 39, 45, 48, *49*, 57, 64, 140, 169; Camp Grant *180*, 180–181; Cherry-Tal 48; Fort Mims 74; Grattans Massaker 112; Mountain Meadows *129*; Raisin-Fluß 88, 93; Rogue-Fluß 115; Sand Creek *138–139*, 140, 144, 169; Spirit Lake 132–133; Waiilatpu 104; Williams Station 121
Massasoit (Häuptling) 21, *26*, 27
Mather, Cotton 21
Matoonas (Häuptl.) 29
May, Charles A. 104
Mayflower 21
McGillivray, Alexander 74
McKay, Donald *192*, 199
McKee, Alexander 50
McQueen, Peter 74
Mehrlade-Gewehre 162, *184*, *232–233*
Mendez, Diego *15*
Merritt, Wesley 212, 227, 232
Metacomet (König Philip) 27, 30–31, *31*
Mexiko 11; Armee- und Indianerüberfälle aus 232–233; Indianerüberfälle aus *180*
Micanopy (Häuptl.) 89
Miles, Nelson *176*, 178, 203, 217, 220, 222, 224, 227–229, 240–241, 244–245, 249, 251

Mills, Anson 217
Mims, Sam 74
Mississippi 9, 31, 47, 93; als Grenze weißer Besiedlung 84
Modoc-Krieg 188–198; Friedenskommission 193, 195, *198*; Verteidigung 194
Modoc-Lavabett *189*
Montcalm, Marquis Louis de 39, 41
Montezuma 8, *12*
Morgan, Daniel *49*
Morgan, David *49*
Moscoso, Luis 9
Mosley, Samuel 27

Nakaidoklini (Medizinmann) 236
Nana (Häuptl.) 236, 240–241
Necotowance (Häuptl.) 20
Neu Ulm-Massaker *130–131*
Neue Welt, aus Künstlersicht 15, 17, *20*
Nez Percé-Krieg 224–230
Nicolet, Jean 31
Nihill, John *228*
Niza, Fray Marcos de 9
Northfield (Massaker) 29–30
Numaga (Häuptl.) 121, *127*

Okeechobee-See *81*, 81
Old John (Häuptl.) 115
Onate, Don Juan de 15
Opechancanough (Häuptl.) 19
Ormsby, William 121
Osceola (Indianer) 79, *80*, 81
Oury, William 180
Owhi (Indianer) 117

Paiute-Krieg 121
Parker, Quanah (Häuptl.) 173–176, *177*, 179
Pawnee Killer (Indianer) 165
Pazifische Nordwestküste und Kriege 113–117
Peaches (Indianer) 237, *237*
Pequot-Krieg 17, 25–26
Perry, David 224–225
Perry, Oliver H. *69*, 70
Pilgrim Fathers 21, 26
Pizarro, Hernando 8
Pizzaro, Francisco 8
Plains-Indianer in Oregon 104–105; Kampf gegen die Pueblos 100–102; Kriegskunst 93–105, *110*; und Navaho-Krieg 104; und Stammeskämpfe 93
Plymouth-Kolonie *22–23*, 27
Pocahontas (Tochter des Häuptlings Powhatan) *18*, 18–19, *19*
Polk, James K. 100
Ponce de Leon, Juan 8
Pontiac (Indianer) 41, *42*, 43, *43*, 45, 47, 88
Pontiacs Aufstand 41, *42*, 47–48, *48*
Postkutschenstation 147
Powder River-Expedition 148
Powell 161–162
Powhatan (Häuptling) 17–18, 21
Price, Sterling *101*, 102
Proctor, Henry 64, 70, *70*
Putnam, Israel 40, *40*

Qualchin 117
Queen-Annes-Krieg 32

Rain in the Face (Indianer) 206, 208, *208*
Randall, George 185
Red Cloud (Häuptl.) 148–149, 152–153, *156*, 157, 161–163, 187, 217, 222
Red Clouds Krieg 153, 157–163
Remington, Frederick *222*–*223*, *234*–*235*
Reno, Marcus 206, 207–208, 212
Reservate 78, 104, 109, 113, 115, 133, 136–137, 140, 162, 171, 176, 179, 181, 185, 187–188, 198, 203–204, 222, 224, 229–230, 232, 236–237, 244, *246–247*
Reynolds, Joseph 205
Ribaut, Jean 12
Riddle, Frank 197
Riley, Bennett 97
Rock Station (Postkutschenstation) 175; Rock Station Überfall auf 176
Rocky Mountains, Krieg in 122–125
Rogers, Robert 41
Rolfe, John 18–19
Roman Nose (Häuptl.) 147, 162–163, 165–167
Rowlandson, Mary 30, 32
Runnels, Hardin 117–118
Russell, Charles M. 75, *111*, *118*, *150–151*, 155, *214–215*

Samoset (Häuptl.) *25*, *26*
San Salvador 7
Sassacus (Häuptl.) 25
Sassamon, John 27
Satanta (Häuptl.) 172–173, *174*, 175–176, *178*, 179
Savage, John 105
Scarfaced Charley 189, *191*, 197–198
Scarlet Cloud siehe Red Cloud
Schlachten, *siehe auch* Kämpfe, Überfälle; Adobe Walls 144, 176–177; Arickaree *164–165*, 166; Ash Hollow 112; Bear River 125; Big Hole 226, *227*; Blue Licks *50*, 51, 53; Buffalo Hump 118; Bushy Run 45; Chippewa 67; Clearwater-Fluß 255–256; Fallen Timbers 57, *58–59*, 64; Four Lakes 116; Horseshoe Bend *97*; Kildeer Mountain 133, *134–135*; Little Big Horn 203, 206–208, *211*, *212*, 212; Raisin-Fluß 64, 70, 73; Rosebud 204–205, 206; Rush Springs 118, 120; Tallapoosa *84*; Thames 53, *62–63*, *69*, *71*; Washita *168–169*; Wolfsberg 220; Wounded Knee 203, 224, 249, 249–251
Scott, Winfield *66–67*, 81, 85, 88, 93, *115*
See-non-ty-a (Medizinmann) *99*
Seminolen-Kriege, *siehe* Florida-Kriege
Sevier, John 54
Shaw Benjamin 116, *117*
Sheridan, Philip *162*, 163–164, 167, 169–172, 176, 179–180, 220, 224, 240
Sherman, William 140, 149, 152, *152*, 162, *163*, 169, 171, 173, 175–176, 212, 220, 224, 227, 244
Short Bull *217*
Sibley, Henry 129–132
Silbersuche 121, 230
Sioux-Kriege 147, 203–206; *Dog Soldiers* 163, 171; berühmte Schlachten 206–112; Friedensgespräche *152*, *153*; Minnesota Aufstand 129; Santee Kriege 129
Sitting Bull (Medizinmann) 152, *160*, 187, 203, 205, *207*, 212, 217, 220, 222, 224, 226, 228, 245
Skalpkäufer *71*
Skalps *106*
Sklaverei 7–8, 31–32, 78, 99, 102, 133
Smith, Andrew Jackson 115
Smith, John *17*, 18, 144
Spanien Eroberung Nordamerikas 9, 11, *15*, 55; Grenzkonflikte mit 78
Spotted Tail (Häuptl.) 148, 153, *153*, *157*, 217
St. Ange de Bellarive 47
Standish, Myles 21, *22–23*

St. Clair, Arthur 55–56, 64
Steep Wind (Indianer) *138*
Steptoe, Edward 116
Stevens, Isaac 113–115
Stillman, Isaiah 88
Stillmans Run 88
Straßenbau 148–149, 152
Straßenbau und Postkutschenstationen 122
Stuart, Gilbert 57
Sturgis, Samuel 227–228
Sullivan, John 53–54, 57
Sully, Alfred 132–133, *134–135*
Sumner, Edwin 112–113

Tabak 18
Tall Bull (Indianer) 163, 165, 171
Tatum, Lawrie 173
Taylor (Leutnant) *250*
Taylor, Zachary 81, *81*, 88, 100
Tecumseh 57, 60–61, *61*, 64, *69*, 70–71, *70*, *71*, 75, 88
Tenskwatawa *61*
Terrazas, Joaquin 236
Terry, Alfred *152*, 205–206, 208, 212, 224
Texas Rangers 99–100, 117–118
Thayendanega (Häuptl) *siehe* Brant, Joseph
Thompson, Wiley 79
Thornburgh, Thomas 232
Thorpe, Georg 19
Toby Riddle (Indianerin) 192, 197, *198*
Trail(s): Bozeman 162–163, 205, 217; Dalles 114; Gila 100; Lolo 226; Overland 109; Santa Fe 100, 117; Smoky Hill 113; *Trail of Tears* 85, 100, 104
Tule-See 189
Turkey Foot (Häuptl.) 57
Twiggs, David 118
Tyler, John 61

Unabhängigkeitskrieg 35, 47, 48–55; Beteiligung der Indianer 55–60
Uncas (Häuptl.) 25
US-Armee 229, 232–233, 236, 251; Apachen-Kriege 180–187, 185, 187, 232–233, 236–237, 240–241, 244; Kampf gegen Cochise 122; Krieg gegen die Sioux 222–223; Krieg in den *Plains* 97, 100, 102, 104, 109; Modoc-Krieg 189–190, 192, 194–195, *196–197*, 197–198; Nez Percé-Krieg 204; Nord-Sioux 147, 157, 162; Schlacht bei Wounded Knee 249–251; Süd-Sioux 117; unter Custer 167–169

Van Dorn, Earl 118, 120
Vásquez de Coronado, Francisco 9–11
Vereinigte Staaten; Armee, *siehe* US-Armee; Regierung; Behörde für Indianerangelegenheiten 113, 132, 140, 163, 173, 175f, 229, 236
Verrazano, Giovanni 11, 12
Verträge; des Massasoit (1621) 21; Gouverneur Stevens' 113; Greenville 57, *69*; Horseshoe Bend 75; Irokesenbündnis (1715) 32; *Medicine Lodge* 162–163, 167, 169; mit *Plains*-Indianern 110; mit Cherokee 84; mit König Philip 27; Payne's Landing 78–79; Vertrag von Paris 55
Victorio (Häuptl.) 233, 236
Villiers, Coulon de 36

Wagentrecks(s), in Verteidigungsstellung 147
Waggener, Thomas 37
Walker, Samuel 148
Wamsutta, Alexander 27

Warbonnet Creek-Gefecht 212, *214–215*
Ward, John 121
Washakie (Häuptl.) 200–201, 212
Washington, George 35–36, 37, 39, 41, 48, 53–56, *69*
Wayne, Anthony 56–57, *58–59*, *69*
Weatherford, William 74–75
Weir, Thomas 208
Wells, William 64
West, Joseph 124
Westbesiedlung 36, 109; nach dem Krieg von 1812 71; und *Manifest Destiny* 73; und Freiwilligenverbände 122–124; und Ponyexpress 136–137
Wetzel, Lewis *44*
Wheaton, Frank 190, 192
Wheeler, Thomas 28
White Bird (Häuptl.) 229
Whitman, Marcus und Narcissa 104
Whitman, Royal 180–181
Willcox, Orlando 236
Williams, John 32
Williams, Roger *24*, 25
Winchester, James 64
Winslow, Joseph 27, 29–30
Wolfe, James 41
Wool, John 84, 114–115, *116*
Worth, William 81
Wovoka (Shamane) 244–245
Wright, George 114–116
Wynkoop, Edward 169
Wyoming-Tal (Pa) *49*, 49

Yakima-Krieg 113–115
Yellow Bird (Shamane) 249
Yellow Hair (Häuptl.) 212
Yellow Hand (Häuptl.) *214–215*

Zogbaum, Rufus 57

INDIANERSTÄMME
Abnaki 31, 33
Algonkin 17–18
Apache 121, *124*, 133, 137, 180–181, *184*, 185, *187*, 203, 205, 232–236, 236–237, *237*, 240–241, 244, *244*
Arapahoe 109, 140, 147–148, 157, 162, 165, 169, 171, 176, 222, *245*
Arawak 7
Bannock 230
Blackfat *94*
Brulé 112
Catawba 41
Cayuga 32
Cayuse 104–105
Cherokee 32, 41, 54–55, 75, 81–85, 100
Cheyenne 109, 140, 144, 147–148, 157, 162–163, 165, 167, 169–171, 176
– in den Sioux-Kriegen 203–205, 208, 212, *214–215*, 217, 220, 222
Chickasaw 37, 55
Chippewa 45, 55
Chiricahua 121, 232, *242–243*, 244
Choctaw 55, 84
Chowchilla 105
Coeur d'Alene 116
Comanchen 93, 97, 99–100, *102–103*, 118, 120, 144, 162, 170–171, 173, 176, 179
Creek 33, 55, 73, 78, *85*
– Bürgerkrieg 73–75, 85
Crow 109, *221*
Dakota *siehe auch* Sioux 109, 112, 129, 133, *160*, 203, 220
Delawaren 35, 41, 43, 47, 60
Fox 85, 88, 93
Hidatsa 109

Hopi 9
Hunkpapa *160*, *161*, 245
Huron-(Nation) 31, 41, 43
Irokese 17, 27, 31–33, 35, 41, 47–48, 54–55, 64
Kaw 163
Kickapoo 60, 88
Kiowa 93, 97, *103*, 144, 162, 171–173, 175–176, 178–179
Klamath 188–189
Lakota siehe auch Dakota 93
Mandan *95*, 109
Miami 55
Mingo 41
Minneconjou 245, 249–250
Miwok 105
Modoc 188–190, *190*, 192–193, 195, 197–198
Mohawk *24*, 39
Mohikaner 25–26, 29, 32
Mojave *187*
Nanticoke 21
Narragansett *24*, 25–26, 29–31
Navaho 93, 102, 104, 133, 136, 139
– Long Walk 140, *142–143*
Nez Percé 113, 203, 222, 224–228, *225*, *225*, 228, *228*
Nipmuck 28–29
Ojibwa-(Nation) 36
Onandaga 33
Oneida 33
Ottawa 45
Paintes *109*, 244
Palouse 104
Pawne-Indianer *86–87*
Potawatomi 55
Sauks 93
Seneca 32
Sheepeaters *182–183*, 230
Tuscarora 32
Wampanoag *25*, 27–28
Yamassee 32
Yokut 105

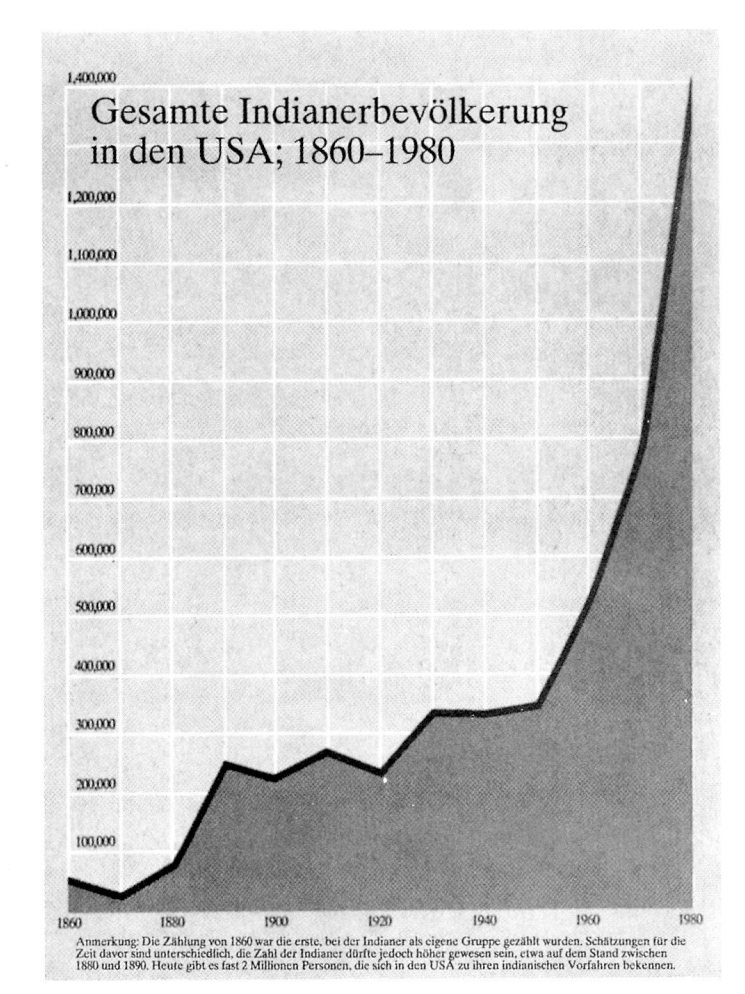

Indianische Bevölkerung in den Einzelstaaten (1890)

(Die 20 bevölkerungsreichsten Staaten) Total = 249.273*

Rang	Staat	Bevölkerung
1.	Indianer-Territorium	74,997
2.	Neu Mexiko-Territorium	28,799
3.	South Dakota	19,845
4.	Arizona-Territorium	16,740
5.	Kalifornien	15,283**
6.	Washington	10,837**
7.	Montana	10,573
8.	Wisconsin	8896
9.	North Dakota	7952
10.	Minnesota	7065
11.	Michigan	6991
12.	Oklahoma-Territorium	5689
13.	New York	5332**
14.	Nevada	4956**
15.	Oregon	4282
16.	Idaho	3909
17.	Nebraska	3864
18.	North Carolina	3116
19.	Utah	2489
20.	Wyoming	1806

* Diese Zahl schließt auch die 568 gefangenen Indianer der US-Armee ein.

** In allen aufgeführten Einzelstaaten lebten weniger als ein Viertel aller Indianer außerhalb der Reservate. Ausnahmen waren Washington (27% außerhalb), Kalifornien (67%), Nevada (69%) und New York (100%).

Indianische Bevölkerung in den Einzelstaaten (1980)

(Die 20 bevölkerungsreichsten Staaten) Total = 1.418.195

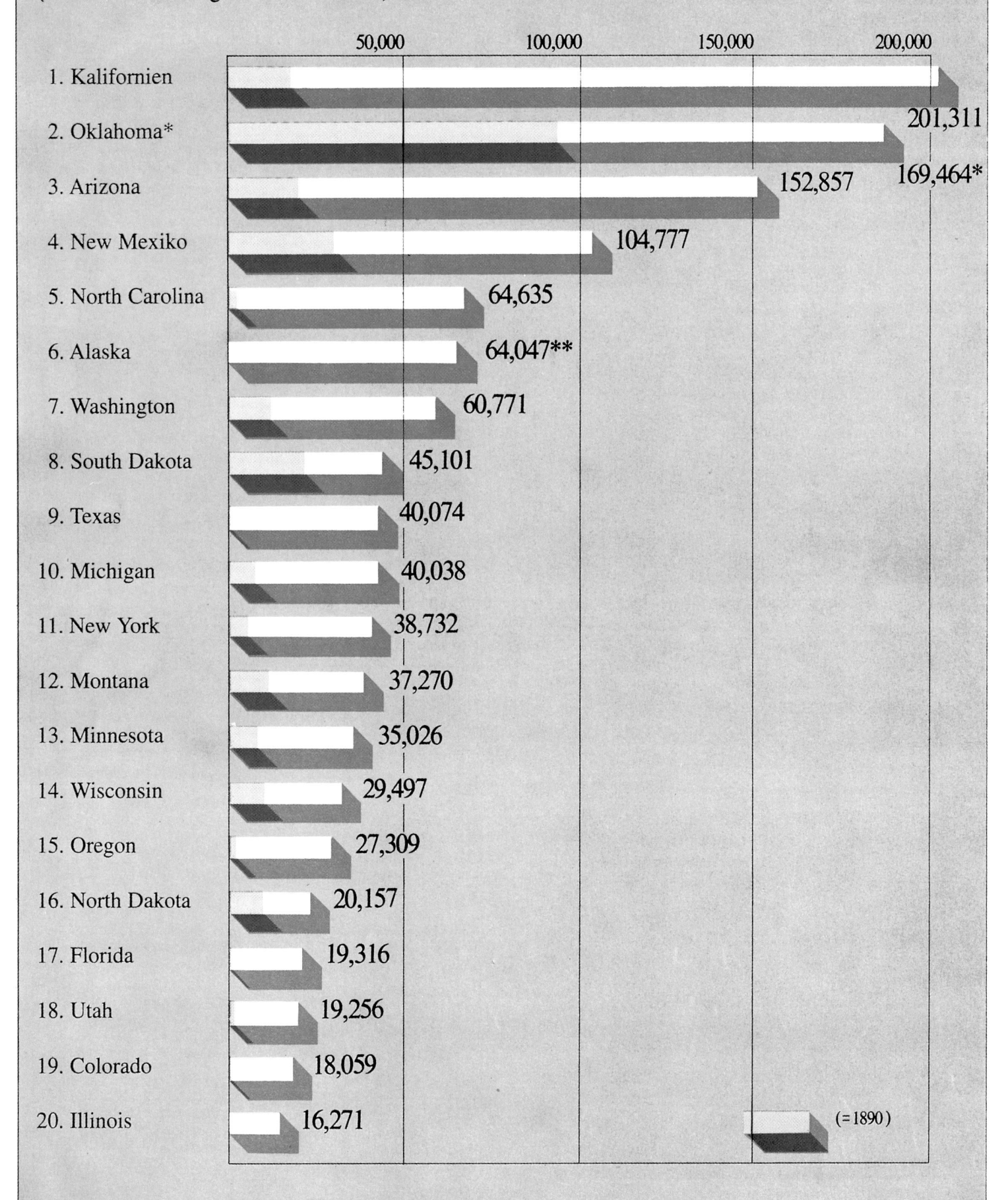

Rang	Staat	Bevölkerung
1.	Kalifornien	201,311
2.	Oklahoma*	169,464*
3.	Arizona	152,857
4.	New Mexiko	104,777
5.	North Carolina	64,635
6.	Alaska	64,047**
7.	Washington	60,771
8.	South Dakota	45,101
9.	Texas	40,074
10.	Michigan	40,038
11.	New York	38,732
12.	Montana	37,270
13.	Minnesota	35,026
14.	Wisconsin	29,497
15.	Oregon	27,309
16.	North Dakota	20,157
17.	Florida	19,316
18.	Utah	19,256
19.	Colorado	18,059
20.	Illinois	16,271

(=1890)

* Oklahoma, 1907 entstanden, bestand aus einem Zusammenschluß der früheren alten Oklahoma- und Indianer-Territorien.
** Die indianische Bevölkerung in Alaska wurde 1890 nicht registriert.

Chronologie

1492	Kolumbus landet in San Salvador
1512	Ponce de Leon segelt nach Florida
1542	Hernando de Soto entdeckt den Mississippi
1577–80	Drake landet bei New Albion
1607	Englische Kolonisten gründen Jamestown
1618	Opechancanough wird Häuptling des Stammesbundes in Virginia
1620	Plymouth wird gegründet
1621	Massasoit, Häuptling der Wampanoags, geht Friedensvertrag mit Gouverneur Carver von Plymouth ein
1637	Pequot-Krieg
1675–78	King Philips Krieg
1676	Englische Truppen töten Philip
1679–81	LaSalle erforscht den Westen
1680–82	Popé führt einen Pueblo-Aufstand, um die Spanier Neu-Mexiko zu vertreiben
1689–1763	Französisch-Indianische Kriege
1704	Deerfield-Massaker
1755	General Braddock stirbt
1763	Pontiacs Aufstand; Frankreich gibt seine Gebiete westlich des Mississippi an England ab. Eine britische Bestimmung verbietet Siedlungen westlich der Allegheny-Berge
1774	Lord Dunmores Krieg
1775–83	Amerikanische Revolution
1782	Schlacht bei Blue Licks
1786	Einrichtung des ersten Indianerreservates
1790	Little Turtle besiegt Gen. Harmav
1791	Gen. St. Clair wird von Miami-Indianern besiegt
1794	Gen. Wayne vernichtet Indianer bei Fallen Timbers
1795	Vertrag von Greenville sichert Nordwest-Territorium für die USA
1803	Kauf von Louisiana
1804–06	Lewis & Clark-Expedition
1811	William Henry Harrison besiegt die Shawnees bei Tippecanoe.
1812–15	Krieg von 1812
1812	Little Turtle, Häuptling der Miami-Indianer, stirbt in Fort Deaborn
1813	Creek-Massaker bei Fort Mims in Alabama. Tecumseh und die Briten können US-Fort Meigs nicht einnehmen. Tecumseh und britische Armee werden besiegt. Tecumseh stirbt nach der Schlacht am Erie-See, auf dem Weg nach Kanada
1814	Schlacht von Tallapoosa
1816–18	Erster Seminolen-Krieg
1830	*Indian Removal Act*
1832	Krieg gegen Black Hawk; letzter Krieg im mittleren Westen
1835–42	Zweiter Seminolen-Krieg
1837	Oberst Z. Taylor besiegt die Seminolen bei Okeechobee
1838	Osceola stirbt, Black Hawk stirbt
1846–64	Navaho-Kriege
1847	Cayuse-Krieg
1848	Goldfunde in Kalifornien
1851–56	Rogue River-Krieg
1854–90	Sioux-Kriege
1856–58	Dritter Seminolen-Krieg, B. Bowlegs kapituliert
1860–79	Krieg in den Süd-*Plains*
1861–65	Bürgerkrieg
1861–1900	Apachen-Kriege
1862	Little Crow führt des Sioux-Aufstand in Minnesota
1864	Schlacht am Canyon de Chelly
1866	Manuelito gibt als letzter Häuptling im Navaho-Krieg auf
1868	Schlacht der Washita, Custer greift Cheyennes in Oklahoma an
1869	Schlacht bei Summit Springs; Sheridan besiegt Cheyennes; Transkontinentale Eisenbahnlinie wird gebaut
1872–73	Modoc-Krieg
1874–75	Mackenzie besiegt Comanchen am Red River
1876	Sitting Bull vereint die Sioux gegen die Armee; Custers Niederlage bei Little Bighorn
1877	Nez Percé-Krieg, Häuptling Joseph wird besiegt
1879	Thornburg-Massaker
1886	Fetterman-Kampf
1889	Geronimo gibt auf
1890	Schlacht bei Wounded Knee; letzte Schlacht der Indianerkriege. US-Regierung erklärt Ende der *Frontier*
1891	Sitting Bull stirbt
1907	Indianer-Territorium wird Teil des US-Bundesstaates Oklahoma

Bildnachweis:

Amon Carter Museum 82-83, 110-11, 150-51, 154-55, 158-59, 218-19, 222-23, 234-35, 238-39
Historische Gesellschaft von Colorado 138-39
Historische Gesellschaft von Minnesota 130-31, 134-35
Historische Gesellschaft von Ohio 58-59, 69 (links)
Historische Gesellschaft des Staates Idaho 227 (unten)
Historische Gesellschaft des Staates South Dakota 248 (unten), 249 (alle drei), 250
Historische Gesellschaft des Staates Utah 126-27
Kalifornien State-Bibliothek 189, 190, 192, 194-95, 196-97, 198 (rechts), 199
Kongreß-Bibliothek 22-23, 62-63, 66-67, 69 (unten), 71 (beide)
Nationalarchiv 4-5, 96, 97 (beide), 108, 119 (unten), 124, 141, 152, 170, 170-71, 173, 180, 184, 187 (unten), 188, 193, 203, 207 (beide), 208 (links), 211 (unten links), 212, 213, 217, 220, 225 (rechts), 232-33, 236, 237 (oben), 237 (unten), 240 (oben), 241 (oben), 240-41, 242-43, 244, 246-47
Nationalgalerie für Kunst 10-11, 65, 69 (rechts), 72
C.M. Russell-Museum 227 (oben), 230-31
Sid Richardson-Sammlung 2-3, 76-77, 214-15, Vorderer Umschlag
Smithsonian Institut, Nationalarchiv für Anthropologie 19, 48 (unten), 57, 61 (links), 89, 92, 123, 128, 145, 156, 157, 160, 161 (oben), 174, 177, 178-79, 178, 182-83, 186, 187 (oben), 191, 195, 198 (links), 200-01, 208 (rechts), 211 (oben), 211 (unten rechts), 216, 225 (links), 228, 245, 248 (oben), Rückseitiger Umschlag
Smithsonian Institut, Nationalsammlung für Kunst 73, 80, 86-87, 90, 91, 94, 95 (beide), 99 (unten), 98, 102-103, 103 (beide), 106-07, 138 (oben und unten)
Sutro-Bibliothek 1, 7, 8, 12, 13, 15, 16, 17, 18, 20, 21, 24 (beide), 25, 26, 29, 30 (beide), 31 (beide), 32 (alle drei), 33, 36, 38, 40, 42, 43, 44, 46, 47, 48 (oben), 49 (alle drei), 50 (beide), 52-53, 54, 55,56 (beide), 60, 61 (rechts), 70, 74, 75, 78, 79, 81, 84, 85, 88, 101 (unten), 104, 105, 113, 114-115, 119 (oben), 125, 129, 140, 148-49, 153, 161 (unten), 164-65, 166, 167, 168-69, 172-73, 175, 176, 185, 204-05, 209, 224, 229 (unten)
Texas State-Bibliothek 118, 133, 136-37, 181
Universität von Nevada, Reno 126 (oben), 127 (oben), 229 (oben)
Washington State-Archiv 116, 117, 116-17
Copyright Bill Yenne 6, 9, 14, 34, 68, 99 (oben), 100-01, 114, 115, 132, 146, 162, 163, 202, 206, 210, 226, 246 (oben), 247 (oben), 251, 254, 255, 256